KB071390

중국근현대사학회 연구총서 02

# 한중관계의 역사와 현실

## 근대외교, 상호인식

유용태 엮음

한울
아카데미

**일러두기**

중국 인명 등 외래어는 국립국어원 외래어표기법 규정에 따라 표기하였으나 약간 예외를 두었음.

- 중국 인명은 신해혁명을 기준으로 과거인과 현대인을 구분하여 과거인은 한자음대로 표기하고, 현대인은 원칙적으로 중국어 외래어표기법에 따라 표기하였음.

- 중국의 역사 지명으로서 현재 쓰이지 않는 것은 우리 한자음대로 하고, 현재 지명과 동일한 것은 중국어 표기법에 따라 표기하되, 필요한 경우 한자를 병기하였음.

- 다만 논하는 시기나 내용이 이러한 표기법 규정을 적용하기 애매한 등의 경우 우리 한자음대로 표기한 곳도 있음. 예컨대 間島는 젠다오가 아닌 간도로 표기하였고, 吉林도 중국과 북한의 국경선 획정 문제를 다루는 제1부 제4장에서는 지린이 아닌 길림이라고 표기하였음.

- 타이완/대만은 둘 다 국어사전에 나오는 말로서 각 저자의 표기대로 사용하였음.

이 도서의 국립중앙도서관 출판시도서목록(CIP)은 서지정보유통지원시스템 홈페이지(http://seoji. nl.go.kr)와 국가자료공동목록시스템(http://www.nl.go.kr/kolisnet)에서 이용하실 수 있습니다. (CIP제어번호 : CIP2013029155)

## 중국근현대사학회 연구총서를 펴내며

　중국근현대사학회는 1992년 1월 중국 근현대사를 전문으로 연구하는 학인들의 단체로 창립되었다. 이는 1980년대 한국 사회의 민주화와 동아시아 냉전체제의 변화 과정에서 중국 근현대사 전공자들이 폭발적으로 등장하여 학회 탄생의 동력이 되어준 결과다. 그 자체가 한국의 중국사 연구의 발전을 의미하는 현상이거니와 이로써 본회는 냉전시기에 이념의 잣대로 오랫동안 금기시해온 중국 근현대사 연구의 길을 활짝 열 수 있게 되었다.

　돌이켜보면 한국의 중국연구는 조선시대의 한학(漢學)과 북학(北學)을 거쳐 근대시기에 제국일본의 지나학(支那學)과 동양학(東洋學) 체계의 영향을 받는 한편 또 그것을 극복하려는 조선학운동(朝鮮學運動)의 일환으로 전개되었다. 해방 후에 각종 학회가 성립되었으나 동양사 전체 혹은 중국의 문학·역사·철학을 아우르는 학회는 있어도 중국사를, 그것도 근현대사를 특정한 학회는 없었다. 그러므로 본회의 탄생은 남다른 조건과 필요에 의해 추동된 것임에 분명하다.

　그러는 사이에 우리에게 중국이 갖는 의미, 우리가 중국을 연구하는 의미는 수차례 바뀌었다. 그것은 중국의 국제적 위상이 변화한 데 따른 것인 동시에 인식 주체인 우리의 처지와 필요가 변화했기 때문이기도 하다. 우리에게 중국은 분명 가장 가까운 이웃나라였지만 늘 그 이상이었고 지금도 그러하며, 특히 한반도가 분단된 상황에서는 더욱 그렇다. 그러므로 본회가 감당해야 할 학술적 과제는 크고도 엄중하다고 아니할 수 없다.

다른 분과의 학문도 그러하지만, 특히 근현대사 연구는 연구자가 발을 딛고 있는 현실사회의 필요로부터 출발하여 질문하고 답을 구하며, 그 결과를 갖고 자기를 키워낸 현실사회와 학술적으로 소통하는 과정에서 진전될 수 있다. 『논어』에 따르면, 학문의 요체란 "절실하게 묻고 가까운 곳에서부터 생각하는 것"이며 이를 통해 도달하고자 하는 목표는 인(仁)의 실천이다(切問而近思, 仁在其中矣). 절문(切問)은 다름 아닌 근사(近思)에서 나온다는 것이다. 그러나 이 가까움은 일정한 거리두기를 거칠 때에만 절실한 물음의 출발점이 될 수 있다.

마침 우리의 연구 대상인 중국은 현실적으로나 학술적으로나 갈수록 중요해지고 있다. 탈냉전과 함께 갑자기 너무나 가까워진 중국을 우리는 어떻게 상대화하여 절실한 물음의 대상으로 삼을 것인가? 이제, 일본판 '동양사학'의 틀로 바라본 중국사에서 벗어나 어떤 형태로든 새롭게 재조직될 '(동)아시아사학' 속의 중국사를 상상하면서 본회 회원들이 감당해야 할 도전이 어느 때보다 강하게 요청되는 시점이다.

이에 본회는 창립 20주년을 지나면서 그동안 펼쳐온 다양한 학술활동의 성과를 딛고서 '중국근현대사학회 연구총서'를 간행하기로 하였다. 앞으로 이 연구총서가 회원과 독자의 관심 속에 꾸준히 이어져 오늘의 중국을 역사적으로 이해하고자 하는 국내외 각계의 필요에 부응할 수 있기를 고대한다.

2013년 6월

한국중국현대사학회 회장 **유용태**

# 차 례

이 책은 2012년 1월로 창립 20주년을 맞은 중국근현대사학회가 한중수
교 20주년을 기념하여 개최한 국제학술회의 발표문을 모아 엮은 것이다.
1992년 8월의 한중수교는 한중 양국관계를 극적으로 변화시킨 전환점이
고, 특히 중국 근현대사 연구자들에게는 자료 수집을 비롯한 각종 연구 여
건을 크게 진전시킨 전기였다. 이에 우리는 이 두 개의 20주년을 동시에 기
념하기 위해 2012년 11월 16일 '한중관계의 역사와 현실: 근대외교, 상호인
식'을 주제로 한중관계를 되돌아보는 학술회의를 열었다. 그 초점은 이 주
제를 양국관계로만 한정하지 않고 동아시아 지역질서 속에서 음미해보는
것이었다.

　한중 양국 간의 근대외교, 곧 국제법에 따라 상주 외교사절을 파견하고
그에 의거해 진행하는 외교는 여러 요인에 의해 지연되었고 그것마저 극히
단명으로 끝났다. 1899~1905년 대한제국과 청국의 한청통상조약에 의거
한 6년이 전부인 것이다. 1919~1945년 대한민국임시정부가 중화민국을
상대로 펼친 외교가 있지만 그것은 비공식적인 수준에 머물러 있었다.
1949년 조선민주주의인민공화국(북한)과 중화인민공화국(중국)이, 대한민

국과 중화민국이 수교하였으나 각기 분단국가로서 절반의 관계에 그쳤다. 더구나 후자는 반공동맹관계에 있으면서도 상호 우호조약을 결여한 것이었는데, 뒤늦게 그것이 체결된 것은 1964년의 일로 베트남전쟁의 확전과 연관된 조치였다.

북한과 동맹관계에 있던 중국은 1950년 한반도의 남북전쟁에 참전해 한반도를 둘러싼 국제정치 무대에 복귀하였다. 청일전쟁 이래 반세기만의 일이다. 그러나 한국과는 그로 인해 적대관계를 지속하다가 냉전체제의 완화와 소련 붕괴의 격변을 타고 1992년 비로소 수교에 이르렀다. 이때 남한이 대만을 간단히 무시하여 단교한 것과 달리 중국은 완충지대인 북한과의 관계를 유지하기 위해 최선을 다하였다. 한중 수교협상 당시 중국은 북한과 미·일의 수교를 포함하는 교차승인을 추진하다가 무산되고 말았지만, 급성장하는 경제력과 소련의 붕괴를 배경으로 '6자회담'을 주도할 정도로 국제정치적 영향력을 증대하고 있다.

이처럼 한반도와 중국 양안이 각기 분단국으로 갈라져 있다 보니 이른바 '한중관계'라 하더라도 극히 복잡하다. 따라서 양자관계가 아니라 상호 연동되고 엇갈린 4자관계를 살펴야 하는 것이다. 이런 사정을 직시하기 위해 우리는 냉전시기에 형성된 분단체제를 고려해 남북한과 중국·대만을 모두 시야에 넣고 한중관계의 역사와 현실에 접근하고자 하였다.

그러는 사이에 한중 간의 상호인식은 가히 '상전벽해(桑田碧海)'라 할 만큼 변하였다. 가령 냉전시기 대만에게 한국은 '슝디(兄弟)'의 나라였으나 '슝디(兇地)'의 나라로 바뀌었다. 그와 짝을 이루어 중국은 한국에게 무찔러야 할 '공산 오랑캐'였으나 이제는 없어서는 안 될 '시장 중국'으로 바뀌었다. 이는 2012년 한·중 무역 규모가 전체 무역량의 20.1%로 한미 간(9.5%), 한일 간(9.6%) 무역 규모를 합친 것을 앞지른 데서 잘 드러난다. 그와 함께 민간 차원의 교류·왕래·학습, 그리고 갈등이 증대되고 있으며 그에 따라 상호인식도 심화와 분화를 겪을 수밖에 없다. 한국의 미국 일변도 외교는 당분간 지속되겠지만 중대한 고비를 맞고 있음은 엄중한 현실이다. 그리하여 이 변화된 현실은 '오랑캐 중국'의 이념 일변도든 '시장 중국'의 경제 일변도든 모두 자신의 필요에 따른 상대의 획일화요 기형화였음을 인정하는 자기성찰을 우리에게 요구하고 있다.

이상과 같은 문제의식에 따라 우리는 학술회의를 1부 한중 근대외교의 형성과 전개, 2부 중국의 부상과 동아시아 상호인식의 변화로 나누어 구성하였다.

1부에서는 먼저 이은자 교수가 대한제국과 청국의 근대외교의 실험을, 배경한 교수가 대한민국임시정부와 중화민국 간의 비공식적 외교활동을, 그리고 손준식 교수가 대한민국과 대만 중화민국 간의 외교를 다루었다. 이어서 선즈화 교수가 북한과 중국의 특수한 관계를 정재호 교수가 1992년 한중수교와 그 후의 외교관계를 다루었다. 그들은 각기 다양한 자료를 활용하여 조선에서의 상업적 이득을 지키기 위한 청국의 노력, 중화민국과 대한민국임시정부 간의 지원과 갈등 관계, 반공동맹의 주도권을 잡기 위한 이승만과 장제스의 경쟁, 북한과 중국 간의 '국가 대 국가'(國際)의 관계를 대신한 '당 대 당'(黨際)의 특수 관계, 한국의 경제주의적 시각과 대통령 임기 내 타결이라는 정략적 시각에 휘둘린 조급증 외교의 실상을 드러내었다.

2부에서는 왕위안저우 교수가 개혁개방 이후 중국인의 한국인식을, 백영서 교수가 중국의 '동북공정'과 한국인의 중국인식 변화를, 정문상 교수가 냉전시기 한국의 대만인식을 각각 다루었다. 이어서 정흥성 선생이 대만인의 정체성과 중국인식을, 마루카와 교수가 중국의 핵정책과 그에 대한 일본의 인식을 다루었다. 그들은 각기 중국의 한국인식이 한미동맹의 강도와 연동되어 있으며 극히 근시안적이고 피상적이라는 사실, 근대 이래 한국의 '천한 중국'상이 수교 이후에도 지속되었고 특히 '동북공정'을 계기로 강화된 사정, 한국의 대만인식이 동아시아 냉전질서의 형성·균열과 연동되어 변화한 사정, 스스로를 중국인으로 여겨온 대만인의 절반이 이미 중국인이기를 거부하고 있는 사정과 그들의 눈에 비친 대륙 중국, 중국이 소련으로부터의 자립을 위한 저비용 고효율의 국방경제 전략으로서 핵무기 개발을 추진한 사정을 드러내었다. 정홍성과 마루카와의 글은 우리의 중국인식을 대만과 일본의 그것에 비추어보는 거울을 제공할 것이다.

요컨대 이를 통해 우리는 한중관계의 역사와 변화된 현실을 연관과 비교의 동아시아 지역사 맥락에서 이해하고자 노력하였다. 식민지시대와 분단시대를 포함하는 지난 100여 년의 양국관계가 한반도를 둘러싼 대국들 간의 경쟁과 어떻게 연동되어 있으며 이웃나라들의 사정과 어떻게 연관되어 있는지, 중국과 타국 간의 관계와 비교하여 어떤 특징을 보이는지를 드러내고자 하였다. 그 속에서 대국의 제국성을 상대화하는 지혜는 물론 우리 자신을 성찰하는 사색이 함께 자라나기를 고대한다.

다만, 이와 같은 학술회의의 발표문이 모두 그대로 이 책에 수록된 것은 아니다. 우선 정재호 교수의 발표문은 본인의 요청으로 빠지게 되었다. 선즈화 교수의 발표문은 완성된 논문으로 보완할 여유가 없어 그 대신 편자가 발표자의 동의하에 그 요지와 근접한 최근 논문으로 대신하였다. 편자는 그가 보내준 한글본 원고를 중국어 원본과 대조하면서 표현을 고치고 다듬었다. 그리고 편자는 총론을 새로 쓰는 대신 또 다른 한중수교 20주년 기념 학술회의에서 발표한 글을 서장으로 추가하였다. 이 책에 실린 외국 학자의 글은 번역자가 따로 있지만 모두 편자가 원문과 대조하면서 표현을 다듬고 착오를 바로잡고 괄호 안에 역주를 붙였다. 그러므로 번역상의 책임은 모두 편자에게 있다.

이 책은 국제학술회의를 지원해준 동북아역사재단 김학준 이사장과 중국근현대사학회 이사 및 회원들의 도움이 있었기에 엮어질 수 있었다. 본회 바깥에서는 서울대 정재호 교수(정치외교학)가 발표자로, 역사문제연구소 은정태 연구원(한국사)과 세종연구소 이종석 연구위원(전 통일부장관) 및 서울대 조영남 교수(이상 정치학)가 토론자로 도움을 주었다. 본회의 정혜중 총무이사와 김정현 연구위원은 학술회의가 원만하게 이루어질 수 있도록 힘써주었다. 그리고 한울의 김종수 사장은 중국근현대사학회 연구총서 출판 요청을 흔쾌히 수락하고 이 책을 그중 하나로 간행해주었다. 이 모든 분들께 감사한다.

2013년 12월

엮은이 **유용태**

# 중국의 지연된 근대외교와 한중관계[*]

유용태

## 1. 머리말

2012년 올해 8월로 대한민국과 중화인민공화국이 외교관계를 수립한 지 20년이다. 그 이전에 한중 양국이 근대적 외교관계를 맺은 것은 1899~1905년 청국과 대한제국 사이의 6년이 전부이니 모두 합쳐봐야 26년이다. 이는 동아시아에서도 유례를 찾아보기 어려울 정도로 특이한 관계이다.

동아시아의 조공관계에 의거한 전통외교는 종주국 중국을 상국으로 조공국을 하국으로 하는 양자관계를 형성하고 조공국의 내정·외교의 자주를 보장하였다. 물론 대등국들 간에는 교린(通信) 관계가 형성되어 있었다. 이러한 동아시아에 19세기 후반 구미 각국이 나타나 조약관계에 의거한 근대외교를 요구하였다. 근대외교란 주권이 평등한 국가들 간에 조약에 의거해

---

[*] 이 글은 2012년 7월 한중인문학회 주최 한중수교 20주년 기념 국제학술대회의 기조 발표문으로 ≪한중인문학연구≫, 제37집(2012. 12)에 게재된 논문을 수정·보완한 것이다.

상호승인하며 상주 외교사절을 파견하는 것을 말한다. 그러나 여기서 주권 평등은 국력에 의해 뒷받침될 때에만 보장된다. 전통외교가 양자관계에 국한된 것과 달리 근대외교는 동일한 원리에 의거한 다자관계로서 근대국가들의 모임인 국제사회(society of nations)의 존재를 인정하고 그에 가입하여 그 일원으로 행동하는 것도 포함한다.

결국 근대외교란 중국으로 하여금 자국 중심의 상하관계를 대등한 피차 관계로 전환하도록 요구하는 결과를 초래하였다. 이는 사실상 세계의 중심을 자처한 천조대국(天朝大國)의 '중국성(中國性, Chineseness)과 '제국성(帝國性, Empireness)을 부정하는 것이었다. 그러므로 청조는 자연스럽게 이를 거부하거나 회피하려 하였고, 그 결과 중국의 근대외교 자체는 물론 한중 근대외교도 지연될 수밖에 없었다.[1] 청조는 마지못해 서양 열강들과 근대외교를 개시하고서도 동아시아의 조공국들에 대해서는 이를 적용하기를 거부한 채 전통외교를 지속하였다. 중국 역사상 이러한 이중기준의 외교는 18세기에 이미 드러났는데, 청조는 국경 획정 과정에서 러시아를 상대로는 조약을 맺었으나 조선·베트남을 상대로는 청조 스스로 만든 비문을 세웠다.[2] 이는 청제국 외교의 이중기준을 상징적으로 보여준다. 심지어 청조를 대신하여 아시아 최초의 공화국으로 성립된 중화민국도 이러한 이중외교를 이어갔다.

여기서 말하는 제국성이란 이역(異域)과 이족(異族)을 포함하는 광역적 지

---

1) 한국과 중국의 근대외교가 형성되는 과정을 각각 다룬 최근의 논저로는 다음과 같은 것이 있다. 김수암, 「한국의 근대외교제도 연구: 외교관서와 상주외교사관을 중심으로」(서울대학교 외교학과 박사학위논문, 2000); 王明星, 『韓國近代外交與中國, 1961-1910』(北京: 中國社會科學出版社, 1998); 梁伯華, 『近代中國外交的巨變: 外交制度與中外關係變化的研究』(臺北: 商務印書館, 1990): 川島眞, 『中國近代外交の形成』(名古屋大學出版會, 2004) 참조.
2) 유용태 외, 『함께 읽는 동아시아 근현대사』 1(창비, 2010), 52~54쪽.

배체제인 제국(帝國, empire)을 형성·유지·확장하려는 성향과 그로 인해 나타나는 객관적 형상을 지칭한다.[3] 이때의 제국은 전통적 제국과 근대적 제국을 모두 포괄하며, 후자에 해당하는 독점자본주의 단계의 제국과 제국주의(Imperialism)로 한정되지 않는다. 우리는 양자의 차이를 잊지 않되 그 연속성에도 유의해야 한다. 특히 직할 성(省) 외에 만주와 번부(藩部, 몽골·위구르·티베트)의 이족/이역을 포괄한 청제국이 복수의 민족국가로 분열하지 않고 하나의 판도를 유지한 채 중화민국에 계승됨으로써 그 제국성도 이어졌음에 유의하고 싶다. 중화민국이 청국의 이중외교를 이어간 것도 이와 관련되어 있을 터이다.

이 글에서는 서로 다른 두 개의 표준에 의거한 중국의 이러한 외교를 '이중외교'라 부르고자 한다. 그것은 전통외교에서 근대외교로 나아가는 과도기에 조공관계와 조약관계가 병존하던 이중체제[유길준은 이를 '양절체제(兩截體制)'라 불렀다]에 조응하는 외교 형태이다. 따라서 여기서 말하는 이중외교란 요즘 정치외교학자들이 조약체제하에서 한 나라를 상대로 펼치는 겉과 속이 다른 외교상의 이중플레이를 지칭하는 것과 구별된다. 이 글은 이중외교의 성립과 전개를 살피고 그 속에서 한중 근대외교의 실상을 드러내고자 한다. 이를 위해 조선/대한제국에 대한 청조의 중화주의적 외교의 특징을 외몽골 및 태국에 대한 중화민국의 외교와 비교함으로써 논지를 분명히 하고 싶다. 이와 같은 동아시아 지역 단위의 상호연관과 비교의 시각은 중국이 천조(天朝)에서 인국(隣國)으로의 전환을 완료하는 과정과 한중관계의 특수성을 드러내는 데 도움을 줄 것이다.[4]

---

3) 제국(帝國)의 개념에 대해서는 이삼성, 「'帝國'개념의 고대적 기원: 한자어 '帝國'의 서양적 기원과 동양적 기원, 그리고 일본서기」, 《한국정치학회보》, 제45권 제1호 (2011); 이삼성, 「'帝國'개념과 19세기 근대일본」, 《국제정치논총》, 제51권 제1호 (2011); 山本有造, 『帝國の硏究』(名古屋大學出版會, 2004) 참조.

## 2. 제국시기 중국의 이중외교와 한중 근대외교의 지체

### 1) 청조(淸朝)의 이중외교(1860~1895)

청조는 1840년 아편전쟁 결과 영국과의 난징조약으로 조약관계를 맺었지만 조약을 지킬 의사도 조약 이행을 주관할 국가기구도 없었다. 그런 만큼 중국 전통외교의 근대적 전환은 실로 길고 느려서 반세기 이상 조공체제와 조약체제가 병존하는 이중체제를 낳았다.

근대중국이 조약체제에 필요한 외교 관련 기구를 갖추기 시작한 것은 1861년 총리각국사무아문(총리아문) 성립부터다. 그리고 조약국이 청국 수도 베이징에 외교사절을 상주시킨 것도 그 이후의 일이다. 중국이 상주 외교사절을 조약 상대국에 파견한 것은 좀 더 늦어서 1877~1880년이다.[5] 곧, 외교사절의 교환은 난징조약 체결로부터 40년 가까이 걸릴 정도로 지체된 것이다. 천하의 중심으로서 세계질서를 주도해왔다고 자부해온 중국으로서는 자신을 만국의 일원으로 격하시켜야 하는 조약체제를 서둘러 수용할 이유가 없었기 때문이다.

청국은 이렇게 서구 열강의 조약체제를 수용하였지만 그것은 세에 밀린 결과일 뿐 내적 필요에 의거해 자발적으로 이루어진 것이 아니었다. 이를 보여주는 사례를 몇 가지 들어보자. 첫째, 1877년 중국의 초대 주영공사로

---

4) 근대 한중일 3국 국제관계를 상호 관련지어 파악한 연구로는 김기혁, 『근대한중일 관계사』(연세대학교 출판부, 2007)가 대표적이다. 근대 한중관계사에 대한 연구는 극히 부진한데, 최근 동향은 동북아역사재단 편, 『한중일 학계의 한중관계사 연구와 쟁점』 (동북아역사재단, 2009); 권혁수, 『근대 한중관계사의 재조명』(혜안, 2007)에 정리되어 있다.

5) 坂野正高, 『近代中國政治外交史』(東京: 東京大學出版會, 1973), pp. 289~292.

파견된 궈쑹타오(郭嵩燾)가 중화의 질서에 반하는 언행을 했다는 이유로 전격 해임된 사실이다. 그 언행이란 자신의 영국 견문기『英軺紀程』(또는『使西紀程』이라 함)에서 서구 정교(政敎)의 합리성을 높이 평가하고 중국도 이를 배워야 한다고 쓴 것과 브라질 군주를 서서 접견한 것 등이다. 수구파 관신들은 전자에 대하여 중국을 영국에 신속(臣屬)시키려는 반역이라고 비난하면서 그를 한간(漢奸)으로 몰아갔고, 후자를 두고서는 "당당한 천조(天朝)의 대표로서 어떻게 소국의 군주에게 그와 같은 경의를 표할 수 있는가?"하고 비난하였다.6) 둘째, 총리아문이 육부(六部)와 같은 전담 부서가 아니라 군기처 산하의 임시기구로서 외교전담 인원이 아닌 다른 부처의 겸직자로 구성되었던 사실이다.7) 셋째, 외교에 필수적인 외국어 인재를 양성하기 위해 총리아문 산하에 설립된 상해광방언관(上海廣方言館)을 비롯하여 유사한 외국어학교의 명칭이 방언관(方言館)·방언학당(方言學堂)으로 되어 있었던 것 등도 마찬가지 사정을 보여준다.8) 구미 열강의 언어를 하나의 '방언'으로 간주한 것이다.

한편 청조는 이처럼 지연된 조약체제를 동아시아의 주변국에 적용할 의사가 없었다. 청조가 일본과 1871년 청일수호조규를 맺고 1877년 상주 외교사절을 일본에 파견한 것은 예외적인 경우이다. 이는 일본의 수교 요구에 대하여 청조가 '과거의 조공국이 감히 그런 요구를 하느냐'는 반대론을 물리치고 일본을 서구 열강에 대항하는 협력자로 활용하기 위해 부득이 수

---

6) 김용구,『세계관 충돌의 국제정치학: 동양 禮와 서양 公法』(나남, 1997), 137~140쪽; 章開沅,『인물과 근대중국: 위기, 이탈, 회귀』, 손승회 옮김(대구: 영남대출판부, 2008), 155쪽,
7) 坂野正高,『近代中國政治外交史』, pp. 265~266; 川島眞,『中國近代外交の形成』, pp. 82~83 참조.
8) 유용태,「方言에서 外國語로: 근대중국의 외국어 인식과 교육」, ≪歷史敎育≫ 제123집 (2012. 9).

교하지 않을 수 없다고 판단한 결과이다. 여기에는 일본이 에도막부 이래 200여 년간 조공관계 바깥에 놓여 있었다는 사정도 고려되었다. 그럼에도 피차간의 대등한 관계를 전제한 개념인 '조약(條約)' 대신 상하간의 관계를 전제한 '조규(條規)'라는 용어를 사용함으로써 에도시대 이전의 조공관계에서 유래하는 상하관계를 분명히 하고자 하는 명분론에 집착하는 모습을 보였다.[9]

이와 달리 조선에 대해서는 거꾸로 전통적 조공관계를 넘어서는 예속화 정책을 시행하였다. 조선은 1876년 일본과, 1882년 미국과 조약을 체결하여 조약체제에 진입한 후 곧바로 청국에 조약 체결을 요구하였다. 그러나 청국은 조약으로 근대외교관계를 수립하자는 조선의 제의를 거절하였다. 그때를 전후하여 동아시아의 또 다른 조공국인 유구(琉球)와 베트남이 일본과 프랑스에 합병되거나 보호국으로 전락하자 이에 위기를 느낀 청국은 1880년대 초부터 조선을 안보 차원의 전략적 사고 속에서 특별히 중시하였다. 이는 주일 청국공사관 참사관 황준셴(黃遵憲)의 『조선책략』(1880)에 잘 나타나 있다.

조선이라는 땅덩어리는 실로 아시아의 요충을 차지하고 있어 형세가 반드시 다투기 마련인데, 조선이 위태로우면 중국과 일본의 형세도 날로 위급해질 것이다. (중략) 그 형세가 중국과 연접하여 신경(神京, 지금의 베이징)을 끼고 호위함이 마치 왼팔과 같아서 휴척(休戚)과 환난(患難)을 함께 하였으니 베트남의 소원과 버마의 편벽과는 본디 서로 거리가 아득하다. (중략) 만일 조선을 소유하면 아시아의 전형세가 그의 손아귀에 있어, 하고 싶은

---

9) 조규와 조약의 차이에 관해서는 김민규, 「근대 동아시아 국제질서의 변용과 淸日修好條規: 條規體制의 생성」, ≪大東文化研究≫ 제41집(2002) 참조.

대로 할 수 있게 될 것이다.[10]

조선에 대한 황준셴의 이와 같은 전략적 사고는 주일 청국공사 허루장(何
如璋)을 비롯하여 초기 변법파 인사들인 왕타오(王韜), 마젠중(馬建忠), 장젠
(張謇) 등에게 널리 공유되었다. 그들은 조선이 다른 열강에게 넘어가면 중
국의 동북3성이 위험해지므로 미리 조선을 청국에 합병해야 한다고 외교
책임자인 리훙장(李鴻章)에게 건의하였다.[11] 이 합병론(군현설치론)이 당장
수용되지는 않았지만 그때부터 청국은 전통적 관례와 달리 조선의 내정과
외교에 간섭하기 시작하였으며, 결국 이는 조선 예속화 정책으로 구체화되
었다.

우선 1882년, 청조는 당시 톈진에 잠시 머물면서 양무운동을 시찰하던
영선사 김윤식의 요청에 따라 파병하여 임오군란을 진압하고 대원군을 납
치하였다. 이는 조선이 내정과 외교를 자주한다는 종래의 조공관계의 기본
원칙을 파기한 것으로 조청관계는 이로써 근본적으로 변하게 되었다. 이는
조청상민수륙무역장정에 "조선은 청의 속국"이라는 조항을 명시한 다음,
청조가 조선의 외교·내정·재정 방면의 고문을 두어 관여하는 고문정치를
시행하는 것으로 이어졌다. 1884년 갑신정변은 청조의 이와 같은 간섭정책
에 대한 반발이었다.

청조는 임오군란 진압 후 조선에 주둔하던 군대로 갑신정변을 진압하고
감국정책(監國政策)을 취하였다. 감국이란 군대를 통솔하고 내정과 외교 사
무를 모두 대신 처리하는 것으로 주례(周禮)에서 유래한 지배방식이다. 청

---

10) 黃遵憲, 『朝鮮策略』, 조일문 역주(건국대학교출판부, 2006), 22, 24, 34쪽.

11) 마젠중, 왕타오(王韜) 같은 초기 변법파는 화이질서하의 속국인 베트남도 조선과 함
    께 식민지로 만들어야 한다고 주장하였다. 이은자, 「한국 개항기(1876∼1910) 중국
    의 치외법권 적용논리와 한국의 대응」, ≪東洋史學研究≫ 제92집(2005), 197쪽.

조는 주둔군 사령관 위안스카이(袁世凱)를 감국으로 임명해 조선의 통상 외교는 물론 군사권까지 통제함으로써 사실상 보호국화를 기도하였다.[12] 이 정책이 외교상으로는 조선 해관에 대한 통제, 고종 폐위 기도, 구미 사절 파견 저지 기도 등으로 나타났다. 조선이 청국의 저지가 있었음에도 1887년 박정양을 주미공사로 워싱턴에 파견하자 청국은 반드시 그가 먼저 현지 청국 공관에 가서 보고한 후 청국공사의 인도하에 외교활동을 전개하도록 요구하였다. 그러나 조선은 이를 거부하였고 이로 인해 조선과 청국은 갈등을 빚었다.

1882~1894년의 청조의 조선 예속화 정책은 조선의 저항과 각국의 견제로 인해 의도대로 충분히 관철되지는 않았지만 종래의 조공관계를 벗어난 실질적 직접 지배를 기도한 것이었다. 따라서 청조 외교가 1890년대 초에도 여전히 의례·의전과 같은 '교제' 방면에 집착할 뿐 국익을 놓고 줄다리기하는 '교섭'에 취약했다는 쉐푸청(薛福成)의 지적은 서구 열강과의 관계에 한정된 얘기일 뿐이다.[13] 이 시기 청조의 조선에 대한 외교는 이미 국익을 극대화하려는 새로운 단계에 접어들었으며, 그것은 주권국가들 간의 교섭의 범주를 넘어선 것이었다. 이는 김기혁 같은 한국계 미국학자가 보기에 '아류제국주의'였으며 쉬완민(徐萬民, 베이징대) 같은 중국인 학자가 보기에도 "구미 열강의 약간의 식민지정책을 차용한 것이었다."[14] 이러한 청

---

12) 당시 청조(清朝)가 위안스카이(袁世凱)를 감국(監國)으로 임명하여 감국정책을 실시하였다는 견해와, 그렇지는 않았지만 사실상 그가 감국 역할을 담당하였다는 견해가 있다. 전자의 예는 劉培華, 『近代中外關係史』(北京: 北京大學出版社, 1986), pp. 366~367; 楊軍 外, 『東亞史: 從史前至20世紀末』(長春出版社, 2006), p. 360를 참조하고, 후자의 예는 김기혁, 『근대한중일 관계사』, 186~188쪽 참조.

13) 김용구, 『세계관 충돌의 국제정치학: 동양 禮와 서양 公法』, 143~146쪽.

14) 김기혁, 『근대한중일 관계사』, 156, 199쪽; 쉬완민, 『중한관계사: 근대편』, 전홍석 외 옮김(일조각, 2009), 65쪽. 18세기 이후 청조의 팽창정책을 식민주의로 이해하는 견

조의 정책은 청일전쟁 패배로 인해 비로소 종식되었다.

## 2) 한청통상조약과 한중 근대외교의 개시(1899~1905)

청국과 조선의 조약 체결은 역설적이게도 청국 안에서 만국공법의 본질을 꿰뚫어보고 그에 대해 냉소적인 태도를 보이는 저술들이 나타나는 상황에서 이루어졌다. 정관잉(鄭觀應)의 『盛世危言』(1894~1895)과 마젠중의 『適可齋記言記行』(1896)이 대표적인 예들이다. 그들에 따르면 공법은 강자가 약자에게 사리(私利)를 추구하는 수단일 뿐이다.[15]

청일전쟁 결과 1895년 체결된 시모노세키조약에 따라 청국에 대한 조선의 조공 의례가 폐지되는 것은 물론 조청상민수륙무역장정도 폐지되었다. 이렇게 조청 간에 외교관계가 단절되자 청조는 탕사오이(唐紹儀)를 총상동(總商董)이라는 직함으로 파견해 조선의 내정과 현지 각국 공사관의 움직임을 파악하도록 하였다. 이듬해 청조는 그를 총영사에 임명하였으나 조선이 청국에 총영사를 파견하는 것을 불허하였다. 청국은 여전히 상국의 위치에서 조선을 하국으로 대하면서, 1896년 10월에도 조선과 조약 체결, 사신 파견, 국서 교환을 하지 않는다는 삼불정책(三不政策)을 견지하였다. 전통적 조공관계에서 벗어난 조선은 1896~1897년 잇달아 청국에게 조약에 의거한 수교를 요청하였으나 청국은 삼불정책에 의거해 이번에도 거절하였다. 조선이 '자주의 국(自主之國)'임을 인정했으나 중국과 동등한 '평행의 국(平行之國)'은 아니므로 조약을 체결할 수 없다는 것이 그 이유였다.[16]

---

해에 대해서는 유장근, 「滿淸植民主義를 둘러싼 중외학계의 논의」, 유장근 외, 『중국 역사학계의 청사연구 동향』(동북아역사재단, 2009) 참조.
15) 김용구, 『세계관 충돌의 국제정치학: 동양 禮와 서양 公法』, 158, 163~164쪽.
16) 이은자, 「한국 개항기(1876~1910) 중국의 치외법권 적용논리와 한국의 대응」,

청국은 1898년 조선과의 조약 체결을 더는 미룰 수 없다는 판단을 내리고 수교 교섭에 들어갔다. 그 이유는 조선이 서구 열강과 조약을 맺어 만국공법질서에 진입한 상황에서 청국만 이를 부인할 수 없게 되었다는 변화된 정세를 인정하지 않을 수 없었기 때문이다. 특히 조선의 부탁을 받은 서구 열강으로부터 조약 체결 압력이 가해져 왔고, 이를 더 늦출 경우 열강의 개입으로 인해 조선에서의 청국의 불이익이 초래될 수 있다고 판단한 것이다. 나아가 청국은 서구 열강이 그런 조약체제를 앞세워 아시아에서 패권다툼을 벌이고 있는 상황에서는 유사시 자국의 불이익이 더욱 커질 수 있음을 염려하였다.[17]

이에 청국은 1898년 8월 수교협상을 위한 외교사절을 파견키로 결정하고 우선 총영사 탕사오이로 하여금 사전 준비 작업을 시켰다. 수교협상을 위한 전권대표 쉬서우펑(徐壽朋)이 서울에 도착한 것은 11월이었다. 그전 해에 조선이 대한제국으로 국호를 변경하였음에도 청국은 그에게 '주찰조선국흠차대신(駐札朝鮮國欽差大臣)'이라는 직함을 주었다. 이는 대한제국을 부인하는 전통적 관념을 담고 있다는 비판을 주한 각국 외교사절로부터 받았다. 이에 청국은 '의약전권대신(議約全權大臣)'으로 직함을 바꾸지 않을 수 없었다.[18] 그가 가져온 국서에는 "대청국 황제가 대한국 황제에게 삼가 문안을 드린다"고 상대국 군주를 황제로 칭하였고, 6개월의 교섭을 거쳐 1899년 9월 한청통상조약은 대청국 황제와 대한국 황제의 이름으로 체결

200~205쪽; 이영옥, 「조공질서의 붕괴와 朝淸(대한제국) 관계의 변화, 1895~1910」, 방향숙 외, 『한중외교관계와 조공책봉』(고구려연구재단, 2005), 218 ~219쪽; 은정태, 「1899년 韓淸通商條約 체결과 大韓帝國」, 《歷史學報》 제186집(2005), 32쪽.

17) 서영희, 「한청통상조약 이후 한중 외교의 실제와 상호인식」, 《동북아역사논총》 제13호(2006), 190쪽.

18) 권석봉, 「韓淸通商條約의 체결」, 《동방학지》, 제54~56호(1987), 88~90쪽; 茅海建, 「戊戌變法期間光緒帝對外觀念的調適」, 《歷史研究》 2002年 6期, p. 48.

되었다.[19] 이로써 조선/대한제국은 청국/중국과 국제법상 대등한 조약을 맺고 상대국을 근대외교의 동반자로 인정하였다. 조약의 내용에서도 불평등조항은 없었고 영사재판권도 쌍무적으로 인정하였다.

청국은 조약 체결 직후 곧바로 수교협상 대표였던 쉬서우펑을 초대 주한공사로 임명하였다. 한성에 부임한 쉬서우펑은 각국 공사들과 외교활동을 펼치면서 대한제국 외부아문 관료들을 상대해야 했는데, 그들의 태도는 상국을 대하는 한국의 태도와는 전혀 달라져 있었다. 냉소적이거나 반청적(反淸的)인 모습을 보이기까지 하였다. 청일전쟁 이래 청국을 깔보는 일본 조야의 인식이 한국에도 확산·공유되는 속에 청국 상인의 아편 거래를 비롯한 불법적 상행위에 대한 반감이 작용한 결과라 하겠다.[20]

대한제국이 초대 주청공사에 박제순(朴齊純)을 임명한 것은 2년이 지난 1902년 1월이었다. 10월에 부임한 박제순은 서구 열강이 취하는 것과 동일한 의례에 따라 청국 황제를 알현하고 국서를 전한 다음 베이징의 각국 공사들과 왕래하면서 대등한 자주독립국의 공사로서 외교활동을 전개하기 시작하였다. 청국 주재 공사의 파견이 이렇게 지체된 이유는 좀 더 밝혀져

---

19) 동아시아 3국 간에는 조약 체결 시에 군주 호칭을 황제로 하는 것에 대한 이견이 조정되지 않아 군주명(君主名)을 생략한 채 국명(國名)만을 명기하는 예가 많았다. 청일수호조규(1871)와 조일수호조규(1876)가 그런 예이다. 이와 달리 흔히 시모노세키조약으로 불리는 청일강화조약(淸日講和條約, 1895)과 한청통상조약(1899)은 3국 모두 황제 명의로 체결되었으며, 이는 한일 간에 「한일의정서」(1904. 2)까지 이어졌다. 그러나 「고문용빙(顧問傭聘)에 관한 협정서」(1904. 8)부터 다시 군주명을 생략하는 이전 방식으로 회귀하였는데, 최후에 한일병합조약(1910)에서는 다시 군주명이 명기되어 한국 황제가 일본 황제에게 주권을 넘기는 것으로 바뀌었다. 관련 조약의 원문은 최덕수 외, 『조약으로 본 한국근대사』(열린책들, 2010); 「大日本國大淸國修好條規」, 外務省 編, 『日本外交文書』4卷(東京: 巖南堂書店, 1995), pp. 204~210.
20) 백영서, 「대한제국기 한국언론의 중국인식」, ≪歷史學報≫ 제153집(1997); 은정태, 「1899년 韓淸通商條約 체결과 大韓帝國」, 34~36쪽.

야 할 문제이지만, 청국이 조선 공사의 부임을 꺼린 탓으로 보인다. 원래 청국이 조선의 조약 체결 요구를 거절한 가장 큰 이유는 옛 번속국이 베이징에 와서 서구 열강과 어깨를 나란히 하며 대등한 외교를 펼치는 것을 원치 않았고 통상조약을 체결하더라도 '주복(主僕)의 구별'은 명확히 해야 한다는 입장을 견지했던 것으로 미루어 짐작할 수 있다.[21]

한청통상조약에서 양국 간 국경 획정 문제가 합의에 이르지 못한 채 미루어진 점은 주목해야 할 사안이다. 청국이 제시한 안을 대한제국이 거부하고 자체 안을 내놓았으나 이견이 컸다. 결국 이 문제는 육상 교통의 개방과 관련하여 향후 다시 논의하기로 하고 조문에서 빼버렸다. 1900년 러시아의 만주 점령으로 만주 일대에 대한 청국의 영향력이 약화되자 대한제국은 현지 주민의 호응 속에 적극적인 간도영유정책을 펼치기 시작하였다.[22]

대한제국은 청국 수도에 상주 외교사절을 파견한 후 겨우 3년 만인 1905년 을사조약으로 외교권을 빼앗겨 공사관을 철수하지 않을 수 없었다. 물론 청국도 한국의 청국공사관을 1906년 1월 철수하였다. 일본은 한국 주재 청국 상인 및 교민 관련 업무는 모두 일본 주재 청국 공관으로 이첩하도록 청국에 요구하였다. 이에 청국은 총영사 한 명의 상주를 요청하여 일본의 허락을 받고 마팅량(馬廷亮)을 총영사로 파견하였다.[23] 물론 청국에 한국 총영사는 파견될 수 없었다.

한국은 미국과 조약을 체결한 1882년부터 청국과의 조공관계를 조약관계로 전환하려는 노력을 지속적으로 기울여왔으나, 앞서 본 대로 청국은 이를 거부하다가 어쩔 수 없이 근대적 외교관계를 수용했는데, 그것이 이

---

21) 서영희, 「한청통상조약 이후 한중 외교의 실제와 상호인식」, 199쪽.
22) 은정태는 이를 대한제국이 제국의 면모를 갖추려는 식민개척으로 이해하였다. 은정태, 「1899년 韓淸通商條約 체결과 大韓帝國」, 51~55쪽.
23) 이영옥, 「조공질서의 붕괴와 朝淸(대한제국) 관계의 변화, 1895~1910」, 233쪽.

렇게 단명하였기 때문에 조선을 속방으로 간주하던 청국의 전통적 한국인 식은 바뀔 겨를이 없었다. 더구나 그로부터 5년 뒤인 1910년 한국은 일본에 합병되어 멸망하였으니 이를 '속방의 상실'로 간주하는 것도 무리는 아니었다.[24] 청국은 이 와중에도 인천, 부산, 원산에 설치했던 자국 조계(租界)를 존속시키기 위해 이를 국가의 위신 문제로 간주해 일본 측과 끈질긴 외교 협상을 벌여 결국 지켜내었다.[25] 당시 한국 내의 구미 각국 조계는 일본이 승계하여 인정하지 않을 수 없었다.

청국과 한국의 근대외교가 이렇게 지체된 것은 청국의 외교 관련 제도정비 자체가 지체된 것과도 연관되어 있다. 청국의 외교기구는 1901년 신정(新政) 개시 이후 비로소 근대적 형태의 제도로 정비되었다. 예부(禮部), 총리아문, 남북양대신 등으로 나뉘어 있던 외무 관련 기구가 1901년 비로소 외교 전담의 정식 정부기구인 외무부(外務部)로 개편된 것이다. 이때 비로소 조공체제하의 전통적 외교 업무 담당 정규 부처였던 예부가 폐지되었다. 이번원은 이번부(理藩部)로 개칭되어 존속되었다. 그리고 서구 열강의 언어를 '방언'이라 부르던 관행이 '外(國)語'로 개칭되고 방언관·방언학당 따위의 학교 명칭도 그에 따라 바뀌었다. 그러나 이런 제도적 변화도 의화단운동으로 나타난 중국인의 강렬한 배외의식이 8개국 연합군의 힘에 진압되어 강제된 결과였다.

따라서 이와 같은 제도상의 변화와 외교 태도의 진전에도 불구하고 그 이면에 깔려 있는 의식과 심리 면에서 보면 중국이 조약체제와 만국공법 논리를 가치로서 수용하기 어렵게 만드는 '과거의 힘'은 여전히 강고하였다. 조약체제와 만국공법의 논리가 곧 '中國' 자체를 부정하기 때문이다.

---

24) 서영희, 「한청통상조약 이후 한중 외교의 실제와 상호인식」, 215쪽.

25) 박준형, 「대한제국기 한청관계와 청국조계」, 『역사적으로 본 근현대 한중관계』, 한국사연구회 춘계정기학술발표회 자료집(2012. 6), 1~16쪽.

우선 중국의 초월적 지위가 부인되었고, 나아가 그것을 인정해온 주변 국가들과의 조공관계가 부인되었으며, 조공국을 강대국의 보호국·식민지로 만들거나 아예 병합하는 무기로 이용되었다. 1905년과 1910년 일본이 한국과 체결한 조약은 공법의 논리가 곧 식민화의 논리로 활용된 예이다. 공교롭게도 이는 당시 여론을 주도한 중국의 개혁파와 혁명파가 모두 방식만 달리하였을 뿐 '중화의 회복'과 '중화민족'의 형성을 '중국' 국가의 당면 목표로 추구하는 상황에서 일어난 일이었다.[26] 중국인이 새로 건국할 국가의 국호로서든 편의상의 자국 호칭으로든 '중국'을 사용하는 용법이 일반화된 것도 그 무렵이다.


## 3. 공화국 시기 이중외교의 지속과 한중관계

1912년 중화민국이 성립되고 청국이 멸망한 후에 중국의 근대외교는 진일보하였지만 특히 과거의 조공국이나 번부(藩部)에 대해서는 여전히 전통적 주종관계로 자신의 우위를 확보하려는 모습을 보였다. 청제국의 제국성이 거의 그대로 계승된 조건 속에 이중외교의 관행이 지속된 것이다. 그런 예는 외몽골의 독립에 대한 대응과 태국과의 수교 교섭, 그리고 대한민국임시정부에 대한 태도에서 보인다.

18세기 청국에 의해 정복되어 자치에 맡겨졌던 번부 중 하나인 할하 몽골(Khalkha Mongolia, 외몽골)이 신해혁명의 와중에 1911년 12월 독립을 선언하였다. 그것은 외몽골의 독립 의지와 남하하는 러시아의 이권 확보 의지

---

26) 유용태, 「中華民族論과 東北地政學: 東北工程의 논리근거」, ≪東洋史學研究≫ 제93집 (2005. 12).

가 결합된 결과였다. 러·일 양국은 1907년 러일밀약을 맺어 북만주와 외몽골을 러시아의 세력 범위로 하고 남만주와 한국을 일본의 세력 범위로 상호 인정하였다. 이에 청국은 1910년 러시아와 일본의 책동을 방어한다는 명분으로 외몽골에 한족을 이주시키는 식민정책을 실시하면서 종래의 자치를 폐지하여 직할행정구역으로 편제하고 관료를 파견하고 군대를 주둔시키는 정책을 추진하였다. 그리고 한어(漢語) 학습을 의무화하고 공문서에도 한문을 사용하도록 요구하였다. 이에 위기를 느낀 몽골인 내부에서 민족자결 요구가 대두하자 몽골 왕공들이 회의를 열고 독립을 결의하였다.[27]

우르가(Urga, 대몽골국)의 복드 칸(Bogd Khagan, 신성한 황제)으로 추대된 젭춘담바 호탁트(Jebtsundamba Khutgt)는 독립선언에서 "지금 내지 각성(各省)이 모두 독립하여 만주(滿洲)로부터 이탈하였다. 우리 몽골이 토지와 종교를 보호하려면 마땅히 독립을 선포하고 만전을 기해야 한다"고 하였다.[28] 할하 몽골의 독립은 내몽골, 바르가, 우리안카이 등을 포괄하는 전 몽골의 독립을 목표로 한 것이었고, 따라서 세 명의 내몽골 왕공이 대몽골국 외무·총무·국방 등 주요 부의 차관으로 임명되었다. 대몽골국은 중국 혁명파의 강령 "오랑캐를 몰아내고 중화(中華)를 회복한다"를 한족 국가 건립을 의미하는 것으로 이해하고 새로 탄생한 '중화민국(中華民國)'을 '중화한국(中華漢國)'이라고 불렀다. 몽골은 만주족 국가인 청국에 복속했던 것일 뿐이니

---

27) 이평래, 「20세기초 아르 몽골 王公들의 新政에 대한 인식」, 『(김문경교수정년기념)동아시아사 연구논총』(혜안, 1996); 이평래, 「1911년 몽골독립과 하이산」, ≪大東文化研究≫ 제75집(2011).

28) Tsedendambyn Batbayar, *Modern Mongolia: A Concise History*(Ulaanbaatar, Mongolian Center for Scientific and Technological Information, 2002), pp. 21~22; 張啓雄, 『外蒙主權歸屬交涉』(臺北: 中央研究院近代史研究所, 1995), p. 35. 내몽골과의 통합 운동에 관해서는 이평래, 「1912~1913년 복드정부의 내몽골통합시도와 좌절」, ≪중앙아시아연구≫ 14(2009) 참조.

한족 국가인 중화민국이 대몽골국의 주권자가 될 수 없다고 주장하였다.

이에 대하여 중화민국은 자신이 외몽골의 주권국이며 그곳은 중국 영토의 일부라고 주장하면서 독립 취소를 요구하였다. 외몽골이 이를 무시하자 중국은 무력을 동원하여 제압하려다가 러시아의 위협에 밀려 포기하였다. 게다가 이제 갓 성립한 중화민국은 구미 각국의 외교적 승인을 받아야 했으므로 그들의 눈치를 살피지 않을 수 없는 처지였다. 외몽골에 군대를 주둔시키고 막대한 무역 이득을 챙기던 러시아는 외몽골의 후견자로 자처하였지만 러일밀약 때문에 외몽골의 독립을 승인하지 못하였다. 이에 중국과 러시아는 협상을 통해 외몽골 문제를 해결하고자 하였다.

협상은 1913년부터 러시아 - 외몽골과 중국 - 러시아의 양자 협상을 거쳐 1915년 삼자협상으로 이어졌다. 러시아는 '토지를 영유하고 정사를 다스리며 조세를 징수하는 자가 주권자'라는 근대 국제법상 실효적 지배의 원리를 근거로 외몽골에 대한 중국의 주권을 부인하고 그 대신 중국의 종주권(宗主權)만을 인정하였다. 이는 중국의 전통적 대외관계에서 적용되어온 종주권 개념을 활용하여 외몽골의 이권을 양국이 나누어 갖는 것으로서, 마치 1907년 일본과의 밀약으로 만주 이권을 남북으로 분점한 전례를 연상시킨다. 자력으로 독립을 유지할 힘이 없던 외몽골은 어쩔 수 없이 러시아의 조정을 수용하였고 중국도 다른 방도가 없었다. 이에 1915년 중아몽협약(中俄蒙協約)이 체결되었다. 거기에는 중국의 종주권과 외몽골의 자치를 인정하고 "외몽골 복드 젭춘담바 호탁트 칸 명호(名號)는 중화민국 대총통의 책봉을 받으며 민국연력(民國年曆)을 사용한다"는 내용이 명시되었다. 그리고 외몽골은 중국 영토의 일부라는, 앞의 내용과 상충하는 조항도 포함되었다.[29] 사실상 '복드 칸(신성한 황제)'이라는 제호(帝號)를 인정한 셈인

---

29) 張啓雄, 『外蒙主權歸屬交涉』, p. 262.

데, 그에 대해 공화국 대통령이 책봉을 내린다는 상호 모순되는 내용을 삽입한 것이다. 이는 이해관계가 각기 다른 삼자가 타협한 결과이다. 중국은 종주권과 영토권을 확보하는 선에 그쳤고 식민, 관료 파견, 군대 주둔 같은 주권국 권리를 행사할 수 없게 되었다.

외몽골에 대한 중국의 종주권은 당초 러시아에 의해 타협의 산물로 주어진 것이었지만 책봉과 연호 조항을 협약문에 명시한 것은 중화민국이 청제국의 전통적 종번관계(宗藩關係) 규정에 의거해 요구한 결과이다. 외몽골과 러시아는 협약 체결 후 중화민국이 책봉의식을 거행하려 하자 처음에는 완강히 거부하였다. 러시아가 제1차 세계대전에 휘말리면서 틈이 생기자 중화민국은 3국 협약을 근거로 1916년 7월 책봉의식을 거행하였다. 러시아 혁명 직후 혼란을 틈타 중국은 1919년 10월 군대를 파견해 외몽골의 자치를 취소하고 중국군의 호위 속에 1920년 1월 두 번째 책봉의식을 거행하였다.[30]

이에 저항하는 몽골인민당이 1921년 결성되어 소비에트 러시아의 도움으로 1924년 몽골인민공화국이 탄생하였고, 이는 소련의 외교적 승인을 받았다.[31] 중화민국은 1946년까지 그 독립을 승인하지 않았다. 이 사례는 청제국 이래 중국의 판도에 속했던 번부의 하나인 외몽골이 분리 독립을 선언한 것이므로 그에 대한 중국의 외교는 판도 바깥에 위치해 있던 조공국들에 대한 외교와 다를 수밖에 없다. 당시 과거 조공국으로서 불평등조약 하에서이긴 하지만 독립국으로 남아 있던 태국과의 외교를 살펴볼 이유가 여기에 있다.

중화민국은 전통적 조공국이던 태국과의 수교협상에서도 여전히 이중

---

30) 齋藤道彦,「中國近代と大中華主義 - 淸末から中華民國へ」, 中央大學人文科學研究所 編, 『民國前期中國と東アジアの變動』(東京: 中央大學出版部, 1999), pp. 271~273.

31) Tsedendambyn Batbayar, *Modern Mongolia: A Concise History*, pp. 26~27.

외교의 관행을 보였다. 태국은 19세기 후반 조약체제의 도래 속에서 청국에 대한 조공을 스스로 중단함으로써 중국과의 외교관계를 단절하였다. 그 결과 태국 거주 화교는 모두 태국 국민으로 간주되어 각종 무거운 세금 부담을 짊어지게 되었고 화교 대표는 청국 정부에 보호를 요청하였다. 1901년 외무부를 설치한 이후 청국은 태국과 조약을 맺어 화교를 보호하는 한편 베트남의 프랑스 세력을 견제하고자 수교협상을 제의하였다.[32] 청국에게 태국은 조선과 마찬가지의 조공국이었지만, 이미 청국이 한국과 수교한 뒤였고 특히 1907년 제2회 헤이그평화회의에 청국 대표가 태국 대표와 함께 참가한 터였으니 조약 체결을 꺼릴 이유가 없었다. 그러나 당시 태국은 열강과의 불평등조약 개정 교섭을 진행 중이라는 이유로 청국의 요구를 거절하였다.

청국이 멸망한 후에도 태국의 화교문제가 여전하였기에 중화민국 베이징정부는 1920~1924년 태국과의 수교교섭을 진행하였다. 이때 태국이 자국 수반을 '황제(皇帝)'라 표기하자 중국은 이를 '국왕'으로 변경할 것을 요구하였고 그 결과 수차례 협상은 결렬되었다.[33] 태국은 이미 일본과 양국 수반을 황제로 호칭한 조약을 체결한 바 있다. 청국이 1899년 한청통상조약에서 대한국 황제를 인정한 것과 달리 이때 중화민국이 태국 황제를 인정하지 못한 까닭은 무엇일까? 이는 '중화'가 국호에 등장한 데서도 짐작할 수 있듯이 불평등조약에 의해 중국의 국제적 지위가 반(半)식민지로 전락한 이후 오히려 중화의식은 주관적으로 더욱 강화되는 면모를 보인 것과

---

32) 태국은 1913년 출생지주의에 의거한 국적법을 제정해 자국민을 규정하였다. 중국은 1909년 국적대청국례에서 혈통주의를 택해 부계 혈통을 기준으로 그 자녀를 모두 자국민을 규정하였고 중화민국은 1912년 이를 계승한 국적법을 제정하였다. 張啓雄, 『外蒙主權歸屬交涉』, p. 379.

33) 張啓雄, 『外蒙主權歸屬交涉』, pp. 381~399.

관련이 있어 보인다. 이는 물론 국가권력의 담당 주체가 만주족에서 한족으로 바뀐 것을 반영할 것이다.

중화민국 베이징정부는 1928년 중국국민당의 난징국민정부로 바뀌었지만, 외몽골과 태국에 대한 베이징정부의 외교 방침은 이어졌다.[34] 특히 주목되는 것은 당시 비록 반식민지 상태에서이긴 해도 독립국 지위를 유지하고 있던 태국에 대한 국민정부 주석 장제스(蔣介石)의 인식이다. 태국은 1932년 국회를 개설하고 헌법을 제정하여 입헌군주국이 되었으나, 1942년 5월 일본군에 점령되었다. 그 직후인 1943년 11월 장제스는 카이로회담에서 "태국의 독립 문제를 우리가 제기해야 한다"면서 이를 조선·베트남의 독립문제와 나란히 제기하였다.[35] 그는 이때까지도 태국을 독립국으로 인정하지 않았던 것이다.

국민정부의 이러한 인식은 대한민국임시정부에 대한 태도에서 더 잘 드러난다. 국민정부는 중국에 있던 임시정부를 지원하면서도 끝내 그에 대한 외교적 승인을 하지 않았다. 특히 1941년 11월 아시아·태평양전쟁이 개시된 후 임정의 간곡한 승인 요구를 거절한 채 중화주의적 대국외교의 길을 갔다. 중국이 1942년 1월 4대국의 하나로 연합국 성명에 참여하고 이듬해 1월 미영과의 불평등조약을 폐지하는 신조약을 체결한 것이 대국외교를 뒷받침해주었다.

중국학자들은 중국이 1942년 12월 "적절한 시기에 다른 어느 나라보다

---

34) 외몽골 독립 선언 당시 쑨원과 혁명파는 이미 독립을 부정하는 입장을 분명히 한 바 있으므로, 국민정부는 이를 계승한 셈이라 할 수 있다. 당시 그들은 몽골이 청대(淸代)에 이미 중국 영토의 일부가 되었다는 영토론, 몽골족은 원래 한족과 동족이라는 동포론에 의거하여 몽골 독립을 반대하면서 몽골 정벌을 주장하였다. 배경한, 「신해혁명직후 몽골의 독립에 대한 孫文과 혁명파의 대응」, ≪인문과학≫ 제30권 제1호 (2000) 참조.

35) 왕후이, 『아시아는 세계다』, 송인재 옮김(글항아리, 2011), 326~327쪽.

먼저 한국 임정을 승인한다"는 방침을 정했음에도 미영의 눈치를 살피면서 미루다가 일제의 패망을 맞이하였다고 보았다.[36] 중국은 한국의 독립역량이 부족하다고 파악한 미영의 정책을 따른 것뿐이라는 것이다. 나아가 1943년 11월 14일 장제스는 카이로 회담에 앞서 조선과 태국의 독립을 보증한다는 방침을 정하였고 23일 이를 루스벨트에게 제안하였다고 알려져 있다.[37] 그러나 미영 외교문서를 분석한 구대열의 연구에 따르면, 중국이 한국의 독립을 제안한 것은 자국 주도하의 친중정부를 수립하려는 의도에서 나온 것이었다. 이때 국민정부의 대한정책은 중화주의적 경향과 소련의 팽창주의에 대한 경계에 의해 규정되었다.[38] 이와 관련하여 충칭 주재 미국대사 고스와 총영사 랭던이 1942~1944년 본국에 보고한 문건의 요지는 다음과 같다.

첫째, 중국 외교부 부부장은 한국문제에 대해서는 중국이 미국보다 잘 알고 있으므로 중국이 주도권을 행사하여 처리하는 것이 좋다고 하였다. 이에 중국정부는 한국 임정과 독립운동 세력의 상황에 대해 문의한 미영에게 한국인은 단결하지 못하고 분열되어 있으며 자치·독립능력을 갖추지 못하였다는 의견을 제출하였다. 나아가 국민정부는 한국 독립운동 세력을 각기 따로 지원함으로써 분열을 조장하고 한인의 분열을 실제 이상 과장하여 전하였으며 국민당계 신문들이 1943년 한국 독립운동 단체들의 통합 사실을 보도하지 못하도록 금지시켰다. 그 결과 미영이 한국의 해방과 동시에 즉각 독립이라는 결정을 내릴 가능성을 사전에 제거해버리고 "적절한 시기의 독립"으로 귀결되도록 만들었다.[39]

---

36) 쉬완민, 『중한관계사: 근대편』, 430~445쪽; 吳東之 主編, 『中國外交史, 1911~1949』 (鄭州: 河南人民出版社, 1990), p. 553.

37) 吳東之 主編, 『中國外交史, 1911~1949』, pp. 551~552.

38) 구대열, 『한국국제관계사연구 2』(역사비평사, 1995), 89쪽.

둘째, 중국이 임시정부를 승인하지 않는 것은 일본 패망 후 한국을 중국의 종주권 아래에 두려는 욕망 때문이다. 중국은 한국에 재정지원을 하는 조건으로 삼민주의를 한국 민족운동의 정치이념으로 공식화할 것을 요구하는 동시에, 1942년 말부터 한국 임정이 충칭(重慶) 주재 각국 대사관들과 직접 접촉하는 것을 불허한다는 입장을 여러 차례 천명하였다. 한국광복군의 확대 요구에도 반대하고 오히려 그 활동을 묶어두는 '광복군 행동준승(光復軍 行動準繩)'을 반포하였다. 그 때문에 한국 임정은 본부를 워싱턴으로 옮기는 문제를 강력히 고려하였으나 중국 측의 저지로 좌절되었다.[40)]

이러한 중국의 대한정책은 중국계 미국학자 류샤오위안(劉曉原)의 미국 외교문서에 의거한 연구와도 일치한다. 그에 따르면 장제스는 1938년 한국·대만을 회복해 중화를 공고히 하는 것이 쑨원(孫文) 유산의 하나라고 정부 관원에게 말했으며, 1943년 루스벨트에게 보낸 전후구상에서 한국을 '중미 합동 훈정(訓政)하의 반독립(半獨立) 지위'에 두고자 하였다. 이를 위해 재중 한인의 군사정치활동을 엄격히 지도·감독하고자 하였다. 1943년 미 국무부 안에는 중국이 한국을 재점령하여 소련의 개입을 배제하려 한다는 소문이 파다하였다.[41)]

이상은 어디까지나 미국이 파악한 중국의 대한정책이므로 한국 임정도 그렇게 파악하고 있었는지는 또 다른 문제이다. 임시정부 요인들도 국민정부의 중화주의적 대한정책을 심각하게 인식하고 중국이 바라는 한국 독립

---

39) 같은 책, 93, 100, 106쪽.

40) 같은 책, 101, 104~105, 108, 112~117, 123쪽.

41) 劉曉原, 「東亞冷戰的序幕: 中美戰時外交中的朝鮮問題」, 《史學月刊》 2009年 7期, pp. 70~77. 그 밖에 배경한, 「중일전쟁시기 蔣介石과 국민당정부의 대한정책」, 《歷史學報》 제208집(2010); 이재령, 「20세기 중반 한중관계의 이해: 독립운동에 대한 중화 의식의 이중성」, 《中國近現代史硏究》 제29집(2006) 등의 연구도 중국의 중화주의적 대한 정책을 보여준다.

이란 결국 "중국의 일부분으로서의 한국"일 뿐이라고 우려한 사실이 임시의정원 34회 의사록(1942. 11)에 기록되어 있다.[42] 임정 외교부장 조소앙(趙素昻)은 중국의 이러한 대한정책이 전후 한국을 과거와 같은 속국으로 만들려는 야심의 표현이라고 비난하였다.

한편 중국 국민정부와 달리 중국공산당은 화북과 만주에서 활동하던 조선인 독립운동 세력을 적극 지원하고 조선의용군을 비롯한 독립군의 확대에 적극적이었다. 그러나 공산당 역시 그 대가로 독립 후의 한국에 대하여 영향력을 행사하고자 하였다. 조선독립동맹(1942)의 전신인 화북조선청년연합회(1941)의 준비 과정에서 중국공산당은 이를 적극 지원하면서 조선이 독립되는 경우 국내의 부흥정치에 관해 중국공산당의 의견을 수용해야 한다는 요구를 제시하였다.[43] 마오쩌둥 사상을 따르라는 요구인 것이다.

한국에 대한 중화민국의 주도권 행사 의도는 1943년 카이로회담에서 한국에 대한 국제공관(國際共管)을 주장하는 미영에 의해 제동이 걸렸다. 그 후에도 중국은 국제공관을 미·영·중 3국이 주관하도록 함으로써 소련의 참가를 배제하고 사실상 중국의 주도하에 두려고 하였으나 역시 뜻을 이루지 못하였다.[44]

---

42) 박성수, 『독립운동사연구』(창작과비평사, 1980), 368쪽.

43) 장세윤, 「항일전쟁기 중국공산당의 한국독립문제 인식과 대응」, ≪한국독립운동사연구≫ 제9집(1995), 265쪽; 김지훈, 「중일전쟁기 중국공산당의 한국인식」, ≪歷史學報≫ 제184집(2004).

44) 이러한 중화민국의 중화주의적 한국인식은 당시의 외국 지명 표기 원칙에도 반영되었다. 葛綏成 編, 『最新中外地名辭典』(上海: 中華書局, 1940)에 따르면 외국 지명 표기 원칙은 음역·의역·음의역·편의역 등 네 가지인데, "과거 중국의 영토였던 곳은 주인의 예에 따른다"는 예외 조항을 두고 조선의 수도 한성(漢城)을 예외 조항의 적용 대상지 중 하나로 열거하였다. 이 원칙은 중화인민공화국에 그대로 계승되었다. 유용태, 「중국인의 '南朝鮮 漢城': 20세기 중화주의」, ≪동아시아역사연구≫ 제4집(1998).

요컨대 1945년 이전 중국이 조약을 통해 근대외교관계를 수립한 동아시아 국가는 오직 1871년 이래의 일본과 1899년 이래의 대한제국 둘뿐이었다. 그나마 대한제국과의 관계는 단 6년 만에 종결되었다. 양자 모두 청국 외교이지 중화민국 외교가 아니라는 점이 눈길을 끈다. 대한제국이 멸망한 후에는 몽골인민공화국과 태국이 그 승인 대상이었지만 중국은 이 두 나라를 승인하지 않았다.

## 4. 전후 중국의 보편외교와 한중수교

중화민국이 외몽골의 독립을 승인하고 태국과 수교한 것은 제2차 세계대전 후인 1946년의 일이다. 이때 비로소 중화민국의 이중외교가 종식되었다. 새로 독립한 필리핀·버마 등과도 이때 수교하였다. 이제야 비로소 중국의 열강/대국에 대한 근대외교와 과거 조공국이었던 동아시아 소국들에 대한 전통외교가 병행되어온 이중기준의 외교가 종식된 것이다. 이렇게 하나의 표준에 의거한 외교를 '보편외교'라고 부른다.[45] 1947년 6월 상하이(上海)에서 연합국 극동경제위원회가 개최되었는데 중국, 미국, 영국, 프랑스, 소련, 인도, 태국, 호주, 필리핀, 버마 등 10개국 대표가 참가하였다. 외교부장 왕스제(王世杰)가 개막식 치사에서 "중국에서 이런 성질의 회의를 개최한 것은 처음 있는 일로서 영광스럽기 그지없다"고 감개무량하게 말하였다.[46] 아직 한국과의 수교는 남아 있는 상태였지만, 이는 한국의 건국이 신탁통치와 남북분단으로 인해 지체된 탓이었다.

---

45) 吳東之 主編, 『中國外交史, 1911～1949』, p. 696, 717.
46) 吳東之 主編, 『中國外交史, 1911～1949』, p. 719.

중국이 1946년 외몽골의 독립을 승인한 것은 1945년 2월 얄타밀약에서 미국과 소련이 내린 결정에 어쩔 수 없이 따른 결과였다. 얄타회담에서 미국은 소련의 대일참전을 유도하기 위해 만주에서의 소련의 이권을 러일전쟁 이전 수준으로 회복하고 외몽골의 현상을 유지하기로 합의하였다. 이에 의거해 1945년 8월 일본 패망 직전 중소우호조약이 체결되었다. 협상 과정에서 소련 측이 외몽골 독립 승인을 요구한 데 대하여 중국은 외몽골에 대한 자신의 주권을 주장하였으나 소련이 이를 대일참전의 조건으로 내세우자 중국은 소련이 국민정부를 승인하고 중국공산당을 지원하지 않는다는 약속을 받고서 수용하였다. 결국 조약문에 중국은 일본 패전 후 외몽골이 공민투표를 거쳐 전 인민의 독립 열망을 확인하면 그때 독립을 승인하겠다고 명시하였다. 책봉의식까지 거행했던 중화민국이 이때 왜 하필 공민투표를 조건으로 들고 나왔는지는 알 수 없다. 1945년 10월 외몽골은 중국 국민정부 내정부 차장의 입회하에 공민투표를 거쳐 투표자의 98.4%가 독립에 찬성하였음을 확인하였다. 중국은 이듬해 1월 이를 근거로 외몽골의 독립을 승인하였다.[47)]

1945년 일제의 패망으로 해방을 맞이한 한중 양국은 모두 남북으로 정치 세력이 갈라져 내전을 겪고 분단정부가 수립되는 혼란 속에 외교관계의 회복은 엇갈리고 지체되었다. 중화민국은 내전의 와중에도 1948년 대한민국 정부 수립과 국제적 승인 과정에서 극히 중요한 역할을 담당하였다.

미소공동위원회 결렬 이후 미국이 한국독립 문제를 유엔에 상정함에 따라 중국은 유엔 상임이사국으로서 미국과 함께 한국문제에 깊이 개입하였다. 1947년 11월 유엔총회 정치위원회(소총회)가 남한만의 총선거를 시행키로 결정하였을 때 그 감시기구로 조직된 유엔한국임시위원회는 중국, 호

---

47) 王永祥, 『雅爾達密約與中蘇日關係』(臺北: 東大圖書公司, 2003), pp. 426~428.

주, 캐나다, 인도, 필리핀 등 9개국으로 구성되었다. 중국인 후스저(胡世澤) 가 위원회의 사무국장을 맡아 1948년 5월 치러진 5·10 총선 관련 업무를 주도하였다. 그 결과 대한민국 제헌의회가 구성되고 정부가 수립되었다. 한국 정부는 그해 9~12월 파리에서 열린 제3차 유엔총회에 승인외교 대표단 (조병옥 특사, 장면 단장)을 파견하였고 이들의 활약으로 유엔은 비로소 대한민국의 독립을 승인하였다. 그러나 이때 한국 대표는 초청장을 받지 못한 상태였으므로 회의 참석 자격이 없었는데, 중국 대표 장팅푸(蔣廷黻)가 먼저 소총회에 한국 대표를 초청하고 한국독립 문제를 안건으로 상정하여 통과시켰으며, 이어서 미국 대표와 함께 이를 총회에 상정하여 통과시켰다.[48] 이 과정에서 북한의 승인문제도 제안되었으나 거부되었다.

이제 남은 것은 중국과의 수교 절차였다. 미국과 함께 경쟁적으로 한국 문제를 중시해온 중국은 이미 한국 정부 수립 직전에 사실상 승인을 결정하고 정부 수립 직후인 9월 서울에 총영사관을 개설하였다. 이에 상응하여 한국은 11월 난징에 특사관(特使館)을 개설하고 특사를 파견하였다. 1949년 1월 3일 중국과 한국이 상호 승인함에 따라 양국관계는 대사급 외교관계로 격상되었다(양측의 초대 대사는 한국의 신석우, 중국의 사오위린이다). 당시 한국이 맺은 대사급 외교 상대국은 오직 중국과 그보다 이틀 앞서 승인한 미국뿐이었다.

이로써 1906년 단절된 한중 근대외교관계는 44년 만에 회복되었다. 그런데 1949년의 한중수교는 먼저 유엔총회라는 국제사회가 한국 독립을 승인한 후에 완성되었다는 절차와 형식 면에서 특이하다. 또 중국은 다른 어느 나라보다 먼저 한국을 승인하겠다던 호언과 달리 미국의 뒤를 따라서 승인한 점도 눈에 띈다. 중국이 미국과 경쟁하면서 대한외교의 주도권을 장악

---

48) 洪淳鎬, 「韓國戰爭 前後 韓中關係의 序說的 硏究」, 《社會科學論集》 제11호(1990).

하기 어려웠음을 말해준다.

한편 한국은 남한에 국한된 정치 주체였고 중국대륙과는 국교가 없었으니 이때의 한중수교는 반쪽 수교였다. 중화민국은 1949년 12월 내전에서 패퇴하여 대만으로 물러났기 때문이다. 따라서 그 후 1992년까지 한국과 중화민국 간의 외교관계는 대만과의 관계일 뿐이었다.

그 사이 북한은 1949년 10월 대륙 중국을 대표하는 중화인민공화국과 상호 승인의 외교관계를 수립하였다. 북한은 1946년부터 중국의 국공내전에서 공산당이 초기의 열세를 반전시켜 동북(만주)에서 우위를 차지하는 데 필요한 중요한 지원을 아끼지 않았다. 그래서 중국은 이 시기의 북한을 "동북 해방군의 전략적 후방과 공급기지"로 여길 정도였다.[49] 이런 지원관계를 원활하게 하기 위해 북한과 중국공산당 동북국(東北局) 간에는 국가 건립 이전에 국가 간 외교사무와 동일한 업무 수행기구가 설치되었다.[50] 이를 바탕으로 이루어진 양국의 수교는 대등한 여느 국가와의 관계를 넘어서는 혈맹의 관계였다. 오늘날 중국학자들은 당시 중국이 북한과 수교한 것은 "중국 동북의 안전을 지키기 위한 것이며 이는 역사상 중국과 한반도 국가와의 관계의 지속"이라고 이해하였다.[51] 조공관계와 조약관계의 차이를 뛰어넘어 자국 방위를 강조하는 그 의식의 밑바닥에는 조선을 중국 방위의 울타리(번속)로 간주하던 전통적 중화의식이 작동하는 것으로 보인다. 이듬해 한국전쟁이 발발하자 중국은 바로 이와 같은 동북 방위를 위해 파병 참전하였고 패전의 위기에 처한 북한을 구원함으로써 울타리를 지켜내었다.

---

49) 劉金質·張敏秋·張小明, 『當代中韓關係』(北京: 中國社會科學出版社, 1998), pp. 13~14. 더 상세한 사정은 이종석, 『북한 - 중국관계, 1945~2000』(중심, 2000), 54~105쪽 참조.

50) 이종석, 『북한 - 중국관계, 1945~2000』, 56쪽.

51) 劉金質·張敏秋·張小明, 『當代中韓關係』, p. 12.

1949년 이후 남북한과 '분단된 중국'의 엇갈린 국교수립은 1906년 이래 단절된 양국관계의 회복이었지만 남한은 대륙 중국을 대표하는 국가와 외교관계를 회복하지 못한 채로였다. 북한 - 중국을 적성국가로 간주하는 남한과 중화인민공화국의 외교관계 수립은 한국전쟁과 베트남전쟁으로 증폭된 냉전적 대립으로 인해 오래도록 지체되었다. 중화인민공화국이 태국, 말레이시아, 필리핀, 버마 등 동남아의 자본주의 진영 국가들과 수교한 것은 1975년 베트남전쟁 종결 이후이다.[52] 일본 역시 한국전쟁과 베트남전쟁에서 중국의 적대진영에 후방기지를 제공하는 중대한 역할을 담당하였으므로 이 전쟁이 지속되는 한 중국과의 외교관계를 회복하기 어려웠다. 미국이 베트남전쟁에서 손을 떼기로 결정함으로써 중국과의 국교정상화가 개시되자마자 미국과 동맹관계에 있던 일본도 중국과의 국교정상화에 나설 수 있게 되었다. 중일수교가 1972~1978년에 완성된 까닭이 여기에 있다. 그런데 이것이 1971년 중화인민공화국이 UN에 가입하여 국제사회의 승인을 받는 절차를 거친 뒤의 일이라는 점에서 1949년 남한 - 중화민국 수교의 과정과 흡사하다. 냉전시기 외교의 특징이 아닌가 싶다.

이때 남한 - 중국의 국교가 회복되지 않고 지연된 것은 분단체제 때문이다. 중국이 자신의 혈맹인 북한의 반대를 무시하고 남한과 수교하는 것은 불가능했다. 한중 간의 민간무역은 중국의 개혁개방이 시작된 1979년 이래 초기에는 홍콩을 거치는 방식으로, 나중에는 직접적으로 이루어졌다. 중국 당국은 개혁개방 정책을 뒷받침하기 위해 한국의 자본과 기술, 그리고 산업화 경험이 필요하다고 보아 1982년 한국과의 수교 방침을 결정하였다.[53]

52) 謝益顯 주편, 『중국외교사 4(1979~1994)』, 한인희 옮김(지영사, 2000), 243쪽.
53) 이 사실은 베일에 가려져 있다가 한국 주재 초대 중국 대사를 역임한 장팅옌(張庭延)에 의해 수교 20주년을 맞이한 올해 초 공표되었었다. 「장팅옌 초대 주한 중국대사 인터뷰」, 《한겨레》 2012. 1. 5.

그럼에도 실제 양국의 수교협상은 '두 개의 한국' 문제(북한문제)와 '하나의 중국' 문제(타이완문제) 때문에 지체되어 새로운 조건의 도래를 기다려야 했다.

한중무역의 급성장은 협상 개시를 위한 여건을 빠르게 조성해주었다. 88 서울올림픽을 전후하여 한중 무역이 급증하였고 기대감에 부푼 한국의 기업들은 1990년 베이징 아시안게임 경비의 20%를 지원하였다. 타이완과의 무역도 상당하였으므로 한 - 타이완 무역이 한 - 중 무역을 웃도는 한 '하나의 중국'을 수용해 이를 포기하기 어려웠으나, 1991년 후자가 전자를 앞지르기 시작하자 타이완 무역에 집착할 필요가 없어졌다. 미·일이 이미 중국과의 수교 과정에서 '하나의 중국' 원칙을 수용하였기 때문에 외교적으로 한국 정부가 이를 수용하기는 어렵지 않았다.

북한문제는 1991년 9월 남북한 동시 UN 가입으로 풀렸다. 하필 1992년에 한중수교가 이루어진 중요한 까닭은 여기에 있다. 국제사회의 승인을 발판으로 삼아 중국은 이때 한중수교와 동시에 미·일이 북한과 수교하는 '교차승인'을 선결조건으로 제시하였다. 중국은 이를 통해 한중수교가 북한에 주게 될 충격을 완화하고자 한 것이다. 그에 앞서 한국의 북방정책으로 1990년 9월 소련과의 수교가 이루어졌으므로 중국의 이 구상이 실현되면 동아시아의 평화 증진에 기여할 가능성이 컸다. 그러나 1992년 2월 한반도 비핵화 공동성명 서명 직후 북한이 국제원자력기구의 사찰을 거부함에 따라 국제 여론이 악화되자 미국과 일본은 '교차승인'을 포기하게 되었다. 그에 따라 중국이 교차승인 요구를 철회하는 대신 한국은 중국이 북한과의 우호협력관계를 지속한다는 데 동의하였다.[54] 협상 과정에서 중국 정부는 지속적으로 북한을 설득하고 양해를 구했으며, 북한의 반발을 달래기 위해

---

54) 宋成有 外, 『中韓關係史: 現代卷』(北京: 社會科學文獻出版社, 1997), pp. 221~222.

36억 위안의 원조와 190억 위안에 달하는 부채 상환을 연기해주기로 약속하였다. 그러나 한국 정부는 타이완에 대하여 이를 비밀에 부치고 있다가 수교 발표 직전에 알렸다. 타이완과의 단교는 물론 한국 내 타이완 정부 재산을 양도하라는 중국 측 요구를 수용하지 않을 수 없었던 상황에서 타이완의 방해 공작을 염려했기 때문이라고 한다.[55]

양국의 상호승인과 대사급 외교관계의 수립을 공표한 한중 공동성명은 양국 외무장관(李相玉, 錢其琛)의 이름으로 작성되었다. 거기에 양국은 국제연합 헌장의 원칙에 의거해 상호 주권과 영토를 존중하며 평등호혜와 평화공존의 기초 위에 협력관계를 발전시켜갈 것을 합의하는 데서 더 나아가 다음 두 가지 중대한 합의사항을 명시하였다. 첫째, 양국은 한반도 형세의 안정과 긴장 완화에 노력해 아시아의 평화와 안정을 돕는다. 둘째, 중국은 한민족(조선민족)의 평화통일을 조속히 실현하고자 하는 원망을 존중하며 한민족의 자주적 평화통일을 지지한다.[56] 이 성명은 한반도 평화가 아시아 평화와 직결된다는 한반도 지정학에 대한 공통 인식을 담고 있는 점에서 양국관계를 넘어서는 동아시아적 의미를 갖는다. 교차승인이 어그러지면서 북한-일본의 수교가 이루어지지 않은 것은 동아시아 최대의 불안 요인으로 남아 있다.

한중수교를 전후하여 양국의 경제교역은 폭발적으로 증가하였고 그 매개적 촉진자의 하나가 중국 거주 조선인이다. 주로 일제강점기에 이주하여 1949년 이전에 중국에 정착한 조선인은 중국 국적을 취득한 중국인(소수민족의 하나인 '조선족'으로 불린다)이 되었고 그 수가 수교 당시 200만 명을 넘었다.[57] 그들 중 상당수는 한국전쟁 때 북한을 지원하거나 참전하여 남한

---

55) 정재호, 『중국의 부상과 한반도의 미래』(서울대학교출판문화원, 2011), 171~172. 179~180쪽. 수교협상 과정에 대해서는 이 책의 제6장에 상세히 설명되어 있다.
56) 宋成有 外, 『中韓關係史: 現代卷』, pp. 226~227.

과 적대하는 관계에 서 있었지만, 이러한 적대관계가 중국의 개혁개방을 포함한 동아시아 냉전체제의 완화에 따라 서서히 해소됨에 따라 1984년부터 남한에 고향 방문 등의 명목으로 드나들기 시작하였다. 그들은 가족을 만나는 한편 상업과 취업의 기회를 잡기도 하였으며 한중 교역 증대와 한국 기업에 중국 진출의 매개자, 통역자, 촉진자로서 큰 도움을 주었다. 이는 권병현(權丙鉉) 전 주중 한국대사가 2000년에 한 다음과 같은 진술에 의해 확인된다. "국교가 열리면서 8년간 한중관계, 특히 경제관계가 비약적으로 발전했습니다. 이는 200만 조선족 동포가 거기 있었다는 것이 가장 큰 요인이었다고 봅니다. 그 분들이 말이 안 통할 때 말을 통하게 했고, 인맥이 없을 때 인맥을 놓으며 중국과의 기술교류, 무역, 투자에 커다란 기여를 했습니다."[58]

이와 달리 수교협상 과정에서 한중 양국이 재미 교포와 재한 화교를 메신저로 활용하였음에도 재만 조선인을 활용하지 않았다는 점은 특기할 만하다. 교섭 초기 한국 측의 메신저 역할을 담당한 사람은 남한 거주 화교 한승호(韓升浩)와 재미교포 조이제(Yeejay Cho)였다. 산둥 출신 한의사 한승호

---

57) 이미 한두 세대 전에 만주 현지에 정착한 조선인은 중화인민공화국에 의해 1948~1952년 중국 소수 민족의 하나로 편입되어 중국 국적의 '조선족'으로 불렸다. 그들은 이중적 정체성 - 한반도 거주 조선인/한인과 같은 민족이라는 민족정체성과 중국 국적의 공민이라는 국가정체성 - 을 갖고 있었음에도 한국전쟁 때 중국·북한을 도와 남한·미국을 상대로 한 전쟁에 참가하였다. 그로 인해 그들은 남한과 적대관계에 놓이게 되었고 이는 한중수교까지 지속되었다. 이에 대해서는 채영국 외, 『연변조선족 사회의 과거와 현재』(고구려연구재단, 2006); 염인호, 『또 하나의 한국전쟁 - 만주 조선인의 '조국'과 전쟁』(역사비평사, 2010); 李海燕, 『戰後の'滿洲'と朝鮮人社會: 越境·周緣·アイデンデイデイ』(東京: 御茶の水書房, 2009); Bernard V. Olivier, The Implementation of China's Nationality Policy in The Northeastern Provinces(San Francisco: Mellen Research University Press, 1993) 참조.

58) 이재달, 『조선족 사회와의 만남』(모시는사람들, 2004), 234쪽.

는 노태우 대통령의 부탁으로 중국의 대한(對韓) 창구인 산둥성 성장을 비롯한 고위 관계자들과 접촉하고 하와이대학교 동서문화센터 부총재인 조이제는 노 대통령의 친서를 장쩌민 주석에게 전달하였다.[59] 이에 상응하여 중국 당국은 조선족을 메신저로 활용할 만하지만 그러지 않았다.

그 이유는 차후에 밝혀야 할 과제인데, 우선 북한과의 특수한 관계가 고려되었기 때문으로 보인다. '하나의 중국'을 수교 교섭의 대원칙으로 주장하는 중국 당국을 상대로 한국 정부가 중화민국 국적의 화교를 메신저로 활용하는 것은 아무 문제가 없다. 물론 이것도 중국 당국이 용인해야 비로소 성립될 수 있는 일이다. 과거 조공외교에서도 태국 같은 동남아 각국의 조공 사절에는 흔히 현지 거주 화교가 포함되어 중요한 역할을 담당한 역사적 선례들이 있으므로 거부할 이유가 없었을 것이다. 하지만 북한과 특수관계를 가진 '조선족'을 서로 대치하는 '두 개의 한국'을 전제로 한 협상에서 메신저로 내세우기는 어려웠을 것이다. 우선 중국 당국이 모국을 가진 소수민족을 해당 모국을 상대로 한 외교에 기용한 전례가 없었기 때문이다. 그리고 북한과의 관계를 의식한 한국 정부의 반응도 별로 호의적이지 않았을 것 같다.


## 5. 맺음말

이상에서 본대로, 중국의 근대외교는 매우 지연되었으며 특히 그 상대로 승인한 동아시아 국가는 오직 일본제국과 대한제국뿐이다. 태국과 새로 독립한 외몽골에 대해서는 전통적 조공관계의 논리에 기대어 줄곧 승인하지

---

59) 정재호, 『중국의 부상과 한반도의 미래』, 155~156쪽.

않다가 제2차 세계대전 종전 후에야 비로소 승인하였다. 중국의 이중외교는 이때까지 지속된 것이니, 대한민국임시정부를 승인하지 않은 이유도 같은 맥락에서 이해될 수 있다.

이처럼 조약에 의거해 상호승인하고 외교관계를 맺는 조약체제에 대한 중국의 거부감이 강했던 것은 그것이 이윽고 식민체제로 전화되는 예가 많았기 때문이기도 하다. 그래서인지 중국인은 그것과 대비된 조공체제의 합리성과 평등성을 강조하곤 한다. 그러나 한국인을 비롯한 그 이웃나라의 인식은 그와 다를 수밖에 없다.

예를 들면 2000년 한국의 한 외교관은 국제학술대회에서, "우리는 과거에 오랫동안 중국의 세계 속에서 살았는데 지금 다시 중국의 세계 속으로 돌아가는 것은 상상도 하기 싫다"고 말하였다. 이에 대해, 장샤오밍(張小明, 베이징대)은 중국 중심의 조공체제는 그 존재 조건을 상실하였고 중국이 결코 패권을 추구하지 않을 것임에도 주변국들이 이처럼 "역사적 기억에서 유래하는 우려와 초조감"을 보이는 것은 기우에 지나지 않는다고 비판하였다.[60]

그것이 단순한 기우일 수 없음은 현재 중국의 영향력 있는 지식인들의 세계인식에서 입증된다. 왕후이(汪暉, 칭화대)는 조공관계 속에는 상호인정과 상호존중의 평등관계가 포함되어 있으며 이 점에서 현대국가는 제국주의 정치를 초월하는 문화적 자원을 발견할 수 있다고 하였다.[61] 그는 중국

---

60) 張小明, 「中韓關係的回顧與展望」, ≪China연구≫ 6(2008) 참조.
61) 이는 왕후이가 쑨원의 중화질서에 대한 인식을 설명하면서 내놓은 견해이다. 왕후이, 『새로운 아시아를 상상한다』, 이욱연 옮김(창비, 2003), 189쪽. 그러나 쑨원은 중화민국이 강성해지면 옛 번속(藩屬)을 회복해야 하며 조선, 베트남, 버마, 유구 등은 스스로 중국의 일부로 가입해올 것이라고 주장하였다. 배경한, 「孫文의 대아시아주의와 한국」, ≪釜山史學≫ 제30집(1996), 146~147쪽.

의 "내면화된 제국성"이 중화민족론을 매개로 청제국(淸帝國)에서 중화민
국을 거쳐 인민공화국에 계승되고 있다는 한국학자의 지적에 대하여 인민
주권이 실현되고 있다는 이유로 그것은 종래의 제국성과 완전히 다르다고
주장하였다.62) 이는 그가 티베트 문제를 논의하면서 내놓은 견해여서 중화
민국이 외몽골의 독립을 부인했던 것과 동일한 논리(五族共和論)가 지속되
고 있음을 보여주는 예라 하겠다. 판웨이(潘維, 베이징대)의 『當代中華體制』
(2009)와 자오팅양(趙汀陽, 중국사회과학원 철학연구소)의 『天下體系』(2005)
등은 더욱 체계적으로 중국 전통의 중화적 천하관을 되살리자고 주장하였
다.63) 조공관계에 대한 지식인의 이와 같은 긍정적 인식은 이른바 '중국 특
색'의 국가발전 모델에 대한 기대와 연동되어 있는 것으로 보인다.

중국의 국가 당국도 그러한 의지를 감추지 않고 있다. 중화인민공화국은
유엔 가입과 동시에 중화민국의 상임이사국 지위를 승계함으로써 세계 5
대국 지위를 회복한 위에서, 개혁개방의 성공에 힘입어 장쩌민(江澤民) 주
석에 의해 공식화된 '대국외교'를 점차 강화하고 있다. 2010년에는 'G2'의
일원이 되기에 이르렀으며, 그에 앞서 성세수사(盛世修史)의 전통을 재현한
국가 차원의 통치 프로젝트라 할 '국가청사편수공정(國家淸史編修工程)'
(2002~2012)이 추진되었다.64) 이 과정에서 국가 주요 지도자들에게 '강건
성세(康乾盛世)'의 청사(淸史) 강좌를 진행한 것은 중국 역사상 최대의 판도

---

62) 왕후이, 『아시아는 세계다』, 210~211쪽. 그가 일면 수용하고 일면 비판한 대상은 필
   자의 학술회의 발표문 「近代中國的民族認識與內面化了的帝國性」(淸華大學, 2008. 12)
   인데, 한글본은 유용태, 「근대중국의 민족제국주의와 단일민족론」, ≪동북아역사논
   총≫ 제23호(2009)이다.
63) 판웨이, 『중국이라는 새로운 국가모델론』, 김갑수 옮김(에버리치홀딩스, 2010); 자오
   팅양, 『天下體系: 21세기 중국의 세계인식』, 노승현 옮김(길, 2010).
64) 허혜윤, 「淸史工程의 배경과 현황」, ≪中國近現代史研究≫ 제42집(2009), 114~115
   쪽; 유장근 외, 『중국 역사학계의 청사연구 동향』, 62~75쪽.

를 확보한 강희·건륭제의 제국 통치에서 역사적 교훈을 얻겠다는 의지를 분명히 한 것이다. 이에 상응하여 민간에서는 염황숭배(炎黃崇拜) 붐을 비롯한 문화보수주의가 강렬하게 일어났다.

그런 만큼 이와 함께 부활하는 중화주의를 우려하는 목소리가 중국 바깥에서 커지고 있다. 물론 이상과 같은 중국의 의지와 힘만으로 중화질서를 회복할 수는 없을 것이다. 이는 이웃나라들에 통용될 수 있는 국제질서의 보편 원리를 제공해야 하고 이를 이웃나라가 인정하고 수용할 때 비로소 가능할 터이기 때문이다.[65]

동아시아에서 중국의 규모는 예나 지금이나 주변 소국들과 비교가 되지 않는 거대한 대국이어서 엇비슷한 나라들끼리 경쟁하고 타협하는 유럽 국가들과 달리 중국이 스스로의 대국성/제국성을 비춰볼 거울을 갖기 어렵다. 이러한 동아시아적 조건에서 한중 양국은 조공시대의 상하관계와 냉전 시대의 적대관계를 청산하고 협력/동반자 관계를 만들어가고 있다. 이는 탈냉전기 동아시아의 지역질서 형성에 대하여 매우 중요한 의미를 갖는다. 이로부터 가꿔나가야 할 한중관계의 미래는 따라서 양자관계에 대한 이해를 넘어서 동아시아 지역 차원의 역사와 질서 속에서 중국과 한국을 얼마만큼 객관화하여 파악할 수 있는가에 달려 있다.

이를 돕기 위해서는 쌍방향의 노력이 필요하다. 우선 중국학계는 자국의 초월적 대국 지위에 대하여 주변의 소국들이 갖고 있는 역사 기억에서 유래하는 우려 — 소국의 우려는 대국이 생각하는 것 이상으로 크다 —를 역지사지(易地思之)의 자세로 이해하고, 한국을 비롯한 이웃나라 학계는 그들의 이런 노력에 필요한 거울을 스스로 마련할 수 있도록 역사대화를 진행해야 한다. 이때 필요하고도 유효한 것 중의 하나가 연관과 비교의 동아시아적

---

65) 白永瑞, 『思想東亞: 韓半島視覺的歷史與實踐』(臺北: 唐山出版社, 2009), pp. 20~21.

시각이 아닌가 한다. 가령 중화공화국(중화민국, 중화인민공화국)이 근대 일본제국의 부정적 유산을 성찰하고 청산하라고 촉구하는 것이 당연하다면 그 자신이 청제국의 제국성을 계승한 사실에 대해서도 같은 기준을 적용할 수 있어야 한다. 물론 이 둘은 다른 조건에서 일어난 일이지만, 팽창 지향의 제국성의 문제라는 점에서 본질적으로 다르지 않다. 일본이든 중국이든 제국의식과 제국 경험을 당연시하는 한 이웃나라와의 갈등을 피할 수 없기 때문이다.

# 제1부
# 한중 근대외교의 형성과 전개

## 제1장

# 한중 근대외교의 실험(1895~1905)[*]

이은자

## 1. 머리말

한국과 중국의 역사적 관계는 천 수백 년에 이른다. 시기에 따라 나타나
는 양상이 다양하긴 했지만, 19세기까지 한중 간에는 조공·책봉 관계가 유
지되었다. 비록 20세기 초 일본에 의해 한국은 식민지로 전락하였지만, 청
일전쟁으로 한중 간 종속 관계를 청산하게 되었음은 중요한 의미를 갖는
다. 이는 한중관계의 전체 역사에서 겨우 100년도 안 되는 극히 최근의 일
이다.[1]

그러나 실제로 한중 간 근대 조약의 체결 과정은 순조롭게 이루어지지
않았다. 당시 한국은 청일전쟁 이후 러시아·영국·일본 등 열강을 활용하여
중국과 근대 조약을 체결하려고 하였다. 그러나 중국은 조선을 서구 열강

---

[*] 이 글은 ≪中國近現代史硏究≫, 제58집(2013. 6)에 게재된 논문을 수정·보완한 것이다.
[1] 박원호, 「근대 이전 한중관계사에 대한 시각과 논점」, ≪한국사시민강좌≫ 40(2007).

과 동격의 '평행의 국'으로 인정하는 '근대' 조약을 맺으려 하지 않았다. 1899년 한청통상조약(韓淸通商條約)의 체결은 중국이 기존의 조공국과 조약을 체결하고 외교사절을 파견함으로써 근대 한중외교가 탄생하였음을 보여주는 사건이었다.

이 글에서는 청일전쟁으로 한중 간 종속관계가 종결되는 1895년 시점부터, 한청통상조약의 체결로 근대외교관계가 공식적으로 개시되었지만 을사조약으로 한국의 외교권이 일본에 의해 박탈되는 1905년까지를, 한중 근대외교의 실험기로 규정하고자 한다. 구체적으로 한중외교 사료에 천착하여 다음 몇 가지를 중심으로 논의를 전개할 것이다.

첫째, 청일전쟁 이후 조약 체결을 위해 중국 전권대신(全權大臣)이 한국에 파견되기까지의 상황을, 중국의 인식 변화를 중심으로 살펴보려고 한다. 둘째, 중국 전권대신의 직함과 국서(國書)의 형식을 둘러싼 논의를 검토하고자 한다. 중국의 인식 변화는 중국이 조선(한국)을 '자주의 국'에서 '평행의 국'으로 인정하는 일련의 과정과 연관을 갖고 있는데, 이는 한국의 적극적인 대응과 열강의 간섭과도 맞물려 있음을 해명할 것이다. 또한 중국이 한국에 사신을 파견하여 조약을 체결한다는 방침이 정해지고 국서가 작성되는 시점은 무술변법(戊戌變法) 기간이었다. 본문에서는 광서제(光緖帝), 총리아문(總理衙門), '총영사'로 파견된 탕사오이의 입장이 약간씩 차이가 있었고, 한국과 조약 체결을 결정하게 된 과정에서 탕사오이뿐만 아니라 광서제의 대외 인식도 일정한 변화를 가져왔음을 밝히고자 한다. 셋째, 조약 체결 과정에서 한성 개잔(漢城開棧), 영사재판권 철폐를 둘러싸고 발생한 한중 간 논쟁을 분석하려고 한다. 이 과정에서 한중 양국 모두 서양 근대 국제법 질서를 기준으로 협상을 유리하게 진행하려 했음을 이해할 수 있을 것이다. 마지막으로, 교섭 안건의 처리 과정을 청상(淸商)의 내지 개잔(內地開棧), 영사재판권의 해석 문제를 중심으로 검토하려고 한다. 이로써 근대 한중외교의 실험이 갖는 의미와 그 한계를 지적할 것이다.


## 2. '자주의 국'에서 '평행의 국'으로

청일전쟁의 발발로 1894년 6월, 총리교섭통상사의(總理交涉通商事宜) 위안스카이, 곧이어 대리로 임명된 탕사오이 등 중국 관원이 귀국한 이후, 다시 중국 측이 재한(在韓) 중국 상민 4,000여 명의 보호를 주한 영국 총영사에게 위임하기에는 애로가 있다는 이유로, 탕사오이를 총상동으로 조선에 파견한 시점은, 1895년 10월이었다. 청일전쟁으로 이미 조청상민수륙무역장정(朝淸商民水陸貿易章程)이 파기됨으로써 한중 간은 무조약(無條約) 상태였다. 공식 외교 관리가 아닌 총상동의 직함을 갖고 있을 뿐이었지만, 위안스카이의 측근으로 청일전쟁 이전부터 오랜 조선 근무 경력을 갖고 있던 탕사오이의 내한(來韓)은, 조선 측의 관심을 끌기에 충분하였다.

조선 측은 탕사오이를 통해서 베이징에 사신을 파견하여 중국과 새로운 조약을 체결하고 싶다는 의중을 전하였다. 탕사오이가 총리아문에 보낸 1896년(光緖 22年) 6월 2일자 함문(函文)에 따르면, 고종은 중문 번역관 박태영(朴台榮)을 탕사오이에게 보내 중국에 사신을 파견하여 조약을 체결하고 싶다는 뜻을 표명하였으나, 탕사오이는 현재 러시아 공관에 있는 조선 국왕을 독립의 군주라고 할 수 없고, 독립의 군주가 아닌 조선 국왕이 사신을 파견하는 행위는 '공법(公法)'에 어긋난다고 하였다. 그러면서도 탕사오이는 조선이 러시아 공사와 각국 사절의 권고에 따라 국서를 준비하여 중국에 사신을 보내 수약(修約)을 요청하면 공법으로 논해도 거절하기 어려우니, 미리 준비를 해야 한다고 지적하였다.[2]

총리아문은 리훙장의 후임 북양대신(北洋大臣) 왕원사오(王文韶)를 통해 탕사오이의 보고를 접한 뒤, 6월 17일자 주접(奏摺)에서, 조선은 시모노세키조약(馬關條約)으로 이미 자주(自主)의 국(國)이 되었으므로, 만일 각국의 통례(通例)에 따라 관원을 파견하여 수약을 요청하거나 혹은 조선 주재 러시아 공사 등이 대신 의뢰할 경우 거절할 명분이 없다고 하였다. 그러면서 조선은 오랜 번속(藩屬)으로 서양 각국과 같은 '평행의 국'은 아니므로, 조선의 수약 요구에 대비할 필요가 있음을 지적하였다. 이에 구체적으로 통상장정(通商章程)의 체결을 허락하고 영사(領事) 설치를 허가하되, "조약을 체결하지 말고 사신을 파견하지 않으며 국서를 교환하지 않는다(不立條約 不遣使臣 不遞國書)"는 원칙을 제시하였다. 구체적으로 총영사 한 명을 파견하여 조선의 수도 한성에 주재시키고 사신(使臣)의 일을 대신하게 하여 속국(屬國)의 모양새를 유지시킨다는 것이었다.3) 이는 한중관계를 재개할 경우 통상장정을 체결하고 영사를 교환하는 등 통상관계에 한정시키고, 수호조약의 체결, 사신 파견, 국서 교환 등 외교관계의 수립은 고려하지 않고 종속체제를 유지시킨다는 의미이다.4) 아울러 총리아문은 이러한 조치가 타당한지의 여부를 당시 구미제국을 방문 중인 리훙장에게 문의하였다. 리훙장은 영국·프랑스·독일이 모두 조선에 총영사를 설치하고 있다는 이유로 총리아문의 조치에 지지를 표하고, 탕사오이가 총영사에 적임이라는 의견을 제시하였다.5)

2) 北洋大臣王文韶函(문서번호 3280), 光緒 22年 6月 2日, 『淸季中日韓關係史料』8(中央硏究院近代史硏究所 編, 中國近代史資料彙編, 臺北: 中央硏究院近代史硏究所, 1972 영인), pp. 4856~4858.
3) 總署奏摺(문서번호 3289), 光緒 22年 6月 17日, 『淸季中日韓關係史料』 8, pp. 4871 ~4872.
4) 권석봉, 「청일전쟁 이후의 韓淸關係 연구」, 『청일전쟁을 전후한 한국과 열강』(한국정신문화연구원, 1984), 211쪽.
5) 六月初六日總署發李鴻章電(附件3. 문서번호 3289), 六月十日總署收李鴻章電(附件4, 문

탕사오이는 한편으로는 조선의 수약(修約) 대응책을 총리아문에 요청하면서도, 여전히 '자주의 국'과 '평행의 국'은 다르다는 입장을 고수하였다. 조선 관원 조병직(趙秉稷)과의 문답에서 탕사오이는, 시모노세키조약으로 조선이 자주의 국이 되었다고는 하지만, 자주의 국이 되었다는 상황과 조약 체결은 서로 관련이 없음을 분명히 하였다. 시모노세키조약으로 조선이 자주국이 되었음은 기존의 조청상민수륙무역장정을 폐기했다는 의미에 지나지 않으며, 조약을 체결함은 양국 간 평행의 국을 인정한다는 뜻이므로, 두 가지는 서로 다른 차원의 문제라는 것이었다.[6]

탕사오이는 (光緖 22年) 6월 2일자 총리아문에 보낸 함문에 이어, 10월 1일자 품문(稟文)에서 자신의 견해를 제시하였다. 그에 따르면, 조선은 중국의 오랜 번속이지만 청일전쟁 이후 양국의 국면은 이전과 다르게 조선의 왕이 조선을 '자주국(自主之邦)'으로 칭하고 있다면서, 비록 조선 관원과의 대담에서 조약의 일을 논박하였으나 이는 일시의 방편에 지나지 않으므로 변통 설법이 필요하고 하였다. 그는 구체적으로 조선은 중국의 오랜 번복(藩服)으로 현재의 체제가 이전과 다르다고 하나 조선과 평행의 조약을 체결할 수 없으니, 영국이나 독일의 예에 따라 중국도 조선에 총영사를 파견하여 세칙(稅則)을 의논해야 한다고 주장하였다. 이렇게 되면 조선의 견사(遣使)를 방지할 수 있고, 다른 국가가 조선을 선동하는 의논도 방지할 수 있다는 것이었다.[7] 탕사오이도 총영사를 파견함으로서 조선의 수약 요구에 대비한다는 6월 17일자 총리아문의 견해와 동일한 논리를 제시하고 있음을 알

서번호 3289), 光緖 22年 6月 17日, 『淸季中日韓關係史料』 8, pp. 4873~4874.

6) 唐紹儀與韓官趙秉稷問答(附件5. 문서번호 3294), 光緖 22年 6月 28日, 『淸季中日韓關係史料』 8, pp. 4899~4901.

7) 總署收委辦朝鮮商務總董唐紹儀稟(문서번호 3350).光緖 22年 10月 1日, 『淸季中日韓關係史料』 8, pp. 4958~4959.

수 있다.

(光緒 22年) 10월 16일자 주접에서 총리아문은, 조선의 견사를 막고 조선과 통상장정을 체결하며 중국인의 통상 이익을 보호하기 위해, 탕사오이을 총영사의 직함으로 개파(改派)할 것을 요청하여 광서제의 비준을 받았다.[8] 총리아문은 총상동과는 달리 총영사의 직함으로 조선에 파견되는 탕사오이에게는 '출사경비(出使經費)' 항목에서 경비를 지급하였다.[9] 이는 탕사오이를 외교 관원으로 규정했다는 의미이다. 그러나 당시 한중 간 외교관계가 수립되지 않은 상황이었기 때문에, '총영사' 탕사오이는 한중 양국이 모두 인정하는 공식 외교 관리가 아니었다.

'총영사'로 개파된 후 탕사오이는 1897년(光緒 23年) 2월 11일자 총리아문에 보낸 품문에서, 조선 측의 수약 관련 내용을 보고하였다. 그에 따르면, 조선 정부는 이미 약장(約章)을 의논하고, 전임(前任) 주진독리(駐津督理) 성기운(成岐運)을 베이징에 특파하려 했으나, 탕사오이가 파견되었다는 소식을 듣고 그만두게 했다는 것이다. 한성에서 성기운을 만난 탕사오이는, 조선 국왕이 러시아 공사관에 머물러 있는 상황에서 러시아가 조선의 국정을 주지(主持)하고 미국인도 조선 외부(外部)의 고문으로 교섭을 좌우하고 있다고 하면서, 조선 국왕이 베이징에 사신을 파견하여 '평행자주(平行自主)의 약장(約章)'을 체결하려 한다고 지적하였다. 물론 이에 대해 탕사오이는 자신에게는 통상장정을 약정하고 청상을 보호하는 권한만이 있을 뿐이라면서 조선의 견사에 난색을 표명하였다.[10]

조선은 중국 측이 수약을 계속 거부하자 영국·러시아·일본 등 열강에 적

---

8) 總署奏片(문서번호 3363), 光緒 22年 10月 16日, 『淸季中日韓關係史料』 8, p. 4968.

9) 箚江海關道文(문서번호 3375), 光緒 22年 11月 17日, 『淸季中日韓關係史料』 8, p. 4975.

10) 總署收駐紮朝鮮領事唐紹儀稟(문서번호 3389), 光緒 23年 2月 11日, 『淸季中日韓關係史料』 8, p. 4989.

극적 지원을 요청하였다. 주중(駐中) 영국 공사가 내한하자 조선 국왕은 수약 관련 내용을 총리아문에 전해줄 것을 요청하였다.[11] 1897년 10월 조선은 대한제국으로 국호를 바꾸고 군주를 황제로 칭한 뒤 그 행보를 더욱 적극적으로 이어갔다. 다음 해 1898년 2월에는 한성 주재 러시아 공사를 통해 도움을 요청하고, 4월에는 주중 일본 공사를 통해 대한제국이 중국과 통상 조약을 체결하고 베이징에 사신 파견을 원한다는 의사를 전달하였다.[12]

탕사오이는 (光緒 24年) 4월 14일자 총리아문에 보낸 전보에서, 한국(대한 제국)이 2등 사절을 베이징에 파견하여 수약을 원한다는 더 구체적인 내용을 보고하였다. 그는 만일 중국이 한국과 조약 체결의 뜻이 있으면 응당 중국이 먼저 사신을 한국에 파견해야만 이전의 '주복의 구별(主僕之別)'을 분명히 보일 수 있다고 주장하였다. 한국이 먼저 사신을 베이징에 파견하는 상황을 내버려두면, 한국에 이끌려 체제(體制)를 어그러뜨리고 중국이 주도권을 장악할 수 없다는 의미였다. 아울러 영국·러시아·독일·프랑스·이탈리아·오스트리아·미국·일본은 한국이 자주(국)임을 인정하고 전후로 조약을 체결하여, 현재 한성 주재 미국·러시아·일본·프랑스는 모두 3등 공사를 파견하였고, 영국은 총영사가 공사를 대신하며, 이탈리아·오스트리아는 사절을 보내지 않았다고 언급하였다.[13]

여기서 탕사오이는 처음으로, 한국의 파사 수약(派使 修約)을 막기 위한 방법으로, 중국이 먼저 사신을 보내 조약 체결을 주도해야 한다는 견해를

---

11) 總署收委駐朝鮮總領事唐紹儀函(문서번호 3414), 光緒 23年 5月 5日, 『淸季中日韓關係 史料』 8, p. 5021.

12) 發駐朝鮮總領事唐紹儀電(문서번호 3674), 光緒 24年 4月 24日, 『淸光緒朝中日交涉史 料』 下(臺北: 文海出版社, 1963 영인), 卷51, 36項, p. 988.

13) 駐朝鮮總領事唐紹儀來電(문서번호 3672), 光緒 24年 4月 14日到, 『淸光緒朝中日交涉 史料』 下, 卷51, 35項, p. 988.

제시하였음을 알 수 있다. 그는 더 나아가 (光緒 24年) 4월 28일자 전보에서, 통상장정을 맺자는 중국 측의 의견에 대해, 한국 측은 공법에 따르면 통상 장정이 아니라 조약을 체결하는 것이 타당함을 주장하고 있으며, 일본과 러시아도 한국을 대신하여 중국에 조약 체결을 요청하고 있다고 지적하였다.[14]

그러나 총리아문은 탕사오이의 '선파사(先派使)' 주장과는 다른 결정을 내렸다. 총리아문이 (光緒 24年) 5월 20일자 탕사오이에게 보낸 전보에 따르면, 만일 한국 측이 파사를 원하면 4등 공사를 파견하게 하되, 국서는 총리아문에서 대신 교부받고 황제의 알현은 필요 없으며 통상약장(通商約章)은 총리아문과 의정(議定)할 것임을 탕사오이에게 알렸다.[15] 총리아문은 한국 측의 선파사 요청을 수용하되, 황제 알현은 불허한다는 견해를 표명한 것이었다.

그럼에도 탕사오이는 총리아문과 달리, 중국이 먼저 사신을 보내 상약(商約)을 의논하는 편이 낫다고 재차 주장하였다. (光緒 24年) 6월 11일자 탕사오이가 총리아문에 보낸 전보에 따르면, 한국이 먼저 중국에 사신을 보내는 행위는 체제와 관련된 일이므로, 중국이 4등 사신을 한국에 보내 상약을 의논함으로써 중국이 이전의 번속을 우대하는 지극한 뜻을 보여야 한다는 것이었다.[16] 이어 그는 (光緒 24年) 6월 17일자 총리아문에 보낸 전보에서, 중국이 한국에 먼저 사신을 보내야 하는 이유를 서양의 통례를 기준으로

---

14) 駐朝鮮總領事唐紹儀來電(문서번호 3675), 光緒 24年 4月 28日, 『淸光緖朝中日交涉史料』下, 卷51, 37項, p. 991.

15) 發駐朝鮮總領事唐紹儀電(문서번호 3684), 光緒 24年 5月 20日, 『淸光緖朝中日交涉史料』下, 卷51, 40項, p. 988.

16) 駐朝鮮總領事唐紹儀來電(문서번호 3687), 光緒 24年 6月 11日到, 『淸光緖朝中日交涉史料』下, 卷52, 1項, p. 991.

설명하였다. 영국의 식민지였던 미국이 독립국이 되자 영국이 먼저 사신을 파견하여 조약을 체결하였고, 스페인의 식민지였던 남미의 여러 나라가 독립국이 되자 역시 스페인이 먼저 사신을 파견하여 조약을 맺은 사례가 있으므로, '대국(大國)'인 중국 역시 한국에 먼저 사신을 보내야 한다는 논리였다. 또한 조약을 체결하면서 국서를 보내지 않는 행위는 공법에 어긋나므로, 사신을 한국에 파견할 때 국서를 지참해야 함이 서양의 통례임을 강조하였다.[17]

총리아문은 한국의 선파사를 허용하되 국서는 황제가 아니라 총리아문에서 대신 수령한다는 논의를 결정하였으나, 탕사오이는 중국의 선파사와 국서 지참을 주장하였다. 흥미로운 사실은 광서제가 두 가지 경우 모두를 허가하였다는 점이다. 탕사오이의 6월 17일자 전보는 다음 날 광서제에게 전해졌는데, 광서제는 탕사오이의 전보를 받은 뒤 처음으로 이와 관련한 의견을 제시하였다. 6월 18일자 유지(諭旨)에서 광서제는, 중국이 사신을 파견하여 국서를 교환하고 조약을 의논하거나, 혹은 한국 사신이 베이징에 와서 국서를 교환하고 황제를 알현하는 것 모두를 허가한다고 하였다.[18] 말하자면, 광서제는 한국이 먼저 사신을 파견하든, 중국이 사신을 먼저 파견하든 상관없다는 견해를 갖고 있었다. 또한 한국 사신이 베이징에 파견되더라도 황제 알현은 불허하겠다는 총리아문의 입장과는 달리, 광서제는 한국 사신이 국서를 교환하고 황제를 알현하는 행위도 허가한다는 유연한 태도를 취했다.

다음 날 6월 19일자 총리아문이 탕사오이에게 보낸 전보에서는, 한국이

---

17) 駐朝鮮總領事唐紹儀來電(문서번호 3692), 光緒 24年 6月 17日到, 『淸光緒朝中日交涉史料』下, 卷52, 2項, p. 991.

18) 諭旨, 光緒 24年 6月 18日, ≪洋務檔≫. 茅海建, 「戊戌變法期間光緒帝對外觀念的調適」, 『戊戌變法史事考』(北京: 三聯書店, 2005), p. 453에서 재인용.

먼저 사신을 파견하기를 원하면 중국은 '우방 교제(友邦交際)의 예(例)'에 따라 접대하고, 국서 교환, 황제의 알현을 거친 뒤 총리아문과 의약(議約)하며, 재차 사신을 한국에 파견하여 응답할 것이라고 하였다.[19] 한국 사신이 베이징에 와서 국서를 교환하고 황제를 알현해도 좋다는 6월 18일자 광서제의 유지가 반영되었음을 알 수 있다. 그러나 6월 20일 광서제는 중국의 선파사를 결정하고 한국으로 보내는 국서의 초안을 작성하도록 명했다.[20] 총리아문은 6월 23일자 주접에서, 6월 11일자 탕사오이의 전보를 소개하면서 공법에 의거하여 4등공사를 보내 상약을 의논할 것임을 보고하고 이에 따라 '출사조선국대신(出使朝鮮國大臣)'의 파견을 요청하였다.[21]

그러면 광서제의 지의(旨意)가 최종적으로 중국의 선파사로 바뀐 연유는 무엇일까. 아마도 중국의 선파사를 결정한 총리아문의 6월 23일자 주접에, 6월 11일자 탕사오이의 전보 내용이 포함되어 있는 것으로 보아, 중국의 선파사가 체제와 관련된 중요한 사안임을 인지했기 때문이라고 생각한다.

지금까지의 논의에서 두 가지 중요한 사실을 확인할 수 있다. 첫째, 시모노세키조약 이후 한중관계가 이전과 달라지고, 달라진 한중관계에 따라 새

---

19) 總理各國事務衙門擬寄駐朝鮮總領事唐紹儀電(문서번호 3691), 光緒 24年 6月 17日, 『淸光緖朝中日交涉史料』下, 卷52, 2項, p. 991. 이 당안의 출처는 전보당(電報檔)인데, 연구에 의하면 이 문건의 일자는 6월 17일이 아니라 6월 19일이다. 茅海建, 「戊戌變法期間光緖帝對外觀念的調適」, p. 454 주 1 참조.

20) 『張蔭桓日記』1898년(光緒 24年) 6月 20日자에 의하면, 이날 오전 군기대신겸총리아문대신(軍機大臣兼總理衙門大臣) 랴오서우환(廖壽桓)이 장인환(張蔭桓)의 집에 와서 광서제의 지의(旨意)를 전달하면서 한국에 보내는 국서를 기초하도록 명했고, 마젠충이 마침 그 집에 와서 장인환이 작성한 초고를 수정하였다. 茅海建, 「戊戌變法期間光緖帝對外觀念的調適」, p. 454.

21) 總理各國事務衙門請簡派出使朝鮮國大臣摺(문서번호 3696), 光緖 24年 6月 23日, 卷52, p.4, 『淸光緖朝中日交涉史料』下, p. 992; 總署奏摺(문서번호 3500), 光緖 24年 6月 23日, 『淸季中日韓關係史料』8, pp. 5133~5134.

로운 조약을 체결해야 한다는 한국 측의 움직임에 일본·러시아·영국 등 열강이 동조했다는 점이다. 여기에는 대한제국의 칭제(稱帝)도 일정한 영향을 미쳤다. 둘째, 한국의 선파사인가 중국의 선파사인가를 결정하는 과정에서 총리아문, 탕사오이, 광서제의 입장이 약간 차이를 보이고 있음을 알 수 있다. 총리아문은 한국의 선파사를 허용하되 한국 사신이 광서제를 알현하는 일은 불허한다는 입장을 취했다. 탕사오이는 한국의 선파사는 체제를 어그러뜨리는 중요한 사안으로 용인해서는 안 되며, 서구의 통례에 따라 중국의 선파사를 주장하였다. 광서제는 한국의 선파사, 중국의 선파사 두 가지 모두를 허용할 수 있고, 한국 사신이 베이징에 오면 국서를 교환하고 황제의 알현 역시 허락할 수 있음을 제시하였다. 그러나 최종적으로 체제와 관련되는 중요한 사안으로 중국의 선파사가 서양의 통례에 맞는다는 탕사오이의 견해를 수용하였다. 이로써 중국은 조선을 '평행의 국'으로 인정하여 조약을 체결할 수 없다는 기존의 입장에서, 한국에 사신을 파견하여 조약을 논의하기로 방침을 확정하였다.


## 3. 한중 근대외교의 탄생: 한청통상조약

### 1) 파견 사신의 직함과 국서(國書)의 형식 문제

원래 광서제는 1898년(光緒 24年) 6월 24일 한림원편수(翰林院編修) 장헝자(張亨嘉)를 4품함(品銜)을 주어 '주찰조선국사등공사(駐紮朝鮮國四等公使)'로 임명하였다.[22] 그런데 장헝자가 독자(獨子)로 88세의 노모를 봉양해야 한

---

22) 上諭(문서번호 3697), 光緒 24年 6月 24日,『淸光緒朝中日交涉史料』下, 卷52, 5項, p.

다는 연유로 출사(出使)의 어려움을 호소하자,[23] 6월 26일 안후이안찰사(安徽按察使) 쉬서우펑을 3품경당후보(品京堂候補)로 '주찰조선국흠차대신(駐紮朝鮮國欽差大臣)'으로 임명하였다.[24] 앞서 6월 23일자 총리아문의 주접에 의하면, 한국에 파견하는 대신은 4등공사이다. 상유(上諭)에서는 흠차대신으로만 언급했지만, 쉬서우펑의 지위는 당시 관례에 의하면 2등공사에 해당된다.[25]

장형자를 주찰조선국사등공사로 임명하였던 6월 24일, 또 다른 상유에서 광서제는 2품함 후난염법도(湖南鹽法道) 황준센을 3품경당후보(品京堂候補)로 '주찰일본국이등흠차대신(駐紮日本國二等欽差大臣)'으로 파견하였다.[26] 일본 공사는 2등공사를 파견하면서, 한국에 파견하는 사신은 4등공사를 보내려 했던 것이다. 한국에 파견되는 사신이 원래 계획이었던 4등공사에서 2등공사급 흠차대신으로 바뀐 연유에 대해서는 정확히 파악할 수 없으나, 광서제가 한국과의 조약 체결에 중요한 의미를 두고 있음을 짐작할 수 있다.

이와 관련하여 7월 12일자 탕사오이가 총리아문에 보낸 품문에서, 탕사오이와 러시아 공사와의 대담 내용을 살펴보면 흥미로운 부분이 발견된다. 쉬서우펑의 지위가 전권대신인지의 여부를 문의하자, 탕사오이는 전권(全

———
992.

23) 南書房翰林張亨嘉瀝陳親老丁單請改派駐紮朝鮮出使摺(문서번호 3698), 光緒 24年 6月 26日, 『淸光緒朝中日交涉史料』下, 卷52, 4~5項, pp. 992~993.

24) 上諭(문서번호 3699), 光緒 24年 6月 26日, 『淸光緒朝中日交涉史料』下, 卷52, 5項, p. 993.

25) 駐朝鮮總領事唐紹儀稟(附件2. 문서번호 3520), 光緒 24年 7月 12日, 『淸季中日韓關係史料』8, p. 5148.

26) 上諭(문서번호 3701), 光緒 24年 6月 24日, 『淸光緒朝中日交涉史料』下, 卷52, 5項, p. 993.

權)의 글자는 없으나 2등공사로 생각한다고 답변하였다. 의약(議約) 후에 쉬서우펑이 한국에 주찰(駐紮)할 것인지의 여부를 묻자, 탕사오이는 주찰조선국흠차대신을 명령받았다고 하였다. 쉬서우펑이 각국 사신의 수석의 자리에 있게 되느냐는 물음에 대해서, 탕사오이는 만일 2등공사라면 쉬서우펑이 수석이 되는 게 맞다고 하였다. 러시아 공사는 이에 대해, 각국 사절은 모두 3~4등공사인데 만일 수석 사신의 자리를 오랫동안 일국의 사신이 맡게 되면 공무에 방해가 없지 않을 것이라고 하였다.[27] 이에 따르면, 한성 주재 외국 사절의 지위는 3~4등공사이고, 쉬서우펑이 의약 후 한국에 주찰하게 되면 2등공사의 지위를 갖게 되므로 수석 공사가 된다는 의미이다. 이러한 상황에 대해 러시아 공사가 우려하고 있음을 알 수 있다. 따라서 쉬서우펑의 파견은 한국 내에서 기존의 지위를 유지하려는 중국 측의 의도와도 무관하지 않다고 볼 수 있다.

'주찰조선국흠차대신' 쉬서우펑의 파견과 관련하여 두 가지가 문제가 되었다. 하나는 쉬서우펑의 직함이고, 또 다른 하나는 쉬서우펑이 한국에 가지고 갈 국서의 형식(體式)이었다.

우선, 쉬서우펑의 직함에 대해 주한 각국 외교사절이 관심을 보였다. 탕사오이는 앞서 언급한 7월 12일자 품문에서, 한국 총세무사 브라운(J. Mcleavy Brown, 柏卓安)과 만나 변론한 내용, 주한 각국 공관을 방문한 내용을 보고하였다. 브라운은, 현재 중국은 한국과 조약을 체결하지 않았는데 중국 사신이 어떻게 '주찰'을 칭할 수 있는가를 반문하면서, 이는 중국 사신이 한국을 여전히 속국(屬國)으로 생각하기 때문이라고 하였다. 이에 대해 탕사오이는 한성 주재 각국 사절이 모두 '주찰' 2자(字)를 쓰고 있고, 쉬서우

---

27) 駐朝鮮總領事唐紹儀稟(附件1. 문서번호 3520), 光緒 24年 7月 12日, 『清季中日韓關係史料』 8, pp. 5147~5148.

펑은 내한하여 의약 후에 주찰할 것이라고 하였다. 브라운은 다시, 중국의 선파사는 '대국이 소국을 자애롭게 대하는(以大字小)' 뜻이라고 하였다. 이에 대해 탕사오이는 어느 국(國)이 선파사를 하는가는 중요하지 않다고 답변하였다. 또 다시 브라운은 한국 정부가 자신에게 한국의 선파사를 요청하였는데 지금 중국의 선파사로 자신의 체면이 손상되었다고 하면서, 만일 쉬서우펑이 가져오는 국서의 형식이 조금이라도 합당하지 않으면 한국은 중국 사신을 접대하지 않을 것이라고 경고하였다. 탕사오이는 자신의 범위를 벗어나는 일이라고 하면서, 브라운이 한국 정부에 공을 내세우고자 명망(名望)을 잃은 행위를 하고 있다고 불쾌감을 드러냈다.[28]

같은 문서에서 탕사오이는 러시아, 일본, 프랑스, 독일, 미국 공관에 가서 답사(答謝)한 내용을 보고하였다. 러시아 공사는 쉬서우펑의 지위가 전권대신인지의 여부, 조약 내용에 대해 문의하였고, 일본 공사 역시 전권의 글자, 주찰의 여부, 국서의 서법(書法), 사신 파견 일자 등에 관심을 가졌다. 프랑스 공사는 쉬서우펑의 지위에서 '주찰조선(駐紮朝鮮)' 4자(字)에 대해 한국이 기꺼워하지 않음을 표시하였고, 독일 총영사도 '주찰'의 글자에 대한 의구심, 조선이 국호를 대한(大韓)으로 개제(改制)하였으므로 '조선(朝鮮)' 2자(字) 역시 고쳐져야 함을 지적하였다.[29] 다시 말하자면 주한 외교사절은, 조약을 체결하지 않았는데 상주사절을 의미하는 '주찰'을 사용한 연유는 한국을 속국으로 생각하고, '조선'의 표현은 대한제국을 승인하지 않았다는 의미로 해석하였다.

---

28) 駐朝鮮總領事唐紹儀稟(附件1. 문서번호 3520), 光緒 24年 7月 12日, 『淸季中日韓關係史料』 8, pp. 5147~5148.

29) 미국 공사는 인천에서 돌아오지 않아서 참찬관(參贊官)과 중한 양국의 의약(議約)에 관한 일을 거론하였다. 駐朝鮮總領事唐紹儀稟(附件2. 문서번호 3520), 光緒 24年 7月 12日, 『淸季中日韓關係史料』 8, pp. 5148~5150.

다음으로, 국서의 형식이다. 앞서 서술했듯이, 광서제가 중국의 선파사를 결정하고 국서를 기초하도록 명한 시점은 6월 20일이다. 장인환과 마젠중이 작성한 국서는 다음날 21일 광서제의 열람을 거쳤다. 총리아문이 출사조선국대신 파견을 요청한 6월 22일에 이미 한국에 보내는 국서의 초안이 마련되었던 셈이다. 그런데 탕사오이는 전술한 7월 12일자 품문에서, 주한 외국 사절이 국서의 형식에 큰 관심을 갖고 있다고 하면서, 한국과 조약을 체결한 다른 국가의 사례에 비추어 국서를 작성해야 한국 및 타국과 문제가 생기는 것을 막을 수 있다고 지적하였다. 이에 대해 군기처(軍機處)는 7월 16일 탕사오이에게, 영국·일본·러시아 등이 '한국'에 보내는 국서에서 대군주(大君主), 대황제(大皇帝) 중 무엇을 칭하는지를 조사하여 신속히 보고할 것을 명하면서, 한국에 보내는 국서가 각국의 통례와 상부하도록 할 것임을 알렸다.[30] 이 문건에서 조선이 아니라 한국을 칭하고 있음이 확인된다. 이어 8월 21일자 상유당(上諭檔)에서는 "대청국대황제가 삼가 대한국대황제에게 안부를 묻습니다(大淸國大皇帝 敬問大韓國大皇帝好)"로 시작되는 국서의 형식을 확인할 수 있다.[31]

이상의 논의에서 다음과 같은 사실을 추정할 수 있다. 6월 22일 장인환과 마젠중이 작성한 국서의 초안은 남아 있지 않지만 6월 26일 상유(上諭)에서 쉬서우펑을 주찰조선국흠차대신으로 파견한다는 내용으로 보아, 최초의 국서는 '조선국대군주(朝鮮國大君主)'로 칭해졌을 것이다. 그 뒤 7월 16일 시점에서 조선국은 대한국(大韓國)으로, 8월 21일 시점에서 대군주는 대황제(大皇帝)로 바뀌었을 가능성이 크다. 따라서 국서의 형식은 '조선국대군주'

---

30) 軍機處寄唐紹儀電信(문서번호 3707), 光緖 24年 7月 16日, 『淸光緖朝中日交涉史料』 下, 卷52, 7項, p. 994.

31) 致韓國國書稿(문서번호 3712), 光緖 24年 8月 21日, 『淸光緖朝中日交涉史料』 下, 卷52, 12項, p. 996.

에서 '대한국대군주'를 거쳐 '대한국대황제'로 최종 결정되었음을 알 수 있다. 이 과정에서 중국의 인식 변화를 살펴볼 수 있으며, 그 기준 역시 서양의 통례에 따르고 있음이 확인된다.[32]

9월 1일자 유지에서 광서제는 2품함후보3품경당(二品銜候補三品京堂) 쉬서우펑을 '전권대신'으로 한국 외부(外部)에 파견하여 통상조약을 의논하도록 명하였다.[33] 이로써 쉬서우펑의 지위는 주찰조선국흠차대신에서 전권대신으로, 국서의 형식은 '大韓國大皇帝'로 확정되었다.

쉬서우펑의 직함과 국서의 형식 문제가 마무리된 후 쉬서우펑은 한성에 도착한 다음 날인 12월 15일 한국 외부에 국서 봉정 일시를 요청하였다. 그리고 한국 외부에 보낸 조회(照會)의 부건(附件)으로 '대청국대황제'와 '대한국대황제'가 동등한 양국으로 명기된 국서초고(國書抄稿)를 송부하였다.[34] 쉬서우펑은 수행 사절 명단을 한국 외부에 보내고, 전권대신 신임장 사본을 송부하였다. 한국 외부는 쉬서우펑에게 황제 알현 일시를 통고하고 '한국황제답사(韓國皇帝答辭)'를 전달하였다.[35] 12월 21일 오후 2시 한국 황

---

32) 중국의 선파사(先派使) 과정에서 보여준 광서제의 대외 관념은, (천조관념하의 화이 질서에 기초한) 전통 외교의 속박을 벗어나, 일정 정도 근대외교(어떤 의미에서 서방 외교)에 접근하려 했다는 점을 지적한 연구 역시 같은 맥락이다. 茅海建, 「戊戌變法期間光緖帝對外觀念的調適」, p. 461.

33) 總署奉旨(문서번호 3534), 光緖 24년 9月 1日, 『淸季中日韓關係史料』 8, p. 5160.

34) 淸國再修交國書 奉呈時日 回示 要請, 附件 同上國書抄稿(문서번호 1834), 光緖 24年 12月 15日(광무 3년 1월 26일), 『淸案』 2(『구한국외교문서』 제9권, 고려대학교출판부, 1971 영인), 323쪽.

35) 同上件 淸使隨行員 名單 附送件(문서번호 1836), 光緖 24年 12月 17日(광무 3년 1월 28일), 『淸案』 2, 324~325쪽; 同上回答 및 淸使領辭稿 全權大臣信任狀 寫本附送件(문서번호 1840), 光緖 24年 12月 19日(광무 3년 1월 30일), 『淸案』 2, 329쪽; 淸全權 引見日時 通知 및 答辭稿送付件(문서번호 1842), 광무 3년 1월 31일, 『淸案』 2, 330~331쪽.

제는 서양식 통례에 따라 쉬서우펑 일행을 맞이하였다. 서양식 옷을 입은 한국 황제가 악수를 청하고 국서를 받았고, 쉬서우펑 일행이 송사를 하자 한국 황제가 답사를 하고 다시 악수를 하였으며, 쉬서우펑 일행은 몸을 숙이고 물러나왔다.[36) 국서 봉정을 마친 뒤 쉬서우펑은 한국 외부에 한국 측 의약대신(議約大臣) 명단을 통보해줄 것을 요청하였고, 이에 대한 한국 외부의 통보 이후, 한중 양국은 실질적으로 조약문 협의를 시작하였다.

## 2) 조약 체결 과정의 쟁점

쉬서우펑은 톈진(天津)에서 한국으로 출발하는 배를 기다리면서, 1898년(光緒 24年) 9월 24일 통상약고(通商約稿) 14관(款)을 작성하여 상주하였다. 그는 각국이 사신을 파견하여 조약을 체결하는 절차를 살펴보니, 자국의 외부(外部)에서 정한 약고를 가지고 상대국에 도착한 후 한편으로는 국서를 교환하면서 상대국이 의약대신을 파견하면 날짜를 정하여 의약을 개시한다고 하였다. 한중 간 조약 체결은 매우 중요한 사안이므로 한국과 각국 간의 통상조약을 상세히 살펴 통상약고 14관을 작성했다는 경위를 설명하였다. 또한 한국은 본래 중국의 오랜 번속으로 현재의 '자주평행(自主平行)'은 부득이한 것이라고 하면서, 타국(곧 열강)이 음으로 관여하고 있으므로 통상약고가 각국 간의 통상조약과 다르면 구설수에 오르게 되어, '소국을 자애롭게 여기는 인(字小之仁)'을 손상하고 선린의 우의(睦隣之誼)에도 보탬이 되지 않음을 지적하였다.[37) 뒤이어 10월 21일에는 총리아문에 보낸 함문

---

36) 軍機處交出出使大臣徐壽朋抄摺(문서번호 3591). 光緖 25年 正月 24日, 『淸季中日韓關係史料』 8, pp. 5200~5201.

37) 出使韓國大臣徐壽朋奏擬具與韓通商約稿繕單呈覽摺(문서번호 3715), 光緖 24年 9月 24日, 『淸光緖朝中日交涉史料』 下, 卷52, 13~16項, pp. 997~998.

에서, 이번 약장(約章)이 영국·미국·일본 여러 나라의 약관(約款)을 참고하여 대체로 동일하게 하였고, 중한(中韓) 양국 상민이 왕래함에 피차 최혜국 상민으로 일률 대우하도록 했음을 밝혔다.[38] 통상약고는 실제로 1882년 체결된 조미수호통상조약(朝美修好通商條約) 14조를 바탕으로 작성되었고, 이후 수정을 거쳐 17조로 확정되었다.[39]

양국은 조약문에 대한 협의를 시작한 1899년(光緒 25年) 1월부터 6월까지 6개월 넘어 계속된 협상 끝에 조약문을 합의하기에 이르렀다. 협의 과정에서 쟁점이 된 사안은 영사재판권, 한성 개잔의 철폐 문제였다. 이에 대해서는 한중 간 공식 외교문서 등에 자세히 기록되어 있지만,[40] 1899년(光緒 25年) 2월 13일자 쉬서우펑이 총리아문에 보낸 문건에서도 확인할 수 있다. 그 내용은 다음과 같다. 첫째, 한국 의정부(議政府)가 중국 측이 제시한 통상약고를 심의하면서, 한국에 있는 중국인은 한국 관원이 관할하고 중국에 있는 한국인은 중국 관원이 관할해야 한다는 내용을 조약문에 추가해야 하고, 또한 중국인의 한성 거주 조항을 삭제해야 한다. 둘째, 그러나 현재 중한 양국에 거주하는 서양인은 모두 본국이 관할하므로, 이 상약(商約)도 같은 예에 따라야 한다. 한국인이 아직 법률을 개정하지 않았고 통상구안(通商口岸)에 조계(租界)를 없애지 않았는데 중국인만을 한국 관할로 한다는 조항에 대해서는 윤허할 수 없다. 셋째, 오래전부터 한성에 거주하는 중국인이 많다. 이는 중국인뿐만 아니라 일본인도 마찬가지인데, 한성 거주 중국

---

38) 總署收出使大臣徐壽朋函(문서번호 3564), 光緒 24年 10月 21日, 『淸季中日韓關係史料』 8, p. 5179.

39) 이에 대해서는 권석봉, 「한청통상조약의 체결」, 《동방학지》 54~56(1987), 97~101쪽 참조.

40) 조약 체결을 위한 양국 간 공식적 논의는 한·중간 공식 외교문서 『淸案』뿐만 아니라, 「韓淸議約公牘」(韓國 外部, 光武 3年) 등에서도 확인 가능하다. 이에 대해서는 은정태, 「1899년 한청통상조약 체결과 대한제국」, 《역사학보》 186(2005), 44~50쪽 참조.

인만 이전을 요구하는 것 역시 이루어질 수 없는 일이다.[41]

　원래 중국 측은 제1차 협의 과정에서 미리 준비한 통상약고를 한국 측에 제시하였다. 통상약고에 대해 한국 의정부는 영사재판권과 한성 개잔의 철폐 문제를 둘러싸고 문제를 제기하였다. 그런데 제2차 협의 과정에서 제시된 한국 측의 수정안에서 영사재판권 철폐 문제는 빠져 있었다. 영사재판권 철폐와 관련된 양국 간 공식적 논의는 이후의 협의 과정에서 찾아볼 수 없다. 한국 외부(外部)와 의정부 간의 영사재판권을 둘러싼 논의는 ≪독립신문≫ 등의 여론을 의식한 것인데, 현실적으로 재한(在韓) 열강의 영사재판권이 유지되고 있던 상황에서 중국의 영사재판권을 철폐해야 한다는 주장은 설득력을 얻기 어려웠다. 영사재판권 조항은 한중 간의 문제뿐만 아니라 한국과 서양 각국 간의 문제이기도 했기 때문이다. 특히, 영사재판권 철폐는 법률 개정, 재판 시스템과 수형 시설 정비 등의 문제와도 연관이 되어 있다. 한국과 서양 각국이 맺은 조약을 기준으로 한다는 중국 측의 주장에, 한국 측은 논리적으로 궁색할 수밖에 없었다.[42]

　반면, 한성 개잔의 철폐 문제는 제2차 협의 과정에서부터 내내 주된 의제였다. 원래 이 문제는 쉬서우펑의 통상약고에는 없는 조항으로, 제2차 협의 과정에서 한국 외부가 먼저 제기하였다. 이와 관련해서는 조약 체결 경위에 대한 1899년 6월 19일자 쉬서우펑의 주보(奏報)에서도 확인된다. 쉬서우펑에 따르면, 약관은 대체로 각국 조약과 동일하여 자구(字句)를 서로 조정하는 수준이어서 협의가 어렵지 않았으나, 각국 상민의 한성 개잔 문제는

---

41) 出使大臣徐壽朋奏片(附件1 문서번호 3593), 光緒 25年 2月 13日, 『淸季中日韓關係史料』 8, p. 5202.

42) 한중 간 영사재판권 관련 구체적 논의에 대해서는 이은자, 「한국 개항기(1876~1910) 중국의 치외법권 적용 논리와 한국의 대응」, ≪동양사학연구≫ 62(2005), 217~221쪽 참조.

양국 간 쟁점이었음을 밝히고 있다. 그 내용은 다음과 같다.

첫째, 한국 조정은 한성 개잔 관련 내용이 조약에 포함되어야만 하는 근거에 대해, 이 일은 중국이 처음 시작하였고, 중국이 만일 한성에서 행잔(行棧)을 철수하면 한성의 외상(外商)도 행잔을 철수한다는 영국·독일 각국 선후속조(先後續條)의 조항에 의거하여, 중국과 먼저 의논하여 허가를 받지 않으면 안 된다고 하였다. 이에 한국 외부는 한성 개잔 철폐 조항을 추가해달라고 요청하면서, 중국인이 만일 한성에서 행잔을 철수하면 한국 정부는 중국인의 방옥(房屋)을 원가로 사들일 것임을 분명히 하였다.

둘째, 쉬서우펑은 한국 외부의 제안에 대해, 한성 개잔은 한국과 각국 간 조약에도 명기되어 있는 조항으로, 한국 외부의 한성 철잔(撤棧) 운운은 논리적으로 설득력이 없다고 하였다. 또한 한성 개잔은 조청상민수륙무역장정 제4관에 의거하는데, 그에 따르면, 조선 상민이 베이징에서 교역함을 허용하고 중국 상민은 한성에서 행잔을 설치함을 허용한다는 내용이므로 이 일은 피차간 이익이 되는 것이라고 하였다. 그런데도 한국 외부는 베이징 교역이 현재 정폐(停廢)되었다는 연유로 한성 철잔을 요구하는데, 이는 청일전쟁 이전과 정황이 바뀐 것일 뿐 정리(情理)가 불평등해서가 아니라고 주장하였다. 따라서 각국이 한성에서 철잔하지 않았으므로 최혜국대우 조항에 의거하여 중국인의 한성 개잔도 당연히 포함되어야 한다는 논리를 전개하였다.

셋째, 쉬서우펑은 한성 철잔을 선후속조(先後續條)에서 논의하자는 한국 외부의 견해를 잠정적으로 받아들였으나 정약(正約)을 먼저 체결한 뒤 재차 협의하여 선후속조를 체결해야 한다고 주장하면서, 이에 동의하지 않으면 정약의 체결도 이루어질 수 없을 것이라고 경고하였다. 결국 6월 11일 양국 간 회담에서 먼저 정약 15관을 정하기로 결정하였다.[43)]

정리하자면, 한국 외부가 영국·독일 각국과 맺은 선후속조 조항을 근거로, 중국 측에 한성 철잔을 요청했으나, 쉬서우평은 현재 한국과 각국 간 조약에 한성 철잔 조항이 없으므로 한중 간 조약 역시 최혜국대우 조항에 따라야 한다는 원칙을 지적했음을 알 수 있다. 한성 철잔 문제는 쉬서우평의 반론에 따라 한청통상조약에는 포함되지 않았다.

총리아문은 7월 20일자 주접에서, 쉬서우평이 의정한 조약 15관 중 한국 측이 요청한 한성 철잔 안건을 선후속조로 바꿔서 의논을 잠시 뒤로 미룬다는 것 외에, 현재 정해진 정약 조항이 일부를 제외하고 원래의 통상약고와 상부(相符)하거나 약간 증보 개정되었지만 의논한 바가 모두 타당하며, 기존에 중국과 서양각국 간 조약과는 달리 중한 양국이 병론(竝論)하여 의정한 바가 비교적 주밀하다고 평가하였다.[44]


## 4. 한중 근대외교의 실험과 그 한계

한중 양국은 1899년 11월 12일 양국 '대황제'의 비준을 거친 조약문을 교환 확인하였다. 같은 날 총리아문은 한국 외부에 전보를 보내 쉬서우평을 출사한국대신으로 임명하고 국서는 따로 보낼 것임을 통보하였다.[45] 12월 18일 쉬서우평은 2품함태복사경(品銜太僕寺卿) 쉬서우평을 출사한국대신으로 임명한다는(光緒 25年 11月 21日字) 청 황제의 국서를 한국 황제에게 봉

---

43) 出使韓國大臣徐壽朋文(문서번호 3607), 光緒 25年 7月 3日, 『淸季中日韓關係史料』 8, pp. 5215~5217. 이 문건에 光緒 25年 6月 19日字 쉬서우평의 주보(奏報)가 포함되어 있다.

44) 總署奏摺(문서번호 3617), 光緒 25年 7月 20日, 『淸季中日韓關係史料』 8, pp. 5226~5227.

45) 出使韓國大臣으로 正式 任命된 淸側 電諭到着件 通告(문서번호 1939), 光緒 25年 11月 12日(광무 3년 12월 14일), 『淸案』 2, 367쪽.

정하였다.46) 쉬서우펑이 초대 주한 공사로 임명되면서, 주한 공관은 재정비되었다. 공사관, 한성 총영사관, 인천 영사관, 부산 영사관 외에, 증남포 부영사관이 개설되었다.

1901년 6월 총리아문이 외무부(外務部)로 바뀌고 쉬서우펑이 외무부 좌시랑(左侍郞)으로 임명됨에 따라, 중국은 1901년 6월 2일 윈난후보지부(雲南候補知府)였던 대리 주한공사 쉬타이선(許台身)을 도원(道員)으로 쓰고 4품경함(品卿銜)을 내려 출사한국대신으로 파견하였다. 쉬타이선은 운구이총독(雲貴總督) 겸 윈난순무(雲南巡撫) 탄쥔페이(譚鈞培)를 따라 윈난과 버마 변경의 '감계(勘界)' 사무를 처리한 경험을 갖고 있는데, 쉬서우펑과 같이 내한하여 2등 참찬(參贊)을 역임하였고 쉬서우펑의 귀국으로 대리공사를 수행하였다.47) 쉬타이선 시기에는 쉬서우펑 시기에 없앴던 원산 상무서(商務署)를 부영사관으로 회복하여, 한성 총영사관이 겸하여 관리하던 원산의 청상(淸商) 업무를 독립시켰다는 점이 중요한 의미를 갖는다. 그러나 전체적으로 원산 부영사관이 개설되기는 했지만, 쉬서우펑 시기와 쉬타이선 시기 주한 공관은 비슷한 규모로 운영되었다.48) 이로써 근대외교를 위한 기본적

---

46) 淸國皇帝國書奉呈의 件(문서번호 1965), 光緖 25年 12月 18日(광무 4년 1월 18일), 『淸案』 2, p. 378; 同上件 回答(문서번호 1966), 광무 4년 1월 20일, 『淸案』 2, pp. 378~379.

47) 出使韓國大臣許台身文, 부건 1(문서번호 3745), 光緖 27年 7月 24日, 『淸季中日韓關係史料』 8, pp. 5406~5407.

48) 쩡광취안(曾廣銓)은 3년 임기를 마치고 귀국한 쉬타이선(許台身)의 뒤를 이어 제3대 주한 공사로 임명되었다. 그러나 쩡광취안 재임 시기는 대한제국이 일본과 을사조약을 체결하면서 10개월에 그쳤다. 쩡광취안 시기 공관 조직은 쉬서우펑, 쉬타이선 시기와 비교하여 그 규모가 크게 축소되었다. 이상 청일전쟁 이후 공관 조직에 대한 구체적 내용은 Lee Eun Ja, "Chinese Diplomatic Mission in Korea in the Post-Sino-Japanese War Period," *Journal of Northeast Asian History*, Vol. 6, No. 1(2009); 이은자, 「청말 주한 중국 공관의 조직과 그 위상: 주한공사 許台身과 曾廣銓 재직 시기

인 인적, 물적 시스템이 갖추어졌다.

한청통상조약의 체결로 중국이 근대외교 사절을 파견하고 외교 공관을 설립함으로써 한중외교는 새로운 단계로 진입하였지만, 실제 한중 간 교섭은 여러 가지 난항을 겪고 있었다. 내지(內地)에서 청상의 활동 범위 문제는 조약 제8관의 해석을 둘러싼 양국 간 논쟁으로 이어졌으나 결론을 내지 못했다. 또 다른 분쟁은 조약 제5관 영사재판권의 청심권(聽審權) 조항을 둘러싸고 발생하였다. 조약 제12관에 의하면 육로통상장정세칙(陸路通商章程細則)을 다시 정하도록 되어 있으나, 양국 정부의 공식적 국경은 확정되지 못했다.

앞서 한중 간 조약 체결 과정에서 최대의 쟁점은 한성 철잔 문제로, 결국 한성 철잔 조항은 조약문에 포함되지 않았다. 그러나 내지 개잔은 청일전쟁 이전과 마찬가지로 여전히 불허되었다. 조약 제8관에 따르면, 청상이 호조(護照)를 발급받아 내지에서 통상하는 것은 허가하지만 점포를 설치하여 매매하는 행위는 불허하였다(準領護照前往韓國內地遊歷通商, 但不準坐肆賣買).

그런데 내지 개잔 금지를 명문화한 조약 제8관의 해석 문제를 둘러싸고, 중국 공사관과 한국 외부 간에 논쟁이 전개되었다. 1900년 초 한국 외부는 청상의 내지 통상을 위한 호조 발급을 허가하면서, 내지에서 '개잔 임방(開棧賃房)'은 불허함을 주지시켰다. 이에 대해 중국공사 쉬서우펑은 제8관에 의거하여 청상이 내지에서 점포를 설치하여 매매하는(坐肆賣買) 행위는 금지되지만, 가옥을 임대하는(賃寓房屋) 행위는 가능하다고 주장하였다. 곧, 개잔은 불허되지만 임방은 가능하다는 논리였다. 한국 외부는, 양국 상민은 양국 구안(口岸) 밖에서 조지(租地)·임방·개잔 할 수 없다(兩國商民 在兩國口岸通商界限外 不得租地賃房開棧)는 조약 제4관 제4절 조항을 근거로, 내지

───

를 중심으로」, ≪중국근현대사연구≫ 51(2011) 참조.

에서 청상의 개잔과 임방 모두 불가하다는 입장을 보였다. 반면 쉬서우평은 제4관의 내용은 통상구안(通商口岸)에 관한 것이므로, 내지에는 적용되지 않는다고 하였다. 이후 양국 간의 논쟁이 계속되었으나 명확한 결론을 내리지 못한 채 마무리되었다.[49)]

1902년 6월 한국 외부는 청양군(靑陽郡)에 지령을 내려, 어떤 외국인이든 '유력통상(游歷通商)'은 금하지 않지만, 토지를 매입하여 상점을 개설하고 가옥을 임대하는 행위(建屋買地 開棧賃房)는 일체 금지한다고 전제한 뒤, 청상이 '유력통상'하는 경우에도 호조가 없으면 경내에 들어올 수 없으니 분명히 처리할 것을 요구하였다.[50)] 쉬서우평과의 논쟁 이후에도 한국 정부는 내지 개잔과 임방 불허 원칙을 바꾸지 않았음을 알 수 있다. 따라서 한중 간 내지 통상과 관련된 분쟁은 언제든지 촉발될 수 있었다. 마청례(馬成烈) 사건은 대표적인 사례이다.

제2대 중국공사 쉬타이선이 청상 마청례 등에게 강제로 징수한 세금을 환수해달라고 한국 외부에 요청한 시점은 1902년(光緒 28年) 9월 15일이었다. 쉬타이선은 마청례가 '유력통상'하는데 안성(安城) 군관(郡官)이 마청례

---

49) 이상 내지 개잔을 둘러싼 조약문 해석과 관련된 한중 양국 간 논쟁에 대해서는 다음을 참조. 同上件 發給 및 內地에서의 開店 不許件(문서번호 1969), 광무 4년 1월 22일, 『淸案』 2, 379~380쪽; 同上件 禁例 解釋에 異見(문서번호 1970), 光緒 25年 12月 23日(광무 4년 1월 23일), 『淸案』 2, 380쪽; 淸商人 內地 開店 禁例 異見에 對한 反論(문서번호 1980), 광무 4년 2월 7일, 『淸案』 2, 383~384쪽; 同上件 續反論(문서번호 1981), 光緒 26年 正月 13日(광무 4년 2월 12일), 『淸案』 2, 384~385쪽; 淸商人 內地 開棧禁例 異見에 對한 條約 文義 解釋件(문서번호 1985), 광무 4년 2월 21일, 『淸案』 2, 387~388쪽; 淸商人 內地 開店 不許件에 對한 反論續(문서번호 1998), 光緒 26年 正月 29日(광무 4년 2월 28일), 『淸案』 2, 394~395쪽; 구범진, 「韓淸通商條約」 일부 조문의 해석을 둘러싼 韓·淸의 외교 분쟁」, ≪대구사학≫ 83(2006), 196~205쪽.

50) 指令靑陽郡報, 광무 6년 6월 11일, 『交涉局日記』(구한국외교관계부속문서 제7권, 고려대학교출판부, 1974), 461쪽.

의 양포(洋布) 12필을 압수한 사실에 주목하고, 이미 해관(海關)에서 납세한 양화(洋貨)에 중복해서 납세를 강요한 사실을 강력 항의하였다.[51] 그러나 한국 외부는 점포를 열고 영업한 불법 행위 곧 내지 개잔 때문에 한국 관원이 마청례에게 벌금을 징수하였는데, 마청례는 이를 납세로 잘못 이해한 것이라고 회답하였다.[52] 이에 대해 쉬타이선은 안성 군수(郡守)의 인문(印文)을 살펴보면 세금을 거듭 징수한 사실을 확인할 수 있다면서, 설사 조약을 위반하여 벌금을 부과하고자 해도 한국 외부에 보고하고 중국공사에게 알린 뒤 공동 처리해야 함이 원칙임을 주지시켰다.[53] 한국 외부는 재차 쉬타이선에게 조회(照會)를 보내, 불법 내지 개잔에 따른 벌금 징수임을 거듭 강조하면서도, 안성 군수가 '벌관(罰款)'과 '세항(稅項)'을 구분하지 못하고 양포 12필을 강제로 취한 사실을 인정하고, 마청례에게 양포를 돌려주겠지만 재차 조약을 위반하는 일이 없도록 해달라고 요청하였다.[54]

그러나 한국 정부가 청상의 내지 개잔을 금지했다고 해도, 현실적으로는 역부족이었다. 1904년 전라북도 관찰사는 청상이 전주(全州)의 서문(西門) 밖에 상점을 개설하고 영업을 하는데 금지하려 해도 할 수 없으므로, 중국 공사관에 조회로 알려 조약에 의거하여 처리해줄 것을 외부에 요청하였다. 이에 외부는 가까운 감리(監理)에게 알려 중국 영사와 처리하도록 명했다. 이는 내지 개잔의 금지가 1904년의 시점에서도 여전히 효과적으로 이루어

51) 淸商 馬成烈 等에게 强徵한 洋貨 給還要請件(문서번호 2322). 光緖 28年 9月 15日(광무 6년 10월 17일),『淸案』2, 586쪽.

52) 淸商 馬成烈 等의 洋貨 給還 要請에 대한 回答(문서번호 2327), 광무 6년 10월 24일,『淸案』2, 588쪽.

53) 淸商 馬成烈 等에게 强徵한 洋貨 給還 要請의 件(문서번호 2333), 光緖 28年 9月 29日 (광무 6년 10월 30일),『淸案』2, 590~591쪽.

54) 淸商 馬成烈 等에게 押留한 貨物 給還의 件(문서번호 2344), 광무 6년 11월 12일,『淸案』2, 596쪽.

지지 못하고 있음을 보여준다.[55]

또 다른 분쟁은 조약 제5관 영사재판권의 해석을 둘러싸고 발생하였다. 제5관에 의하면, 한국의 중국인은 영사재판권을 향유할 수 있다. 예컨대, 한국인이 원고이고 중국인이 피고인 안건의 경우, 중국 영사가 중국 법률에 따라 심판하고, 중국인이 원고이고 한국인이 피고인 안건의 경우 한국 관원이 한국 법률에 따라 심판하였다. 피고 소속국 관원은 승심관(承審官, 主審官)으로 재판을 주관하고, 원고 소속국 관원은 청심관(聽審官)으로 재판에 참여하는데, 승심관은 청심관이 재판 과정에서 증인을 심문하거나 반대 심문하며 판결이 불공정하다고 생각하면 논박할 수 있도록 보장해야 했다.

조선과 중국 간 맺은 조청상민수륙무역장정 제2조에 의하면, 중국은 청심권의 수준을 넘어 한국인 피고 사건에 대해서도 한국 관원과 더불어 '공동 재판'할 수 있었다. 물론 그 반대의 경우는 성립할 수 없는 일방적 권리였다. 반면, 한청통상조약에서 쌍방은 영사재판권상의 피고주의 원칙, 청심권 규정을 활용할 수 있었다. 원래 청심(聽審) 제도는 중국과 영국 간 옌타이조약(煙臺條約, 1876)에서 처음으로 도입되었는데, 조선에서는 조미수호통상조약(1882)을 비롯하여 대부분 조선과 열강이 맺은 조약에 규정되어 있다. 이러한 청심권은 권력 관계에서 우위에 있는 제국주의 열강의 일방적 권리였으나, 한청통상조약 시기에는 한중 양국이 모두 자국민을 보호하기 위한 수단으로 이용할 수 있었다.

대한제국기 한국인과 중국인 간 최대의 민사소송 안건 '팽강안(彭姜案)'은 청심권이 실제 재판에서 어떻게 적용되는지를 잘 보여주는 실례이다. 팽강안은 1898년부터 1900년까지 한국인 팽헌주와 임언화가 청상 강운경

---

55) 全北察報, 광무 8년 8월 19일, 『交涉局日記』, 693쪽; 指令全北察報, 광무 8년 8월 19일, 『交涉局日記』, 693쪽. 이은자, 「한청통상조약 시기(1900~1905) 중국의 재한 치외법권 연구」, ≪명청사연구≫ 26(2006), 102~103쪽 참조.

(姜雲卿)을 상대로 제출한 손해배상 청구 안건이다. 1899년 한청통상조약 체결 이전에는 재한(在韓) 청상의 보호책임을 맡고 있는 영국 총영사(공사 겸임)와 한국 한성부판윤(漢城府判尹, 이후 外部大臣)이 소송을 담당했으나, 그 이후에는 중국 영사(공사)와 한국 한성부판윤(외부대신)이 소송을 처리하였다. 처음에는 단순한 민사소송 안건이었으나 점차 양국 간 교섭 안건으로 확대되면서, 중국 공사 쉬서우펑과 한국 외부대신 박제순 간 청심권을 둘러싼 논쟁을 불러일으켰다.

쉬서우펑의 주장은 다음과 같다. 조약 제5관에 따르면, 양국 민인 사이에 소송 안건이 있으면 해당 안건은 피고 소속국 관원이 본국 율례에 따라 심판하고, 원고 소속국은 위원을 파견하여 청심할 수 있다(兩國民人 如有涉訟 該案應有被告所屬之國官員 按照本國律例審斷 原告所屬之國可以派員聽審). 여기서 본국 율례에 따라 심판한다는 말은, 승심관이 심문하고 판결할 권리(審訊判斷之權)가 있다는 의미이다. 위원을 파견하여 청심할 수 있다는 말은, (옆에 있는 청심관이) 만일 승심관이 편파적으로 심판하면 심판이 끝난 후 공술문에 의거하여 반박할 수 있다는 의미이다. 계속해서 제5관에 따르면, 청심관이 만일 증인을 소환하여 심문하고자 하면 그 편리함을 들어주고, 승심관이 판결한 바가 불공정하다고 생각하면 상세히 논박할 수 있다(聽審官 如欲傳詢證見 亦聽其便 如以承審官所斷爲不公 亦許詳細駁辯). 여기서 청심관이 만일 증인을 소환하여 심문하고자 하면 그 편리함을 들어준다는 말은, 안건의 중요한 증인을 승심관이 소환하여 심문하지 않을 경우 청심관이 그 증인을 소환하여 심문하고자 하면 청심관이 하고자 하는 바에 따라 소환하여 심문한다는 의미이다. 승심관의 판결이 불공정하다고 생각하면 상세히 논박할 수 있다는 말은, 승심관의 편파적 심판을 막기 위해 반박을 허가함으로써 승심관이 일방적으로 판결하여 마무리하지 못하게 하기 위함이다. 청심관의 논박은 승심관의 판결 후에야 가능하다.56)

반면 박제순은 쉬서우펑의 주장을 다음과 같이 반박하였다. 우선, 조약의 해석에서, 청심관이 증인을 소환하여 심문하고자 하면 또한 그 편리함을 들어준다(聽審官如欲傳詢證見 亦聽其便)는 구절 중 '욕(欲)'은 청심관에 걸리고, '청(聽)'은 승심관에 걸린다. 다시 말해, 청심관이 증인을 소환하여 심문하고자 하면 승심관은 그것을 들어준다는 의미이다. 승심관이 자신의 뜻대로 판결을 내린다면, 청심관이 반박을 해도 무슨 소용이 있겠는가. 승심관과 청심관의 견해가 일치해야 판결을 내릴 수 있다. 다음으로, 논박(駁辯)에 대해, 양측이 모두 심문과 공술을 모두 마치고 여한이 없어야 승심관이 판결할 수 있고, 판결에 대해 청심관이 이의가 없어야 공정한 판결이라고 할 수 있다. 만일 공정하지 못하다고 생각하여 청심관이 상세히 논박하면, 승심관은 청심관의 말이 옳다고 간주하고 판결을 수정할 수 있어야만 비로소 완결된 안건이 성립하는 것이다.[57]

박제순의 반박문에 대해 쉬서우펑은 다음과 같이 응대하였다. 우선 조약의 해석에서, 청심관이 증인을 소환하여 심문하고자 하면(傳詢), 또한 승심관이 그 편한 바를 들어준다는 부분은 맞지만, 증인을 심문할 때 증인이 피고 소속국이면 청심관은(증인을) 소환할 권한이 없으므로 승심관이 증인을 소환함은 분명하다. '소환하여 심문한다'는 두 글자는 서로 결합되어 있으므로, '소환하여 심문'하는 주체는 모두 승심관이 된다. 곧 승심관이 소환하여 심문하고, 청심관은 승심관이 심문하고 증인이 대답하는 말을 들어보고 양측의 공술을 증거로 삼아 논박의 근거로 삼아야 한다는 것이다. 또한 '그 편한 바를 들어준다'는 말은, 불가하지 않다는 의미일 뿐, 청심관이 증

---

56) 淸商에 對한 損害賠償 請求事件 續(문서번호 2063), 光緒 26年 8月 28日(광무 4년 9월 21일),『淸案』2, 451~453쪽; 附件, 同上 訊問 記錄及判決文(문서번호 2063), 光緒 26 年 8月 21日(광무 4년 9월 14일),『淸案』2, 453~457쪽.

57) 同上件의 反駁(문서번호 2064), 광무 4년 9월 22일,『淸案』2, 458~460쪽.

인을 '소환하여 심문'할 수는 없다. 피고 소속국 관원(承審官)은 본국의 율례에 따라 심판하되, 판결이 공정하지 못하다고 판단될 경우 청심관의 논박을 허가해준다는 의미이다. 만일 청심관이 증인을 '소환하여' 원고와 피고 모두를 '심문'한다면, 청심관과 승심관의 차이는 무엇인가. 각기 그 권한을 침범해서는 안 된다.[58]

정리하자면, 쉬서우펑은 청심관의 권리에 제한이 있음을 주장한 반면, 박제순은 청심관의 권리를 적극적으로 해석하고 있다. 결국 쉬서우펑은 청심관의 권한에 대해 박제순과 다른 견해를 갖고 있음을 밝힌 뒤, 박제순의 재심 요청에 응하지 않겠다는 뜻을 분명히 함으로써, 안건을 기각하였다.[59]

영사재판권의 중요한 내용으로 실제로 열강의 일방적인 권리였던 청심권이 한중 간 대등한 조약 관계가 형성되었던 시기에는 자국민의 보호를 위해 적극적으로 활용될 수 있었다. 그러나 영사재판권 자체가 철폐되지 않는 한, 현실적으로 재판 과정에서 원고 소속국 청심관보다는 피고 소속국 승심관의 비중이 더 크게 작용하였기 때문에, 청심권의 활용은 일정 정도 한계를 지닐 수밖에 없었다.[60] 이런 점에서 대한제국기 영사재판권 행사와 관련된 한중 양국의 논쟁은 그 자체가 바로 한중 근대외교의 실험과

---

58) 彭姜案에 對하여 再訊不應의 件(문서번호 2070), 光緒 26年 閏8月 17日(광무 4년 10월 10일), 『淸案』 2, 462~465쪽.

59) '彭姜案'의 구체적 분석에 대해서는 이은자, 「大韓帝國時期 韓中間 民事訴訟의 實例: '彭姜案'(1898~1900)을 中心으로」, ≪동양사학연구≫ 100(2007) 참조.

60) '팽강안'에서는 중국 승심관(承審官)이 한국 청심관(聽審官)이 이의 제기를 했음에도 사건을 기각하였다. 반면, 한국인 피고 사건에서는 중국 청심관의 의견이 한국 승심관의 재판 결과에 큰 영향력을 미치지 못했다. 해주(海州) 지방 중국 선호(船戶) 구타·치사 안건에서 중국 청심관의 주장에도 불구하고 한국 승심관이 한국인 피고 박민형을 증거 없음으로 석방한 것은 대표적 예이다. 이은자, 「한청통상조약 시기(1900~1905) 중국의 재한 치외법권 연구」, 99~101쪽 참조.

그 한계를 잘 보여주는 사례라고 할 수 있다.


## 5. 맺음말

청일전쟁으로 한중 간 종속관계가 종결되는 1895년 시점부터, 한청통상
조약 체결을 거쳐 을사조약으로 대한제국의 외교권이 상실되는 1905년까
지, 한중 근대외교의 실험기는, 과거 '속방(屬邦)'이었던 한국은 말할 것도
없고, 중국도 기존의 조공국과 조약을 체결하고 외교사절을 교환하였던 전
례 없는 경우에 해당된다. 이 글에서는 한중 근대외교를 다음 몇 가지 논의
를 중심으로 검토하였다.

우선, 조약 체결을 위해 중국 전권대신이 한국에 파견되기까지의 과정
을, 중국의 인식 변화를 중심으로 살펴보았다. 청일전쟁 이후 중국은 조선
을 '자주의 국'으로 인정하긴 했지만, 서양 각국과 같은 '평행의 국'으로 간
주하지 않았다. 이에 한국과 조약을 체결할 수 없다는 입장을 갖고 있었으
나, 최종적으로 한국에 사신을 파견하여 조약을 논의하기로 방침을 확정하
였다. 이 논의에서 두 가지 중요한 사실을 확인할 수 있다. 하나는, 시모노
세키조약 이후 한중관계가 이전과 달라지고, 달라진 한중관계에 따라 새로
운 조약을 체결해야 한다는 한국 측의 움직임에, 일본·러시아·영국 등 열강
이 동조했다는 점이다. 여기에는 대한제국의 칭제(稱帝)도 일정한 영향을
미쳤다. 다른 하나는, 한국이 먼저 사신을 파견하는가 아니면 중국이 먼저
사신을 파견하는가를 결정하는 과정에서, 총리아문, 탕사오이, 광서제의
입장이 약간 차이를 보인다는 점이다. 특히 광서제가 처음에는 이 두 가지
모두를 허용했다는 점, 또한 만일 한국 사신이 베이징에 파견될 경우 한국
사신의 황제 알현과 국서 봉정을 허가한다는 입장을 취했다는 점은 흥미롭

다. 이는 한국 사신이 베이징에 파견되더라도 황제의 알현은 불허하겠다는 총리아문의 태도와 대비된다. 그러나 체제(體制)와 관련되는 중요한 사안으로, 중국이 한국에 사신을 파견하여 국서를 전하고 조약을 의논하는 것이 서양의 통례에 맞는다는 탕사오이의 견해를 수용하였다.

다음으로, 중국 전권대신의 직함과 국서의 형식을 둘러싼 논의를 검토하였다. 광서제는 한국에 파견하는 사신으로 안후이관찰사 쉬서우펑을 임명하였다. 원래 총리아문은 4등공사를 한국에 보내 조약을 의논할 것임을 보고하였고, 광서제는 이에 따라 한림원편수(翰林院編修) 장형자를 주찰조선국사등공사(駐紮朝鮮國四等公使)로 임명하였다. 그러나 장형자의 고사로 쉬서우펑을 주찰조선국흠차대신(駐紮朝鮮國欽差大臣)으로 교체하였다. 비록 쉬서우펑의 지위를 언급하지는 않았지만 당시 관례에 의하면 쉬서우펑은 2등공사급 사절이었다. 4등공사가 2등공사급 흠차대신으로 바뀐 연유에 대해서는 정확히 알기 어려우나, 한국과의 조약 체결에 중요한 의미를 두고 한국 내에서 기존의 지위를 유지하려는 중국 측의 의도를 짐작할 수 있다.

그런데 쉬서우펑의 파견과 관련하여 두 가지가 문제가 되었다. 하나는 쉬서우펑의 직함이고, 또 다른 하나는 쉬서우펑이 한국에 가지고 갈 국서의 형식이었다. 주한 각국 외교사절은 쉬서우펑의 지위가 전권대신인지의 여부, '주찰(駐紮)' '조선(朝鮮)'의 호칭, 국서의 형식 등에 문제를 제기하면서, 중국이 여전히 한국을 속국(屬國)으로 간주하고, 대한제국을 인정하지 않는다는 의구심을 표현하였다. 중국은 결국 쉬서우펑을 '주찰조선국흠차대신'에서 '주찰' '조선' 호칭을 빼고 '전권대신'으로 고쳐서 한국 외부(外部)에 파견하여 통상조약을 의논하도록 명했다. 국서의 형식은 서양 각국뿐만 아니라 중국 내에서도 중요한 문제였다. 원래 국서의 초안은 '조선국대군주(朝鮮國大君主)'였으나, 이후 '대한국대군주(大韓國大君主)', 최종적으로 '대한국대황제(大韓國大皇帝)'로 명기되었다. 이 과정에서 한국과 조약을 체결한 다른 국가의 사례에 비추어 국서를 작성해야 함을 지적한 탕사오이 뿐만 아니라 광서제의 대외 인식 변화를 살펴볼 수 있다.

셋째, 조약 체결 과정에서 영사재판권, 한성 개잔 철폐를 둘러싸고 발생한 한중 간 논쟁을 분석하였다. 이 과정에서 한중 양국 모두 서양 근대 국제법 질서를 근거로 자국에 유리한 협상을 진행했음을 확인할 수 있다. 전권대신 쉬서우펑은 한국과 각국 간 맺은 통상조약을 바탕으로 통상약고(通商約稿)를 작성하였는데, 한국 측은 이에 대해 영사재판권, 한성 개잔 철폐의 문제를 제기하였다. 그러나 쉬서우펑은 현재 한국과 서구 열강 간의 조약에서 영사재판권이 규정되어 있고, 한성 개잔 철폐 관련 조항이 없으므로, 한중 간 조약 역시 이에 의거해야 한다고 주장하였다. 특히, 한성 개잔 철폐는 양국 간 협의 과정 내내 주된 의제였지만, 중국 측 원안대로 이루어졌다.

마지막으로, 청상(淸商)의 내지(內地) 개잔, 영사재판권 문제 등을 중심으로 교섭 안건의 처리 과정을 검토하고, 근대 한중외교의 실험이 갖는 의미와 그 한계를 지적하였다. 한청통상조약의 체결로 중국이 근대외교사절을 파견하고 외교 공관을 설립함으로써 한중외교는 새로운 단계로 진입하였지만, 실제 한중 간 교섭은 여러 가지 난항을 겪고 있었다. 내지에서 청상의 활동 범위 문제는 조약 제8관의 해석을 둘러싼 양국 간 논쟁으로 이어졌으나 현실적으로 청상의 내지 개잔을 막지는 못했다. 또 다른 분쟁은 조약 제5관 영사재판권의 청심권 조항을 둘러싸고 발생하였다. 영사재판권의 중요한 내용으로 실제로 열강의 일방적인 권리였던 청심권이, 한중 간 대등한 조약 관계가 형성되었던 시기에는 자국민의 보호를 위해 적극적으로 활용될 수 있었다. 그러나 영사재판권 규정 자체가 철폐되지 않고서는 현실적으로 재판 과정에서 청심권의 활용은 일정 정도 한계를 지닐 수밖에 없었다.[61]

청일전쟁 이후 중국 측은 한국과 근대외교관계를 원하지 않았지만, 한국 측은 열강을 활용하여 적극적으로 중국과 근대 조약을 체결하려 하였다. 1899년 한청통상조약 체결로 근대 한중외교가 시작되었지만, 그 기간은 을사조약으로 한국의 외교권이 일본에 의해 박탈되는 1905년까지 6년에 지나지 않았다. 단명으로 끝난 근대 한중외교의 실험은 중화민국 시기 한중외교에도 적지 않은 영향을 미쳤다.[62]

---

61) 이 시기 한중외교의 실험과 그 한계를 잘 보여주는 또 다른 중요한 교섭 안건은 국경 획정에 관한 것이다. 흔히들 간도 문제로 알려진 국경 교섭에 관한 연구는 한국학계와 중국학계의 간극을 보여준다. 이은자, 「한중 간 영토 분쟁에 대한 비판적 검토 — 한중 양국의 논리와 대응」, ≪아시아문화연구≫ 14(2008); 김형종. 「최근 중국에서의 청대사 연구동향의 분석: 특히 조청관계사와 국경문제 연구를 중심으로」, 『중국역사학계의 청사연구 동향』(동북아역사재단, 2009). 이 주제에 관한 학계의 연구 경향을 구체적으로 검토해야 하지만, 본고에서는 다루지 못했다. 다만 한중 국경문제가 다른 역사학 분야보다 정치적으로 민감한 문제인 만큼, 그에 대한 양국 학계의 진지한 논의가 부족했다는 지적은 참고할 필요가 있다. 한국에서 간도 문제는 한국사학계 혹은 정치·법학계의 연구 주제로, 사실 한국의 중국사학계에서 그다지 주목하지 않은 분야였다. 향후 청말 영토 문제에 대한 학술적 논의와 연구가 활발히 이루어지기를 기대한다.
62) 대한민국임시정부와 중화민국의 외교관계는 국가적 독립을 목표로 한 반제(反帝) 운동의 상호 협력과 연대라는 점에서 적지 않은 성과를 창출했지만, 그 내면에는 전통적 중화주의적 태도가 온존하고 있었다. 배경한, 「대한민국임시정부와 중화민국의 외교관계(1911~1945)」, ≪중국근현대사연구≫ 56(2012) 참조.

# 대한민국임시정부와 중화민국의 외교관계(1912~1945)<sup>*</sup>

**배경한**

## 1. 머리말

20세기 전반기, 그 가운데서도 한국이 일본의 식민지로 전락한 1910년 이후부터 일본의 패망으로 한국이 독립되는 1945년 이전까지 시기의 한중 관계를 논할 경우 국가 간의 혹은 정부 간의 공식적인 외교관계는 매우 제한적으로만 존재했다. 이 기간 동안 양국 간의 외교관계라고 할 수 있는 것은 1919년 4월 상하이에 만들어진 대한민국임시정부와 중화민국 정부 간의 외교관계로서만 확인될 수 있을 뿐이다.

이 연구는 상해에 대한민국임시정부가 수립된 1919년 4월 이후부터, 일제의 패망으로 한국이 독립을 얻는 1945년 8월 이전까지의 기간 동안 대한민국임시정부와 중화민국 정부 사이의 외교관계를 개괄해보고자 하는 데 일차적인 목적을 두고 있다. 이때 중화민국 정부란 베이징을 수도로 하고

---

* 이 글은 ≪中國近現代史硏究≫, 제56집(2012. 12)에 게재된 논문을 수정·보완한 것이다.

있던 북양정부(北洋政府, 1912~1928)와 난징(南京)을 수도로 삼고 있던 국민정부(1928~1949)를 포괄하는 것이어야 할 것이고 난징국민정부의 전신인 광둥정부(廣東政府)와 우한정부(武漢政府)까지를 다룰 수 있어야 할 것이다. 그러나 여기서는 논의의 편의상 몇 가지 핵심적인 사건 즉, ① 신해혁명으로 중화민국이 성립되는 1912년 전후 시기 한인 망명자들의 중국 망명과 한중 간 교류의 실상, ② 1920년 상하이 한국 임시정부 법무총장 신규식의 광저우(廣州) 호법정부(護法政府) 방문과 쑨원과의 회견에서 드러나고 있는 양국 간의 외교관계, ③ 1937년 7월 중일전쟁 발발 이후 단계의 한중관계에서 핵심적인 문제로 부상한 한국광복군의 성립과 운영을 둘러싸고 전개된 한중 간의 대립적 관계와 임시정부에 대한 외교적 승인 문제를 둘러싼 한중 간의 외교관계 등을 집중 논의해보고자 한다. 이 세 가지 중요한 사건들에 대한 집중적인 검토를 통하여 20세기 전반기 대한민국임시정부와 중화민국 사이의 전반적 외교관계의 구조와 그 특징에 접근해보고자 한다.

물론 이러한 연구는 한국의 입장에서, 2000년대 이후 급속하게 초강대국으로 부상하고 있는 중국을 어떻게 이해하며 중국과의 관계를 어떻게 가져가는 것이 바람직할지에 대한 현실적 고민을 기본적 관심으로 삼으면서 20세기 전반기의 한중관계에 대한 역사적 추적과 검토를 통하여 이러한 고민에 답해보려는 시도가 될 것이다. 이를테면 1992년 한중 외교관계의 회복 이후 20년에 걸쳐 다양한 형태로 전개되고 있는 오늘날의 한중관계 내지 한중 간의 외교관계를 이해하는 데 하나의 역사적 시각을 제공해보고자 하는 것이 이 연구의 목적이다.

## 2. 신해혁명 전후 시기 한인독립지사들의 중국 망명과
   한중교류의 개시

1911년 신해혁명을 통하여 만들어진 아시아 최초의 공화국, 곧 중화민국의 성립은 단지 중국 한 나라만의 변화는 아니었다. 신해혁명 발발 직전인 1910년 일본의 식민지로 전락한 한국의 경우에서 확인되는 것처럼, 신해혁명은 아시아 전역에 막대한 영향을 끼쳤으니 전통시대부터 중국의 영향을 크게 받아왔던 중국 주변의 아시아 국가들에서는 신해혁명의 직접적인 영향을 받으면서 공화혁명 운동을 모색하기 시작했던 것이다. 이런 의미에서 신해혁명은 아시아 내지 동아시아 역사 속의 공화혁명이라고 할 수 있을 것이다.[1] 특히 한국의 경우에는 신해혁명의 소식에 고무된 많은 지사들이 중국과의 연대를 통하여 한국의 독립과 혁명을 도모하기 위해 중국 망명의 길에 올랐으니 20세기 초 한중 간 교류의 본격적인 시작은 바로 이들 망명 한인들과 중국 공화혁명 지도자들 사이에서 확인되고 있는 것이다.

한인들의 집단적인 중국 이주의 시발은 1860년대 이래 함경도 출신 빈농들이 개간을 목적으로 두만강 건너편의 간도지역으로 이주한 것이었다.[2] 그러던 것이 1905년 을사보호조약 체결 이후부터는 간도 지역의 한인사회를 배경으로 삼아 독립운동을 하기 위한, 한인지도자들의 정치적 망명이 줄을 잇기 시작하였다. 먼저는 일제의 한반도 지배가 본격화되면서 활동 무대를 잃어버린 많은 항일의병들이 압록강과 두만강을 넘어 간도(間島)나 연해주(沿海洲) 지역으로 옮겨갔고 1905년 이후에는 국내에서 활동하던 일

---

1) 배경한, 「동아시아 역사 속의 신해혁명: 공화혁명의 확산과 동아시아국제질서의 재편」, 《동양사학연구》 117(2011. 12).

2) 정성미, 「19세기조선인의 만주이주실태와 정착과정」, 유지원 편, 『이민과 개발: 한중일삼국인의 만주이주역사』(동북아역사재단, 2011), 111~120쪽.

86 | 제1부 한중 근대외교의 형성과 전개

부 유생들을 비롯하여 애국계몽운동 지도자들도 간도로 옮겨와 그곳을 독립운동의 기지로 만드는 일에 나서게 되었던 것이다.[3]

그런 가운데에서 특히 1911년 10월 우창기의(武昌起義)의 성공 소식은 국내의 한인 지사들뿐만 아니라 일본과 구미에서 유학하거나 활동하고 있던 한인 지사들에게도 중국으로의 망명을 결심하는 중요한 계기가 되었으니 그것은 중국혁명에서 조국 독립의 가능성과 독립 이후 국가건설의 방향을 찾으려는 의도에서 나온 것이었다. 그리하여 우창기의 발발 직후인 1911년 11월부터 시작된 한인 지사들의 중국망명은 하나의 시대적 흐름이 되기에 이르렀던 것이다.[4]

물론 신해혁명 발발 이전부터 중국에 망명해 중국혁명에 적극 참여한 인물도 있었다. 1906년 말 혹은 1907년 초에 상하이로 망명해 갔을 것으로 추정되는 김규흥(金奎興)이 바로 그러한 경우에 해당한다. 망명 초기 상하이 난징 지역에서 활동하던 그는 1908년 초경에 광저우로 옮겨가 동맹회남방지부(同盟會南方支部) 중심의 반청혁명(反淸革命) 운동에 적극 참여하고 있었다. 망명 초기에 김규흥은 고종의 밀명을 받고 중국에서 한인군관을 양성하는 것을 목표로 삼고 있었으니 그런 점에서 조선왕조의 회복을 목표로 하는 일종의 근왕운동을 전개하고 있었다. 그러나 김규흥은 망명 직후부터 천치메이(陳其美)를 비롯한 상하이 지역의 혁명파 인물들과 밀접하게 교유하면서 근왕적 입장을 버리고 공화혁명으로 기울기 시작했다.[5] 특히 김규

---

3) 윤병석, 『1910년대 국외항일운동 I (만주, 러시아)』(『한국독립운동의 역사』 제16권, 천안: 독립기념관 한국독립운동사연구소, 2009), 14~15쪽.
4) 배경한, 「上海 南京지역의 초기(1911~1913) 韓人亡命者들과 辛亥革命」, ≪동양사학연구≫ 67(1999. 7), 40~45쪽.
5) 裴京漢, 「辛亥革命與韓國 ─ 以韓人志士金奎興在廣東的活動爲中心」, 「辛亥革命與100年中國」國際學術硏討會(武漢, 2011. 10) 발표논문. 뒤에 국내에서는 배경한, 「신해혁명과 한국: 김규흥의 廣東에서의 활동을 중심으로」, ≪역사학보≫ 212(2011. 12)로 발표.

홍은 1910, 1911년에 두 차례 일어난 광저우 신군기의(新軍起義)에도 적극 참여하였으니 우창기의 이후 광둥(廣東) 지역에 혁명정부(廣東軍政府)가 세워지자 그는 혁명운동 과정에서의 혁혁한 공로를 인정받아 도독부(都督府) 휘하 군사치안기구인 광둥수정처(廣東綏靖處) 및 호군사사(護軍使司)의 참의(參議), 고문원(顧問員) 등 중요 직책에 임명되기도 했다.[6] 1913년 이후 제이 혁명, 곧 토원운동(討袁運動)이 일어나자 김규흥은, 혁명파 인사들과 함께 홍콩으로 옮겨가 중한합작 월간잡지인 ≪香江雜誌≫를 창간하고 당시 상하이에서 활동하고 있던 당대 한국 최고의 언론인이며 역사학자이던 박은식(朴殷植)을 주필로 초빙하여 '민국의 회복'을 적극 주장, 선전하기도 하였다.[7]

그런 한편으로 중국 망명 한인 지사들 가운데에는 신해혁명에 대하여 부정적 입장을 가지고 있었던 사람들도 없지 않았다. 예컨대 1905년 을사보호조약 체결 이후 이를 비판하는 상소운동에 참여하였다가 일제에 의하여 체포 구금되었던 영남 유생 이승희(李承熙)는 1908년 망명의 길에 올라 지린성(吉林省) 미산부(密山府)에 한인촌을 건설하여 독립운동의 기지로 삼는 활동을 하고 있었다. 그는 전통적인 중화사상의 입장에서 신해혁명을 바라보면서 혁명으로 비록 만주족 이적(夷狄)의 중국 지배가 종식되었다는 사실은 긍정적으로 평가하면서도 혁명의 추구방향이 양이(洋夷)의 제도 곧 공화제에 있음을 들어 혁명에 반대하는 입장을 표명하였다. 그는 공맹지도(孔孟之道)를 핵심으로 하는 '중화'의 보편적 가치를 기준으로 하여 민족주의와

---

6) 「總綏靖處職員一覽表」, ≪廣東公報≫ 第14號(廣州, 1912. 8. 16), p. 13; 「護軍使署職員表」, ≪廣東公報≫ 第142號(廣州, 1913. 1. 18), pp. 13~15.

7) 白巖(朴殷植), 「民國之名實」, ≪香江雜誌≫ 第1卷 第1號(香港, 1913. 12. 1), pp. 24~25; 배경한, 「중국 망명시기(1910~1925) 박은식의 언론활동과 중국인식」, ≪동방학지≫ 제121집(2003. 9).

공화혁명을 비판하는 입장을 가지고 있었던 것이다.[8]

또 1905년 장쑤성(江蘇省) 난통(南通)으로 망명한 김택영(金澤榮)은 관내(關內) 지역으로 망명한 최초의 한인 지사였는데, 그는 유신파(維新派) 거두인 장지엔(張謇) 막하에 들어가 역사 저술과 조선 문장가들의 저술을 출판하는 일을 하면서 조국 독립을 도모하고 있었다. 앞에서 언급한 이승희와 달리 신해혁명 발발 직후 김택영은 신해혁명의 성공을 크게 찬양하는 입장을 가지고 있었다. 그러나 김택영이 신해혁명을 긍정적으로 받아들인 것은 어디까지나 전통적 중화주의의 입장으로부터 청조의 붕괴가 화이(夷狄) 곧 만주족 지배의 종식을 가져왔다는 종족혁명의 관점에서 혁명의 의미를 부여한 것일 뿐, 황제체제를 종식시킨 공화혁명으로서의 신해혁명의 성과를 인정한 것은 아니었다. 따라서 비록 신해혁명 자체에 대한 평가가 긍정과 부정으로 엇갈렸다고 하더라도, 공화혁명인 신해혁명에 대한 김택영과 이승희의 평가는 마찬가지로 비판적 내지 부정적인 것이었다고 보아야 할 것이다.[9]

이에 비하여 국권회복운동의 또 다른 중심축을 형성했던 박은식을 비롯한 많은 개명한 유생들은, 신해혁명을 더 진보적인 것으로 평가하면서 혁명파와의 협력을 통한 독립운동의 추진을 당면목표로 삼고 있었다. 또 조소앙(趙素昂), 김규식(金奎植)을 비롯한 해외유학생 출신 지사들의 경우에는 보다 적극적인 의미에서 공화혁명을 받아들이고 거기에서 조국의 독립과 근대적 국가건설의 가능성을 발견하려고 하였다. 이들 신해혁명에 적극적인 의미를 부여하고 있던 한인 지사들의 중국 망명은 우창기의의 성공 소

---

8) 王元周, 「1910년대 전반기 韓溪 李承熙의 중화사상과 민족인식: 辛亥革命에 대한 중국인 李文治와의 논쟁을 중심으로」, ≪역사교육≫ 제103집(2007) 참조.
9) 金月星, 「창강 김택영의 사회관과 작품세계의 일단」, ≪어문연구≫ 제38권 제2호 (2010), 401~421쪽 참조.

식을 들은 1911년 11월 이후 본격화되었으니 말하자면 신해혁명은 많은 한인 지사들의 중국망명의 직접적인 계기가 되었던 것이다. 이늘 한인 지사들은, 국내에서는 이제 불가능해진 독립운동을, 중국 혁명에 참여하거나 중국 혁명을 지지하는 것을 통하여 대신하려고 하였으며 중국 혁명을 위한 자신들의 희생을, 훗날 중국혁명 성공 이후에 중국으로부터 보상받을 수 있을 것으로 기대하였다. 신해혁명 시기부터 본격화된 이른바 한중호조(韓中互助)는 바로 이런 입장에서부터 출발했던 것이다.[10]

우창기의 성공의 소식을 들은 직후인 1911년 11월 하순 서울을 떠나 12월 20일 경 상하이에 도착했던 신규식(申圭植)을 비롯하여 1912년, 1913년 중국으로 망명해온 김규식, 조소앙, 정원택(鄭元澤), 이태준(李泰俊), 문일평(文一平) 등은 모두 신해혁명 곧 우창기의의 성공에서 조국 광복의 새로운 가능성을 찾으려는 동기에서 중국 망명을 택했던 인물들이었다.[11] 이들은 이후 모두 상하이, 난징을 중심으로 하는 한국 독립운동의 지도자 내지 중심인물들이 되었으며 1919년 4월 상하이에 대한민국임시정부가 수립되는 데도 크게 기여하였다. 게다가 상해 임시정부는 한국 역사 최초로 공화제를 정치체제로 받아들였으니 그런 의미에서 신해혁명은 한국이 공화제를 수용하는 데에 결정적인 촉발제가 되었다고 말할 수 있다.[12]

당시 중국에서 활동하던 대부분의 한인 지사들은, 전술한 대로 중국 혁명에 참여하여 중국 혁명이 성공한다면 그런 다음 중국의 지원을 받아 한국의 독립과 근대적 국가건설을 이룩해나갈 수 있을 것으로 기대하고 있었다. 그리하여 이들 한인 지사들은, 경우에 따라서는 자신들의 최고 목표인

---

10) 裴京漢, 「韓人參與辛亥革命的史實」, ≪近代中國≫ 第145期(2001. 11).
11) 배경한, 「상해 남경지역의 초기(1911~1913) 한인 망명자들과 신해혁명」, ≪동양사학연구≫, 제67집(1999. 7).
12) 김희곤, 『대한민국임시정부연구』(지식산업사, 2004), 387쪽.

조국 독립 주장을 희생하면서까지 중국 혁명의 성공을 위하여 헌신하는 입장까지 보여주고 있었다.[13] 이들은, 김규흥의 경우나 일부 한인유학생들처럼 군사적인 혁명운동에 직접 참가하여 공로를 세운 경우도 있었고 김진용(金晉鏞)의 경우처럼 신해혁명 좌절 직후 일어난 제이혁명 곧 위안스카이 토벌전쟁(討袁運動)에 참가한 경우도 있었으며 신규식의 경우처럼 혁명정부에 기부금을 내거나 국민모금운동(國民捐運動) 등에 참여하여 경제적 지원에 나선 경우도 있었다.[14]

또 이들 망명 한인 지사들은 쑨원(孫文), 황싱(黃興), 다이지타오(戴季陶), 후한민(胡漢民), 천치메이 등 혁명파의 중심적 지도자들과 밀접한 관계를 유지하면서 한국의 독립에 대한 중국 혁명세력의 지원을 이끌어내는 데 활동의 초점을 모으고 있었다. 이에 대하여 쑨원을 비롯한 혁명파 지도자들은, 원칙적으로 한국의 독립을 지지한다는 입장을 가지고 한인 지사들의 활동에 상당한 정도의 지원을 아끼지 않았을 뿐만 아니라 보다 체계적인 협력과 지원을 위하여 단체를 조직하기도 하였다. 신해혁명 직후인 1912년 후반 경 상하이에서 만들어진 신아동제사(新亞同濟社)는 바로 이러한 한중 연대단체의 효시가 된다. 신아동제사는 망명 한인들의 상호부조 연락단체로 1912년 7월 상하이에서 조직된 동제사(同濟社)를[15] 모체로 하고 여기에 한인들과 밀접한 교류를 가지고 있던 일부 중국 측 혁명파 인사들이 참여하여 만들어진 것이었다. 한국 측 참가자로는 신규식을 비롯하여 김규식,

---

13) 예컨대 1913년 12월 홍콩에서 한인 지사, 김규흥과 박은식을 중심으로 창간된 ≪香江雜誌≫는 대부분의 글이 한인 지사들의 것으로 채워졌지만, 그 내용이 중국혁명의 당면 과제였던 토원운동(討袁運動)에 맞추어져 있었지 한국 독립에 대한 주장은 전혀 들어 있지 않았다. 裴京漢, 「辛亥革命與韓國 - 以韓人志士金奎興在廣東的活動爲中心」.

14) 배경한, 『쑨원과 한국』(한울, 2007), 49~52쪽.

15) 김희곤, 『중국관내한국독립운동단체연구』(일조각, 1995), 69~71쪽.

박은식, 신채호(申采浩), 문일평, 박찬익(朴贊翊), 신건식(申健植) 등 당시 난징 상하이 지역에서 활동하던 한인 지도자들이 모두 들어 있고 중국 측 참가자로는 천치메이, 후한민, 다이지타오, 랴오중카이(廖仲愷), 쩌우루(鄒魯), 쉬첸(徐謙), 우톄청(吳鐵城), 천궈푸(陳果夫), 장징장(張靜江) 등 혁명파의 주요 인물들이 망라되어 있었다.16) 이 신아동제사는 한인 지사들의 독립운동을 돕는 외위조직(外圍組織)의 성격을 가지고 있었던 것으로 추측되는데 특히 1920년대 이후 중국 각지에서 만들어지는 중한호조사(中韓互助社)를 비롯한 여러 한중연대(韓中連帶) 조직의 효시라는 점에서 주목할 만하다.

그러나 신해혁명 전후시기에 보이는 이러한 한인 지사들의 중국 혁명 참여나 지지 그리고 한중연대 활동들에서 나타나고 있는 호조(互助)의 분위기와는 달리 한중교류의 실제적 내면에는 갈등과 모순의 관계가 내포되어 있었음 또한 주목해야 할 것이다. 그것은 쑨원의 경우에서 확인되는 것처럼 중국 혁명파 지도자들 가운데에서도 전통적 중국 중심주의 내지 중화주의적 입장으로부터 한국 내지 한국 독립 문제를 바라보고 있었음이 확인되고 있기 때문이다. 예컨대 쑨원의 경우 한국이나 베트남(安南) 등 중국 주변의 조공국가들을 '잃어버린 중국의 영토'로 주장하고 있었으며 한국의 독립을 주장하는 경우에도 중국이 종주권을 가지고 있던 상황인 '시모노세키조약 이전으로의 회복'을 주장하고 있었던 것이다. 마찬가지로 당시 중국의 지원을 둘러싸고 벌어지고 있던 한인 단체들 간의 분열 대립양상과 함께 신규식을 비롯한 일부 한인 지사들이 가지고 있던 지나치게 중국 의존적인 태도 곧 사대주의적 입장이 여전히 잔존하고 있었음을 확인할 수 있다.17)

이런 까닭에 신해혁명 전후시기에 있었던 한인 지사들의 중국 혁명에 대

---

16) 「申圭植先生傳記」, 김준엽 편, 『석린민필호전』(나남, 1995), 271~272쪽.

17) 배경한, 『쑨원과 한국』, 248~249쪽.

한 기대가 자신들의 희생과 헌신만큼 이루어지지는 못했다. 그것은 중국 혁명 자체가 한국 독립을 지원해줄 만큼 순탄하지 못했던 때문이기도 하지만, 다른 한편에서는 앞에서 지적한 중국 측의 중화주의적 태도와 한국 측의 사대주의적 입장이 교차하면서 평등하고 호혜적인 한중연대가 이루어지는 데에 일정한 한계로 작용했던 때문이다.[18] 신해혁명 전후시기에 진행된 한중 간의 교류는 이를테면 '미완(未完)의 호조'였던 셈이다.[19]

## 3. 1920년대 대한민국임시정부와 광저우호법정부의 관계

대한민국임시정부와 중화민국 정부 간의 외교관계는, 크게 보아서 두 가지 측면으로 구성되어 있다고 볼 수 있다. 첫째는 임시정부의 독립운동과 그에 대한 중화민국 정부의 지원 문제로서 특히 임시정부의 지원 요청과 그에 대한 중화민국 정부의 지원 실태가 어떠했던가 하는 문제이고 둘째는 이러한 지원을 둘러싼 양측의 태도나 대응방식이 어떠했던가 하는 문제이다.

1919년 상하이에서 만들어진 대한민국임시정부는 위에서 언급한 대로, 신해혁명 직후부터 본격화된 한인 지사들의 중국 망명과 이를 기반으로 한 중국내 한인사회의 형성을 배경으로 한 것이다.[20] 그러나 주지하듯이 당시 망명정부로서의 임시정부의 인적, 물적 기반은 매우 취약하여 상당 부분

---

18) 배경한, 『쑨원과 한국』, 249~250쪽.

19) 裴京漢, 「未完的互助: 武昌起義後中韓紐帶的開始」, 中國史學會 編, 『辛亥革命與20世紀的中國』(北京: 中央文獻出版社, 2002).

20) 裴京漢, 「20世紀初上海的韓人社會」, 『從韓國看的中華民國史』(北京: 社會科學文獻出版社, 2004), pp. 188~200.

중국의 지원에 의존할 수밖에 없었다. 쑨원을 비롯한 중화민국의 정치지도자들의 임시정부에 대한 지원 사실은 그간에 한중우호 내지 한중연대의 관점에서 한중 양측의 학계에서 주로 강조되어왔다.[21] 그러나 앞에서도 지적한 바와 같이, 이 시기의 한중연대 혹은 한중우호 속에는 전통적인 의미의 중화주의적 태도와 사대주의적 태도가 적지 않게 포함되어 있었음을 부인할 수 없다.

중화민국의 한국임시정부에 대한 태도를 가장 전형적으로 보여주는 예로서 임시정부 성립 2년 뒤인 1921년 10월 임시정부 법무총장 신규식 일행의 광저우호법정부 방문과 쑨원과의 회담이 있다. 신규식의 광저우 방문은 당시 미국 대통령 하딩(Warren G. Harding)이 제안하여 개최 준비가 이루어지고 있던 태평양회의(워싱턴회의)에의 참여를 위한 상해임시정부의 외교적 노력의 일환으로 추진되었으니 당시 임시정부는 호법정부로부터 지지 표명이나 태평양회의에서의 중국대표 혹은 호법정부 측 대표와의 협력을 기대하고 있었다. 태평양회의에의 참여와 태평양회의를 통한 외교적 성과에 대한 이러한 기대는 당시 심각한 분열의 위기에 처해 있던 임시정부의 지도자들에게는 매우 절실한 과제였던 것이고 신규식의 광저우방문은 바로 그러한 상황 속에서 나온 것이었다.[22]

신규식의 광저우방문 직전에 사전 준비작업의 일환으로 광저우에서 만들어진 중한협회(中韓協會)는 중국 내 각지에서 이미 만들어지고 있던 중한호조사와 마찬가지의 한중연대조직이었던 것으로 보인다. 임시정부 성립

---

21) 胡春惠, 『韓國獨立運動在中國』(臺北: 中華民國史料研究中心, 1976), pp. 38~81.

22) 「韓人要求入太平洋會」, ≪上海民國日報≫, 1921. 8. 22, 第3張 第10頁(이하 3-10으로 표기); 上海日本總領事館 編, 『朝鮮民族運動年鑑』(上海, 1932), 金正明 編, 『(明治百年叢書) 朝鮮獨立運動 II』(東京: 原書房, 1967), p. 279; 「우리獨立運動의一部分一階梯인 太平洋會議」, ≪독립신문≫ 1921. 10. 5, 1쪽.

이후 중국 측과의 외교적 교섭이나 중국인들과의 교류나 협력을 중요한 정책으로 채택하고 그 실현을 위하여 노력하고 있었다. 임시정부에서 발표한 시정 방침에서는 외교의 5개 기본정책 가운데 하나로서 대중국 선전 외교 활동을 들면서 한중친목회의 조직을 내세우고 있었으며 그 구체적인 외교 방안을 밝힌 각국과의 교섭사무 가운데에도 첫째로 대중국외교단(對中國外交團)의 편성이 들어 있었던 것이다.[23] 이러한 정책의 연결 선상에서 1921년 초부터 각지에서 중한호조사라는 이름의 연대조직이 생겨나게 되었으니 3월에는 창사(長沙)와 안후이(安徽)에 각각 중한호조사가 만들어졌고 4월에는 한커우(漢口)와 상하이에 중한호조사가 만들어졌으며,[24] 그리고 5월에 가서는 이들 각지의 중한호조사 조직을 전국적으로 연결하는 조직인 중한호조총사(中韓互助總社)가 상하이에 만들어졌다.[25]

광저우에 만들어진 중한협회는 이들 각지의 중한호조사와 마찬가지로 임시정부에서 파견된 한국 측 인사들과 광저우 비상국회 의원들을 중심으로 조직되었고 주로 태평양회의에 대한 지원을 목표로 활동을 전개하였다.[26] 중한협회의 발기에 참여한 주요 인물로는 중국 측의 주녠쭈(朱念祖), 셰잉보(謝英伯), 가오전샤오(高振霄), 장치룽(張啓榮), 왕징웨이(汪精衛), 딩샹첸(丁象謙), 차이투링(蔡突靈) 등이 있고 한국 측 인사로는 김단정(金檀庭), 김희작(金熙綽), 박화우(朴化祐), 손사민(孫士敏) 등이 확인된다.[27] 중국 측 인사

---

23) 임시정부의 대중국 외교 방안으로는 이밖에 중국의 남북 정부 및 각성 성장, 독군(督軍)에 대한 교섭과 각 지방에서의 한국 독립운동에 대한 편의 획득, 그리고 한국 청년들의 중국사관학교에의 입학 주선 등이 들어 있다. 金正明 編, 『朝鮮獨立運動 II』, 117~118쪽.

24) 이현희, 「1920년대 한중연합항일운동」, ≪국사관논총≫ 1(1989), 244쪽.

25) 「內容을 擴張한 互助社」, ≪동아일보≫ 1922. 10. 30, 2쪽; 「中韓互助社大會」, ≪독립신문≫ 1922. 9. 11, 2쪽 참조.

26) 「協助韓人之中韓協會」, ≪上海民國日報≫ 1921. 10. 1, p. 2~6.

가운데 주녠쭈, 딩샹첸, 셰잉보, 장치룽 등은 광저우 비상국회 의원들로[28] 특히 딩샹첸은 친한 반일파의 대표적 인물로 알려져 있었고[29] 왕징웨이는 당시 대원수부 비서장으로 호법정부의 핵심인물 가운데 한 사람이었다. 한국 측 인사 가운데 그 신원을 확인해볼 수 있는 인물은 김단정과 이우민 두 명뿐인데, 김단정은 임시정부 외교부(파견)원으로 알려진 인물이었다.[30]

한편 중한협회는 기관지로서 월간지 ≪光明≫을 발행하고 있었는데, 현재 남아 있는 ≪光明≫ 창간호의 중심 내용은 한국독립에 대한 지지와 함께 노동운동을 비롯한 사회운동에 대한 고양이었으니[31] 이를 통하여 중한협회의 활동 목표를 어느 정도 알 수 있다. 아울러 신규식의 광저우방문 일정은 관련 자료가 일치하고 있지 못한 까닭에 하나로 단정하기는 힘들지만 자료들을 종합하고 또 당시의 여러 가지 정황들에 비추어서, 1921년 9월 말에 광저우에 도착하여 10월 초에 쑨원을 만났고 10월 10일경 정식 접견과

---

27) 金正明 編, 『朝鮮獨立運動 II』, p. 468, 474.

28) 「護法國會議員姓名錄」, 徐友春 主編, 『民國人物大辭典』(石家莊: 河北人民出版社, 1991), pp. 1694~1697.

29) 당시 일본 고등경찰 측에서는, '안후이(安徽) 출신 국회의원인 딩샹첸은 상하이에 거주하던 시기부터 한국 임시정부 측에 동정을 보이던 배일사상가(排日思想家)로 광저우로 온 후 동료 국회의원 주녠쭈, 예샤성(葉夏聲), 가오전샤오(高振霄), 셰잉보, 장치룽 및 군정부의 주요 인사인 쉬첸, 왕징웨이 등과 배일 행동을 준비하던 중 임시정부 외교부원을 칭하는 김단정을 만나게 되어 중한협회를 조직하게 되었다'고 보고하고 있었다. 金正明 編, 『朝鮮獨立運動 II』, p. 468 참조.

30) 상하이에서 발행되던 ≪四民報≫의 보도는 중한협회가 (광저우 지역의) 국회의원들과 여월한인(旅粤韓人)들이 발기한 것이라고 하였다. 「廣州社會之裏面觀(續)」, ≪四民報≫ 1921. 10. 15, p. 2~8 참조.

31) 이러한 ≪光明≫의 내용으로 보아서 중한협회의 실제적인 주도 세력은 노동운동이나 사회혁명에 많은 관심을 가진 좌익적 인물들이었을 것으로 추측된다. 한국독립을 지지하는 글로는 陳公博, 「對於韓國新建設的我的希望」, ≪光明≫, p. 6; 惠僧, 「社會革命與韓國獨立」, ≪光明≫, p. 36; 何俠, 「我對於韓國獨立大希望」, ≪光明≫, p. 32 등이 있다.

국서 봉정의 의식이 있었으며, 그 후 2달여의 체류 끝에 11월 말 상하이로 돌아갔을 것으로 추정된다.[32]

신규식과 쑨원의 회담에서 신규식이 제시한 것으로 알려져 있는 5개항의 요구[33] 가운데 임시정부와 호법정부 간의 상호 승인 문제는 양측 모두 엄격한 의미에서는 합법성을 결여한 일종의 '사실상의 승인'으로 낙착된 것으로 결론내릴 수 있다. 임시정부 측에서는 신규식의 광저우행(行)에 맞추어 국무회의의 의결을 거쳐 호법정부를 중국의 정통정부(중화민국)로 승인한다는 입장을 정리하고 신규식을 통하여 그것을 공식 전달하였으나 임시의정원에서 이 문제가 거론되거나 통과된 흔적을 확인할 수는 없다. 호법정부 측에서도 신규식과의 회담에서 쑨원이 사실상의 승인의사를 구두로 표시하고 또 임시정부의 대표를 광저우로 파견하여 상주하도록 하는 외교적 관계를 인정함으로써 사실상의 승인을 했다고 하겠다. 그러나 11월 말경에 열린 비상국회에서 '임시정부 승인안'이 아니라 '한국독립 승인안'이 상정되어 가결되었다는 사실은,[34] 무슨 이유에서인지 비상국회에 임시정부 승인안이 상정되지는 못했음을 알게 해준다. 그것은 비상국회에서 한

---

32) 「申圭植氏의 動靜」, ≪독립신문≫ 1921. 11. 11, 3쪽; 「廣州特約通信」, ≪民國日報≫ 1921. 10. 3, p. 1~3; 「大韓民國臨時政府法務總長의 廣東訪問に關する件」, 金正明 編 『朝鮮獨立運動 II』, pp. 168~169. 이러한 방문 일정이 신규식의 광저우 방문 사실에 대한 거의 유일한 기록인 민필호의 「中韓外交史話」와 차이가 난다고 해서 광저우 방문 사실 자체를 부인하는 입장(狹間直樹, 「孫文と韓國獨立運動」, ≪季刊靑丘≫ 4, 1990. 5, pp. 17~19; 森悅子, 「中國護法政府の大韓民國臨時政府正式承認問題について」, ≪史林≫ 76-4, 1993, pp. 69~86)이 제기된 적이 있으나 동의하기는 어렵다.

33) 5개항의 요구는 ① 대한민국임시정부의 호법정부(護法政府) 승인, ② 호법정부의 임시정부 승인, ③ 한인 학생들의 중국 군관학교 입교, ④ 500만 위안의 차관, ⑤ 중국 내 조차지 허용을 통한 한국 독립군 양성 지원이다. 민필호, 「中韓外交史話」, 김준엽 편, 『石麟閔弼鎬傳』(나남, 1995), 193쪽 참조.

34) 「國會中朝鮮獨立提案」, ≪(上海) 民國日報≫ 1921. 12. 5, p. 1~3.

국독립 승인안의 상정 처리와 별개로 임시정부 승인안이 상정 처리되었을 가능성은 없다고 생각되기 때문이다.[35] 또 신규식의 광저우 방문 이후 신규식이나 임시정부 측으로부터 단 한 차례도 공식적으로 호법정부의 임시정부 승인 사실이 언급된 적이 없었다는 점도 비상국회에서의 정식 승인절차가 없었음을 보여주고 있다.

이렇게 볼 때 호법정부 측에서의 임시정부 승인문제 처리는, 비상국회의 의결을 거치지 않은 채 쑨원의 개인적인 견해 표명이나 혹은 호법정부의 비공식적인 승인이라는 형식으로 이루어졌을 가능성이 큰 것이다. 신규식이 5개항의 요청서 이외에 향후 지속적인 외교 연락 체제의 수립을 요구하자 이에 대하여 쑨원이 동의하고 임시정부의 대표를 광저우에 상주하도록 허락한 것은 사실상의 외교관계를 인정한 것으로 볼 수 있다. 또 그 후 이 합의에 따라 임시정부의 공식 대표로서 박찬익을 광저우에 파견하였다는 사실은[36] 사실상의 외교관계 수립이 있었음을 보여주는 것으로 호법정부가 임시정부를 '사실상' 혹은 비공식적으로 승인하였다는 더욱 분명한 증거가 될 수 있을 것이다. 또 1944년 태평양전쟁 종전을 앞두고 국민당 정부 내에서 임시정부 승인문제가 다시 제기되었을 때 그 토론과정에서 한 발언자가 합법적 승인은 반드시 법률상의 근거가 있어야 한다고 하면서 "중국은 (이제) 사실상의 승인으로부터 나아가 합법적인 승인을 해야만 할 것이다"라고 한 것은[37] 바로 1921년 단계에서의 승인이 (법률적인 효력을 가지는

---

35) 따라서 1921년 비상국회에서 임시정부 승인안이 상정 통과되었다는 丁象謙의 주장은 부정확한 기억에 의한 것이거나, 한국 독립운동에 대한 지지 의도로 내용이 과장되었을 가능성이 크다고 생각된다. 丁象謙, 「憶韓國臨時政府深得我孫大總統及國會非常會議同情之經過」, ≪韓民≫(重慶) 第1期 第2號(1940. 4. 25), p. 11 참조.

36) 임시정부 측에서는 1922년 2월 초에 박찬익(濮純)을 광저우 주재 대표(특파교섭원)로 파견하였다. 金正明 編, 『朝鮮獨立運動 II』, p. 293; 간행위원회 편, 『南坡朴贊翊傳記』(을유문화사, 1989), 169~169쪽 참조.

합법적 승인은 아니었으나) '사실상의 승인'이었다는 사실을 분명하게 지적한 것으로 보인다.

임시정부에 대한 호법정부의 승인이 '사실상의 승인'에 머무르게 되었던 배경에는 물론 임시정부의 현실적 여건이 합법적 승인에 걸림돌로 작용하였던 점도 있다. 국제법상 합법적 승인을 하기 위해서는 인민, 영토 및 영속성 있는 주권정부 등의 요건을 갖추어야 한다는 점에 비추어 볼 때 임시정부는 상당한 한계를 가질 수밖에 없었던 것이다. 특히 상하이 프랑스 조계에 만들어진 임시정부는 실제적인 통치력을 행사할 수 있는 영토를 확보하지 못한 현실적인 한계를 가지고 있었다. 1921년 5월 초 쑨원이 호법정부의 비상대총통에 취임한 직후에 광저우로 쑨원을 예방한 여운형(呂運亨)이 광둥정부가 임시정부를 승인해주도록 요청하자, 쑨원이 "승인하는 것이 당연한 일이지만 프랑스 조계 내에 있는 정부를 승인하기는 어렵다. (임시정부가) 한국 내의 어디에서든 단 며칠만이라도 행정권을 행사하기만 한다면 곧 승인할 것이다"라고 답변했다는 것은[38] 바로 이러한 현실적 문제를 지적한 것이었다고 보겠다.

한편으로 비상국회에서 '한국독립 승인안'이 통과되었다는 것은 임시정부 승인 문제와는 별개로 한국이라는 국가에 대한 승인이라는 중대한 의미를 갖고 있다는 점을 간과해서는 안 될 것이다. 한국이 일본의 속방이 아니라 엄연한 독립국이라는 사실을 확인한다는 것은 임시정부가 한국을 대표하는 정통 정부인가 아닌가라는 정부 승인의 문제보다 더 근본적인 문제로서 한국독립운동의 최고 목적에 해당하는 문제인 것이다. 게다가 태평양회의에서의 한국독립 문제 상정과 그에 대한 지지 획득이라는 임시정부

---

37) 추헌수 편, 『資料韓國獨立運動』 제2권(연세대학출판부, 1972), 337쪽.
38) 여운홍, 『몽양여운형』(청하각, 1967), 72~73쪽.

측의 원래 의도라는 관점에서 보더라도 비상국회의 '한국독립 승인안' 통과는 신규식의 광저우 방문이 성공적이었음을 보여주는 결정적인 대목이 되는 것이다.

태평양회의에 대한 쑨원과 호법정부 측의 태도는 한국임시정부의 그것과는 달리 처음부터 매우 신중한 것이었는데 그것은 태평양회의에의 참여가 불가능할 것이라는 현실적인 예상을 바탕으로 한 것이었다.[39] 따라서 태평양회의에서 중국 측 내지 남방정부 측으로부터 지원을 받겠다는 임시정부 측의 희망은 이루어지기 어려운 것이었다. 그런 한편으로 쑨원과 호법정부의 한국 독립 지지의 전제조건이 되는 일본의 한국 강제병합에 대한 비판적 인식에도 일정한 한계가 있음을 부정할 수 없다. 일본의 제국주의적 침략에 대한 쑨원의 비판이 1919년을 경계로 하여 상당히 빈번해지고 첨예해진 것은 사실이지만[40] 그것이 곧 그의 대일인식의 본질적인 변화를 의미하지는 않는 것이었고 일본이 (광둥정부와 대립하고 있는) 베이징정부에 대한 원조를 노골화하고 있던 상황에 대한 반응이었다고 생각되기 때문이다. 또 한국독립운동에 대한 쑨원의 태도도 신규식의 광저우방문과 관련하여 임시정부에 대한 사실상의 승인이나 비상국회에서의 한국독립 승인안의 통과 등 상당히 긍정적으로 볼 만한 부분이 없지 않지만 한편으로는 시모노세키조약의 회복에 대한 집착[41] 등에서 보이는 것과 같은 상당한 한

---

39) 배경한, 「孫文과 上海韓國臨時政府」, 103~104쪽.

40) 俞辛焞, 「孫中山對日態度再認識」, ≪歷史研究≫ 1990-3, pp. 144~145.

41) 신규식의 광저우 방문 당시 중한 양측 인사들이 대부분 한국 독립의 조약상의 근거로 시모노세키조약을 내세우면서 일본의 시모노세키조약 이행(回復)을 주장하고 있었다. 중한협회가 태평양회의에 보낸 선언서에서도 일본의 시모노세키조약 이행을 주장하고 있었고 비상국회에 제출된 한국 독립 승인안에서도 시모노세키조약의 정당성을 내세우고 있었다. 「太平洋會議에 對한 中韓協會의 宣言」, ≪독립신문≫ 1921. 11. 19, 3쪽; 「國會中朝鮮獨立提案」, ≪上海民國日報≫ 1921. 12. 5, p. 1~3 참조.

계성도 있었다고 생각되기 때문이다. 쑨원의 이러한 인식과 태도들은 신규식의 광저우방문 결과가 상당한 성과를 거둔 한편으로 일정한 한계를 가지게 되었던 요인이었다고 생각하는 것이다.


## 4. 중일전쟁시기 한중관계와 임시정부 승인 문제

1928년 6월 만들어진 장제스(蔣介石) 주도하의 난징국민정부의 경우에도 한국임시정부와의 관계가 표면적으로는 호조와 연대를 강조하고 있었지만 그 내면을 들여다본다면 대등한 협력관계의 수준을 가진 것은 전혀 아니었음을 간파하기 어렵지 않다. 다만 1932년 4월 상하이 홍커우공원(虹口公園)에서 일어난 윤봉길의 폭탄투척사건 이후 장제스와 국민정부의 임시정부에 대한 평가와 지원이 호전되기도 하였으나,[42] 중국 측의 입장이 근본적으로 변화된 것은 아니었다. 또 중일전쟁 발발 이후 본격화된 한인들의 중국군 가입과 항일전 참전은 앞에서 언급한 한중연대가 최고조에 달한 것으로 평가할 수 있지만, 충칭(重慶)과 옌안(延安)으로 갈라진 중국의 항일전쟁과 마찬가지로 한국독립운동 세력 내에서도 친충칭(親重慶) 세력과 친옌안(親延安) 세력 사이에 심각한 분파와 분열을 보여주고 있었다.[43] 아래에서는 임시정부에 대한 국민정부의 태도를 단적으로 보여주는 경우로서 임시정부의 군사조직인 한국광복군 창설을 둘러싼 장제스와 국민정부의 대응 문제와 임시정부의 최대 희망이었던 임시정부에 대한 외교적 승인문

---

42) 한시준, 「윤봉길의사의 虹口公園 의거에 대한 중국신문의 보도」, 《한국독립운동사연구》 32(2009); 황묘희, 「윤봉길의 상해의거와 대한민국임시정부」, 《민족사상》 2-1(2008), 197~198쪽.
43) 한상도, 『한국독립운동과 국제환경』(한울, 2000), 254~274쪽.

제를 둘러싼 국민정부의 입장을 차례로 검토해보고자 한다.

한국광복군 창설을 둘러싼 한국임시정부와 중국 국민정부 사이에 벌어진 논의는 1940년 한국임시정부의 충칭 정착 이후부터 본격적으로 추진되었는데, 그것은 한 마디로 임시정부의 독자적 운영권 확보 노력과 중국 측의 이에 대한 견제 및 통제정책을 잘 보여주고 있다. 1940년 5월 임시정부에서 국민정부 측에 제출한 「한국광복군편련계획대강(韓國光復軍編練計劃大綱)」에 대한 국민정부 군정부(軍政部)와 군사위원회의 검토결과는, 광복군을 임시정부에 소속시키는 것에 반대하고 국민정부 군사위원회에 예속시키기로 한다는 것이었다.[44] 군사위원회의 이러한 결정에 대하여 임시정부는 광복군의 독자성을 완전히 부정하는 것으로 받아들이고 강력하게 반발하였을 뿐만 아니라 국민정부의 사전 승인 없이 독자적인 창설을 강행하기에 이르렀다. 1940년 9월 17일, 임시정부 측에서는 군사위원회와의 사전 협의 없이 한국광복군총사령부 성립대회를 단독 거행했던 것이다.[45]

실제로 중국 측에서는 광복군 창립 이후에 「한국광복군행동구개준승(韓國光復軍行動九個準繩)」의 제정을 통하여 광복군을 군사위원회에 예속시키고 그 실제적 운영도 군사위원회에서 파견한 중국 장교들이 장악하도록 하였다.[46] 중국 측의 이러한 정책은, 한국광복군을 중국 내에서 활동하는 외

---

44) 「李超英致朱家驊爲光復軍編練計劃已審査完畢並附呈意見函(1940. 6. 21)」, 中央研究院 近代史研究所 編, 『國民政府與韓國獨立運動史料』(臺北: 中央研究院近代史研究所, 1988), pp. 229~230.

45) 「韓國光復軍總司令部成立典禮記錄(1940. 9. 17)」, 국사편찬위원회 편, 『대한민국임시 정부자료집 제10책(한국광복군1)』(국사편찬위원회, 2006), 27쪽. 물론 이때의 광복 군은 총사령부와 상부 지휘부만을 설치하는 것으로서 실제적인 하부 군사조직은 만들어지지 못했던 것이지만, 뒤이어 만들어진 일부 지역 단위의 군사조직도 군사위원회의 중지 단속(取締) 명령에 따라 활동을 할 수 없는 형편이었다. 한시준, 『한국광복군연구』(일조각, 1993), 89~98쪽; 김광재, 『한국광복군』(한국독립운동사연구소, 2007), 103~110쪽.

국군으로 간주하고 그것을 어떻게 통제할 것인가라는 시각에서 출발하고 있는 것으로 일면 타당성이 없지 않다. 그러나 항일전쟁에 참여하여 상당한 희생을 치르고 있었을 뿐만 아니라 한 단계 더 나아가 독자적 활동을 계획하고 있던 한국인의 입장에서 본다면 국민정부의 이러한 조치는, 항일을 위한 연대라는 한중호조의 측면이나 한국 망명정부에 대한 인도적 지원이라는 측면보다는 주변 약소민족에 대한 통제와 예속이라는 측면을 더 잘 보여준다고 할 수 있을 것이다.[47]

이후 김구(金九)를 중심으로 하는 임시정부 측에서는 「한국광복군행동구개준승」의 철폐를 위하여 지속적인 노력을 기울이지만 국민정부의 통제 일변도 정책은 변하지 않았다.[48] 종전(終戰)을 전망하게 된 1944년 중반에 들어가서야 결국 장제스와 국민정부의 광복군 문제에 대한 태도 전환이 이루어지고 그 결과로서 「한국광복군행동구개준승」의 철폐가 이루어지지만[49] 뒤에서 상술할 것과 같은 임시정부 세력에 대한 통제와 이를 통한 한반도에 대한 영향력 강화라는 이후 단계의 대한정책(對韓政策)을 고려할 경우 임시정부에 대한 국민정부의 기본 입장은 전혀 변하지 않았다고 보아야 할 것이다.

한편으로 1940년 이후, 특히 1941년 말 태평양전쟁 발발 이후 한중 간에

---

46) 「軍委會辦公廳致李靑天爲凝光復軍活動準繩九條電(1941. 11. 13)」, 『國民政府與韓國獨立運動史料』(臺北: 中央研究院近代史研究所, 1988), pp. 335~337; 한시준, 『한국광복군연구』, 118~119쪽.

47) 배경한, 「중일전쟁시기 蔣介石 국민정부의 對韓政策」, ≪역사학보≫ 208(2010. 12), 274~280쪽.

48) 「九個準繩廢止要請公函(1943. 2. 20)」, 국사편찬위원회 편, 『대한민국임시정부자료집 제10책(한국광복군1)』(국사편찬위원회, 2006), 45쪽.

49) 「한국광복군행동구개준승」의 취소를 국민정부의 임시정부에 대한 '사실상의 승인'이라고 보는 견해도 있다. 吳景平, 「關于抗戰時期中國國民政府對韓國臨時政府承認問題的態度」, ≪東方學志≫ 제92집(1996), 64쪽.

중요 현안으로 떠오른 임시정부에 대한 외교적 승인 문제에서도 장제스와 국민정부 측에서는 적극적인 승인 의지보다는 소극적이고 관망적인 태도를 보여주고 있었음이 확인된다. 장제스와 국민정부의 임시정부 승인에 대한 유보적 입장은 미국 측 외교문서에서도 확인되고 있으니 1942년 초 충칭 주재 미국대사 고스(Clalense E. Gauss)는 국무성 극동국(極東局)에 보낸 보고서에서, "중국 측이 한국임시정부 승인을 주저하고 있는데 그 이면에는 현재의 임시정부가 일부세력만을 지지기반으로 삼고 있어서 임시정부를 승인할 경우 다른 세력들도 또 다른 정부를 만들 우려를 중국 측이 가지고 있는 것 같다"고 말했던 것이다.[50] 이를테면 당시의 임시정부가 한국의 독립운동 세력 전체를 대표할 수 있는가에 대하여 장제스와 국민정부는 심각한 우려를 가지고 있었다는 말이다. 실제로 장제스와 국민정부 측에서 임시정부 측에 독립운동 세력의 통합과 단결을 여러 차례 주문하기도 했다는 사실을[51] 감안한다면 장제스나 국민정부가 임시정부의 대표성에 대한 심각한 우려를 가지고 있었다는 주장이 어느 정도 설득력을 갖는다고 할 수도 있을 것이다. 그러나 독립운동 세력의 분열을 이유로 승인 불가를 주장하는 중국 측의 입장은, 다른 측면에서 보자면 임시정부가 독립운동 세력을 대표할 만한 자격을 가지도록 만들고 그런 다음 그 임시정부를 승인하는 것을 통하여 전후(戰後)의 한반도에 대한 영향력을 행사하겠다는 중국 측의 계산된 의중을 보여주는 대목이라고 볼 수도 있을 것이다.

한편으로 국민정부의 이러한 신중한 태도의 이면에는 다른 열강들 특히

---

50) 「고스가 국무부에 보낸 보고서(1942. 2. 12; 1942. 3. 28)」;「미국 국무성 극동국 (Division of Far Eastern Affairs)의 1942년 4월 1일자 메모」, LM78, R.1, 895.01/88, 1942. 4. 1 참조.

51) 「朱家驊呈蔣總裁爲處理韓國問題以光復軍爲最主要問題簽呈(1942. 9. 12)」,『國民政府 與韓國獨立運動史料』, p. 408.

미국과 소련의 입장에 대한 고려를 하지 않을 수 없다고 하는 중국 측의 곤혹스런 입장이 들어 있었다.[52] 중국 측에서는 임시정부에 대한 승인을 통하여 전후 한반도에서의 영향력을 확보하려는 의도와 함께 임시정부에 대한 견제와 통제, 그리고 미국을 비롯한 열강과의 관계를 고려해야만 하는 복잡한 상황에 처해 있었던 까닭에 한국임시정부 승인 문제는 결코 간단한 문제가 아니었던 것이다.[53]

장제스와 국민정부의 이러한 복잡한 입장은, 1943년 11월 22일부터 26일까지 카이로에서 개최된 미·영·중 삼국 정상회담에서도 그대로 드러나고 있었다. 이른바 카이로회담(Cairo Conference)으로 알려진 이 회담에서 미국은 중국을 강대국의 일원으로 대우하면서 전후 아시아 질서의 재건에서 중요한 역할을 담당할 수 있는 기회를 중국에게 부여함으로써 아시아 지역에서의 자신들의 이익을 확보하려는 입장을 취하고 있었다. 특히 한반도 문제와 관련해서 미국은 중국과 소련의 한반도에 대한 팽창 기도를 사전에 억제하면서 전후 한반도에서의 발언권을 확보하기 위한 방안으로 연합국 열강에 의한 공동 신탁통치 방안을 회담에서 제시하고 있었던 것이다.[54]

말 그대로 미국의 전후 세계 구상의 일환으로 강대국의 지위에 들어가게 된 중국으로서는 미국의 이러한 공동신탁통치 제안을 거부하기란 처음부

---

52) 구대열, 「이차대전시기 中國의 對韓政策 ─ 국민당정권의 임시정부정책을 중심으로」, ≪한국정치학회보≫ 28-2(1995); 홍순호, 「해방직전의 한미관계: 미국의 중경한국 임시정부 불승인정책을 중심으로」, ≪사회과학논집≫, 제12집(1992) 참조.

53) 고정휴, 「太平洋戰爭期 미국의 대한민국임시정부에 대한 인식과 불승인정책」, ≪한국근현대사연구≫, 제25집(2003); 배경한, 「중일전쟁시기 蔣介石 국민정부의 對韓政策」, 283~286쪽.

54) 카이로회담의 공동결의안에 "한국인의 노예 상태에 유념하여 적절한 시기에 한국을 자유 독립시키기로 결의한다"고 못 박은 것은 바로 이러한 미국의 신탁통치 방안이 그 바탕에 깔려 있었던 것이다. 고정휴, 「太平洋戰爭期 미국의 대한민국임시정부에 대한 인식과 불승인정책」, 526~527쪽.

터 어려웠을 것이니 중국은 신탁통치라는 주어진 범위 안에서 자신들의 영
향력을 확보할 수밖에 다른 방법이 없었을 것이다. 따라서 중국은 카이로
회담에서, 중일전쟁으로 일본에게 빼앗겼던 동삼성(東三省)과 타이완(臺灣),
펑후군도(澎湖群島)를 되찾는 데 주력하고 그 결과에 만족을 표하는 정도에
머물고 한반도에 관한 자신들의 독자적인 권익을 내세우기 어려웠을 것으
로 보인다. 장제스는 카이로회담 중에 쓴 자신의 일기에서 미국 대통령 루
스벨트의 인품과 중국에 대한 호의에 대하여 여러 차례 경의를 표시했으며
회담의 성과에 대해서도 "실로 중외고금(中外古今)에 없었던 외교의 성공"
이라고 평가할 만큼 상당히 만족했던 것으로 보인다.55)

　요컨대 태평양전쟁의 수행 과정에서부터 미국에 크게 의존할 수밖에 없
었던 중국으로서는 임시정부에 대한 독자적인(혹은 선도적인) 승인을 통한
전후 한반도에 대한 영향력 확보라는 목표를 추진하려는 의도를 가지고는
있었지만 회담에서 그것을 실현하는 것은 사실상 처음부터 불가능한 것이
었다고 할 것이다. 결국 중국으로서는 신탁통치에 의한 전후 한반도 문제
해결이라는 미국 주도의 방안에 동조하는 것으로 한반도 문제에 대한 입장
을 정리함으로써56) 임시정부에 대한 독자적인 승인 노력을 포기하기에 이
르렀던 것이다.

　그럼에도 국민정부 외교부 측에서는 종전을 앞두고 한반도문제에 대한
대책회의를 열어 전후 한반도에서의 주도권 장악을 위한 다양한 방안들을
검토하고 있었으며 국방부를 비롯한 다른 부처들의 의견을 묻는 공문을 보

---

55) 원문은 "實爲中外古今未曾有之外交成功也"이다. 장제스는 한반도문제에 대한 카이
　　로선언의 의미를 "전후(戰後) 조선의 자유 독립을 승인한 것"이라고 말하고 있었다.
　　『蔣介石日記』 1943年 11月 27, 30日條.
56) 王建郎, 「信任的流失: 從蔣介石日記看抗戰後期的中美關係」, ≪近代史研究≫ 2009年
　　第3期, p. 56.

내기도 하였다. 외교부의 의견 제출 요청에 대하여 국방부 측에서는 동맹군의 한반도 진공 시에 중국군도 참여하는 방안을 내부적으로 검토하고 있었고 재정부를 비롯한 다른 부서들에서는 재정적 원조와 민간투자의 확대 등을 포함한 한국에 대한 지원 확대를 검토했음이 확인된다.[57]

아울러 국민정부 측에서는 카이로회담에서 한국의 독립 이전에 거치도록 규정한 '적당한 시기(in due course)'에 대한 실제방안으로 외교와 국방을 중국인고문이 담당하는 고문정치의 실시를 검토하는 등 적극적인 개입 의사를 분명히 하고 있었음이 확인된다. 그뿐만 아니라 중국 측의 이러한 적극적인 한반도 개입 정책은 일본 패망 이후 미국군과 소련군에 의한 한반도의 분할 점령이 이루어진 이후 단계까지 계속되었음도 확인된다.[58] 미국 주도하의 한반도 문제 처리 과정에서도 중국의 한반도에 대한 영향력 확보 노력은 계속되고 있었던 것이다.


## 5. 맺음말

이상에서 20세기 전반기 대한민국임시정부와 중화민국 사이의 외교관계를 전반적으로 검토하기 위하여 신해혁명 전후시기, 1920년대 초, 중일전쟁시기라는 세 가지 시기에 초점을 두고 각 단계마다 양측 간의 외교관계가 어떠한 양상을 띠고 있었는지를 구체적으로 살펴보았다. 신해혁명 전

---

57) 「韓國問題討論會紀錄(1944. 10. 14; 10. 31)」, 『韓國問題研究綱要及資料』 外交部檔案 (臺灣 中央研究院近代史研究所 檔案館 所藏) 11-EAP-06113, pp. 36~38; pp. 143 ~145.

58) 「韓國問題之對策(1945年12月)」, 『韓國問題研究綱要及資料』 外交部檔案 11-EAP-06114, p. 33.

후 시기 즉 한국이 일본의 식민지로 전락하는 과정에서 한인 지사들의 중국 망명이 본격화되었는데 그것은 중국의 공화혁명에서 새로운 출로를 찾고자 하는 시도에서 비롯되었다. 이들 망명 한인들과 중국 혁명파 지도자들과의 교류는 한인 지사들의 중국혁명에 대한 지지와 참여를 기본 축으로 하면서 혁명파 지도자들의 한국 독립에 대한 지지와 지원이라는 한중호조의 형태를 띠고 있었다고 할 수 있다. 그러나 그 내면에는 한인 지사들의 중국에 대한 지나친 기대와 의존이라는 전통적 사대주의적 입장과, 중국 혁명파 지도자들의 한국에 대한 보호와 영향력 유지라는 전통적 중화주의적 태도라는 상호 모순적이고 갈등적인 측면이 온존하고 있었음을 부인하기 어렵다. 이런 까닭에 중국 혁명에 참여하여 중국 혁명이 성공한 이후 그 도움을 받으려던 한인 지사들의 희망은 처음부터 상당한 한계를 가질 수밖에 없었던 것이다.

1919년 상하이에서 만들어진 대한민국임시정부는 신해혁명 전후 시기부터 본격화된 한인들의 중국 내지 망명의 결과로 형성된 한인사회를 기반으로 한 것이었다. 임시정부에 대한 중화민국 측의 태도를 잘 보여주는 대목으로 검토해본 1921년 9월 말부터 10월에 걸친 신규식 일행의 광저우호법정부 방문과 쑨원과의 회견에서 확인할 수 있는 것은, 태평양회의의 개최를 앞두고 전개된 양측 간의 외교적 호조와 협력 관계이다. 신규식과 쑨원 사이의 회담에서 이루어진 5개항의 합의 사항은 양측 간의 상호 인정과 중국 내 한국 독립운동에 대한 호법정부 측의 지원을 골자로 하고 있기 때문이다. 그러나 이 사건의 내면에도 한중호조라는 긍정적 측면 이외에 '중화주의와 사대주의의 교차'라고 하는 부정적 갈등적 측면이 공존하고 있었음을 확인할 수 있으니 신규식의 지나친 중국 의존적 태도와 쑨원 측의 중국 중심적 중화주의적 인식을 엿볼 수 있는 것이다.

다음으로 1930년대와 1940년대에 걸친 중일전쟁시기에 있었던 한국광복군 창설문제와 임시정부에 대한 외교적 승인문제를 둘러싼 대한민국임시정부와 충칭국민정부 사이의 외교관계에서 확인할 수 있는 것은 국민정부 측의 임시정부에 대한 통제적 태도이다. 국민정부 측에서는 한국광복군을 중국 내의 외국군으로 취급하여 중국군의 지휘 아래 두는 정책을 폄으로써 임시정부 측의 원성을 샀다. 게다가 국민정부는 종전을 앞둔 1944년 중반 이후 시점부터 임시정부에 대한 외교적 승인을 통하여 종전 이후 한반도에 대한 영향력 행사를 노렸으나 미국과의 외교적 마찰을 피하려는 입장에서 결국에는 임시정부 승인조차 실현할 수 없었다. 이런 가운데서도 국민정부는 종전 이후 한반도에 대한 군사적 경제적 진출을 계획하는 등 한국에 대한 영향력 확보를 위한 노력을 계속하고 있었음이 확인된다. 이를테면 중일전쟁시기 임시정부에 대한 국민정부의 정책과 태도는 임시정부에 대한 통제를 통하여 전후 한국에의 진출과 영향력 확보에 그 목표를 두고 있었던 것이다.

요컨대 신해혁명 전후시기 한인 지사들의 중국 망명에서부터 1945년 일본 패망으로 한국이 독립되는 시기까지 대한민국임시정부와 국민정부 간에 진행된 한중 간의 외교관계는 국가적 독립을 목표로 하는 반제운동에서의 상호협력과 연대관계를 목표로 삼고 있었고 그런 점에서 적지 않은 성과를 냈다고 말할 수 있다. 그러나 그 내면에는 전통적 중화주의적 태도와 사대주의적 입장, 그리고 중국 측의 일방적 통제 정책과 같은 상호 갈등적 혹은 부정적 측면들 또한 온존하고 있었음을 확인할 수 있다. 20세기 전반기에 전개된 이러한 양국 간의 관계는, 중국의 초강대국화가 빠르게 진전되면서 새로운 세계질서로의 변화가 일어나고 있는 21세기 전반이라는 현재의 시점에서 바람직한 한중관계란 어떠해야 하며 또 어디로 가야 하는가라는 문제에 커다란 시사를 주고 있음은 물론이다.

제3장

## 대한민국과 중화민국의 외교관계(1948~1992)*
### '형제지방(兄弟之邦)'에서 '흉지지방(兇地之邦)'으로

**손준식**


## 1. 머리말

2012년은 대한민국과 중화인민공화국이 수교한 지 20년 되는 해이다. 이
는 대한민국이 중화민국[1]과 단교한 지 20년이 되었다는 말이다. 중국과의
수교는 축하해야 할 일이지만 중화민국의 입장을 생각하면 마냥 그럴 수만
도 없는 것 같다. 중화민국은 일제강점기 한국의 독립운동과 광복 후 대한
민국 건국 과정에서 적극적인 지원과 도움을 준 우방일 뿐만 아니라 건국
후 최초로 외교관계를 수립한 나라였다. 또한 중화민국은 미국에 이어 세
계에서 두 번째로 대한민국 정부를 정식 승인한 국가였다. 한편 대한민국
도 중화민국 정부의 대만 이전 초기 타이베이(臺北)에 대사를 상주시킨 유

---

* 이 글은 ≪中國近現代史硏究≫, 제58집(2013. 6)에 게재된 논문을 수정·보완한 것이다.
1) 이하 이들 세 나라의 명칭은 문맥과 상황에 따라 대한민국과 한국, 중화민국과 대만 또
는 자유중국, 중화인민공화국과 중공 또는 (공산)중국을 병용할 수밖에 없음을 미리 밝
혀둔다.

일한 수교국이었다. 이후 양국은 냉전시기 동안 강력한 동맹국으로 반공진영의 최전선에서 상호 협력과 지원을 아끼지 않았다. 양국 정상의 상호 방문과 자매도시 결연 및 우호조약 체결은 물론 국제외교상에서 아시아민족반공연맹(APACL) 결성과 아시아태평양이사회(ASPAC) 설립 등을 함께 주도하였다.

하지만 1980년대 이후 동아시아 국제정세와 한국의 대북정책 변화로 인해 양국의 외교관계는 점차 소원해지기 시작했고 마침내 노태우 정부의 북방정책의 일환으로 1992년 한국이 중화인민공화국과 수교함으로써 중화민국은 아시아의 마지막 수교국인 대한민국마저 잃게 되었다. 더욱이 단교 과정에서 깊은 배신감과 굴욕을 느낀 중화민국 정부와 국민은 '옛 친구를 버린' 한국을 자국 외교상 '가장 악렬한 단교국'으로 비난하였고, 이런 반한(反韓) 정서는 그 후 잠재화되어 수시로 표출되고 있다.[2] 단교 후 한국 정부는 이제 중화민국의 '국가성'을 공식적으로 인정하지 않고 중화민국 대신 대만으로 부르고 있으며, 한국과 대만의 관계는 '비공식 최고관계'라는 구조로 유지되고 있다.[3] 하지만 단교로 인한 정치적 갈등이나 반한정서와는 상관없이 양국의 경제관계는 지속적으로 발전해 왔으니, 비록 중국에 비해 상대적으로 규모는 작지만 대만은 여전히 한국의 주요 교역 대상이며 인적 교류와 문화관계도 상당히 긴밀한 편이다.[4]

---

2) 2010년 아시안게임에서 대만의 태권도 선수 양수쥔(楊淑君)이 실격하였을 때 폭발된 반한감정이 그 가까운 실례이다.

3) 단교 이후 양국관계의 회복에 관해서는 이규태, 「한국과 대만의 관계—'중화민국 100년': 韓臺關係의 역사와 현실」, 《중국학논총》 33(2011. 8), 220~222쪽 참조.

4) 대만은 2010년 기준으로 한국의 제5대 수출 대상국이며 제9대 수입 대상국으로 대만에 대한 수출입총액은 284.77억 달러이다. 또 2010년 한국을 방문한 대만인은 43만 8,041명으로 중국인과 일본인에 이어 3번째로 많고 대만을 방문한 한국인은 21만 6,901명으로 전체 입국 외국인의 3.9%를 차지한다. 그리고 한류의 영향으로 한국(대

이처럼 '형제지방(兄弟之邦)'에서 '흉지지방(兇地之邦)'으로 전락한 40여 년간의 한국과 중화민국의 관계는 전후 양국의 외교사를 이해하기 위해서 뿐만 아니라 장래 양국관계 개선과 대중국 외교전략 수립을 위해서도 반드시 연구 검토되어야 할 주제이다. 그러나 지금까지 양국 정부의 외교에 대해서는 몇 편의 개별 논문5)을 제외하고 학술적으로 거의 다루어지고 있지 않은데, 이 점은 한국과 대만 학계 모두 마찬가지인 것 같다.6) 이는 아마도

───────

중)문화에 대한 대만인의 관심도 크게 늘어났다. 이규태, 「한국과 대만의 관계—'중화민국 100년': 韓臺關係의 역사와 현실」, 222~230쪽.

5) 한국전쟁 전후의 한국과 중화민국 관계에 관한 것으로는 홍순호, 「한국전쟁 전후 한중관계의 서설적 연구」, ≪사회과학논집≫ 10(1990); 謝佳珍, 「1950年代韓戰前後的臺·韓·美·日四角關係」, ≪臺北文獻直字≫ 145(2003. 9)가 있으며, 태평양동맹과 아시아민족반공연맹에 관한 것으로는 노기영, 「이승만정권의 태평양동맹 추진과 지역안보구상」, ≪지역과 역사≫ 11(2002); 최영호, 「이승만의 태평양동맹 구상과 아시아민족반공연맹 결성」, ≪국제정치논총≫ 39-2(1999); 박진희, 「이승만의 대일인식과 태평양동맹 구상」, ≪역사비평≫ 76(2006); 김정배, 「미국의 세계전략적 관점에서 본 '태평양연맹' 논의의 성격」, 부산대 사학과 석사학위논문(1990); 조무형, 「아시아민족반공연맹(APACL)의 창설과 좌절」, ≪세계정치10≫ 29-2(2008. 가을·겨울); 박정현, 「1950년대 초 대만의 반공과 대륙반공정책」, ≪사총≫ 76(2012. 5); 박정현, 「1950년대 초 태평양동맹 결성을 둘러싼 한국과 대만 관계」, ≪역사적으로 본 근·현대 한중관계≫(한국사연구회 2012년 춘계학술발표회자료집, 2012. 6)가 있다. 아스팍에 관한 것으로는 박준영, 「아시아 태평양 각료회의(ASPAC)의 외교적 의의 재조명」, ≪사회과학논집≫ 3(1983); 조양현, 「냉전기 한국의 지역주의 외교: 아스팍(ASPAC) 설립의 역사적 분석」, ≪한국정치학회보≫ 42-1(2008. 3)이 있다. '한중우호조약' 체결에 관한 것으로 王恩美, 「'中韓友好條約'簽訂過程中的'韓國華僑問題'(1952~1964)」, ≪人文及社會科學集刊≫ 23-2(2011. 6)이 있고, 중화민국의 유엔 탈퇴와 관련된 것으로 王恩美, 「1971年'中國代表權'問題與韓國政府'中國政策'的轉變」, ≪國立政治大學歷史學報≫ 36(2011. 11)가 있다. 그 외 중국의 대한 정책과 한중수교에 관한 다수의 연구에서 한국과 중화민국의 외교관계에 대해 일부 언급하고 있다.

6) 한국과 중화민국의 외교관계 전반에 대해서는 國史館中華民國史外交志編纂委員會 編, 『中華民國外交志(初稿)』(臺北: 三民書局, 2002)에 간략하게 언급되어 있는 외에 李奎泰의 「中共對韓政策之研究: 從中國和韓國關係的演變論中共對韓政策」(國立政治大學 東亞

양국 모두 분단(분열)국가로 자국의 존립과 통일을 둘러싼 주변 강대국과의 외교문제에 우선 관심을 갖게 되고, 양국 간에 특별한 이슈가 될 만한 갈등과 충돌도 거의 없었기 때문으로 보인다. 따라서 한중 수교 20주년을 맞아 중국과의 수교 이전 우리에게 중국을 대표했던 중화민국과의 외교관계를 개관하고 그 경험과 역사적 의의를 파악해보는 것은 의미 있는 작업이라 생각된다.

이 연구는 이런 문제의식을 바탕으로 대한민국과 중화민국 양국의 수교에서 단교까지의 역사를 주요 사건을 중심으로 시간 순서에 따라 크게 두 시기로 나누어 살펴보려 한다. 먼저 1948년 정부 수립부터 1971년 중화민국의 유엔 탈퇴까지 냉전체제하에서의 동맹관계를 수교와 아시아민족반공연맹 결성 및 한중우호조약 체결과 유엔 탈퇴 등을 둘러싼 양국 간 협력과 대응 양상을 중심으로 검토해보고, 다음으로 데탕트 이후 양국 간의 실리우호관계를 한국의 '중국정책' 조정과 중화민국의 '실질외교' 정책 및 한국의 북방정책 추진과 중화민국과의 단교과정을 중심으로 정리해보고자 한다. 다만 아직 공개되거나 정리되지 않은 외교 사료가 많고 연구 대상 기간이 길기 때문에 기존 연구 성과와 관련자의 회고7) 및 보도자료 위주로 우

---

研究所博士學位論文, 1992)에서 1980년대까지의 양국관계가 다루어지고 있다. 한국에서는 이규태가 박사논문의 연장선에서 「한국과 대만의 정치적 관계: 과거·현재·미래」, ≪동아연구≫ 27(1994)과 「한국과 대만의 관계—'중화민국 100년': 韓臺관계의 역사와 현실」을 발표하였는데, 후자는 논문의 부제에서도 알 수 있듯이 1992년 단교 이후의 관계에 대한 기술이 전체의 2/3를 차지하고 있다. 전체적으로 한국과 대만의 대외관계 연구는 주로 대미·대일관계에 집중되어 있고, 한국과 대만의 관계는 대미·대일관계를 이해하는 가운데 보충적으로 기술되어 있을 뿐이다. 예컨대 이호재의 『한국외교정책의 이상과 현실: 이승만외교와 미국정책의 반성』(법문사, 2000)와 戴天昭, 『臺灣國際政治史』, 李明峻 譯(臺北: 前衛出版社, 2002) 등을 들 수 있다.

7) 초대 주한 중화민국 대사를 지낸 사오위린(邵毓麟)의 『使韓回憶錄』(臺北: 傳記文學出版社, 1980)과 제2대 주한대사였던 왕둥위안(王東原)의 『王東原退思錄』(臺北: 正中書局,

선 양국 외교사의 밑그림을 그리는 수준에서 작업을 진행할 수밖에 없음을 밝혀둔다.


## 2. 냉전시기 반공동맹관계

### 1) '한중'수교와 아시아민족반공연맹 결성

일본의 항복으로 이차세계대전이 종결됨으로써 1945년 한국은 일본의 식민지에서 해방되었고 중국은 일본의 침략으로부터 벗어났다. 하지만 한국은 미국과 소련의 전후 처리방침에 따라 남북한으로 분단되었고 1948년 대한민국과 조선민주주의인민공화국이라는 두 개의 정부가 각각 수립되었다. 한편 중국에서는 국공내전이 1946년 재연되었고, 그 결과 중국공산당이 승리하여 1949년 10월 중화인민공화국을 건국하였고 중화민국은 대만으로 패주하였다. 그 후 한국과 중화민국의 상호관계는 주로 양국이 처한 국가분단 상황과 미·소를 중심으로 전개된 국제적인 냉전체제에 의해 결정되었다.

중화민국은 전후 유엔안전보장이사회 5개 상임이사국의 하나로 미국과 함께 대한민국 정부 수립과 유엔에서의 승인 과정에서 가장 큰 노력을 하였다. 중화민국은 유엔한국임시위원단(UNTCOK)의 회원국으로 의장국인 인도를 설득하여 남한만의 단독선거를 통해 대한민국 정부 수립이 가능하게 하는데 결정적 공헌을 하였다.[8] 또 중화민국은 1948년 8월 13일 즉 대한

---

1992)은 초기 한국과 대만 관계를 이해하는 데 중요한 자료이다. 중국과 수교 시 외무장관이었던 이상옥의『전환기의 한국외교』(삶과 꿈, 2002)에는 대만과의 단교 과정이 자세히 설명되어 있다.

민국 정부 수립 이틀 전에 「대한민국정부 승인각서」를 이승만에게 전달하였고 9월 16일에는 영사관을 개설하고 쉬사오창(許紹昌) 영사를 부임시켰다.[9] 이에 한국 정부는 같은 해 11월 7일 건국 후 최초의 재외공관인 주중특사관(駐中特使館)[10]을 난징에 개설하고 다음해 1월 3일 상해에 총영사관을 설치하였다. 중화민국의 적극적인 지원하에 1948년 12월 12일 유엔이 대한민국을 한반도의 유일한 합법정부로 인정하자 1949년 1월 2일 중화민국 정부는 대한민국을 정식으로 승인한다는 성명을 발표하고 사오위린을 초대 주한대사로 임명하였다.[11] 한국 정부도 신석우(申錫雨)를 초대 주중대사로 임명하여 1949년 8월 26일 광저우에서 신임장을 제출하는 한편 8월 15일에는 장제스가 머물고 있던 타이베이에 영사관(초대영사 閔錫麟)을 설치하였다. 12월 7일 중화민국이 타이베이로 수도를 옮긴다고 각국에 통고했을 때 한국대사관이 12월 22일 제일 먼저 타이베이로 옮겨왔을 만큼 쌍방의 관계는 친밀하였다.[12] 또 이런 친밀감의 바탕에는 공동항일과정에서 형성된 두터운 인맥과 우의가 깔려 있었고 그 인적 유대는 이후 박정희 시

8) 羅家倫, 「大韓民國誕生過程中的一段外交史」, ≪問題與研究≫ 1-10(1962. 7), pp. 11~14.

9) 박실, 『한국외교비사』(기린사, 1980), 45, 71쪽. 사오위린의 회고에 의하면 중화민국은 이미 1946년 11월 4일 류위완(劉馭萬)을 서울 주재 총영사로 파견하기로 하고 주중 미대사관에 조회를 보냈다고 되어 있지만(『使韓回憶錄』, 82쪽) 아마도 '유엔한국임시위원회'의 중국대표 직을 착각한 것 같다.

10) 특사관이란 명칭을 사용한 까닭은 당시 중화민국이 대한민국 정부를 아직 정식으로 승인하지 않은 상태였기 때문이었다. 박실, 『한국외교비사』, 45쪽.

11) 사오위린이 주한대사에 임명된 것은 1월 17일이었으나 당시 중국정국의 급변과 대한민국임시정부 김구 주석의 고문을 맡았던 사오위린 개인에 대한 이승만의 기피 등으로 인해 김구가 암살당한 후인 7월 28일에야 이승만 대통령에게 신임장을 제출하고 대사관을 개설하게 된다. 邵毓麟, 『使韓回憶錄』, pp. 93~96, 263; 박실, 『한국외교비사』, 70~73쪽.

12) 박실, 『한국외교비사』, 44~50쪽. 홍순호, 「해방직전의 한미관계: 미국의 중경한국임시정부 불승인정책을 중심으로」, 114쪽.

대까지 양국관계를 유지하는 기초가 되었다.

그러나 이런 외형적인 모습과 달리 실질적인 관계에서는 양국 모두 처음부터 그다지 상대를 중시하지 않았던 것 같다. 예컨대 사오위린의 대사 부임이 늦어진 데에는 중국 내전의 전개 상황을 잠시 관망해보자는 이승만의 계산이 깔려 있었다는 보고가 있으며,[13] 실제로 1950년 초 이승만은 사오위린에게 두 번이나 장제스의 한국 임시거주문제를 제안하였고 이에 대해 사오위린은 중화민국이 대만을 지킬 수 없을 것으로 이승만이 생각하는 것 같다고 보았다. 또 중화민국 정부가 경비 등의 이유로 주한대사관 직원으로 대사와 2명의 비서만을 파견하였는데 총영사관 인원을 다 합쳐도 서울 주재 외교관 수는 겨우 6명에 지나지 않았고 그나마 나중에 다시 감축되어 단 2명만 남게 된다. 당시 아직 외교관계를 회복하지 않았던 일본에 주재한 중화민국 대표단 인원이 약 100명이나 되었던[14] 것에 비해 초라하기 짝이 없는 규모였다. 여기에는 양국 간 지정학적 요인으로 인한 전략적 가치가 상대적으로 높지 않았던 점[15]도 작용하였을 것으로 보인다.

공산세력과 대치하고 전쟁 중에 있던 한국과 중화민국은 아시아의 반공 전선 구축을 위해 서로 협력하고 경쟁하였는데, 그 매개가 되었던 것이 태평양동맹(Pacific Pact)이었다. 태평양동맹은 북대서양조약기구(NATO) 창설을 계기로 아시아에서도 미국 주도하의 공산세력에 맞서는 집단안보체제의 필요성이 대두되면서 제기되었다. 1949년 3월 퀴리노(Elpidio Qurino) 필

---

13) 박실, 『한국외교비사』, 71쪽.

14) 邵毓麟, 『使韓回憶錄』, pp. 259, 324~325.

15) 한국의 입장에서 중국대륙은 면적이나 인구 그리고 자연자원 등에서 대만보다 월등히 앞설 뿐만 아니라 그 위치에서도 한반도와 국경을 마주하고 있는 중국에 비해 바다 건너 멀리 떨어져 있는 대만은 전략적 가치에서 비교될 수 없었다. 대만의 입장에서도 자신의 통일문제와 국가 생존에 대한 한국의 영향은 제한적일 뿐이었다.

리핀 대통령이 제안한 태평양동맹 구상은 이승만 대통령이 적극 찬성하는 담화를 발표하고, 7월 장제스 총재가 필리핀을 방문하여 퀴리노와 동맹 결성에 합의함[16]으로써 본격 논의되기 시작했다.[17] 이승만은 이 회담에 대해 고무적으로 평가하고 퀴리노와 장제스의 방한을 요청하였다. 이에 장제스가 방한하여 8월 6일 진해에서 이승만과 회담을 갖고 공산주의에 공동 대처하는 집단안전보장을 추구하는데 합의하는 한편 퀴리노에게 빠른 시일 내에 그 조직을 위한 예비회의 개최를 요청하였다.[18]

그러나 장제스의 방한 직전 미국은 국민당정부를 더는 지원하지 않겠다는 의미를 가진 『중국백서』를 발표했다. 이는 중국공산당의 공세를 막고자 했던 국민당정부에 치명적인 타격을 가한 것이었고 미국이 태평양동맹에 참가할 뜻이 없다는 것을 명백히 보여주었다.[19] 미국의 압력하에 퀴리노는

---

16) 邵毓麟, 『使韓回憶錄』, p. 107. 이 회담에서는 필리핀이 제시한 태평양연맹(Pacific Union)이란 명칭을 제외하고 다른 구체적인 내용에 관한 합의는 이루어지지 않고 일반적인 원칙만 채택되었다. 연맹의 목적에 대해 장제스가 군사적인 면에 중점을 둔 데 반해, 필리핀은 사회·경제적인 면을 강조했다. 김정배, 「미국의 세계전략적 관점에서 본 '태평양연맹' 논의의 성격」, 24~25쪽.

17) 필리핀은 미국과의 군사원조협정에서 자국이 요구한 군사장비가 실질적으로 보장되지 못할 것이라는 우려에서 안전보장을 위한 장치로 태평양동맹 결성을 주장하였고, 국민당정부는 중국대륙에서 밀려날 형편이었기 때문에 군사지원과 동맹체결이 절실하였으며, 한국은 미군 철수가 예정된 상황에서 미국의 군사원조 증대와 한국 방위에 대한 개입을 조약화할 필요가 있었다. 하지만 이러한 3국의 입장과 달리 미국은 태평양동맹 결성에 부정적이었고 인도도 반대 의사를 표시했으며 다른 동남아시아 국가들도 그다지 관심을 보이지 않았다. 박정현, 「1950년대 초 태평양동맹 결성을 둘러싼 한국과 대만 관계」, 51~53쪽.

18) 장제스는 조속한 안전보장 확보를 위해 한국·필리핀·중화민국 3자간 동맹의 가능성을 타진했으나, 이승만은 광범위한 지역을 망라한 태평양동맹 형식을 옹호하였다. 노기영, 「이승만정권의 태평양동맹 추진과 지역안보구상」, 192~193쪽.

19) 이호재, 『한국외교정책의 이상과 현실』, 273쪽. 미국이 태평양동맹 결성에 부정적이었던 표면적인 이유는 아시아 국가의 혼란한 국내 상황이 진정된 후에야 집단안보체

8월 3일 태평양동맹의 군사적 성격을 배제할 뜻을 밝혔고, 그 후 1950년 2월 한국과 중화민국을 제외한 동남아 지역연합 구상을 발표하였다.[20] 1950년 5월 그 결성을 위한 동남아시아회의(Southeast Asia Conference)가 바기오(Baguio)에서 필리핀·오스트레일리아·태국·인도·파키스탄·인도네시아·실론 7개국이 참가한 가운데 열렸으나 참가국 간의 이해가 달라 이 회의는 단 한 번의 회합으로 끝나고 말았다.[21]

반공동맹 결성이 무산된 이후 한국과 중화민국은 미국의 서태평양방어선(애치슨라인)에서도 제외됨으로써 공산세력의 침략에 무방비로 노출되었고, 결국 북한군의 남침을 초래하였다. 그러나 미국은 한국전쟁이 발발하자 즉각 6월 27일 참전을 결정하고 제7함대를 대만해협에 파견하기로 하였다.[22] 한편 미국의 개입 이후 중화민국은 한국전쟁을 대륙 수복의 기회로 활용하기 위해 전쟁에 적극 개입하려고 하였다. 6월 30일 중화민국 정부는 우선 육군 3개 사단과 수송기 20대를 지원하겠다고 제안했다.[23] 하지만

---

제가 구축될 수 있다는 것이었지만, 더 근본적인 이유는 미국이 전후 일본 중심의 지역통합 전략, 즉 비공산주의 아시아 국가를 자본주의 체제에 편입시키는 경제적 지역통합을 설정하고 단계적으로 집단안보체제를 결성하려는 구상을 갖고 있었기 때문이었다. 노기영, 「이승만정권의 태평양동맹 추진과 지역안보구상」, 190~191쪽.

20) 이에 강력한 군사동맹을 요구하던 이승만은 아시아 국가의 회합 이후에 성격을 결정짓자고 한발 물러선 입장을 표명했으나 미국의 압력으로 태평양동맹 결성을 위한 회의에 한국과 중화민국은 결국 초대받지 못했다. 노기영, 「이승만정권의 태평양동맹 추진과 지역안보구상」, 193~195쪽.

21) 노기영, 「이승만정권의 태평양동맹 추진과 지역안보구상」, 195쪽,

22) 이는 1949년 말 소련의 핵실험 성공 이후 미국의 국방외교정책이 전면 재검토되면서 공산권 세계의 도전에 강력히 대처하고 일본의 안보와 직결되는 대만의 공산화를 저지하는 방향으로 이미 선회하였기 때문이었다. 사실상 한국전쟁은 미국의 '대만 개입'에 명분을 제공해준 절호의 기회였고 어떤 의미에서 '대만 개입'은 한국전쟁 개입을 위한 선결 요건이었다. 김남균, 「미국의 타이완 개입과 한국전쟁」, ≪미국학논집≫ 29-1(1997), 21~45쪽 참조.

중화민국의 파병 제의는 중공을 끌어들여 전쟁을 확대시킬 우려가 있다고 하여 한국과 미국 모두 거부했다. 중공군의 참전 뒤에도 이승만은 일본 군대의 개입 가능성을 우려하여 중화민국 군대의 참전에 반대하였다.[24] 이에 중화민국은 한국 화교와 주한대사관 인원을 중공군에 대한 심리전과 중공군 포로 심문 등에 참여시키는 간접적인 방식으로 한국전쟁에 참가할 수밖에 없었다.[25]

한국전쟁의 발발로 대만의 국민당정부는 중국공산당의 '대만 해방' 위기에서 벗어났지만 중공과의 전면전을 피하려는 미국의 기본 정책하에 대만해협이 '중립화'되면서 한국전쟁과 미국의 군사원조를 통해 대륙을 수복하려던 국민당정부의 '반공대륙' 계획도 불가능하게 되었다. 그러나 중공군 참전 후 미국의 제한전쟁 전략 의도를 파악한 이승만이 1950년 12월 '중국정부의 군대'가 '반공대륙'해서 한국전쟁의 국면과 미국의 태도를 바꾸어주길 제의함에 따라 중화민국 정부는 '반공대륙'을 통해 제2전선을 여는 전략 주장을 여러 차례 제기함으로써 한국 내 중공군을 견제하고자 하였다. 미국과 중공 사이에 진행되던 정전담판을 반대하던 이승만은 정전협정을 파기하기 위해 1953년 6월 북한군 반공포로를 석방한 데 이어, 1954년 1월 '중국인민지원군' 반공포로 1만 4천 명을 대만으로 송환함으로써[26] 양국의 확고한 반공우의를 공개적으로 과시하였다.

중화민국은 한국전쟁으로 생존을 보장받고 안전을 확보한 외에 미국의

23) 邵毓麟, 『使韓回憶錄』, p. 169.
24) Robert T. Oliver, *Syngman Rhee and American involvement in Korea, 1942-1960: a personal narrative*(Seoul: Panmun Book Company Ltd, 1979), p. 239.
25) 邵毓麟, 『使韓回憶錄』, p. 249~257. 한국 화교들의 한국전쟁 참여에 관해서는 왕엔메이, 「한반도 화교들의 한국전쟁」, ≪역사비평≫ 2010년 여름호, 104~111쪽 참조.
26) 邵毓麟, 『使韓回憶錄』, p. 236, pp. 247~248, pp. 351~359. 반공포로의 송환 과정에 대해서는 王東原, 『王東原退思錄』, pp. 221~225 참조.

지지하에 유엔에서 '중국대표권'을 확보하는 등 국제적 지위도 안정되어 갔다. 1951년 2월 중화민국은 미국과 정식으로 '상호방위원조협정'을 체결했고 1952년 4월 일본과 '평화조약'을 맺었으며 1954년 12월에는 마침내 '중미상호방위조약'을 조인하게 된다. 하지만 1950년 10월 유엔총회의 결의에 따라 유엔한국위원회(UNCOK)를 유엔한국통일부흥위원회(UNCURK)로 개편하면서 기존 회원국이던 중화민국을 배제시킴으로써[27] 한반도 문제를 둘러싼 국제논의에서 발언권을 잃고 말았다. 이는 한국전쟁 참전을 통해 한반도 문제에 강한 발언권을 갖게 된 중화인민공화국의 경우와 비교했을 때 중화민국의 영향력은 크게 감소되었음을 의미하였다.

한국전쟁이 교착 상태에 빠진 상황에서, 1951년 미국이 대일강화조약과 미일안전보장조약을 체결하여 일본 중심의 지역통합전략을 구체화함과 동시에 일본의 재건과 재무장에 대한 각국의 불안을 해소하기 위해 필리핀과 상호방위조약을, 오스트레일리아·뉴질랜드와 태평양안전보장조약(ANZUS)을 체결하자, 이에 소외된 한국과 중화민국은 태평양동맹 결성을 다시 추진하기 시작했다. 하지만 지역안보동맹 결성이라는 점에서는 양국의 이해가 일치하였지만, 그 구성 방향에 대해서는 의견이 일치하지 않았다. 한국은 한국·중화민국·필리핀 3국 중심의 태평양동맹 결성 가능성을 제기하였고, 중화민국은 군사공수동맹 체결을 목표로 한 상호원조공약 초안을 마련하여 태평양동맹의 기본 설계로 삼고자 했다. 그러나 다른 국가들이 전쟁 위험이 높은 중화민국·한국과의 협정 체결을 주저했기 때문에 태평양동맹 구상은 진전을 보지 못했다. 그러자 중화민국은 먼저 한국과의 공수동맹을 제안하였지만 전선 확대를 부담스럽게 여긴 이승만은 이를 거부하고 아시아 국가 전체의 광범위한 동맹을 주장하는 한편 휴전에 협력하

---

27) 邵毓麟, 『使韓回憶錄』, p. 227.

는 조건으로 1953년 10월 미국과 상호방위조약을 체결하였다. 그 후 중화
민국의 공수동맹 체결 노력은 한국의 소극적인 태도와 여타 국가의 거부로
더는 성과를 거두지 못했다.[28]

한미상호방위조약 체결 이후 태평양동맹의 추진 방향은 이승만의 주도
하에 실질적인 안전보장 측면보다는 미국의 아시아전략과 지역안보구도
를 염두에 둔 정치적 행보로 나타나기 시작했다.[29] 이승만은 미국의 한일
관계 정상화와 일본의 태평양동맹 참가 권유에 대해 강력히 거부하면서
1953년 말부터 사절단을 동남아 각국에 파견하여 군사동맹이 아닌 민간반
공기구로서의 태평양 반공연맹 설립을 주장하였다. 이러한 한국의 독자적
인 활동에도 불구하고 중화민국 정부는 동남아 화교조직을 통해 한국사절
단을 적극 도와주었다. 생존과 안전보장이 무엇보다 중요했던 중화민국으
로서는 동아시아 지역질서에서 소외되지 않기 위해서 의견이 다르더라도
비슷한 처지의 한국과 적극 협력하는 것이 유리했기 때문이었다.[30]

한국 정부는 태평양 반공연맹 구상 실현의 일환으로 동남아시아민족반
공대회를 준비하였고 이후 대회 명칭을 아시아민족반공대회로 개칭하여,
1954년 6월 한국·중화민국·필리핀·태국·베트남과 홍콩·마카오·오키나와
지역 대표가 참석한 가운데 진해에서 대회를 개최하였다. 대회 결과 각국
대표는 대회 명칭을 아시아민족반공연맹(APACL)으로 정하고 APACL헌장
을 채택하였다.[31] 한편 이승만은 1954년 9월 체결된 동남아시아집단방위

---

28) 노기영, 「이승만정권의 태평양동맹 추진과 지역안보구상」, 196~202쪽: 박정현,
「1950년대 초 태평양동맹 결성을 둘러싼 한국과 대만 관계」, 59~60쪽.
29) 1953년 출범한 아이젠하워 정부는 대외원조 부담을 줄인다는 취지에서 아시아 집단
안보체제 결성을 계획하고 있었고, 이승만은 아시아 국가들이 선도하여 방위공동체
를 결성함으로서 장차 미국의 참가를 유도하려 했다. 노기영, 「이승만정권의 태평양
동맹 추진과 지역안보구상」, 204~205쪽.
30) 박정현, 「1950년대 초 태평양동맹 결성을 둘러싼 한국과 대만 관계」, 62~63쪽.

조약(SEATO)에 관심을 보이면서 반공국가인 한국과 중화민국의 가입과 강력한 군사동맹 결성을 주장하였다. 당시 중공군의 금문도 침공으로 위기감이 고조된 중화민국은 일본과 같은 비공산국가와도 동맹할 수 있다는 의사를 피력했으나, 한국은 일본을 포함하는 방위기구 결성에 반대했다. 이러한 의견 대립으로 몇 차례 연기 끝에 1956년 3월 개최된 APACL 제2차 대회에서 한국 측의 주장이 채택됨으로써 그 반공·반일적 성격을 유지하게 된다.[32] 이리하여 지역반공동맹을 위한 한국과 중화민국의 노력은 시종 그 구성과 성격에 대한 입장 차이와 주도권 경쟁으로 인하여 실질적 군사동맹이 아닌 정치적 구호뿐인 민간조직 결성으로 끝나고 말았다. 여기에는 미국과의 상호방위조약 체결로 안전을 보장받은 상황에서 양국 간에 적극적인 동맹의 필요가 없었던 점도 중요한 요인으로 작용하였다.

## 2) '한중우호조약' 체결[33]과 중화민국의 유엔 탈퇴

이상 살펴본 대로 한국과 중화민국은 반공을 기초로 상호 협력과 우호관계를 추구하면서 서로를 '형제의 나라' '굳건한 맹방'으로 부르고 대내외

---

31) 노기영, 「이승만정권의 태평양동맹 추진과 지역안보구상」, 207~209쪽.

32) 같은 책, 210~211, 218쪽. 이후 이승만 정부는 상설조직이 없는 가운데 APACL 대회를 주도했고, 박정희 정부에서는 1963년 발족된 한국반공연맹이 APACL 한국 측 상설지부를 담당하게 된다. 1967년 제12차 대회에서 세계반공기구(WACL)를 발족시키자 APACL은 형식상 그 하부기구로 존속하면서 실질적으로는 중심기구로 활동하였다. 이때 상설본부를 타이베이에 설치하기로 결정했고 초대 사무총장으로 필리핀의 에르난데스를 선출했으며 기관지 *Asian Bulletin*을 발행하기 시작했다. 그러나 냉전 종결과 함께 1990년 제22차 대회에서 세계반공기구를 세계자유민주연맹(WLFD)으로 개칭하기로 결의하자 APACL도 아시아태평양자유민주연맹(APLFD)으로 명칭을 바꾸게 된다. 최영호, 「이승만의 태평양동맹 구상과 아시아민족반공연맹 결성」, 180쪽.

적으로 끊임없이 반공동맹관계를 선전하였지만, 양국관계는 결코 보기만큼 순조롭게 진행되지는 못했다. 실제로 양국 간에는 어떤 군사동맹협정도 체결되지 않았고 우호관계를 상징하는 '한중우호조약'도 1964년 11월에 와서야 겨우 체결된다.

양국 중 조약 체결을 먼저 제의한 것은 중화민국이었다. 중화민국 정부는 한국 화교의 권익 보호를 위해 1952년 1월 한국 정부에 '통상항해조약(通商航海條約)' 체결을 제의하였다. 그러나 한국 외교 당국은 전쟁 중이란 이유로 조약 체결에 난색을 표하였다. 이에 중화민국 외교부는 우호조약을 먼저 맺기로 하고 한국 측의 의향을 타진하였으나 역시 거절당한다. 그 이유는 당시 한국이 이승만의 대미(對美) 일변도 외교로 인해 다른 국가와의 관계 확장에 관심이 없었고 전시 중에 화교를 포함한 중국인의 자유 출입국을 허용할 경우 치안에 문제가 생길 수 있다는 우려 때문이었다. 그보다 더 중요한 원인은 한국 정부가 한국 화교에게 최혜국대우를 부여하는 내용의 이들 조약을 체결할 경우 한국 화교에 의해 한국의 상업이 농단될 것을 염려했기 때문이었다. 한국 정부가 한국 화교 문제에 이처럼 민감한 반응을 보인 것은 교민 수의 현격한 차이에 있었다. 당시 대만 거주 한교(韓僑)가 약 400명에 지나지 않았던 데 반해 한국 화교는 1만 수천 명에 달했고 이러한 비대칭은 그 후 더욱 심화되게 된다.[34] 그리하여 '한중우호조약'과 한국 화교 문제를 동일시하는 한국 정부의 입장은 이후 우호조약 체결을 거절하는 주요 원인이 되었다.

1953년 10월 한국 외무장관 변영태(卞榮泰)가 양국의 군사동맹 구상을 밝

---

33) 이와 관련된 내용은 별도의 각주가 없는 한 주로 王恩美의 「'中韓友好條約'簽訂過程中的'韓國華僑問題'(1952~1964)」를 참조했음을 밝혀둔다.

34) 1964년 한중우호조약 체결 시 한국 화교 수는 2만 6,176명이었는 데 반해 대만 한교 수는 겨우 495명으로 53:1의 비율을 나타냈다.

힌 이후 중화민국은 줄곧 한국과의 군사동맹 체결을 희망하였다. 특히 1954~1955년의 '제1차 대만해협 위기'로 심각한 생존 위기에 직면한 중화민국으로서는 한국과의 군사동맹이 우선이었기에 우호조약 체결에 적극 나서지 않았다. 그러나 1950년대 후반 군사동맹의 가능성이 점차 낮아지면서 중화민국 정부는 다시 우호조약 체결을 적극 추진하게 된다. 중화민국 입장에서는 우호조약을 통해 양국의 반공동맹관계를 강화하는 한편 대만 국민의 정부에 대한 믿음을 제고시킬 필요가 있었다. 그리하여 1957년 2월 주한대사 왕둥위안(王東原)은 한국 외무장관 조정환(曺正煥)을 방문하여 재차 우호조약 체결을 제안하였다. 이에 대해 조정환은 먼저 무역협정을 맺자고 제의하였고, 중화민국은 이에 호응하여 5월 무역협정 초안을 한국 측에 전달하는 한편 우호조약 체결을 계속 추진하였다. 중화민국 외교부는 한국과의 우호조약이 갖는 정치적인 의미가 가장 크다고 여기고 간단한 내용의 조약 체결 방식을 채택하고자 하여, '중태우호조약(中泰友好條約)'을 참조해 만든 초안을 한국 측에 전달하였다. 그러나 한국 외무부는 초안에 명시된 상대국 국민(한국 화교)의 자유 출입국 권리 승인과 상대국 국민의 신분·재산·경제활동을 보장하는 내용이 최혜국대우를 부여하는 것이라 여겨 우호조약 체결을 거절하고 먼저 무역협정을 체결할 것을 주장하였다.[35]

1960년 3월 한국 외무부 전 정무국장 김동조(金東祚)가 특사 신분으로 중화민국 외교부를 방문하였을 때, 중화민국 측은 다시 한 번 우호조약 체결을 요구하게 된다. 이에 대해 김동조는, 한국이 우호조약 체결을 망설이는 주된 원인은 중국인의 한국 입국문제[36]에 있으며 우호조약을 맺게 되면 한

---

35) '한중무역협정'은 4년간의 교섭 끝에 1961년 3월 3일 정식으로 체결되었다. 무역협정의 규정은 양국의 무역 사무에만 한정되었고 양국 국민의 출입국 문제는 포함되어 있지 않았다.

36) 즉 홍콩이나 중국대륙에 거주하고 있는 한국 화교의 친지나 친구들 중 밀수에 종사

국 화교 및 그 상인들이 자연히 최혜국대우를 요구할 터이기 때문에 한국
은 자신의 경제와 정치 안정 및 공산당의 간첩활동을 방지하기 위해 한국
화교에 대해 엄격한 조치를 취할 수밖에 없다고 설명하였다. 그 후 한국은
중화민국이 먼저 제기한 쌍방 간의 문화협정 체결에 주력하여 1963년 1월
외무장관 최덕신(崔德新)의 대만 방문 때 이를 체결하고자 하였으나 중화민
국의 반대37)로 이루어지지 못했다.

　문화협정을 먼저 체결하고자 하는 한국과 우호조약 체결을 희망하는 중
화민국의 대치가 지속되는 가운데, 1964년 7월 한국이 원칙적으로 우호조
약 체결에 동의함으로써 상황의 변화가 생기게 된다. 한국의 태도변화의
주요 원인은 중공의 지위 향상과 국제정세 변화의 영향 때문이었다. 1960
년대부터 미국이 대중공 유화정책을 취하여 점차 중공정권 전복 의도를 포
기하게 되었고38) 프랑스가 미국의 핵확산 금지방침을 무시, 1960년 핵실
험을 하고 1964년 중국을 승인하는 등 서방 자유진영 간에 모순이 발생한
반면 중공은 북 베트남 정부를 지원함으로써 동남아에 대한 영향력을 강화
하였다. 특히 1964년 10월 중공의 핵실험 성공은 그 국제적 지위와 영향력
을 크게 제고시켰지만 한국과 중화민국의 안전에 막대한 위협을 가져와 양
국의 위기의식을 제고시켰다. 위기를 느낀 한국은 중화민국과의 우호조약
을 통해 양국의 정치·경제·군사 방면의 협력을 강화하고 상호 이해를 촉진
하게 되었다.

　그 외 미국의 월남전 정책도 한국의 태도변화에 영향을 미쳤다. 일찍이

---

하는 자가 많고 한국의 이민법규를 준수하지 않는 자도 많으며, 또 한국이 이들 화교
범죄자를 송환할 때 반드시 중화민국이 받아들이는 것도 아니라고 지적하였다.
37) 거절 이유는 당시 대만에 수입되던 일본 잡지와 영화 등이 많은데 한국과 문화협정
을 맺게 되면 일본도 문화협정 체결을 요구할 수 있기 때문이었다.
38) 戴天昭, 『臺灣國際政治史』, p. 472.

1961년 박정희는 월남파병을 미국 측에 제의했고, 그 후 아시아 국가의 반공역량을 강조하면서 이를 위해 중화민국과 협의를 진행하겠다고 밝힌 바 있었다. 한국의 월남파병은 한미동맹을 강화하고 한국에 대한 미국의 군사방위를 얻어내는 데 목적이 있었다. 이를 위해 월남파병이 수용되기 전에 한국 정부는 중화민국과의 협력을 강화하여 쌍방의 반공방위능력을 제고함으로써 파병의 의지와 노력을 미국에게 보여줄 필요가 있었다. 이 밖에 박정희 개인의 외교적 경향도 한국의 태도변화에 영향을 미친 것으로 보인다. 박정희의 외교정책은 이승만의 미국 일변도에서 벗어나 한국의 외교공간을 확대하고자 하였다.[39] 이런 박정희의 외교노선은 한국 외교당국으로 하여금 중화민국과의 외교에 적극적인 태도를 갖도록 만들었다. 한국의 태도변화 이후 조약 내용에 대한 교섭과 타협 끝에 1964년 11월 27일 마침내 양국은 '한중우호조약'을 정식으로 체결하게 된다.[40]

1960년대는 한국과 중화민국의 관계가 가장 긴밀한 시대였다고 말할 수 있다. 양국은 각종 협정과 조약을 잇달아 체결하였을 뿐만 아니라 고위 관원과 군부 고위층의 잦은 상호 방문은 물론 박정희도 1966년 직접 대만을 방문하였다. 하지만 '한중우호조약' 체결 과정을 통해 드러난 것처럼 실리를 추구하는 한국과 정치적 효과를 우선하는 중화민국 사이에 보이지 않는 이해충돌이 내재해 있었다. 이러한 한중우호동맹의 모순된 측면은 한국 정부가 주도한 아시아태평양이사회(ASPAC) 설립을 둘러싸고도 표출되었다. 당초 한국 정부는 반공체제 구축이라는 안보상의 목표와 함께 대일 국교정상화 교섭 및 월남 파병 등의 이해관계를 고려해 중화민국·월남·필리핀·말

---

39) 이승만 시기 한국은 겨우 13개국과 외교관계를 맺고 있었으나, 1961년 11월 이미 29개국과 외교관계를 수립했고 1965년에는 76개국으로 늘어나게 된다.

40) 조약의 구체적인 내용은 王恩美, 「'中韓友好條約'簽訂過程中的'韓國華僑問題'(1952 ~1964)」, pp. 86~93 참조.

레이시아·일본·호주·뉴질랜드 등이 참여하는 외상회의를 제창하였으나, 중화민국 정부는 회의의 목표를 '반공체제의 재정비와 강화'에 두고 참가국을 중화민국·한국·월남·태국·필리핀의 5개국으로 제한할 것과 '두 개의 중국'정책을 취하고 있는 일본의 참여를 반대하였다. 하지만 다수 국가가 일본의 참여를 강력히 희망함에 따라 한국 정부는 의제에서 '군사동맹'이나 '반공'이란 어구를 삭제하고 각국 간의 경제·문화교류 증진을 강조함으로써 회의 개최를 촉구하였고 2차례의 예비회담을 거쳐 1966년 6월 서울에서 제1차 '아시아 태평양 지역 협력 각료회의'가 개최되었다. ASPAC 설립의 배후에는 한국과 대만의 안보 불안 및 국제적 고립감 완화라는 심리적 효과를 고려한 미국 정부의 지원이 있었다.[41)]

1969년 7월 미국은 닉슨독트린을 발표하여 "아시아의 방어는 기본적으로 아시아가 책임질 것"을 강조하고 중국과 협상을 통해 쌍방 간의 외교관계를 '정상화'할 것임을 성명하였다. 닉슨독트린은 한국과 대만에 막대한 충격과 위기감을 몰고 왔으니, 대만은 유엔의 '중국대표권'을 확보할 수 없는 위기에 봉착하게 되고, 한국은 미중관계 개선으로 중국이 '중국대표권'을 획득하면 유엔에서의 북한의 지위를 제고시켜 한국이 갖고 있던 유엔에서의 유리한 위치에 영향을 미칠 수 있었기 때문이었다.[42)] 특히 닉스독트린 이후 미국의 주한미군 감축과 북한의 평화선전 공세로 박정희는 커다란 외교적 압박에 직면하게 되었고 심각한 안보위기의식하에 효과적인 대응방안을 마련하지 않으면 안 되었다. 이에 박정희는 1970년 '8·15 연설'을 통해 남북한 간 '선의의 경쟁'을 제안하고 적십자회담을 개최하는 등 '남북

---

41) ASPAC의 설립 과정과 성격에 관해서는 조양현, 「냉전기 한국의 지역주의 외교: 아스팍(ASPAC) 설립의 역사적 분석」 참조.

42) 이에 관해서는 장준갑, 「닉슨독트린과 미국의 대한 정책」, ≪역사학연구≫ 34(2008. 10) 참조.

화해' 분위기를 조성하는 한편 '자주국방'을 강화하여 북한의 도발과 침략에 대응하고자 하였다.[43] 다른 한편 한국 정부는 1971년 1월 서독·'자유중국'·월남·한국으로 구성된 '분단국가 장관급회의'를 개최하여 통일과 국제문제에 관한 협력 강구를 제안함과 동시에 이를 통해 분단국가 상호관계를 강화하여 분단국가 문제가 강대국 간 정치적 타협의 희생물이 되는 것을 피하고자 희망하였다.[44] 이는 그동안 한국과 중화민국이 줄곧 주장해왔던 반공연맹의 연장이었다.

미국의 대중정책 변화와 국제외교상 중국의 영향력 제고에 따라 대만이 갖고 있던 '중국대표권'과 유엔 상임이사국 지위를 중국이 대신할 가능성이 높아진 가운데, 1971년 9월 유엔총회를 앞두고 한국 정부는 미국이 제안한 대만과 중국 모두를 유엔회원국으로 하는 '이중대표안'이 통과되면 대만은 유엔에 남고 중국은 유엔에 참가하지 않을 가능성이 높다고 판단하고 각국 주재대사에게 각국이 '이중대표안'을 지지해줄 것을 종용하도록 훈령을 보냈다. 이와 동시에 '이중대표안'이 유엔의 '보편적 원칙'이 되어 '한국문제'가 처리되는 것을 피하기 위해 외교활동을 전개한 끝에 서독과 인식을 같이하고 '이중대표안'과 다른 분열국가 문제는 전혀 관련이 없다는 미국 정부의 성명을 이끌어내는 한편 제26차 유엔총회에서 '한국문제 토론 연기안'을 제출하여 통과시켰다. 다른 한편 한국 정부는 "자유중국과의 선린우호 관계를 계속 유지"하면서 대만의 의견과 입장을 존중하고 지지

---

43) 이에 관해서는 마상윤, 「안보와 민주주의, 그리고 박정희의 길: 유신체제 수립원인 재고」, 《국제정치논총》 43-4(2003. 12); 우승지, 「남북화해와 한미동맹관계의 이해, 1969-1973」, 《한국정치외교사논총》 26-1(2005. 8); 김현철, 「1970년대 초 박정희의 한반도 평화구상과 자주 통일외교의 모색」, 《통일정책연구》 13-1 (2004. 6) 등 참조.

44) 李奎泰, 「中共對韓政策之硏究: 從中國和韓國關係的演變論中共對韓政策」, p. 182.

하는 방식으로 중국의 유엔가입을 최대한 연기시키고자 하였다. 그러면서도 '중국대표권' 변경의 대세가 이미 기울어졌지만 단기간 내에 중국과의 관계 개선이 어려운 상황을 고려하여 불필요하게 중국을 자극하지 않는 외교방침을 채택하였다. 그러나 한국 정부의 노력과 희망에도 불구하고 '중국대표권' 문제를 둘러싼 유엔총회의 표결 결과, 대만의 유엔 축출이 결정되었고 이에 대만 대표단은 유엔 탈퇴를 선언하였다.[45]

## 3. 데탕트 이후 실리우호관계

### 1) 한국의 '중국정책' 조정과 중화민국의 '실질외교' 정책

미국과 중공의 관계 개선 및 중공의 유엔 가입이라는 국제정세 변화 속에서 한국은 대북안보 차원에서 중국요인을 새롭게 고려하지 않을 수 없게 되었다. 더욱이 미국의 안전보장공약을 의심한 한국 정부는 '자주국방'과 '자주외교' 정책의 기조하에서 평화적 안보확보 차원에서 대북한 접촉을 시도하였고 대 공산권 관계 개선에 대한 의견도 나타났다. 그 결과가 바로 1972년 7·4 남북공동성명과 1973년 6·23 문호개방선언의 발표였다.

예상보다 빨리 찾아온 '중국대표권' 변경의 충격으로 한국은 '중국정책'을 조정하지 않으면 안 되었다. 한국 정부는 비록 중화민국의 유엔 축출에 대해 유감을 표시하였지만 한국 정부 내 '중국'의 지위는 이미 중화민국으로부터 중화인민공화국으로 전환되고 있었다. 이 점은 한국 정부 문서상의

---

45) '중국대표권' 문제에 대한 한국 정부의 대응 전략에 대한 상세한 내용은 王恩美, 「1971年'中國代表權'與韓國政府'中國政策'的轉變」, pp. 186~199 참조.

호칭 변화를 통해 분명히 확인된다. 1971년 이전에 '중국'은 중화민국을 지칭하였고 중화인민공화국은 '중공'으로 불렸으나, 중공의 '중국대표권' 취득 후에는 중화인민공화국을 '중국'으로 표기하면서 괄호 안에 '구중공(舊中共)'을 병기하였고 중화민국을 '대만'으로 표기하면서 괄호 안에 '구중국(舊中國)'이라 부기하고 있다. 즉 한국 정부에서는 이미 중화인민공화국을 '중국'의 대표로, 중화민국은 단지 대만을 대표하는 정권으로 간주하기 시작했다는 것을 의미하였다.46)

이러한 현실 인식하에 한국 외교당국은 중공과의 관계 개선방안을 입안하여 향후 '중국정책'을 조정하고자 하였다. 즉 중공정권 승인은 시간문제이지만 단계적 점진적으로 관계 개선을 추진하기로 하고 우선 중공에 대한 호칭을 변경하며, 제3국에서 중공과 외교적 비공식 접촉을 모색한다는 것이었다. 그 밖에 한국 정부는 1960년대 일본이 채택했던 소위 '정경분리'의 방식 즉 간접무역, 항공기·선박의 취항, 체육·뉴스·기상정보 교류 등을 이용하여 중공과의 관계를 개선할 수 있을 것으로 생각하였다. 이후 한국 정부는 이러한 기본방침에 의거하여 서서히 중공에 접근을 시도하면서 그 반응을 살폈다. 이를 위해 한국 외무부는 1973년 7월 한국과 중공의 재외 공관이 병존하는 지역의 대사관에 '참고 지침'을 발송하여 구체적인 직무 내용을 설명하였다. 즉 이들 지역 대사로 하여금 주동적이고 적극적으로 중공 외교관과 인사들을 접촉하고 이들을 우리 측이 주최하는 활동에 참가하도록 초청하며, 우리 외교관도 중공이 주최하는 활동에 참가하여 개인적인 접촉을 통해 쌍방의 관계를 개선하도록 한다. 중공 인사와의 단독 접촉 내지 사교활동 등 비공식적인 자리에서는 중공의 정식 국호를 적극 사용할 수 있다. 비방적인 명칭으로 중공을 불러서는 안 되고 필요할 경우 '중국대

---

46) 王恩美, 「1971年'中國代表權'與韓國政府'中國政策'的轉變」, p. 196, p. 206.

륙' 또는 '중국'을 사용할 수 있으며 중화민국은 '대만' 또는 'Nationalist China'로 부르도록 한다. '6·23 선언'을 적극 홍보하여 중공의 한국에 대한 이해와 인식을 제고시키고 쌍방 간의 민간·통상 교류를 증대시키길 희망한다는 의사를 전달하는 것이었다.[47] 하지만 한국의 희망과는 달리 중공 측에서는 여전히 북한과의 관계를 우선순위에 두고 공개적으로 북한의 대변인 역할을 함으로써 한국과의 관계 확대를 원하지 않았다. 따라서 1970년대 중공과의 관계를 점진적으로 확대하려던 한국의 시도는 별다른 성과를 거두지 못한 채 끝나고 말았다.

한편 한국 정부는 '중국정책' 추진에 걸림돌이 되지 않도록 중화민국과 새로운 관계 확대를 피하고 실제관계를 유지한다는 '원칙'을 정하였다. 이후 중화민국이 국제무대에서 갈수록 고립되어 한국과의 정치관계를 강화하고자 했을 때, 한국 정부는 겉으로는 중화민국과의 전통적 우호관계를 여전히 강조하였지만 실제에서는 정치관계의 확대를 원치 않고 양국관계의 중점을 경제와 문화교류에 두고자 하였다. 한국 정부의 이러한 '원칙'이 처음으로 시험되었던 것이 바로 ASPAC 와해 저지를 위한 한국의 대응이었다. 미중대결이라는 동아시아 지역정세 속에서 아시아 자유진영 국가들의 결속 강화를 위해 조직된 ASPAC은 미중관계 개선과 중일관계 정상화에 따른 동아시아 냉전구도의 와해로 인해 그 존재기반이 흔들리게 되어 1972년 제7차 서울회의를 마지막으로 서서히 그 활동을 정지하게 된다. 일부 참가국이 공산중국과 국교를 수립하거나 서두르는 상황에서 중화민국이 회원국으로 참가하는 ASPAC은 이들 국가들에게 불편한 존재로 인식되었던 것이다. 이에 한국 정부는 ASEAN과의 협력을 통해 반공적 정치색을 완화하고 경제협력체로서의 성격을 부각시킨다면 ASPAC을 존속시킬 수 있다고

___
47) 같은 책, pp. 201~203.

인식하고 미국의 지원을 요청하는 한편 중화민국의 불참을 유도하기 위한 설득을 시도했지만, 미국의 반응은 냉담했고 중화민국은 격렬하게 반발하였다. 중화민국으로서는 ASPAC 회원국 지위가 중국대표권과 관련된 문제이며 자국의 사활적 이익을 위협하는 문제로 받아들였으니, 중국의 ASPAC 참가라는 최악의 사태를 저지하기 위해서도 ASPAC 탈퇴는 도저히 받아들일 수 없는 것이었다. 그리하여 대만의 자진탈퇴를 설득함으로써 ASPAC의 존속을 도모하려 한 한국의 시도는 결국 실패로 끝나고 말았다.[48]

유엔 탈퇴 후 중화민국은 중공정권의 '하나의 중국정책'으로 인한 불리한 외교적 상황하에서 '한적불양립(漢賊不兩立)'이라는 기존의 반공정책을 견지함으로써 국제적 고립이 갈수록 심화되어갔다.[49] 이러한 위기를 타개하기 위해 중화민국 정부는 60년대 이래의 경제발전을 기초로 소위 '총체외교(總體外交)' 정책을 전개하게 된다. '총체외교'란 경제와 무역, 과학기술과 문화 등 각종 역량을 동원해 실질 위주의 대외관계를 모색하고 국제조직에 참가하는 방식으로 국제적 활동공간을 확보하는 생존전략이었다. 1973년부터 행정원장 장징궈(蔣經國)에 의해 추진된 이 정책은 1978년 장징궈의 총통 취임 이후 '실질외교'로 불리게 되면서 더욱 적극적으로 시행되어졌다. 미국의 대만정책도 이러한 '실질외교'에 힘을 실어주었다. 1979년 대만과 단교한 미국은 대만에서의 이익을 유지하고 중공의 간섭을 배제하기 위해 「대만관계법(Taiwan Relation Act)」를 제정하여 대만과 미국 간 '비공식관계'의 법적 근거를 마련하였다. 이에 따라 미국은 대북에 '미국재대협

---

48) 그 자세한 내용은 이상현, 「데탕트기 한국의 동아시아 외교: ASPAC 존속을 위한 한국의 대응과 좌절, 1972~1973」, ≪한국정치학회보≫ 45-5(2011. 12), 194~217쪽 참조.

49) 중화민국의 수교 국가 수는 1969년 69개국에서 1979년 23개국으로 급감하게 된다. 衛民, 『中華民國的雙變外交』(臺北, 國家政策研究中心, 1991), p. 2.

회(American Institute in Taiwan: AIT)'를 설립하였고, 중화민국도 미국에 '북미업무조정위원회(Coordination Council for North American Affairs)'를 성립시켜 상호 대사급 관원을 파견하여 외교특권을 향유할 수 있도록 하였다. 이리하여 중화민국은 단교에도 불구하고 미국과의 실질적인 국가관계를 계속 안정적으로 발전시켜나갈 수 있었다.[50]

이처럼 한국의 새로운 '중국정책'과 중화민국의 '실질외교' 정책하에서 양국 관계는 1970년대를 거치면서 이념적 반공동맹관계에서 실리를 강조하는 현실적 우호관계로 점차 전환되게 된다. 중공의 외교적 압박에 직면한 중화민국이 한국과의 지속적인 반공연맹을 희망한데 반해 한국은 이념적 반공동맹보다는 국제사회의 실리주의의 중요성을 피력함으로써 양국 사이에 대외정책의 원칙상 큰 괴리현상이 생기게 되었다. 게다가 수출주도형의 유사한 경제발전전략을 추구한 양국의 국제시장에서의 경쟁이 더욱 심화되고,[51] 해저자원 개발을 둘러싼 영해문제 등에서도 상호 의견 충돌이 발생하였다.[52] 하지만 1975년 월남의 공산화와 1970년대 후반 미소관계의 악화 등으로 인해 공산정권과 대치하고 있던 양국의 전통적 반공우의 관계는 기본적으로 유지되었다. 그런 가운데 중화민국 정부는 문화와 교육 및 선전 등을 통해 양국의 우호협력관계를 강화하고 한국의 반공입장을 공고

---

50) 李奎泰, 「中共對韓政策之硏究: 從中國和韓國關係的演變論中共對韓政策」, pp. 179∼182, pp. 282∼283.

51) 예컨대 1975년 양국의 10대 수출국에서 7개국이 동일 국가였으며, 10대 수출품의 내용에서도 비슷한 현상을 나타내고 있다. 임운남, 「한국과 중화민국 양국 간의 교역 증진에 대한 연구」(건국대 무역학과 석사학위논문, 1989), 53∼59쪽.

52) 대륙붕해저자원 개발과 관련하여 중복된 해저석유개발구 문제 타협을 위해 1970년 한국, 일본, 중화민국이 협의 성립한 '연락위원회'가 중공의 거센 항의로 무산된 후, 일본과 한국이 중화민국을 배제하고 1974년 유효 기간 50년의 '대륙붕공동개발협정'에 서명함으로써 중화민국의 강력한 반발을 초래한 것을 말한다.

히 하고자 하였으며,[53] 1974년 부산영사관을 회복시키고 주한대사관의 신문참사처(新聞參事處)를 증설하는 외에 정부관원과 국회, 정당, 군부, 문교, 언론 등 각계 인사의 상호 방문을 활성화시켰다. 또 '한중경제협력회의', '한중경제협력위원회', '한중경제협진위원회연석회의'와 기타 항공, 해운, 관세 등의 실무회의를 통해서 상호 경제관계 개선을 계속 추진하였고, 특히 대일 무역적자 문제와 서방의 보호주의에 대한 공동대응을 중심으로 협력을 모색하였다.[54] 그러나 양국의 대외정책과 무역구조의 근본적인 변화를 기대할 수 없는 상황에서 이러한 협력 노력의 영향은 제한적일 수밖에 없었다.

## 2) 한국의 북방정책 추진과 중화민국과의 단교

1980년대 동아시아는 극변의 시대였다고 할 수 있다. 1978년 말부터 중국은 경제현대화를 국가전략 목표로 설정하면서 개혁개방정책을 시작하

---

53) 1973년 주한 중화민국 대사 뤄잉더(羅英德)는 ①『二十五史』 및 『四部叢書』 등을 구입하여 한국의 각 대학과 중요한 학술기구에 기증하고 ② 중문과가 있는 한국의 각 대학에 중문 교재를 무료로 제공하며 ≪中央日報≫와 ≪聯合報≫ 해외판 및 ≪國語日報≫를 구독할 수 있도록 지원한다. ③ 한국어 잡지 한두 군데에 자금을 지원하여 중화민국을 선전하고 중공의 실황을 최대한 알려서 아시아 문제를 연구하는 한국 전문가의 중공에 대한 인식을 강화시킨다. ④ 많은 한국의 언론 방송계 인사들이 중화민국을 방문토록 초청하고 그들이 글과 책을 발표하여 중화민국을 위해 선전할 수 있도록 자금을 지원한다. ⑤ '중국연구소'에 자금을 지원하여 월간 ≪中國≫을 계속 출판토록 한다. ⑥ '中韓文化親善協會'가 ≪韓中日報≫를 확대 발행토록 하자고 제안하였다. 하지만 이러한 반중공·친중화민국 세력을 배양하려는 시도는 중화민국 정부의 예산 관계상 그 일부만 실현되었다. 王恩美, 「1971年'中國代表權'與韓國政府'中國政策'的轉變」, pp. 203~204.

54) 李奎泰, 「中共對韓政策之硏究: 從中國和韓國關係的演變論中共對韓政策」, pp. 182~187; 이규태, 「한국과 대만의 정치적 관계」, 41~42쪽.

였고, 1979년 1월 미국과 수교하면서 평화적인 주변 국제환경을 모색하는 '자주독립외교'를 주장하면서 대외정책에서 이념체제의 문제를 더는 고집하지 않게 되었다. 이에 따라 중국은 미국의 군사동맹이기에 적대시하였던 한국과의 관계개선 가능성도 보였고 실질적인 경제사회 교류를 허용하였다. 한국도 전두환 정권 등장 이후 국내의 정치적 불만 해소와 냉전체제 완화에 따른 국제적 환경변화에 적응하고 적극적인 대북정책을 추구하기 위해서 중국과 소련을 포함한 공산권 국가들과의 관계를 모색하는 '북방정책'을 추진하기 시작하였다. 한국 정부의 대중공 정책 변화는 자연히 중화민국과의 전통우의에 영향을 미치게 됨으로써 1970년대 경제적 경쟁관계로 인한 양국 간의 모순이 1980년대 이후 점차 정치적 차원으로까지 확대되게 된다.

그러나 관계 개선을 희망하는 한국 정부의 여러 차례 의사표명에도 불구하고 중공 측은 이에 화답하지 않고 단지 간접적인 경제 무역 관계만을 유지시켰다. 그러면서 중공 정부는 1982년 서울에서 열린 세계 사격선수권대회 참가를 거부하고 상해에서 개최된 아시아 청소년축구대회에 한국대표단의 참가를 거절하였을 뿐만 아니라 북한과의 관계를 고려해 한 때 한국과의 경제무역 교류를 정지시키기도 하였다. 이러한 대중공 관계의 국면전환에 돌파구가 되었던 것이 바로 1980년대 초에 발생한 일련의 '돌발사건'과 그 처리 과정에서의 양국 간 접촉이었다. 1982년 10월 미그 19기를 몰고 한국으로 탈출한 중공군 조종사 우룽건(吳榮根) 사건을 시작으로 1983년 5월의 '중국민항기사건', 1985년 2월의 '중국해군어뢰정사건' 등을 포함하여 1980년대 한국을 경유 중화민국으로 투항한 중국대륙인이 약 30여 명에 이르렀다. 한국은 이들 사건을 처리하는 과정에서 중공과 정식 접촉을 시작하였는데, 특히 '중국민항기사건' 처리를 위해 양국은 건국 이래 최초로 정부 차원의 협상을 하고 비망록을 남겼다.[55] 또 어뢰정사건에서는 중공 당국의 입장을 고려, 사건 연루자를 포함한 모든 장비와 인원을 국내외적인 비판에도 불구하고 중국대륙으로 송환함으로써 중공과 우호적인 접근이 가능하게 되었다.

그 외 1984년 3월 서울에서 열린 아시아 청소년농구대회에서 한국 정부가 국제올림픽위원회의 규정에 따라 중화민국 국호 사용을 거부함으로써 중화민국 대표팀이 철수한 사건에서 볼 수 있는 바와 같이 이제 한국과 중화민국은 전통적 우의나 반공동맹이란 외교적 수사로는 이제 상호관계를 지탱할 수 없음이 드러났다. 이처럼 한국과 중화민국의 정치적 관계가 소원해지는 가운데 국제시장에서의 경쟁이 더욱 심화되면서 양국 간의 경쟁심리도 점점 격화되어갔다.[56] 이러한 문제점을 개선하기 위해 양국은 해운협정(1983년)과 항공운수협정(1986년) 등을 체결하고 쌍방의 무역문제 해결과 이를 통한 대일적자문제 공동 대응을 합의하는 등의 노력을 기울였다. 그 결과 양국 간의 교역총액이 해마다 증가하였고, '중한문화기금회' '중화민국한국학연구회' '한중문화협회' 등 양국의 학술, 문화와 친선을 도모하고자 하는 단체들도 많이 성립되었으며 관광개방으로 양국 간의 인적교류도 1980년대 후반부터 급격히 늘어나게 된다.[57]

그러나 이러한 경제협력과 인적교류의 확대에도 불구하고 한국의 적극

---

55) '중국민항기사건'의 협상 과정에 대해서는 王儀軒·許光建 等 口述, 『中韓'劫機外交': 卓長仁劫機案與漢城談判內幕』(北京: 當代中國出版社, 2009) 참조.

56) 양국의 비교 경쟁 대상은 산업구조, 대외 무역수지, 외환보유고 등의 경제문제에서부터 총체적인 국가발전, 즉 현대화문제, 정치민주화문제, 통일문제, 체육정책 등에 이르기까지 확대되었는데, 이러한 다방면의 경쟁 현상은 당시 양국의 언론, 특히 신문 기사에 잘 나타나 있다.

57) 한국을 방문한 대만인의 수는 1985년 11만 8,936명에서 1989년 17만 6,720명으로 늘어나고, 같은 기간 대만을 방문한 한국인의 수는 2만 60명에서 9만 7,010명으로 증가한다. 외무부, 『中華民國槪況』(서울, 외무부, 1990), 63~64쪽.

적인 대중공 접근으로 인해 중화민국과의 정치적 관계는 점점 냉각되어갔다. 특히 '중국과의 관계개선'을 대선공약으로 내세운 노태우가 1988년 대통령에 취임함으로써 한국과 중화민국의 정치적 관계는 새로운 국면에 접어들었다. 이미 1986년 아시안게임에 중화인민공화국 선수단이 참가하였고 1988년 서울올림픽에 소련 등 공산권 국가가 대거 참여하기로 한 상태에서 한국의 '북방외교'는 빠른 속도로 발전하고 있었다. 1988년 7월 노태우 대통령은 '민족자존과 통일번영에 관한 특별선언'을 발표하여 "모스크바와 북경을 우회하여 평양으로 가는" '북방외교'를 본격적으로 진행하기 시작했다. 1989년 2월 헝가리와의 수교를 시작으로 동유럽 및 소련과 차례로 관계를 정상화시킨 한국으로서는 중화인민공화국과의 수교만이 남게 되었다. 다만 중화인민공화국이 '하나의 중국' 원칙 견지하는 상황에서 한국 정부는 중화민국과의 관계를 어떤 형태로서든지 정리하지 않으면 안 되었다.

한편 한국의 북방정책이 점차 현실화되고 있던 시기 중화민국에서도 대내외정책에 큰 변화가 일어났다. 1987년 장징궈 총통은 계엄을 해제하고 신문출판과 정당설립 금지를 취소하는 민주화 조치와 더불어 친지방문과 간접무역을 허용하는 대륙에 대한 개방정책을 시작하였다. 1988년 장징궈 사후 정권을 이어받은 리덩후이(李登輝) 총통은 대외정책에서 기존의 '실질외교'를 한층 강화하여 국제환경의 변화에 순응하는 '무실외교(務實外交)'를 주장하였다. '무실외교'의 목적은 단기적으로 국가의 존엄을 해치지 않는 범위에서 우방과의 관계 혹은 실질관계를 쟁취하고 국제조직에 참여함으로써[58] 국제사회에서의 생존과 발전을 도모하는 것이고 장기적으로는

---

58) 1970년대 이래의 '실질외교'와 '무실외교'의 결과, 중화민국이 가입한 국제 비정부기구(NGO)의 수는 1973년 12월 246개에서 1989년 3월 728개로 증가하게 된다. 林正義 等, 『臺灣加入國際經濟組織策略分析』(臺北: 國家政策研究中心, 1990), pp. 17~20.

양안의 평화적 경쟁을 통하여 자유, 민주, 균부(均富)의 체제 아래서 통일을 이룬다는 것으로, '하나의 중국'이라는 기본 원칙과 '삼불정책(不接觸, 不談判, 不妥協)'을 견지하면서 민간의 대륙개방과 '무실외교'를 서로 결합하여 중공의 '하나의 중국' 원칙과 '일국양제(一國兩制)'에 대항한다는 것이었다.[59]

이처럼 새로운 지도자 아래 적극적인 대외정책을 추진하게 된 한국과 중화민국 양국은 비록 전통우의의 불변을 강조하면서 애써 현실적 환경 변화를 회피하려 했지만, 실질적 정치 관계는 급속도로 쇠퇴하기 시작했다. 이에 중화민국에서는 한국의 북방정책에 대응하여 양국관계의 현실적인 검토가 필요하며 한국과의 경제관계를 강화함으로써 정치관계에 영향을 끼칠 수 있도록 해야 한다는 주장이 제기되었다. 그러나 양국 간의 교역확대와 경제협력에도 불구하고 중국대륙과 한국과의 경제관계의 발전 속도를 따라 잡기에는 역부족이었다.[60] 이런 상황에서 중공에 접근하기 위해 중화민국을 고의로 '무시'하는 한국의 태도가 불만스러웠지만, 중화민국으로서는 현실적으로 이를 견제할 만한 어떠한 수단도 갖지 못했다. 학술계 또는 경제계 등에서 '북한 카드'의 사용을 주장하였으나, 대만보다 중국이 절대적으로 필요한 북한이 중국과의 관계 악화를 감수하면서 대만과 관계 개선을 하지 않을 것이 분명하였기에 그 카드의 효용도 한계가 있었다.[61] 결국 대만 내에서는 한국의 중국정책에 대한 현실적인 대응과 더불어 감정적

---

59) 外交部外交年鑑編輯委員會 編, 『中華民國八十年外交年鑑』, pp. 74~75.

60) 한국과 중화민국 간의 교역액은 1987년 13억 1,400만 달러에서 1991년 31억 2,400만 달러로 증가하지만 같은 시기 한국과 중화인민공화국 간의 교역액(간접무역 불포함)은 10억 7,700만 달러에서 44억 4,400만 달러로 급증하여 중화민국과의 교역액을 초과하고 있다. 한국무역센터 수출입 통계(http://www.kita.net) 참조.

61) 중화민국과 북한의 접촉 및 교류에 관한 상세한 내용은 이규태, 「한국과 대만의 정치적 관계」, 79~84쪽; 林秋山, 『前進朝鮮: 與北韓交流二十年』(臺北: 國史館, 2011) 참조.

반응이 격화될 수밖에 없었고, 이런 감정 속에는 오랜 세월 형성되어온 한국에 대한 우월 의식과 잘못된 인식 및 경쟁심리가 자리 잡고 있었다.[62]

1990년 9월 한국과 소련의 수교에 자극을 받은 중화인민공화국이 10월 한국과 민간무역사무소를 서로 설치하기로 합의함으로써 두 개의 중국과 한국의 관계구조 변화가 가시화되기 시작하였다. 이에 같은 해 7월 사우디아라비아와 이미 단교한 중화민국에서는 한국과 중공의 수교가 필연적임을 전제로 그 대책으로서 한국에 대한 중공정권과의 동시수교 즉 '이중승인' 주장이 제기되었고, 이는 호혜주의에 입각해 중공과 북한의 관계 변화가 수교의 전제조건이 되어야 한다는 한국의 입장과도 맥락을 같이하는 것이었다. 이런 인식하에 한국 외교당국은 1991년 11월 서울에서 열린 아시아태평양경제협력체(APEC) 회의에서 중화민국, 홍콩, 중화인민공화국을 '세 개의 중국인 경제체제'라는 명의로 동시 가입할 수 있게 주선하여 이를 성사시켰다. 비록 회의 기간 한국 정부가 취한 편향적인 자세[63]에도 불구하고 중화민국으로서는 '이중승인'의 가능성을 보여준 APEC모델에 상당한 기대를 표명하고 한국 정부가 이를 진일보 발전시켜 장래 중공과의 수교과정에서 두 개의 중국을 인정할 수 있도록 더욱 '원숙한 외교'를 펴주기를 희망하였다.[64]

그러나 중화민국의 이러한 기대는 채 1년도 못 되어 무참히 깨어지고 말았다. 중공 당국이 러시아의 한반도정책의 급속한 발전, 노태우 정부의 친중공 성향과 임기 만료 및 '이중승인' 주장의 '무력화' 등 복합적인 요인을

---

62) 이규태, 「한국과 대만의 정치적 관계」, 52~54쪽.

63) 노태우 대통령이 회의 참석차 내한한 중화인민공화국 첸치천(錢其琛) 외교부장과 리란칭(李嵐淸) 대외경제무역부장을 직접 접견하고 개별 면담한 데 반해 중화민국 대표는 국무총리 접견만 이루어졌다.

64) 「促成'三個中國'加入APEC, 南韓瀛得了面子和裏子」, ≪中國時報≫, 1991. 11. 13.

고려하여 1991년 말부터 한국과의 수교에 적극적으로 나서게 되었고, 노태우 정부도 임기 내 북방정책의 완수라는 목표를 달성하기 위해 '대만문제'와 중화민국 주한 대사관의 소유권문제 및 중공과 북한과의 관계에 중공의 요구를 거의 수용하는 선에서 1992년 8월 24일 중공과 수교하였다. 그 과정에서 한국 정부는 중화민국과 단교에 대해 사전에 어떤 협의나 조정65)을 하지 않았을 뿐만 아니라 수교담판을 비밀로 한 채 발표 직전에서야 수교 사실과 단교를 공식 통보하였다.66) 한국 정부의 이러한 처사는 이미 사전에 비공식적으로 수교 사실을 인지하고 있었고67) 단교에 대한 충분한 각오가 되어 있었던 중화민국 정부와 국민들에게 더할 수 없는 '배신감'을 줌으로써, 대만 내에서 이전의 어떤 국가와의 단교에서도 볼 수 없었던 거대한 반감을 유발하고 말았다.68)

---

65) 사우디아라비아와는 단교 이전에 미리 새로운 관계의 구조까지 타협을 했다고 한다.

66) 한국과 중화인민공화국은 1992년 5월 14일부터 제1차 예비회담을 시작해 7월 29일 본회담에서 8월 24일 수교 공동성명에 서명하기로 합의하였으나, 8월 18일 이상옥 외무장관은 진수지(金樹基) 중화민국 대사를 만나 "한국과 중국 간의 수교 교섭에서 실질적인 진전(substantive progress)이 있었"음만 전하였다. 8월 19일 중화민국 입법위원을 통해 20억 달러 차관설과 함께 한국과 중공의 수교 소식이 흘러나왔으나, 당일 한국 정부는 이를 공식적으로 부인하였고, 21일에서야 진수지 대사에게 수교 사실을 정식으로 통보하였다. 이상옥, 『전환기의 한국외교』, 209~215, 222~231쪽.

67) 중화민국 정부는 한국이 중공과 수교 담판을 시작한 5월경부터 이를 인지하고 여러 경로를 통해 수차례 한국 정부에 확인하려 했으나 한국 정부는 이를 직접 확인해주지 않았다고 한다. 「한국-대만 단교 비사」, ≪월간조선≫, 1992년 11월호.

68) 이규태, 「한국과 대만의 정치적 관계」, 61~66쪽.

## 4. 맺음말

냉전시기 대한민국과 중화민국은 항일투쟁 이래의 전통적 우의와 두터운 인맥을 바탕으로 국토 분단(분열)이라는 공통된 현실에서 공산세력에 대항하기 위해 상호 협력과 지원을 아끼지 않았다. 그러나 이런 외형적인 모습과 감정적 친숙함과는 달리 양국은 지정학적 요인으로 인한 국가이익과 대외전략의 관점에서 처음부터 서로 상대를 그리 중시하지 않았을 뿐만 아니라 반공동맹 결성과 조약 체결과정에서 나타난 바와 같이 주도권 경쟁과 국익에 입각한 입장차이가 존재했다. 이런 이유로 양국 간에는 실제 어떤 군사동맹도 체결되지 않았고 우호조약도 1964년에야 체결되지만 그 내용은 북한과 중공의 정치군사동맹조약과 비교될 수 없는 허울뿐인 전통 우의만을 강조한 것에 지나지 않았다.

유엔의 '중국대표권' 변경 후 한국의 새로운 '중국정책'과 중화민국의 '실질외교' 정책하에서 양국관계가 실리를 강조하는 현실적 우호관계로 점차 전환되면서 대외정책상 큰 괴리가 생기고 경제적으로도 국제시장에서의 경쟁이 더욱 심화되어갔지만, 월남의 공산화와 미소관계의 악화 등으로 인해 양국의 반공우의 관계는 기본적으로 유지되었다. 하지만 1980년대에 들어 한국이 북방정책을 추진하고 '중국민항기사건' 같은 '돌발사건' 처리과정에서 중공 당국과 접촉하면서 중화민국과의 관계는 전통우의나 반공동맹이란 외교적 수사로는 이제 지탱될 수 없게 되었다. 특히 노태우 정부가 '북방외교'를 본격적으로 진행하면서 양국 간의 경제협력과 인적교류 확대에도 불구하고 정치관계는 급속히 냉각되었고, 1992년 8월 한국이 중화인민공화국과 전격 수교함으로써 40여 년간 이어져왔던 대한민국과 중화민국의 외교관계는 감정의 응어리를 남긴 채 중단되고 말았다.

단교 과정에서 한국 정부가 보여준 '원숙'하지 못한 외교는 대만 내의 반한감정을 조장하는 원인이 되어 그 후 수시로 분출되고 있지만, 그 밑바닥에는 '형제지방'의 '형님'으로 자처했던 중화민국의 역사적 우월의식과 한국에 대한 잘못된 인식 및 경쟁심리 등이 복합적으로 깔려 있었다. 사실 한국의 입장에서 중국과의 수교는 1971년 유엔의 '중국대표권' 변경 후 20년 동안 지속해온 '자주외교'의 최종 산물이었고 한반도 통일과 국가 생존을 위한 불가피한 선택이었다. 다만 중국에 대한 '저자세'와 단교 방법상의 문제점은 비판받아야 마땅할 것이다. 한국과 중화민국의 외교관계를 되돌아보았을 때 각자의 필요에 따라 화려한 구호와 감정적 유대만 강조되었을 뿐 내실 있는 실질적 관계를 정립하지 못했으니, 이는 상대에 대한 올바른 인식과 존중이 부족했기 때문이라 판단된다. 따라서 이러한 '반한정서'를 해소하고 앞으로 양국관계를 건설적으로 발전시키기 위해서는 광범한 연구와 교류를 통해 상호 인식을 전환하고 이를 기반으로 서로를 존중하는 성숙한 자세가 필요하다고 본다.

## 제4장

# 북한·중국 국경문제 해결에 관한 역사적 고찰(1950~1964)<sup>*</sup>

선즈화(沈志華)

중국학자들은 중국과 북한(원문에는 조선민주주의인민공화국의 약칭인'조선'으로 되어 있으나 '북한'으로 표기한다)의 국경선을 둘러싼 역사적인 논쟁에 대하여 이미 심도 있고 상세한 논의를 하였다. 그러나 이 분야를 둘러싼 연구 성과는 대부분 명·청 시기 국경분쟁과 회담 및 그 결과에 관한 것이다. 중화민국 시기, 특히 중화인민공화국 시기 양국 간의 국경분쟁 해결에 관해 언급한 논저는 극히 드물다.[1] 그 원인을 따져보면 첫째, 사료부족과 둘

---

\* 이 글은 「中朝邊界爭議的解決, 1950-64」, ≪二十一世紀≫(홍콩) 124期(2011. 4)의 한글 본으로, ≪아태연구≫ 제19권 제1호(2012. 6)에 박종철 교수의 번역으로 게재된 것을 편자가 원문과 대조하여 다듬고 고쳤다.

1) 이 분야의 대표 논저로는 楊昭全·孫玉梅, 『中朝邊界史』(長春: 吉林文史出版社, 1993); 楊昭全 主編, 『中朝邊界研究文集』 下册(長春: 吉林省社會科學院, 1998, 未刊); 刁書仁, 「中朝邊界研革史研究」, ≪中國邊疆史地研究≫ 2001年 4期, pp. 19~25. 또한 이와 관련된 해외의 연구 성과도 많지 않다. 한국학자들이 이 주제에 관심이 많지만 학술 가치가 있는 논문은 많지 않다. 이종석은 『북한-중국관계 1945~2000』(중심, 2000)에서 국경문제에 대해 별도로 언급하였고, 매우 중요한 문헌을 실었다(자세한 내용은 본 논문 4장을 참조). 그러나 중국과 북한 양국의 국경문제에 관한 정책과 그 발전 과정에 대한 서술은

째, 문제의 민감성을 꼽을 수 있다.[2] 그러나 1950~1960년대 북·중관계사 연구에서 국경문제는 피할 수 없는 주제이다. 그러므로 필자는 중국외교부 및 국경문제와 관련된 성(省)정부의 문건, 대만의 '국사관(國史館)'과 '외교부'의 문건, 그리고 한국학자들이 제시한 관련 문건 등을 조사·연구하였다.

## 1. 역사가 남겨놓은 문제

중국과 북한의 국경선 획정에 관한 논쟁은 역사적으로 해결되지 않은 문

---

많지 않다. 그 외 논문으로 양태진, 「북·중변계조약을 통해 본 북방한계선: 백두산 천지를 중심으로」, ≪북한학보≫ 32권(2007), 79~99쪽; 김명기, 「북·중 국경조약과 간도: 간도 영유권 회복이 최상의 민족적 소명이며 국민적 성찰이 필요」, ≪북한≫ 441권(2008), 23~29쪽; 서길수, 『백두산 국경 연구』(여유당, 2009)는 1962년 북중변계조약의 구체적인 내용과 국경의 방향, 말뚝 좌표 등을 중점적으로 다루고 있으나, 조약 체결의 과정과 양국의 정책 변화와 관련된 서술은 매우 적다. 구미학계도 간략하게 소개하고 있다. 미국학자 테일러 프레이블(Taylor Fravel)은 중국 국경분쟁 문제를 다룬 저서에서 북중 국경문제에 관한 내용을 약 두 쪽 정도 간략하게 서술하였다. Taylor Fravel, *Strong Borders, Secure Nation: Cooperation and Conflict in China's Territorial Disputes* (Princeton: Princeton University Press, 2008), pp. 113~115.

2) 楊昭全·孫玉梅 編, 『中朝邊界研革及界務交涉史料匯編』(長春: 吉林文史出版社, 1994)는 이 분야에서 유일하게 권위 있는 저서이다. 이 책의 분량은 1,300쪽에 이르지만 수집된 문헌과 문서가 청 말 시기까지만 수록되어 있어, 그 이후 시기를 연구하기 위한 사료가 없다. 이 문제의 민감성을 소개하면, 필자가 10여 년 전 지린성당안관(吉林省档案馆)에서 문서를 조사할 때는 국경문제와 관련된 다량의 문서를 보았으나, 2010년에 다시 방문했을 때에는 이 문서들이 봉인되어 보관되고 있었다. 또한 중국 외교부가 출판한 12권의 『中外邊界事務條約集』의 중기권(中朝卷)에는 북중 양국의 거의 모든 국경 업무와 관련 조약 및 협정이 망라되어 있는데, 유독 1962년 북중변계조약과 관련된 문건은 수록되어 있지 않다. 中華人民共和國外交部條約法律司 編, 『中華人民共和國邊界事務條約集』中朝卷(北京: 世界知識出版社, 2004) 참조.

제이다. 국경문제 해결에 영향을 미치는 요인으로 자연지리적 요인과 민족 감정이라는 요인을 들 수 있다.

명나라 시기와 조선왕조 건국 초기까지 두 나라는 압록강과 두만강의 경계를 이미 획정하였다. 압록강과 두만강의 발원지는 모두 백두산(중국명 장백산)이고, 백두산 천지는 송화강(松花江), 압록강, 두만강의 발원지이다.

압록강과 두만강 중류 이하의 강폭은 넓고 수심이 깊으며 물이 많아서 양국 간의 경계가 명확했다. 이에 비해 두 강의 상류 특히 두만강의 발원지는 수심이 얕아 경계선이 불분명했다. 또한 국경지대 주민들이 빈번하게 월경(越境)하여 분쟁이 발생하였다. 중국학자들은 조선왕조 초기에는 조선의 발상지는 백두산이 아닌 태조 이성계(李成桂)가 태어난 영흥(永興)이며, 또한 그 당시 조선 사람들은 백두산을 '나라 밖의 산(域外之山)'이라고 인식하였다고 고증하고 있다.

1712년 청의 강희제(康熙帝)가 목극등(穆克登)을 파견하여 국경지대를 조사하여, 백두산 천지 이남 10여 리 떨어진 분수령(分水嶺)에 정계비를 세웠다. 이때 정한 경계로 청국과 조선이 압록강과 두만강을 경계로 삼는다는 사실이 재확인되었고, 천지는 청조 발상의 성지로서 중국의 영역에 편입되고 백두산은 청과 조선의 경계가 되었다. 조선의 영조(1724~1776년) 시기, 조정에서는 수차례 토론을 거쳐 백두산을 '북악(北岳)'으로 최종 확정하여 왕업을 흥하게 하고 나라의 근본을 세우는 곳(興王肇基)으로서 국가의 제사를 지내는 곳으로 정하였다. 100여 년간 제사를 지내면서 조선민족의 백두산에 대한 감정은 점점 더 깊어지게 되었다.

고종 즉위(1864년) 후에는 백두산을 조선왕조의 발원지를 상징하는 조종산(祖宗山)으로 삼아 정식으로 국가의 사전(祀典)에 편입시켰고, 심지어 『고종실록』에는 '우리나라의 백두산'으로까지 표기하였다. 1904년 러일전쟁 직후 조선이 일본에 강제로 병합되면서 조선왕조의 성산으로서의 백두산은 조선인들이 조상을 기리고 민족의식을 간직할 수 있는 상징이 되었다. 그 결과 양국 간 국경분쟁에서 백두산은 더 복잡한 요인으로 작용하게 되었다.

두만강의 발원지를 청은 발원지 남쪽의 홍단수(紅丹水)로 보았으나 조선은 북쪽의 홍토산수(紅土山水)라는 입장을 고수했다. 이것이 바로 양국 간 두만강 발원지역 국경선에 관한 이견인 것이다. 이 분쟁을 해결하기 위해서 청조와 조선은 1885년과 1887년 두 차례 협상을 하였다.

제2차 협상에서 청국은 양보하여 홍단수(紅湍水)를 두만강의 발원지로 한다는 이전의 주장을 포기하고 중간 지역인 석을수(石乙水)를 두만강의 발원지로 하여 국경선을 획정하는 안을 제시하였다. 당시 조선 측 협상대표는 심정적으로 청의 제안에 수긍하였지만, 조선 정부에서 여전히 두만강의 발원지는 홍토산수라는 입장을 강력하게 고수함에 따라 최종결정을 내릴 수 없었다. 이후 조선은 협상대표 파견을 거절하며 협상에 응하지 않아 협상은 성과 없이 끝나게 되었다.

러일전쟁 이후 일본은 조선의 '보호국'으로서 조선의 내정을 간섭하고 외교권을 장악하여 청과 조선의 국경협상은 청과 일본의 협상으로 전환되었다. 1909년 9월 4일, 청과 일본은 장기간 교섭을 통해 '두만강 중·한 계무조관(圖們江中韓界務條款)' 즉, '간도조약(間島條約, 간도협약)'을 체결하여 두만강을 청과 조선 양국의 국경으로 삼고, 두만강의 발원지는 정계비에서 석을수까지 하기로 합의하였다. 11월 9일 조선의 내각총리대신이 이 조약을 비준함으로써 결과적으로 1887년 청조의 주장과 일치하게 되었다. 이로써 청과 조선 사이의 200년간 지속되었던 국경 분쟁과 협상은 마무리되고, 백두산 천지 및 주변의 봉우리는 중국 경내로 편입되었다.[3]

---

3) 관련 사료는 다음의 자료를 참조할 것. 楊昭全·孫玉梅,『中朝邊界硏革及界務交涉史料匯

1945년 일본이 항복한 이후, 조선인들은 일본 정부가 대신하여 체결한 간도조약을 인정하지 않았다.[4] 당시 북한은 소련의 통제하에 있었다. 1947년 4월, 국민정부 동북행원(東北行轅) 주임 슝스후이(熊式輝)는 소련의 특공대가 백두산 및 북한의 북부 지역에서 측량 작업을 진행한다는 내용의 전보를 외교부에 두 차례 보냈다.[5] 1948년 7월 10일, 국민정부 국방부 제2청에서 보고한 또 다른 정보에 의하면, 소련의 극동지역 당국은 "중국 길림성(吉林省)의 연길(延吉)·목단강(牧丹江)·목릉(穆陵)과 그 주변지역을 북한 영토로 편입"시키고, 위 지역은 "북한의 정규군이 주둔하고 있고, 해당 지역의 행정 또한 조선인이 맡고 있다"고 언급하였다. 또한 1948년 2월에는 소련과 북한이 평양에서 중국 동북지역의 간도(間島)·안동(安東, 지금의 丹東)·길림 세 지역을 조선의 자치구로 하는 내용의 협정을 맺었다고 보고하였다. 이에 국민정부 외교부장 왕스제는 위 내용의 문건을 '외교부 아서사(亞西司)로 보내고 특별히 주의'할 것을 지시하였다.[6] 2개월 후, 외교부 아서사가 제출한 조사 보고에 따르면 "연길 등지를 조사한 결과 원래 거주했던 조선인들이 많은 관계로 중국공산당이 조선 국적 보유자를 지방의 관리로 맡겼을 가능성이 있고, 또 다른 보고에 의하면 중국공산당의 작전에 참여하기 위한 북한군 부대가 이곳에 주둔하였다. 그러나 이와 같은 정황으로 보

編』, pp. 537~547, 614~615; 編寫組,『中朝關係通史』(長春: 吉林人民出版社, 1996), pp. 551~567, 733~775; 蔡建,「中朝邊界爭執與＜圖們江中韓界務條款＞」,≪韓國研究論叢≫ 2004年 11月, pp. 186~201; 李花子,「朝鮮王朝的長白山認識」,≪中國邊疆史地研究≫ 2007年 2月, pp. 126~150.

4) 陳朝陽,「中韓延吉界務之交涉(1882-1909)」, 楊昭全 主編,『中朝邊界研究文集』下册, p. 1028.

5) 「熊式輝致王世杰電, 蘇特工在北滿及中朝邊地測繪」(1947. 4. 13, 4. 22), 唐屹 主編,『外交部檔案叢書·界務類第一册·東北卷』(臺北: 中華民國外交部編印, 2001, 未刊), p. 301.

6) 「國防部二廳致外交部, 最近蘇聯在我東北活動概況」(1948. 7. 10), 唐屹 主編,『外交部檔案叢書·界務類第一册·東北卷』, pp. 295~296.

아도 간도·안동·길림 세 지역을 북한의 영토로 편입시켰다고 보기는 어렵다"는 내용이었다. 더불어 연길과 목단강·목릉 등의 지역은 북한과 접해 있지 않기 때문에 "이 넓은 지역이 다른 나라로 귀속된다면 많은 사람들이 놀랄 것이고 이 소식의 사실 여부를 의심할 것이다"고 덧붙였다. 1947년 8월 26일, 소련 관리들이 불법적으로 중·소 국경 지역의 표식을 임의로 이동시키는 것에 대해서 국민정부 외교부는 중국 주재 소련대사관에 공문을 보내 "국민정부는 실지조사를 위해 적절한 시기에 관리를 파견하는 것 외에 이 문제에 관해서는 일단 보류하고, 추후 조사를 통해 사실을 규명하여 소련정부에게 필요한 모든 요구 사항을 제기할 것"이라고 하였다. 또한 이후 이와 같은 사건은 "중국정부가 위의 성명에 근거하여 이후 소련 측과의 협상을 제의할 것"이라고 전하였다.[7]

이상의 사료들을 검토한 결과, 소련과 북한은 당시 1909년 '간도조약'에서 이미 중국의 영토로 확정된 젠다오·안둥·지린 지역을 노리고 있었지만 실질적인 외교 조치는 이행하지 않았다는 것을 알 수 있다. 국민정부 국방부에서 제공한 정보에 관해 후에 사실 확인이 이루어졌는지 여부는 알 수 없다. 그러나 당시 외교부의 연구 결과에 의하면, 국민정부는 이미 '얄타협정'과 '중소우호동맹조약' 체결을 통해 자신이 중국 유일의 합법정부라는 것을 염두에 두었기 때문에 이를 중요시하지 않은 것으로 보인다.[8] 필자가

---

7) 亞西司關於國防部二廳情報蘇方將延吉等地劃歸朝鮮消息之分析, 唐屹 主編, 『外交部檔案 叢書·界務類第一冊·東北卷』, pp. 296.

8) 2006년 6월 26일, 한국 ≪연합뉴스≫는 박선영 포항공대 교수가 발견한 문서를 인용해 「구소련 1948년에 간도 북한 귀속 추진」이라는 제목의 기사를 보도하였다. 1948년 7월 10일 중화민국 국방부 제2청이 외교부에 보낸 문건에는 "소련이 장차 길림성의 연길·목단강·목릉 및 인근 지역을 북한 영토로 편입하려 한다"는 내용이 포함되어 있었다. 이 문서에서 박선영 교수는 국방부가 수집한 미확인 정보를 기정사실로 인정하는 오류를 범하는데, 그는 1948년 9월 7일 외교부가 이 정보에 관해 발표한 연구보고서를 보

대만의 공문서를 조사해본 결과, 당시 중국과 북한의 국경선 분쟁 또는 국경 지대 문제는 주로 압록강 하류 지역에서 발생하였다. 예를 들면, 최하류에 위치한 영문항(迎門港) 일대에서 월경한 중국 어부들에게 북한군이 경고 사격한 사건과 같은 압록강의 황초평도(黃草坪島) 분쟁이나 북중 양국이 공동 건설한 수풍(水豊)발전소 전력 배분문제에 관한 분쟁 등이 있었다.9) 필자가 대만외교부 문서 중에서 발견한 어떤 문건에는 당시 국민정부의 중국과 북한 국경문제에 대한 입장이 대체적으로 잘 반영되어 있다. 1909년 조약을 이미 체결한 것을 고려한다면 "간도문제는 이미 과거의 문제이고 이 지역에 흩어져 살고 있는 100만 여 명의 조선인의 처리는 당연히 중국의 내정 문제이다. 국경문제에 관해서 두만강 석을수의 경계선을 고치기는 어렵다. 1909년 중·일 양국이 체결한 '두만강 중·한 변계업무조약(圖們江中韓界務條約)' 제1조 국경선에 관한 규정은 유효하며 나머지 조항들은 모두 폐기해야 한다". 또한 "압록강 가의 갈대밭과 섬이 매우 많아 황초평(黃草坪)과 동덕당(同德塘) 외에 여러 곳의 무명 갈대밭은 대부분 일본인이 강제 점령하였다. 강물에 의해 침식되고, 강변이 무너져 강줄기가 점점 서쪽으로 이동하여 강 가운데 진흙과 모래가 모여 사주(沙洲)가 형성되었다." 그 해결 방법에 관하여는 "황초평이 우리의 영토라는 것을 각종 문헌으로 증명할 수 있다. 갈대밭과 섬은 일본인이 강제 점령한 것으로 장차 한국의 영토를 결정할 때 우리는 재획정을 요구하여 실사를 거쳐 국제관례에 따라 공평하게 처리해야 한다"고 기록하고 있다.10)

---

지 못했거나 혹은 고의로 중요하게 다루지 않았을 것이다.

9) ≪中韓國境糾紛≫, (臺灣)國史館, 020-0100202-0003. pp. 35~44, 118~122; 唐屹 主編, 『外交部檔案叢書·界務類第一冊·東北卷』, p. 320.

10) ≪韓國疆域研究≫, (臺灣)外交部檔案館, 097.1-0004, pp. 182~190. 이 문건의 소장처가 불분명하고 지은이와 시간이 명확하지 않다. 외교부 내의 어떤 부서에서 1948년

국공 양당의 동북 지역 내전 시기, 연변 일대는 중국공산당이 점령하고 있어 중공 민주정부 또한 중국과 북한 간 국경문제를 중요하게 여기지 않았다. 중국공산당 연변지위(延邊地委)는 1948년 8월에 작성된 문건에서 다음과 같이 밝혔다. "중국과 북한의 국경이 두만강을 경계로 나뉜 것은 역사적 자연지리적 요인에 의한 것으로 대체적으로 문제가 없다. 그러나 일부 지역에서 강의 지류가 바뀌거나 새로운 지류가 생김에 따라 양국의 연안 마을과 토지가 뒤섞이게 되어 분쟁이 발생하였다. 이에 관리 차원에서 그리고 불필요한 분쟁을 막기 위하여 강물의 주류(主流)를 경계로 하는 것을 확정하여 이 지역 거주민들이 본인의 의사에 따라 계속 거주하게 하거나 본국으로 돌아가게 하는 대책이 필요하다. 양국 국경에서 현안이 발생하였을 때는 양국 주민들이 현지 정부에 보고하여 해결하게 하고, 하급 정부 관리와 현지주민들이 임의로 협상하는 것을 금지하였다."[11]

이처럼 중국 측의 입장에서 보면 중국과 북한 국경분쟁은 지엽적인 일로써 큰 문제가 되지 않았음을 알 수 있다.


## 2. 중화인민공화국 정부의 국경문제 처리 방침

중화인민공화국 건국 이후, 중국정부는 국경문제 처리에 대하여 비교적 신중하게 접근하였다. 1950년 초, 중공중앙은 국경문제의 상황을 명백히 이해하지 못하고 있었다. 더욱이 한국전쟁에 참전하였기 때문에 실제로 주변 국가와의 국경문제 해결에 관하여 '시간 끌기 전략'을 취하고 있었다.

---

에 작성한 문건으로 추정된다.

11) 延邊地委, 「關於延邊民族問題」(1948. 8. 15), 延邊朝鮮族自治州檔案局(館) 編, ≪中共延邊吉東吉敦地委延邊專署重要文件匯編≫ 第一集, 1985(未刊), pp. 387~388.

다시 말하면 중국은 역사적으로 '중화인민공화국 건국 이전의 중국정부가 외국정부와 체결한 국경문제 관련 조약과 협정 등'에 관하여 '승인도 부인도 하지 않는 방침'을 채택하였다. 따라서 중국과 주변 국가와의 국경에서의 미해결된 현안에 대해서도 '일시적 현상유지 방침'을 채택하였다. 이와 동시에 관련 부처에 국경문제 해결을 위한 방안을 마련하도록 지시하고, 해결을 위한 준비에 만전을 기하였다.[12] 1950년 4월, 북한은 동북인민정부에 압록강 운항문제에 관한 회담을 제의하면서 북한이 제작한 지도를 송부하였다. 중국 외교부는 이런 상황을 알고 나서 다음과 같이 밝힌바 있다. "북한이 제기한 '항로표시 구역의 설치규정'은 국가의 영토주권과 관계된 문제로 중앙인민정부 외교부와 북한이 회담해야 하며 지방정부와 회담을 해서는 안 된다." 중국 외교부의 지시로 동북인민정부 외사국은 북한과의 회담을 중단하고 관련자료 일체를 베이징으로 보내 외교부가 모든 정황을 파악한 후 처리하기로 방침을 확정하였다.[13] 이 회담이 어떻게 마무리 되었는지에 대한 문서 기록은 없지만, 중국 정부의 처리방식으로 볼 때 중앙정부가 국경문제 해결에 신중한 태도를 취했음을 알 수 있다.

1950년 중반, 중국은 대규모 경제건설을 순조롭게 시행하며, 미국의 봉쇄와 고립정책에 대응하여 제국주의 국가들의 대중국 포위망을 뚫고, 또한 안정된 주변 환경을 조성하며 아시아-아프리카 국가들의 지지를 획득하기 위해 '평화공존'의 외교 방침을 세웠다. 따라서 당시 중국 외교의 급선무는 국경분쟁 때문에 형성된 동남아 이웃 국가들과의 긴장을 해소하는 것이었

---

12) 「中共中央關於中緬邊界問題的指示」(1956. 10. 31). 廖心文, 「二十世紀五十年代中國處理陸地邊界問題的原則和辦法」, 『1950年代的中國』(上海: 復旦大學出版社, 2006. 8)에서 재인용.

13) 「外交部致東北人民政府函」(1950. 4. 24), 中華人民共和國外交部檔案館(以下 外交部檔案館), 106-00021-03, p. 4.

다. 1955년 11월, 중국·미얀마 양국의 국경수비대가 착오를 일으켜 국경의 황궈웬(黃果園) 일대에서 교전하였다.[14] 1956년 2월 중·소 양국의 국경수비대가 신장성 이리(伊犁)의 분쟁지역인 잉다얼(英塔爾) 일대에서 서로 경고 사격하는 사건이 발생하였다.[15] 이상과 같은 일련의 사건들로 인하여 중국 정부는 국경상황의 심각성을 자각하게 되었다. 중국과 미얀마 국경문제를 처리하기 위하여 1956년 중공중앙은 국경문제를 회의안건으로 상정하였다.[16] 1957년 3월 16일, 저우언라이(周恩來)는 전국인민정치협상회의에서 "과거에 채택했던 현상유지정책은 필요하고 합당한 것이다. 그러나 그것은 일시적인 대책일 뿐 장기적 정책이 아니므로 지속할 수 없다"는 점을 지적하였다.[17] 1957년 8월에서 10월, 북한과 소련이 회담을 통해 국경협정을 체결하였다.[18] 이러한 상황에 따라서 중국은 국경문제 처리에 대한 속도를 한층 가속화하였다.

이 시기에 국경문제와 국제법의 관련 원칙에 대하여 중국 지도부는 더욱 깊이 이해하게 되었다. 중국·미얀마 국경조약 체결 과정 중에 중공중앙은 국경문제 해결을 위한 지도방침을 점차 확정하게 되었다. 첫째, 국경문제

---

14) 劉金潔, 「中緬邊界中的"麥克馬洪線"問題及其解決」, ≪當代中國史硏究≫ 2006年 1月, p. 91; 馮月·齊鵬飛, 「中緬邊界談判述略」, ≪湖南科技大學學報≫ 2006年 06月, pp. 55~60.

15) 「伊犁州外事分處關於伊犁地區中蘇邊境調査報告」(1960. 9. 24), 新疆伊犁州檔案館, 11/1/134, pp. 3~14.

16) 중국과 미얀마의 국경문제 해결에 관해서는 다음을 참조할 것. 金沖及 主編, 『周恩來傳』下卷(北京: 中央文獻出版社, 1998), pp. 1292~1324.

17) 姚忠明等, 「周恩來總理解決中緬邊界問題的輝煌業績」, 裵堅章 編, 『硏究周恩來: 外交思想與實踐』(北京: 世界智識出版社, 1989), p. 95.

18) 푸자노프 일기: 1957年 8月 16日부터 10月 15日까지, АВПРФ(러시아연방대외정책문서보관소), ф0102, оп.13, д5, л.193-307. 푸자노프의 일기에는 협정에 관한 구체적인 내용은 기록되어 있지 않다.

는 중국의 평화외교정책에 의거하여 협상을 통해 해결하고 무력으로 상황을 변화시키려 하지 않는다. 둘째, 청조 말년, 중화민국 베이징정부, 중화민국 국민정부의 국경회담 자료들은 법리적인 근거를 가지고 있다. 역사자료에 대한 연구는 반드시 다음의 세 가지 원칙에 따라야 한다. 역사적 사실을 인정할 것, 역사는 단절될 수 없으므로 역사의 흐름을 읽어낼 것, 오늘날의 상황과 국가의 정책에 의거하여 역사를 대할 것. 셋째, 중국과 주변 국가와의 국경에 대해 "이미 구 조약에 의해 확정된 것은 국제법의 일반 원칙에 따라 처리해야 한다."[19]

1957년 7월, 제1기 전국인민대표대회 제4차 회의에서 저우언라이 총리는 「중국과 미얀마의 국경문제에 관한 보고」에서 "우리 정부는 국경문제에서 정식조약에 의해 제기된 요구 사항은 국제 관례에 의거하여 존중할 것"이라고 밝혔다.[20] 그것은 사실상 이전의 중국정부가 체결한 국경조약에 대해 '승인도 부인도 하지 않는다는 입장'에서 승인하는 방향으로 방침을 전환하는 것이었다.[21] 그러나 몇 년 후, 중국과 북한의 국경문제 처리에 중국은 국제법의 일반원칙에 의거하지 않았다. 1909년 체결된 '간도조약'을 기초로 국경문제 담판을 진행하여, 두만강 발원지의 드넓은 영토를 포기하고 기본적으로 북한의 요구대로 양국의 국경선을 획정하였다.

1958년 4월 25일, 중국 외교부는 국경지역의 성과 자치구에 공문을 보내 "앞으로 이웃 국가와의 국경문제를 점진적으로 해결해야 하는데, 문제의

---

19) 「中共中央關於中緬邊界問題的指示」(1956. 10. 31), 廖心文, 「二十世紀五十年代中國處理陸地邊界問題的原則和辦法」에서 재인용.

20) 中華人民共和國外交部·中共中央文獻研究室 編, 『周恩來外交文選』(北京: 中央文獻出版社, 1990), pp. 233, 237~238.

21) 이 시기 중국의 국경문제 처리 방침을 둘러싼 총체적인 변화와 관련한 상세한 분석은 다음 논문을 참조할 것. 李丹慧, 「同志加兄弟: 1950年代中蘇邊界關係」, 《國際冷戰史研究》 第一輯(2004年 秋季號), pp. 71~102.

복잡성을 고려하여 먼저 관련 자료를 충분히 수집하고 연구해야 한다"고 하였다. 이 업무는 중앙정부의 공지대로 외교부를 중심으로 기타 관련 부처가 합동으로 추진해야 할 뿐만 아니라, 각 성과 자치구 인민위원회 외사처에서 전담할 관리를 지정하여 관련 부처와 함께 추진해야 한다고 지시하였다. 아울러 중국 외교부는 국경문제연구는 국경이 획정되지 않은 곳과 이미 획정된 곳 중 분쟁이 있는 곳에 대하여 중점적으로 이루어져야 한다고 지시하였다.[22]

1958년 7월, 저우언라이 총리와 천이(陳毅) 외교부장의 지시에 따라서 중국 국무원은 국경위원회(邊界委員會)를 설립하였다. 국경위원회는 국무원 외사판공실의 직속기관으로 외교부, 국방부, 내무부, 중국과학원 역사연구소와 지리연구소, 국가측량총국, 민족사무위원회, 지도출판사, 총참모본부 군사측량국과 경비부의 책임자로 구성되었다. 국경위원회의 대표는 외교부장 천이가 담당하였고, 외교부 부부장 쩡용취안(曾涌泉)이 주임을 담당하였다. 국경위원회의 임무는 국경업무를 전반적으로 계획하고, 국경문제를 계획대로 해결하기 위해 관련 부처를 조직하여 조사와 연구, 자료수집, 현장조사를 통해 협상 방안을 제시하여 체계적으로 국경문제를 해결하는 것이었다. 그러나 국경위원회의 업무영역에 국경 분쟁과 국경수비에 관한 현안문제는 포함되지 않았다. 따라서 국경위원회는 사회주의국가조(조장: 외교부 사회주의국가사 사장 王雨田)와 자본주의국가조(조장: 외교부 아주사 사장 章文晉)를 설립하였고, 랴오닝, 지린, 헤이룽장, 간수, 내몽골, 신장, 티베트, 윈난, 광시 등 국경지역의 성과 자치구에 국경업무소조를 세워 각 지역의 국경업무를 맡게 하였다. 국경위원회는 잠정적으로 3개월마다 한 번씩 회의를 개최하고, 중대한 결정사항은 중앙으로 수시 보고하게 하였다. 중

---

22) 「外交部關於邊界問題的通知」(1958. 4. 25), 吉林省檔案館, 77/4/1, pp. 15~16.

국 외교부의 보고서에 의하면 소련과 북한, 몽골, 베트남 등 사회주의 국가와 인접한 국경지대는 몇 년간 어느 정도 분쟁이 발생하였고, 따라서 양국 국경 거주민들의 생산과 생활, 우호 교류 측면에서 좋지 않은 영향을 미칠 것이라고 지적하였다. 사회주의국가조는 적극적인 방안으로, 1958년 협상을 통한 중국 - 몽골 국경문제 해결, 1959년 중국 - 소련, 중국 - 베트남 국경문제의 해결을 업무 목표로 정하였다. 중국과 북한의 국경문제에 관해서는 "중국과 북한의 국경은 두만강과 압록강이라는 두 강을 경계로 하고 있는데, 그중 두만강의 일부는 청조와 일본정부 간의 조약으로 획정된 것이고 그 외 부분은 정식으로 획정되지 않았다"고 보고하였다. 현재의 주요 문제는 다음과 같다. "첫째, 천지 문제는 이미 기본적으로 파악된 상태이고 해결 방안을 준비하고 있다. 천지는 중국의 영토에 속해 있어 북한 측에 이와 같은 입장을 설명하였지만 북한 측에서는 아직까지 공식적인 반응이 없다." "둘째, 강줄기가 바뀌는 등의 원인으로 인해 양국은 일부 작은 섬의 귀속 문제에 대해 이견이 있다. 성 정부가 조사하여 국경위원회에 보고해야 한다." 그리고 국경위원회는 금년(1958년) 내에 북중 국경문제 해결을 위한 초보적인 협상방안을 제출할 예정이라고 하였다.[23] 이상과 같은 문건으로 볼 때, 당시 중국 외교부는 북중 국경문제를 심각한 사안이라고 여기지 않았고, 또한 문제 해결도 복잡하지 않게 여겼음을 명백하게 알 수 있다.

1958년 8월 8일, 중국 국무원은 국경지역의 성과 자치구에 국경업무소조를 설립하고 각 지역의 국경 업무를 담당하도록 공문을 통해 지시하였다.[24] 이어서 12월 13일 중공중앙은 '국경업무 강화에 관한 지시'를 발표하였다. 주요 내용은 다음과 같다. "중국은 국경선이 매우 길기 때문에 역사

---

23) 「外交部關於邊界委員會工作問題的報告」(1958. 7. 16), 廣西自治區檔案館, X50/2/ 290, pp. 5~10.
24) 「國務院關於組織邊界工作小組的通知」(1958. 8. 8), 廣西自治區檔案館, X50/2/290, p. 4.

적으로 미획정 경계지역이 남아 있고 해방 후 적잖은 분쟁이 발생하였다. 또한 경계선이 획정된 지역 중에서도 국경신이 명확하지 않은 곳이 일부 있다. 현재 우리의 국경 현황은 제대로 파악되지 않고 있다. 국경과 관련된 역사자료와 외교문서의 미비, 부정확한 지도 특히 미획정 지역에 대한 이해가 부족하기 때문에 우리의 국경 경비와 대외교섭 업무에 어려움이 많다. 국경문제는 우리나라뿐만 아니라 이웃 국가와 관련된 사항이므로 우리의 바람대로만 일이 성사될 수는 없다. 그러나 필요한 적절한 시기에 이웃 국가와 국경문제를 해결할 때 적극적으로 임하기 위해 조속히 철저하게 대비해야 한다. 특히 중공중앙은 자본주의 국가와 인접한 성과 자치구 당 위원회에 국경업무를 당 위원회의 의사일정에 따라서 상정할 것을 특별 지시한다."[25] 이를 통해 중공중앙의 국경문제 해결을 위한 로드맵에서 사회주의 국가와의 국경문제는 급선무가 아니었다는 점을 알 수 있다.

북중 국경문제는 신속히 해결되지 않았다. 국경위원회 역시 북중 국경문제에 관한 협상 방안을 예정 시일인 1958년 말까지 제출하지 못하였다. 그 원인은 첫째, 예상보다 상황이 복잡하여 현장조사가 지연되었고, 둘째, 북중 국경분쟁에 새로운 문제가 발생했으며 셋째, 중국-인도 국경분쟁 발발로 인해 기타 국경지역의 현지조사 업무가 연기되었기 때문이다. 북중 국경 현지조사업무에 관한 보고서는 랴오닝성과 지린성에 의해 완성되었다. 1959년 1월과 12월, 랴오닝성은 「북·중 국경업무 현황에 관한 보고서」와 「압록강 수풍 저수지 수몰에 관한 보고서」를 제출하였다. 1959년 3월과 12월, 지린성은 「북·중 국경과 중·소 국경에 관한 조사 보고서」와 「집안(輯安)현 내 수몰지구 현황에 관한 보고서」를 제출하였다. 1960년 3월, 국무원 국

---

25) 「中央關於加强邊界工作的指示」(1958. 12. 13), 廣西自治區檔案館, X50/2/258, pp. 37~38.

경위원회는 지린성이 제출한 북·중 국경문제에 관한 보고에 대해 다음과 같이 답변하였다. 첫째, 1934년 중국과 조선이 공동 건설한 수풍수력발전소로 인하여 압록강 지류 원형이 변화를 일으켜 발생된 국경 수비선의 획정에 관련된 문제이다. 랴오닝성 보고서에서 제시한 의견에 동의하였고, 압록강 중심선을 경계로 국경 수비선을 다시 획정하도록 하였다. 둘째, 북중 국경지역 교량의 경계를 어떻게 나눠 경비를 할 것인지에 관한 문제이다. 1955년 6월 8일, 중국 공안부 대표와 북한 내무성 대표의 연석회의의 자료에 따르면 "북·중 국경 교량의 안전을 위해 안동(단동)-신의주 간 교량에 한해 별도의 의정서를 체결하고, 그 외 강 인근의 교량은 양측의 국경수비 대표 또는 부대표의 구체적 협상을 통해 현지 실정에 맞게 경계구역을 획정하여 보호"하기로 정하였다. 국경수비 책임자가 이 규정에 의거하여 방안을 마련해 인민위원회에 보고하여 재가를 받은 후 처리하도록 규정하였다. 또한 국경위원회는 답신에서 지린성 국경업무소조에 가능한 한 역대 중국에서 출판된 지도에서 백두산 지역 국경선의 변천 과정과 근거, 그리고 '간도조약'과 관련된 문제를 연구할 것을 지시하였다.[26] 기록 문건의 부족으로 지린성 국경소조의 상세한 보고내용은 현재까지 알 수 없다. 국경위원회의 지시로 미루어 보아, 당시 두만강 발원지 획정문제가 중국정부의 주된 관심사임을 알 수 있다.

1960년 3월 14일, 국무원 국경위원회에서 작성한 문건 중에 '1959년 국경 정세'에 관해 설명하면서 중국과 사회주의 이웃 국가의 국경지역에서의 상황은 기본적으로 안정적이라고 보았다. 이를 다음의 세 가지 경우로 나누어 설명했다. 첫째, 기존의 분쟁이 해결되지 않았지만 큰 문제가 발생하

---

26) 「國務院邊界委員會對國界調查報告的答復」(1960. 3. 11), 吉林省檔案館, 77-6-12, pp. 1~2.

지 않는 경우, 둘째, 분쟁이 해결되지 않은 상황에서 다른 문제가 추가적으로 발생한 경우, 셋째, 양측이 이미 협상을 통해 국경문제 해결에 합의했으나 상황이 무르익지 않아 진전이 없는 데다 또 다른 지엽적인 문제가 발생한 경우이다. 첫 번째는 소련과 베트남의 경우이고, 세 번째는 몽골의 경우에 속하고, 두 번째는 북한에 해당된다. 문건에는 '북한은 백두산 국경분쟁 지역에 도로와 주택을 건설하고 압록강 상류에 강을 가로지르는 수문을 건설하여 점차 북진하는 상황이었다'고 묘사되었다. 문건에는 1959년의 현장조사 작업에 대해서는 '중앙정부의 지시와 국경위원회의 계획에 의거하여 외교적 투쟁과 더불어 중국·인도 간 국경문제를 중심으로 현장조사와 연구를 진행하고, 기타 국경지역은 현지사정에 맞춰 주로 각 지방 국경소조가 체계적으로 측량·조사하였다'고 서술되어 있다. 북중 국경의 구체적인 업무성과라고는 지린성이 관할 국경에 있는 압록강 수풍발전소의 상류 수몰구의 실지조사를 통해 지역 범위와 운항 위치, 북중 양국의 국경경계선을 명확히 파악해 약도를 제작한 것뿐이다. 북·중 국경 실지조사가 답보 상태에 놓인 주요 요인은 당시 중국·인도 간 국경지역에서 무장충돌이 발생했기 때문에 다른 이웃 국가의 국경조사는 '잠정 지연' 방침을 취할 수밖에 없었다.

특히 사회주의 형제국가들과 국경문제에 대한 정식 회담이 개최되기 전에 상대방 국경의 주민들의 사상적 혼란을 방지하기 위해 국경위원회는 국경 지방의 조사 작업을 은밀하게 진행할 것을 지시하였다. 국경위원회는 1960년의 업무계획에서 형제국가들과 국경문제에서 큰 문제는 발생하지 않을 것으로 예측했으나 지엽적인 문제들은 피할 수 없다고 보았다. 북중 양국 간의 국경문제에 관한 문건에는 '현재 회담을 통해 국경 전반의 문제를 해결할 수 없으므로, 북한 측이 백두산과 압록강 상류에 건설 중인 강을 가로지르는 수문 그리고 천지 부근에서 시행되고 있는 도로·주택 건설과 같이 현재 불거진 문제에 대해서 심층조사와 연구를 통해 일단 일부 해결 방안을 마련하여 분쟁이 더는 발생·확대되지 않도록 하였다.'고 기록되어 있다.[27]

이상의 자료를 통해 1960년 초까지 북중 국경문제 해결에 관한 중국정부의 입장이 다음과 같았음을 알 수 있다. 첫째, 북중 국경획정 문제는 중대한 사안이 아니며, '간도조약'에 의거하여 처리하면 더 큰 분쟁은 발생하지 않을 것으로 보았다. 둘째, 적지 않은 부차적인 문제가 있었는데, 강의 지류가 변화하고 수몰지역으로 형성된 국경선 문제가 그 핵심이었다. 이와 관련된 해결방안은 일부 마련되었다. 셋째, 백두산 지역의 국경선 획정은 복잡하고 해결이 쉽지 않음을 인지했다. 그러므로 중국정부는 북중 우호관계에 악영향을 미치지 않기 위해 국경문제의 총체적인 해결은 좀 더 시간이 필요하므로, 먼저 일시적이고 국부적인 문제의 해결부터 착수하는 접근 방식으로 방침을 확정하였다.[28]

---

27) 「國務院邊界委員會1959年工作總結和1960年規劃」(1960. 3. 14), 廣西自治區檔案館, X50/3/37, pp. 85~89.

28) 한국 학자로부터 받은 황장엽(당시 김일성 비서)의 회고에 의하면, 1958년 11월 김일성을 수행하여 중국을 방문했던 황장엽은 백두산이 중국의 영토로 표시된 벽에 걸린 지도를 보고 격노하여 즉시 김일성에게 보고한다. 김일성은 저우언라이와의 회동에서 진지하게 이 문제를 제기하였고, 김일성은 '중국이 계속 백두산을 중국의 영토라고 주장한다면 북한 인민의 정서상 이를 받아들일 수 없을 것'이라며, '백두산은 예로부터 우리의 영토이고, 중국이 이를 인정하지 않는다면 우리는 매우 곤란하다'고 말하였다. 저우언라이는 심사숙고 후 '중국과 북한 양국이 국경선을 획정할 때 두만강과 압록강을 둘로 나눈 만큼, 천지도 둘로 나누면 어떻겠는가'라고 제의하였고, 황장엽은 후에 김일성이 이를 받아들였다고 회고하였다(서길수, 『백두산 국경 연구』, 203쪽). 황장엽 회고의 진위 여부는 중국과 북한 양국의 비밀문서가 해제되지 않았기 때문에 검증할 수 없으나, 필자는 황장엽의 논조에 의문이 든다. 저우언라이가 그 자리에서 바로 천지를 둘로 나눌 것을 제의할 가능성이 희박하기 때문이다. 1960년 3월 중국 국경위원회의 두 문건을 보면, 저우언라이가 당시 위와 같은 개인적인 의견

1956년부터 1960년까지 북중 양국 정부는 다음과 같이 국경문제에 관한 일련의 협정과 의정서를 체결하였다. 1956년 1월 「압록강과 두만강 유역 목재 운송에 관한 의정서」, 1956년 12월 「북·중 두만강 유역 치수공사에 관한 의정서」, 1957년 10월 「북·중 두만강 유역 치수 공사에 관한 합의」, 1958년 12월 「북·중 양국 변경지역 상품교역에 관한 의정서」, 1959년 6월 「북·중 양국 변경지방 수풍저수지 양어사업에 공동이용에 관한 의정서」, 1960년 5월 「국경하천 운항협조에 관한 협정」 등이다.[29] 이 협정과 의정서의 내용을 보면, 이 시기 북중 간 국경문제에 상호 이견이 있었지만 갈등이 표면화되지 않았고, 양측이 공동으로 국경의 하천자원 개발협력을 진행하여 안정적으로 발전하고 있었음을 알 수 있다.

이후 1년여 동안 중국정부가 국경문제에 대해 어떤 새로운 구상을 했는지, 북중 양국 간의 접촉 유무에 대해서도 사료가 부족해서 알 수 없다. 다만, 1961년 7월 저우언라이가 김일성과의 회담에서 언급한 "우리의 국경은 획정하기 매우 어렵다"는 말만이 당시 상황을 알려주고 있다.[30] 이상과 같은 중국정부의 북중 국경문제 처리 방침과 구상을 통해 저우언라이는 중국과 북한 간의 국경획정 문제에 전면적인 해결을 뒤로 미루려 했음을 명확히 알 수 있다. 그러나 상황은 그의 예상과 달리 매우 빠르게 변하였다.

---

을 제시했지만 확정된 제안은 아니었던 것을 알 수 있다. 1958년 말 북한이 중국 측에 명확한 영토 요구를 이미 제안하였고, 중국 지도부는 이 요구를 수용하려고 했다는 것이 일반적이다.

29) 구체적인 내용은 『中華人民共和國邊界事務條約集』 中朝卷, pp. 102~257 참조.
30) 「周恩來與金日成談話記錄」(1961. 7. 11), 外交部檔案館, 204-01454-01, pp. 1~12.

## 3. 김일성의 국경문제 해결에 대한 적극적인 요구

1960년대 초, 중국은 대내외적으로 큰 고난을 겪게 되었다. 국내에서는 대약진운동과 인민공사운동의 광풍이 휘몰아 쳤고, 거기에 자연재해까지 더해 경제발전에 큰 타격을 입었고, 공·농업 생산의 저조와 생활필수품의 품귀 현상까지 발생하기에 이르렀다. 대외적으로는 중·소 양당이 대내외 정책에서 입장의 큰 차이를 좁히지 못하고 각자의 의견을 견지하면서 끊임 없는 논쟁을 반복하였다. 결국 중소 갈등이 공개적으로 표출되었고, 흐루 쇼프는 격노하여 중국과의 합의를 파기하고 중국 주재 소련 전문가들을 전면 철수시켰다. 국내의 어려움에 직면해 있던 중국은 대외적인 충격까지 더해 이중의 위기를 맞이하였다. 중소관계 악화와 더불어 중국 서부에서 인도와의 국경 충돌, 그리고 동부에서 장제스의 대륙 침공 위협 등 사방의 위기로 인해 중국은 사면초가 상태에 처했다.[31] 북한은 바로 이러한 때 돌연 중국 측에 국경획정 문제해결을 위한 협상을 제의하였다.

현재까지 중국 외교부의 기밀해제 문건과 『저우언라이 연보』 등의 문헌 자료를 통해서는 양측이 접촉한 구체적인 상황과 회담 내용을 알 수 없다. 그러나 북중 간 국경선 획정 문제 해결을 위한 개략적인 과정은 명확히 알 수 있다.

1962년 2월 18일, 북한 외무상 박성철은 북한 주재 중국대사 하오더칭(郝德靑)과 함께 교외로 사냥을 나갔다. 식사 도중 박성철은 하오더칭에게 내부협상을 통한 북중 국경문제 해결의 가능성을 제의하였다. 2월 28일 중국 외교부는 북한 주재 중국대사관의 보고에 관한 답변에서 중국정부는 북중

---

31) 林蘊暉, 『烏托邦運動─從大躍進到大饑荒, 1958~196』(香港: 中文大學出版社, 2008); 沈志華 主編, 『中蘇關係史綱: 1917~1991年中蘇關係若干問題再探討』(北京: 社會科學文獻出版社, 2011), 2~3章.

국경 제 해결에 동의한다고 회신하였다. 3월 1일, 하오더칭은 박성철을 만나 중국정부의 답변을 전달하면서 회담 시간과 장소를 상의하였다. 3월 26일 박성철은 하오더칭에게 4월 10일 안동(단동) 또는 신의주에서 북중 국경문제에 관한 부부장급(차관급) 회담을 개최할 것을 제안하였다. 3월 30일 저우언라이는 관련 책임자와 중국북한, 중국몽골 간 국경문제에 관해 협의했다(국경선 획정문제에 관한 중국 측의 초안은 이때 협의를 통해 결정된 것이다). 4월 4일부터 8일까지 북한 외무성과 북한주재 중국대사관은 회담을 통해 국경회담의 시간과 장소, 그리고 양측대표단 명단을 확정하였다. 4월 10일부터 14일까지 중국 외교부 부부장 지펑페이(姫鵬飛)와 북한 외무성 부상 유장식(柳章植)을 대표로 하는 북·중 국경회담이 안동(단동)에서 개최되었다. 다섯 차례 연속 회담을 통해 중국과 북한은 각자 국경획정 방안을 제시하고 휴회하였다. 4월 18일, 하오더칭은 신의주에서 북한 외무성 부상 유장식과 회동하여 북중 국경문제에 관해 의견을 교환하였다. 같은 날 18일 하오더칭은 박성철을 만나 다음 국경회담의 날짜를 연기해줄 것을 요청하였고, 박성철도 이에 동의하였다.[32] 이와 같은 정황을 통해 북한 측의 제안에 중국이 난감해 했음을 알 수 있다. 이 시기 중국외교부 제2 아주사(亞洲司)에서는 이미 장쑤성 외사판공실에 북중 국경 관련 역사자료를 요청한 상태였다. 난징 소재 중국제2당안관에 보존된 중화민국 베이징정부와 국민정부시기의 문서는 장제스가 난징에서 철수할 때 대부분 이미 대만으로 이전시켰기 때문에 4월 19일 장쑤성 외사판공실은 난징사료정리처와 공동으로 조사한 결과 북한 국경의 천지 및 황초평(黃草坪) 등의 자료를 찾지 못했고, 북중 국경관련 자료 또한 발견하지 못했다고 외교부에 회신하였다.[33] 외교

---

32) 「1962年駐朝使館同朝鮮外務省交涉情況簡報」, 外交部檔案館, 106-00644-03, pp. 65, 67, 70~71; 「1961至1962年中朝關係大事記」, 外交部檔案館, 106-00644-01, p. 19; 『周恩來年譜』 中卷(北京: 中央文獻出版社, 1997), p. 468.

부가 장쑤성에 요청한 자료들의 내용으로 볼 때, 북한이 제시한 획정방안은 천지 귀속문제와 관련되어 있고, 조사결과 북한의 제안이 중국 측의 획정방안 연구와 국경회담에 어려움을 가중시키는 것이었음을 알 수 있다.

4월 30일, 중공중앙 총서기 덩샤오핑(鄧小平)은 중국 주재 북한대사 한익수(韓益洙)를 접견한 자리에서 양국관계에 대해 언급하였다. 그는 "우리는 형제국가이기 때문에 외교가 아닌 내교(內交)를 해야 한다. (중략) 우리는 동지관계이니 외교가 아닌 내교를 해야 완전한 동지 관계이다"라고 말하였다. 그는 국경문제에 관해 "우리 양국 간의 관점은 모두 일치하지만, 현재 남아 있는 한 가지 국경획정 문제는 지도 위에 어떻게 선을 긋는가의 문제이므로 쉽게 해결할 수 있다. (중략) 우리는 별 문제가 없는 것 같아 제대로 준비하지 않았다. 협의하면 해결할 수 있으므로 큰 문제가 아니다"라고 말하였다.[34] 덩샤오핑의 발언은 길지 않았지만 세 가지 중요한 정보를 드러냈다. 첫째, 중국은 북중 국경에 큰 문제가 없다고 판단했기 때문에 충분한 준비를 하지 않았다. 둘째, 중국은 북한이 제시한 국경문제 해결방안이 갑작스럽고 (분명 큰 문제이다) 예상치 못했던 것이었다. 셋째, 북중 양국은 전적으로 동지 관계이며 형제관계이므로 외교는 없고 오직 '내교'만 있을 뿐이므로 국경문제는 쉽게 해결할 수 있다는 것이다. 이와 같은 표명을 통해 당시 중국 지도부는 이미 북한의 요구에 대해 고려하고 있거나, 더욱 나아가 수용할 뜻이 있었음을 알 수 있다.

6월 3일, 저우언라이는 중국공산당 동북국 책임자와 북중 국경문제를 협의하였다.[35] (중국의 일반적인 정책 결정 과정에서는 중앙정부가 기본입장을 이

---

33) 「省外辦關於了解中蒙和中朝邊界歷史資料問題」(1962. 4. 19), 江蘇省檔案館, 3124-0139, 長期, pp. 5~22.
34) 「鄧小平接見韓益洙談話記錄」(1962. 4. 30), 外交部檔案館, 106-01380-18, pp. 61~66.
35) 『周恩來年譜』 中卷, p. 481.

미 정한 후 지방관원들의 의견을 듣는다.) 6월 28일, 저우언라이는 베이징에서 북한 최고인민회의대표단 단장 박금철(朴金哲)과 중국 주재 북한대사 한익수 등을 접견하였다. 회견 후 별도로 저우언라이와 한익수는 북중 국경문제에 관해 논의하였다.[36] (구체적인 내용은 중국 측의 국경문제 해결방안에 대한 설명으로 짐작된다). 9월 15일 유장식은 하오더칭에게 북한은 중국 측의 국경문제 해결방안에 동의하고, 평양에서의 지펑페이와 회담을 환영한다고 전하였다. 9월 25일 지펑페이는 평양에 도착해 회담을 시작하였고 10월 3일 양측은 회담기록에 서명하였다.[37] 10월 11일, 저우언라이와 천이는 북한을 비밀리에 방문하여 김일성과 회담을 하였다. 10월 12일 밤, 평양에서 '북중국경조약(中朝邊界條約)'이 체결되었다.[38] 11월 7일, 북한 최고인민회의 상임위원회는 '북중국경조약'을 비준하고, 중국 주재 북한대사관에게 중국 정부와의 비준서 교환을 위임하였다. 11월 24일, 천이 주재로 열린 국무원 제122차 전체회의는 이 조약을 통과하고 전국인민대표대회에 심의를 제청하였다. 지펑페이는 국무원 전체회의에서, 1,300여 km에 이르는 양국의 국경은 압록강과 두만강을 비교적 명확한 양국 경계의 하천으로 삼고 있지만, 두 강의 발원지인 백두산 일대는 역사적으로 논쟁이 끊이지 않았고 양국 지도에서의 국경선도 일치하지 않는다고 말하면서, 실제 상황에 근거하고 양측의 백두산에 대한 정서를 고려하여 백두산을 경계로 하는 것이 역사적인 상황과 양국민의 이익에 부합된다고 말했다. 또한 지펑페이는 국경문제의 순조로운 해결은 양국의 우의와 단결을 한층 더 증진시킬 것이

---

36) 「周恩來接見朝鮮最高人民會議代表團談話記錄」(1962. 6. 28), 外交部檔案館, 106-01379 - 03, pp. 35~44; 『周恩來年譜』 中卷, p. 487.

37) 「1961至1962年中朝關係大事記」, 外交部檔案館, 106-00644-01, pp. 31~32.

38) 「1961至1962年中朝關係大事記」, 外交部檔案館, 106-00644-01, p. 33; 『周恩來年譜』 中卷, p. 502; 劉樹發 主編, 『陳毅年譜』 下卷(北京: 人民出版社, 1995), p. 938.

라고 덧붙였다. 12월 11일, 중국 외교부 부부장 지펑페이와 정봉규(鄭鳳珪) 북한 외교부 대리는 각각 중국정부와 북한정부를 대표하여 베이징에서 '북중국경조약' 비준서를 교환하였다. 국경조약에 의거하여 현지조사 문제에 관해서는 이전에 양측이 합의한 대로 북중 국경 연합위원회의 설립을 결정하여 1963년 1월 초 평양에서 제1차 회의를 개최하였다.[39] 1964년 3월 20일, 베이징에서 류사오치(劉少奇)와 저우언라이, 박성철이 참석하여 「북중 국경에 관한 의정서」에 서명하였다.[40]

북중 국경회담과 조약 체결 과정은 비교적 명확하지만, 현재 중국에서 발표된 모든 문서 가운데 국경회담의 구체적 내용과 결과에 관해 언급한 자료는 없는 상태이다. 따라서 중국과 북한 정부 사이에 국경문제의 교섭 과정에서 도대체 어떤 문제를 토론했고, 양측의 이견과 논쟁에 대한 각자의 태도와 입장은 어떠했는지에 대해서는 전혀 알 수 없다. 그러므로 필자는 이 시기 중국 지도자들의 담화 내용과 북한 학술계 동향 등의 관련 자료를 분석하고 고찰하여 정리한 이하에서 제시한 자료를 통해 단서를 찾으려 한다.

1958년 11월 25일, 마오쩌둥(毛澤東)은 중국을 방문한 김일성과의 회담에서 다음과 같이 말했다. "우리는 조선노동당의 노선이 정확하다는 것을 인정한다. 그래서 다음 세 가지를 존중한다. 조선의 민족을 존중하고, 조선노동당을 존중하며, 조선의 지도자를 존중한다", "역사적으로 중국이 조선에게 잘못한 것이 있는데, 우리 선조들이 당신들의 조상에게 빚을 졌다. (중략)

---

39) 「1962年外交部同朝鮮駐華使館交涉情況簡報」, 外交部檔案館, 106-00644-02, pp. 61~63; 國務院辦公廳大事記編寫組, 『中華人民共和國中央人民政府大事記』 第8卷, 1991 (未刊), p. 169.

40) 「劉少奇周恩來接見朴成哲談話記錄」(1964. 3. 20), 外交部檔案館, 109-03909-07, pp. 124~129.

당신들의 선조는 조선의 영토가 요하를 경계로 한다고 말했었다. 현재 당신들이 압록강변까지 떠밀려 왔다는 것은 당신들도 알고 있는 바이다."[41] 마오쩌둥은 1956년 8월 조선노동당 종파사건 이후 악화된 북·중관계의 국면을 전환하기로 결심한 후로, 북한에 대하여 비정상적으로 우호적이고 관대한 태도를 유지했다. 마오쩌둥은 8월 종파사건 이후 중국으로 망명한 조선노동당 연안파 간부를 북한으로 송환하는 데 동의했을 뿐만 아니라, 대규모 경제원조를 제공하고 북한에 주둔하고 있던 몇 십만의 중국인민지원군의 철수를 제의하였다.[42] 이때, 국무원 국경위원회가 1959년 북중 국경문제 해결방안을 제시한 이후 마오쩌둥은 또다시 관대한 태도와 담담한 논조로 중국과 북한간의 역사적으로 남아 있는 국경문제에 대해 언급하였다. 말하는 사람은 무심히 하지만 듣는 사람은 유심히 듣는 것처럼(言者無心, 聽者有意), 객관적으로 볼 때 마오쩌둥의 발언은 오랜 기간 심사숙고 하며 어려운 문제에 대하여 입을 뗀 김일성을 고무시키기에 충분했을 것이다.

1961년 봄, 중국의 동북에서는 국경지역에 거주하는 조선족들이 대량으로 북한에 불법 월경하는 사건이 발생했다. 이에 대해 북한정부는 용인하는 태도를 보이며 국경지역의 여러 곳에 접대소를 만들었고, 또한 월경한 조선인들에게 적극적으로 일자리를 안배하였다. 5월에 이르러서 중국 공안부와 외교부는 이와 같은 상황을 중공중앙과 외교부에 보고하면서, 국경지역의 사회안정을 위해 기존의 '북·중 불법월경자처리'에 관한 합의에 의거하여 북한 측과 협상을 건의하였고, 북한주재 중국대사 차오샤오광(喬曉

---

41) 「毛澤東會見朝鮮政府代表團談話記錄」(1958. 11. 25).
42) 沈志華, 「"脣齒相依" 還是 "政治聯姻"?: 中朝同盟的建立及其延續(1946-1961)」, (臺北) 《中央研究院近代史研究所集刊》, 63期, 2009. 3, pp. 147~194; 沈志華·董潔, 「朝鮮戰後重建與中國的經濟援助(1954~1960)」, 《中共黨史研究》 2011年 3期, pp. 48 ~57.

光)이 북한 외무상과 우선 협상하여 북한 측에게 이에 상응하는 조치를 취해줄 것을 계획하였다. 6월 6일 차오샤오광은 본국으로부터 다음과 같은 지시사항을 받았다. "조선족들이 몰래 월경하는 것과 관련해 내부에서 별도로 상세한 보고를 해야 하지만, 우리의 기본 입장은 외교적 수단으로 접근하지 않고 국가 내부에서 이들을 안정시키는 것이다. 북한 측이 월경자들을 위한 접대소를 설치한 것은 당연한 처사이다. 최근 북한과의 관계가 원만하니, 조선인들의 몰래 월경에 대해 지나치게 신경 쓸 필요가 없고 따라서 정황조사를 위해 길림에 갈 필요도 없다."[43] 중국은 정치적으로 평양과의 우호적인 관계를 유지하고 소련에 공동대처하기 위해 북중 양국 간 협의를 명백히 파기하는 북한정부의 행위에 대해서도 이를 추궁하지 않았을 뿐만 아니라 관련부처가 올리는 외교관례에 따른 대응책도 받아들이지 않았다. 중국정부는 대규모의 국경 거주 조선족의 월경에 대해 용인하였고, 북한은 이 시기를 놓치지 않고 국경문제 관한 무리한 요구를 하였고, 이에 대해 중국은 북한 측의 요구를 받아들일 수밖에 없었음을 미루어 알 수 있다.

1963년 6월 28일, 저우언라이는 조선과학원 대표단을 접견하는 자리에서 다음과 같이 말하였다. "출토된 유물은 조선민족이 오랫동안 요하(遼河)와 송화강 유역에서 거주했음을 증명한다. 경박호(鏡泊湖) 부근에는 발해의 유적도 발견됐다. (중략) 중국 고대왕조가 조선을 침략하여, 당신들의 땅을 너무 좁게 내몰았던 것에 대해 우리는 조상들을 대신해 사과한다." "역사는 왜곡할 수 없다. 두만강과 압록강 서쪽은 줄곧 중국의 땅이라 말하였고, 심지어 예로부터 조선은 중국의 속국이라 하였는데, 이는 터무니없는 말이

---

43) 「公安部黨組關於朝鮮族越境情况的報告」(1961. 5. 10); 「外交部, 公安部關於朝鮮族居民越境去朝問題的報告」(1961. 5. 4); 「外交部給喬曉光的批示」(1961. 6. 6). 外交部檔案館, 118-01026-03, pp. 69~70; 118-01026-05, pp. 131~132; 118-01026-06, p. 104.

다. 중국의 쇼비니즘(Chauvinism)은 봉건왕조 시대에 극히 심했다. (중략) 스스로를 천조·상국이라 칭하는 것은 매우 불평등한 것이다. 모든 것이 역사학자들의 잘못이다. 우리가 이를 바로잡아야 한다."[44] 북중국경조약에 서명한 이후 저우언라이의 이러한 발언은 중국정부가 국경선 획정문제에 북한의 요구를 수용한 것에 대한 해명임을 명확히 알 수 있고, 또한 국경선 양보에 대한 중국 지도자들의 최소한의 심리적인 위안이라 볼 수 있다.

이와 동시에 북한 역사학계 또한 역사상의 북중관계에 대해 토론하면서 조선(한반도)을 적극 찬양하고 중국을 폄하하였다. 북한주재 중국대사관과 중국과학원 철학사회과학부가 조사한 결과 북한 사학계는 지난 몇 년 동안 역사연구에 주체 확립의 문제를 강조하였다. 역사상 조선의 저명한 인물을 소개한 조선과학원 출판의 『조선의 명인』은 주관적으로 만들어낸 책으로 조선에 대한 찬양일색인 반면 다른 민족들은 폄하하였다. 중국 고전문헌에는 잘못된 곳이 많고 심지어 왜곡되기까지 했다고 평하면서, 역사적으로 중국에 대항한 투쟁을 강조하고 조선만이 중국을 물리칠 수 있으며, 조선의 영웅 양만춘(楊萬春) 장군이 이끄는 고구려군이 쏜 화살에 의해 당태종이 애꾸눈이 된 것이라고 서술하였다. 또한 조선이 중국의 문화를 발전시켰고 고대 의술 역시 중국보다 한 단계 위였으며, 일본의 문화도 조선에서 전해진 것이라고 덧붙였다.[45] 북한의 역사학계는 기본적으로 '기자동래설(箕子東來說)'을 역사학의 연구가 사대주의의 영향을 받은 결과라고 보아 부정하였으며, 조선은 문명고국으로서 독특한 역사발전의 노선이 있다고 하

---

44) 「周恩來接見朝鮮科學院代表團時的談話」(1963. 6. 28), ≪外事工作通報≫, 1963年 10月에서 발췌. 서길수, 『백두산 국경 연구』, 474~480쪽에서 재인용. 이 문서는 한국에 광범위하게 퍼져 있는데 필자는 아직 중국 문서에서는 원본을 찾지 못하였지만, 논조와 사용 어휘를 미루어볼 때 이 문서가 진본으로 판단된다.

45) 「駐朝使館的報告」(1963. 4. 30), 外交部檔案館, 106-01134-05, pp. 47~50.

였다. "고조선의 찬란한 문화는 소련 연해주와 일본 서북부 등 광범위한 지역에 걸쳐 영향을 미쳤으며, 중국 동북지방의 동부에도 영향을 미쳤다." 『조선의 명인』에서는 『원사(元史)』의 저자가 대국주의 입장에서 역사를 왜곡했다고 비판했으며, 소련과학원에서 출판된 『세계통사(世界通史)』 제3권에 수록된 조선과 관련된 내용의 논점을 비판하면서, 몽골이 중국의 양대 왕조 금(金)과 송(宋)을 멸망시키고 원(元) 제국을 건국하였으나 조선에게 패하였다고 주장하였다. 심지어 청일전쟁시기 중국은 조선을 보호한 것이 아니라 침략한 것이라고까지 하였다. 북한의 역사학자들은 "조선로동당의 정체성 원칙을 수호하면서 먼저 봉건적 사대주의 역사학자의 객관주의 태도에 반대하기 위해 투쟁해야 한다"[46]는 노선을 견지하였다. 이와 같은 동향이 북·중 국경회담의 결과와 무관하다고 말할 수는 없다.

이러한 분위기 속에서 중국의 지식층과 역사학계가 중국과 북한의 역사적 관계를 연구하는 데 큰 제약을 받았음은 의심할 여지가 없다. 북한에게 유리한 말은 할 수 있었지만, 불리한 발언은 이제 해서는 안 됐다. 1963년 11월 6일, 중공중앙서기처 서기 캉성(康生)은 선전간부회의 석상의 연설에서, 소련과학원이 펴낸 『세계통사』에 대한 북한 학자들의 비평논문을 중국 사학계에 추천하면서 중국 역사학계에 만연한 '맹목적인 쇼비니즘'을 질타하였다. 이어 랴오닝성 가이핑(盖平)현은 고구려 연개소문을 평정한 것을 기념하기 위해 지어진 이름으로 "연개소문은 조선의 민족영웅"이지만, 중국은 도리어 중국의 동쪽(고구려)을 정벌한 설인귀(薛仁貴)를 영웅이라고 말하였다고 하며, "베이징대학 역사학과에는 단 한 명의 마르크스주의자도

---

46) 中國科學院哲學史會科學部編印, ≪簡訊≫, 總第143期, 1963年 9月, 總第169期, 1964年 11月, 外交部檔案館, 106-01134-01, pp. 51~59, 106-01134-02, pp. 60~62. '사대'는 ≪맹자≫의 '以小事大'에서 나왔다. 사대주의는 조선왕조가 청조의 사상과 정책에 충성을 다한 것을 의미한다.

없고, 그들은 북한에서 발표한 논문에 적잖은 불만을 갖고 있다"고 덧붙였다. 같은 해 캉성은 인민출판사의 회의에 참석하였다. 당시 인민출판사는 저명한 역사학자 천인커(陳寅恪)의 저서 『재생연을 논함(論再生緣)』의 출판을 계획하며, 특별히 황추윈(黃秋耘)을 초빙하여 그 책의 책임편집을 맡겼다. 이 회의에서 캉성은 『재생연을 논함』의 출판금지를 요구했다. 왜냐하면 탄사(彈詞)소설 『재생연(再生緣)』에 '동정(東征)'이라는 표현을 삽입했기 때문이다.[47] 물론 천인커가 병을 핑계로 캉성과의 만남을 완곡히 거절하며 냉담한 반응을 보인 일도 있어 캉성이 책의 출판금지를 요구하며 공적인 일로 개인적인 원한을 푼 원인 중 하나였다. 그러나 캉성의 근본 의도는 이를 본보기로 중국의 학자들 특히 역사학자들이 북중관계에 대해 함부로 말하지 못하게 하기 위함이었다.

그렇다면 북·중 국경회담에서 북한의 요구사항은 무엇이었으며 중국은 또 어떻게 양보했는지에 대해 알아보자.


## 4. 북중 국경조약 및 그와 관련된 문건의 내용

1962년 북한의 영토에 관한 요구와 관련된 핵심 문제는 앞서 소개한 자료에 잘 나타나 있다. 핵심은 백두산 천지의 귀속과 그와 관련된 두만강 발원지의 확정 문제이다. 10년 후쯤(1972년), 저우언라이가 미국 대통령 닉슨과의 회담에서 "우리는 최종적으로 이 (화산으로 형성된) 호수를 공동으로 나누는 방법으로 문제를 해결했다"고 설명하였다.[48] 호수(火山湖, Crater

---

47) 陸健東, 『陳寅恪的最後二十年』(北京: 三聯書店, 1995), pp. 364~370. 1965년 가이핑(蓋平)현은 가이(蓋)현으로 개칭되었다.

48) Memorandum of Conversation between Richard Nixon, Henry Kissinger, Zhou

Lake)는 '천지'를 의미한다. 중국은 북한의 요구를 수용하여 양국이 공동으로 천지를 소유하는 것에 동의하였다. 이것이 바로 중국과 북한 양국이 1962년 10월 체결한 국경조약의 핵심내용이다.

앞에서 이미 언급했듯이, 중국외교부가 출판한『중화인민공화국 국경사무조약집(中華人民共和國邊界事務條約集)』에는 '북중국경조약'이 수록되어 있지 않다. 외교부와 관련 성 정부의 당안관에도 이 조약문이 아직 기밀해제 되어 있지 않다. 현재 우리가 볼 수 있는 '북중국경조약'에 관한 문서는 한국과 인터넷에 광범위하게 퍼져 있다. 따라서 이 문건의 진위 여부가 북중국경조약의 내용과 북·중 회담 결과를 연구하는 데 가장 중요한 문제이다. 이에 필자는 현재 광범위하게 공개된 북중국경조약 관련 문서에 대해 고증하고자 한다.

2000년 10월 16일자 한국의 ≪중앙일보≫에 "북중 국경조약 전문 최초확인, 공개 안 된 기밀문건"이라는 제목의 기사가 독점으로 보도되었다. 보도된 기사에 의하면, 중앙일보 취재팀은 최근 중국의 헌책방에서 1974년 6월 중국 지린성 혁명위원회 외사판공실 편인(編印)의『중북, 중소, 중몽 관련 조약, 협정, 의정서 회편(中朝, 中蘇, 中蒙有關條約, 協定, 議定書匯編)』이라는 제목의 책을 발견하였다. 같은 날 중앙일보의 다른 지면에 "북중 국경조약의 내용개요", "북중 국경조약 발굴의 의의" 등이 보도되었다.[49] 한 달 후, 세종연구소 연구위원 이종석(통일부장관 역임)의『북중관계(1945~2000)』에서 1962년 10월 12일 체결한 북중국경조약과 1964년 3월 20일 체결한「북중 국경조약에 관한 의정서」의 한글 번역본 전문이 부록으로 공개되었다. 이 조약과 협정서는 중국에서 출간된 문서모음집(匯編)이며, 비공개 출판물

---

Enlai 23 February 1971. Taylor Fravel, *Strong Borders, Secure Nation: Cooperation and Conflict in China's Territorial Disputes*, pp. 113~114에서 재인용.

49) 서길수,『백두산 국경 연구』, 298쪽.

로서 겉표지에 '기밀문건, 보관주의'라는 문구가 찍혀 있다는 설명이 덧붙여 있다. 또한 이 책은 문화대혁명 시기 홍위병의 비판을 받은 연변조선족자치주 주장 주덕해(朱德海)의 자료, "연변지역 공산당 내의 자본주의 노선을 견지하는 최대 당권파 주덕해의 매국적인 범법행위"와 후에 문화대혁명 중 박해를 받아 사망한 주덕해의 복권에 관한 공식문서인 「중공연변조선족자치주위원회의 주덕해 동지 복권을 위한 결의」 등의 자료를 대량으로 이용하였다.50) 2007년 12월, 한국 동북아역사재단 제3연구실이 이 문건 모음집을 한국어로 번역하여 내부 자료로 보존하였다. 그중 국경문제와 관련된 중국 측의 미공개 문서는 위의 두 개의 문서 외에 중국과 북한 양국 정부대표단의 「북·중 국경문제에 관한 회담 기요(紀要)」(1962. 10. 3), 중국 국무원의 「북·중 경계하천 공동이용 위원회 대표단의 북한회담 후 체결한 북·중 경계하천 공동이용·관리에 관한 상호 협정 및 관련 보고에 관한 통지」(1964. 7. 20)가 수록되어 있다.51) 2009년 출판된 서길수의 『백두산 국경 연구』에는 북중 국경에 관한 조약과 의정서 및 회담 기요의 중문본·한역본이 부록으로 실려 있다.52) 현재 중국과 한국의 인터넷에서 인용되는 북중 국경 조약문은 모두 앞에서 소개한 한국학자의 저서에서 인용된 것이다.

아직 북중 국경조약 관련 문서의 완전한 중국어판 전문을 찾지 못한 상황이기 때문에, 현재 공개된 한역본과 중국에서 이미 출판된 관련자료 또는 문서를 일일이 대조하는 것이 고증의 전부라고 할 수 있다.53) 필자는 먼

---

50) 이종석, 『북한·중국관계(1945~2000)』(중심, 2000), 서문, 321~324, 325~343쪽.

51) 吉林省革命委員會外事辦公室 編, 『中朝中蘇中蒙有關條約協定議定書匯編』(東北亞歷史財團 第三研究室 "內部資料"(3), 東北亞歷史財團, 2007, 이하 인용된 『中朝中蘇中蒙有關條約協定議定書匯編』은 한역본임).

52) 서길수, 『백두산 국경 연구』, 373~461쪽.

53) 베이징대학교 박사과정의 둥제(董潔)는 한국에서 방문학자 기간 중, 지린성 혁명위원회 외사판공실(吉林省革命委员会外事办公室)에서 편찬한 중국어본 문서모음집을

저『장백조선족자치현지(長白朝鮮族自治縣志)』에 북중 국경조약과 관련된 해당 현 관할의 국경선 방향이 묘사되어 있음을 확인하고, 이를 한역본의 같은 단락을 대조해본 결과 두 내용과 서술이 완전히 일치한다는 것을 발견하였다.[54] 그 밖에 필자는 한글본으로 간행된 문서를 이미 출판된『중화인민공화국 국경사무조약집』및『중화인민공화국조약집』가운데 관련 문건과 비교 대조해보았다. 그중 중국 측이 아직 발표하지 않은「북·중 국경문제에 관한 회담기요」,「북·중 국경조약」,「북·중 국경에 관한 의정서」등 3건을 제외하고 중국에서 이미 출간된 북중 국경문제에 관한 모든 조약·협정·의정서 등이 한글본 문서와 한 치의 오차도 없이 완전히 일치하였다.[55] 따라서 필자는 한국에서 발굴한 지린성 외사판공실 편인의 문건 모음집은 진품이고, 북중 국경조약 등 문건의 한글본 또한 믿고 사용할 만하다고 단정할 수 있었다. 이상의 세 가지 결정적인 문건의 출현으로 중국 문서개방의 결함이 어느 정도 보완되었다.

「북·중 국경문제에 관한 회담기요」의 기록에 따르면, 1962년 9월 26일부터 10월 2일까지 지펑페이와 유장식을 단장으로 하는 북중 대표단이 회담을 개최하였다. 양국 정부는 북중 국경문제 해결을 위해 이미 기본적 합의가 이루어진 상황에서 이와 관련된 구체적이고 기술적인 문제와 절차의 문

---

　　열람하기 위하여 이종석 선생을 방문했으나, 이종석 선생은 당시 자료 정리중이라는 이유로 문제 열람을 허락해주지 않았다. 그 후에 등제는 통일부 북한자료센터에 소장 중인 동북아역사재단 발행의 "내부자료"(한국어판)를 발견하여 전문을 복사하였다.

54) 黃世明·顧孔生 主編,『長白朝鮮族自治縣志』(北京: 中華書局,1993), p. 312;「中朝邊界條約」(1962. 10. 12), ≪中朝中蘇中蒙有關條約協定議定書匯編≫, 東北亞歷史財團, 2009 (한국어판), pp. 11~13, 17~54.

55)『中華人民共和國邊界事務條約集』中朝卷, 中華人民共和國外交部 編, ≪中華人民共和國條約集≫ 第1~13集(北京: 法律出版社/世界知識出版社, 1957~1965).

제를 전면적으로 해결할 수 있었다.[56] 저우언라이와 김일성이 서명한 북중 국경조약과 천이와 박성철이 서명한 북중 국경의정서의 체결로 양국 간 국경이 최종 확정되었다. 양국 간 논쟁이 된 천지와 두만강 발원지의 획정에 관한 조약문과 의정서에는 다음과 같이 규정하고 있다. 백두산 천지는 두 개로 나누어 백두산 위 천지를 둘러싸고 있는 산마루 서남단 위의 2520고지와 2664고지(청석봉) 사이의 안부(鞍部, 안장처럼 들어간 부분)의 중심을 기점으로, 동북방향 직선으로 천지를 가로질러 맞은편 산마루인 2628고지와 2680고지(천문봉) 사이의 안부 중심까지이다. 그 서북부는 중국에 속하고 동남부는 북한에 속한다. 두만강 발원지의 확정에 관해서는 천지 동쪽의 국경선 산마루 2628고지와 2680고지 사이의 안부의 중심을 기점으로 동쪽에서 직선으로 2114고지까지, 2114고지에서 다시 직선으로 1992고지까지, 1992고지에서 다시 직선으로 1956고지를 거쳐 1562고지(쌍목봉 북쪽 봉우리)까지, 1562고지에서 다시 직선으로 1332고지까지, 1332고지에서 다시 직선으로 두만강 상류 지류 홍토수(紅土水)와 북쪽의 지류가 만나는 곳(1283고지 북쪽)까지, 여기서부터 경계선은 홍토수의 중심선을 따라 아래로 홍토수와 약류하(弱流河)가 합쳐지는 곳까지이다. 천지 이남의 국경선은 압록강 발원지의 확정으로 이전과 큰 차이가 없다. 이 외에 압록강과 두만강의 451개의 섬 및 사주(모래톱)의 귀속(중국 187개 소유, 북한 264개 소유)과 압록강 하구 밖의 양국 해역의 획정이 확정되었다.[57]

북중 국경조약의 규정에 따라 북중 양국은 북·중 국경연합위원회를 설립

---

56) 「關於中朝邊界問題的會談紀要」(1962. 10. 3), 『中朝中蘇中蒙有關條約協定議定書匯編』 (한국어판), pp. 14~16.

57) 「中朝邊界條約」(1962. 10. 12); 「關於中朝邊界的議定書」(1964. 3. 20), ≪中朝中蘇中蒙有關條約協定議定書匯編≫(韓國語本), pp. 11~13, 17~54; 서길수, 『백두산 국경 연구』, pp. 373~384, 391~461.

하였다. 위원회 산하에 두 개의 대대와 여섯 개의 소조를 두어 1963년 5월 13일부터 11월 15일에 걸쳐 북중 국경에 대한 전면적인 탐사를 진행하여 경계말뚝 설치와 경계선이 되는 강의 섬과 사주의 귀속을 확정하였다. 경계 말뚝은 155cm와 129cm(지면에 노출되는 부분) 두 종류로 철근 시멘트로 제작하였고, 말뚝 중심에는 쇠 드릴을 박아 넣었다. 말뚝 위에는 '중국' 혹은 '조선'을 새겨 넣었고 일련번호와 해당연도를 새겨 넣었다. 말뚝의 관리와 보수는 홀수는 중국 측이, 짝수는 북한 측이 맡기로 하였다.[58] 이에 따라 백두산 안의 북중 국경 1,334km 분계선이 확정되었고, 중국에 속해 있던 98km$^2$의 천지는 북한이 총면적의 54.5%를 점유하고 중국은 45.5%만 점유하게 되었다.[59] 두만강 발원지역은 1909년 간도조약부터 1962년 북중 국경조약까지 지도 축적으로 추산하여 중국이 양보한 영토는 약 1,200km$^2$이다.

1964년 5월 5일, 중국과 북한 정부는 새로운 국경조약의 기초 위에 "북·중 국경하천 공동 이용관리에 관한 상호협조 협정"(共同利用和管理中朝界河的互助合作協定)을 체결하였다. 이 협정에 의거하여 양측은 북·중 국경하천 공동이용위원회를 구성하여 북중 양국의 경계하천을 공동 이용하고 관리하는 과정에서 발생되는 문제를 신속히 해결하도록 하였다.[60]

그러나 북한은 안심이 되지 않았는지 중국 측에 북중 양국 간 새 국경선 획정을 확인해줄 것을 요청하였다. 1964년 8월 북한 측은 각종 경로를 통해 중국 대사관에 새 중국 지도를 요구하였다. 보름 후 중국 측은 새 지도가 아

---

58) 安龍禎 主編, 『延邊朝鮮族自治州志』(北京: 中華書局, 1996), p. 497; 韓哲石 主編, 『長白山朝鮮族自治縣志』(北京: 中華書局, 1994), pp. 312~313.

59) 「延邊黨內最大的走資本主義道路黨權派朱德海的賣國罪行」, p. 1; 「中共延邊朝鮮族自治州委員會關於爲朱德海同志平反懷復名譽的決議」, p. 7; 이종석, 『북한-중국관계 1945~2000』, 233쪽에서 재인용.

60) 『中華人民共和國邊界事務條約集』 中朝卷, pp. 258~261.

직 출판되지 않았다고 답신하고, 새 지도가 출판되는 대로 전달할 것을 약속하였다.[61] 사실 1964년 6월 지도출판사에서 4,000,000 : 1 축척의 최신 『중화인민공화국지도』가 출판되었고, 중국과 북한간의 국경선은 1962년 조약에 의거해 제작하였다.[62] 중국이 무엇 때문에 북한에 새 지도를 제공하지 않았는지 그리고 후에 북한의 요구를 만족시켰는지에 관해서는 증명된 사료가 없지만, 새로운 국경선이 하루라도 빨리 현실로 이루어지길 북한 측에서 희망했던 것은 틀림없는 사실이다. 1965년 4월 14일, 중국 주재 북한 대사관은 북한에서 출판된 표준 북한 지도를 중국 측에 보내면서 중국이 앞으로 북한 지도를 펴낼 때 이를 기준으로 삼아줄 것을 희망하였다.[63]

북한은 지나치게 걱정하였다. 이에, 1964년 5월 중국외교부는 「북·중 국경획정에 관한 해석요점 전달(關於劃定中朝邊界的傳達解釋要點)」과 「북중 국경지역 강화를 위한 관리 업무(關於加强對中朝邊界地區的管理工作)」라는 두 지시문을 연속하여 발표하였다.[64] 또다시 7월 20일 국무원은 관련부처와 랴오닝성·지린성에 「북중 경계하천 호조합작 협정에 관한 보고서」를 보내 세밀히 연구하여 집행할 것을 지시하였다.[65] 1965년 1월 18일 국무원은 내부통지를 내려 과거에 출판된 모든 지도의 판매를 중단시켰다.[66] 1월 31일

61) 「駐朝使館致對外文委電」(1964. 8. 17); 「對外文委致駐朝使館電」(1964. 9. 3), 外交部檔案館, 114-00174-01, pp. 25027.

62) 「國務院關於地圖上我國邊界線畫法的內部通知」(1965. 1. 18), 江蘇省檔案館, 3124-0124, 短期, pp. 43~46.

63) 「外交部與朝鮮駐華使館交涉情況」(1965. 1. 2~12. 25), 外交部檔案館, 106-01225-05, pp. 97~98.

64) 「遼寧省與朝鮮平安北道友好往來情況的報告」(1965. 2. 9), 外交部檔案館, 106-01236-01, pp. 1~8.

65) 「國務院文件(64)國外辦字337號」(1964. 7. 20), 『中朝中蘇中蒙有關條約協定議定書匯編』(한국어판), pp. 55~57.

중국 대외무역부는 또다시 산하의 각 부서에 통지문을 보내 1964년 6월 이전 출판된 지도의 판매와 수출을 중단시켰다.[67]

　어쨌든 중국과 북한이 현재까지 1962년 체결된 국경조약 관련문서를 공개하지 않는 원인은 무엇인지에 대한 해석은 다양하다. 1962년 12월 저우언라이가 몽골 지도자 제둥바르(Tsendenbal)와의 회동에서, 중국은 "여전히 북한의 답변을 기다리고 있기 때문에 현재 언론에 발표할 수 없다"고 설명하였다.[68] 언뜻 듣기에 중국은 국경회담의 결과 발표를 꺼리지 않는 것처럼 들리지만 실제상황은 그렇지 않다. 국경조약 체결 당시 중국이 북한에 한 발 양보 했었고, 문화대혁명 시기에 홍위병은 주덕해를 백두산 천지를 북한에 팔아넘긴 장본인이라 비판하였다.[69] 당시 중국 지도부는 북중 관계 연구에 국내 학자들의 비판적인 태도를 체감하면서 정부가 조약 내용을 발표한다면, 인민들 사이에 어떤 부정적인 영향을 미칠 것인지 명확히 알고 있었던 것이다. 그러므로 중국은 조약의 발표를 원치 않았다고 단정할 수 있다. 북한 측의 태도에 관해서는 한국학자 이종석이 본인 저서에서 "남북이 분단된 상황에서 조약 체결을 공개하는 것은 곤란하고, 통일 전에는 공개하면 안 된다"는 당사자의 증언을 인용하여 당시 북측의 입장 또한 이 비밀이 누설되는 것을 원치 않았음을 증명하고 있다.[70] 이 증언이 사실이더

---

66) 「國務院關於地圖上我國邊界線畫法的內部通知」(1965. 1. 18), 江蘇省檔案館, 3124-0124, 短期, pp. 43~46.

67) 「外貿部關於涉及我國邊界線的地圖出口管理問題的通知」(1965. 1. 31), 江蘇省檔案館, 3124-0124, 短期, pp. 47~48.

68) Record of Conversation between Zhou Enlai and J. Zedenbal (from East German archives. Taylor Fravel, *Strong Borders, Secure Nation: Cooperation and Conflict in China's Territorial Dispute*, p. 115에서 재인용.

69) 「延邊黨內最大的走資本主義道路黨權派朱德海的賣國罪行」, pp. 1~2. 이종석, 『북한 - 중국관계, 1945~2000』, 232, 235쪽에서 재인용.

70) 이종석, 『북한 - 중국관계, 1945~2000』, 235쪽.

라도, 북한의 지도자가 국경회담을 통해 그들이 얻은 실익에 대해 확실히 알고 있었고 국경조약의 내용 또한 상당히 만족할 만한 것이었다는 것은 조금도 부인할 여지가 없다.[71)]

북중 국경의정서에 서명한 후 얼마 지나지 않은 1964년 10월 7일, 마오쩌둥은 조선노동당 대표단과의 회견에서 북중 국경문제를 언급하였다. 다음은 대화의 일부분으로 양측의 국경회담 결과에 대한 태도를 극명히 보여주고 있다.

마오쩌둥: 조선의 영토는 중국이 아닌 수양제, 당태종, 무측천이 점령한 것이다. 북한의 국경은 요하의 동쪽으로 봉건주의 시대에 조선인이 압록강 강변까지 쫓겨 왔다.

박금철(북한최고인민회의상임위원회 부위원장): 우리는 요하의 동쪽지역을 원하지 않는다. 우리는 현재의 국경에 대해 매우 만족한다.

마오쩌둥: 그래서 우리가 동북지역 전체를 북한의 후방으로 만들었다. 이는 요하유역을 뛰어넘는 것이다.

최용건(북한최고인민회의상임위원회 위원장): 우리는 국경에 대해 매우 만족한다.

박금철: 북중 양국의 국경은 1962년에 이미 타결되었다. 저우언라이 총리도 백두산과 천지 문제가 합리적으로 해결된 것을 잘 알고 있다. (김

---

71) 1964년 8월, 북한은 보고 형식으로 중국 외교부에 답신을 보내 중국 선박이 두만강 하류를 통해 바다로 나가는 것에 동의한다고 밝혔다. 또한 북한 측은 현재 북·소 양국이 협정을 체결하지는 않았지만, 중국 선박이 북·소 양국 공동 소유의 두만강 출해구(出海口, 총길이 15km)를 정상적으로 통과하여 바다로 나가는 문제를 해결하기 위해 소련과의 협정 체결을 적극 추진할 것이라고 덧붙였다. 「第二亞洲司司長姚廣接見朝鮮駐華大使朴世昌談話記錄」(1964. 8. 21), 外交部檔案館, 106-01434-07, pp. 56~58.

일성) 수상 동지도 동북지역을 북한의 후방과 국경으로 이용할 수 있는 것에 대해 매우 만족해한다.

마오쩌둥: 동북지역뿐만 아니라 중국 전역 곳곳을 모두 이용할 수 있다. 만약 적이 베이징, 상하이, 난징을 공격한다면 북한에게도 비교적 좋은 상황이다. 그때는 항미원조(抗美援朝)가 아닌 항미원화(抗美援華)가 되는 것이다.[72]

## 5. 맺음말

사료가 부족했으나 분석을 통해 1950~1960년대 중국과 북한 양국의 국경문제 처리의 역사적 과정을 대체로 재현해 낼 수 있었다. 내용을 종합하여 필자가 내린 결론은 다음과 같다.

첫째, 국경문제 처리에 관한 국제법상의 일반 원칙에 따라 역사상 이미 체결된 국경조약을 존중한다면, 북중 양국 간에는 중대한 국경문제가 존재하지 않는다. 1909년 간도조약 체결로 두만강 발원지와 발원지대가 중국과 조선의 국경선으로 이미 획정된 만큼, 강의 지류변화로 형성된 작은 섬 및 사주의 귀속문제가 남아 있을 뿐이다. 이에 대해 중화민국정부와 중화인민공화국정부의 입장은 일치한다.

둘째, 북한 정부가 간도조약과 그 결과에 만족하지 못해 지속적으로 이의를 제기하였으나 줄곧 적당하지 않은 상황이었다. 1962년 중국이 대내외적으로 어려움에 처해 있을 때 북한은 이 기회를 이용하여 국경문제 해결을 건의하였다. 북한의 기본 요구사항은 '간도조약' 중에서 두만강 발원지

---

72) 「毛澤東會見朝鮮黨政代表團談話記錄」(1964. 10. 7).

의 범위확정 부분을 수정하여 천지와 두만강 발원지역을 북한의 영토범위로 귀속시키는 것이었다.

셋째, 중국 정부는 북한의 예상치 못한 요구에도 이의를 제기하지 않고, 단 6개월간의 협상을 거쳐 국경조약을 체결하였다. 그 결과 중국은 백두산 천지의 반 이상과 석을수 북쪽의 대규모 영토를 북한에게 양도했으며, 나아가 북한의 요구대로 북한에서 장백산을 백두산으로 부르게 되었다. 2개월 후 북한의 독촉으로 양국 정부는 서둘러 의정서를 교환하고 실지조사 후에 북중 국경의정서를 체결하였다.

넷째, 북중 국경조약의 체결 과정은 짧고 간단했지만, 마오쩌둥을 중심으로 하는 중국 지도부의 국경협상에 대한 태도는 곰곰이 새겨볼 만하다. 특히 결정적으로 마오쩌둥은 국가의 근본 이익이 달린 영토와 국경문제에서 왜 그토록 쉽게 양보했는가 하는 점이 그렇다.

객관적인 측면에서 볼 때, 이는 당시 중국이 처한 국제환경과 밀접한 관련이 있다. 중소 양국 간의 갈등이 표면화된 이후 각국 공산당은 대부분 소련을 지지하였고, 중국공산당은 사회주의진영에서의 고립을 서둘러 탈피하고자 적극적으로 주변의 북한과 베트남, 일본공산당을 좌파그룹으로 조직하였다. 소련은 자국의 역량으로 경제지원을 통해 북한을 유인할 수 있었지만, 중국은 때마침 경제침체의 수렁에 빠져 대외적으로 지원할 여력이 없었다. 바로 이때, 북한이 국경문제 해결을 요구하고 나섰다. 김일성의 정치적 지지를 획득하기 위해 마오쩌둥은 북한이 제시한 영토에 관한 요구를 들어주게 된 것이다. 1963년 9월 북한방문을 마치고 귀국하는 도중 류사오치는 자신을 수행했던 신화사(新華社) 사장 비서 왕페이(王飛)에게 "사회주의국가와 국경문제를 협상하는 것은 자본주의국가를 상대로 하는 것보다 훨씬 더 어렵다!"라고 말하였다.[73] 류사오치의 탄식을 통해 볼 때 중국지도부 역시 북한의 영토에 대한 요구사항을 받아들이고 싶지 않았지만 부득이

한 결정이었으며, 한편으로는 당시 중국지도자들이 '내교'가 외교보다 더욱 어렵다는 것을 미처 인식하지 못했음을 반영한 것임을 알 수 있다.

주관적인 측면에서 보았을 때 이는 마오쩌둥의 국경에 대한 관념과 관련이 있다. 1935년 10월, 마오쩌둥이 지은 시, 「노교와 곤륜을 생각하며(念奴嬌·崑崙)」편에 그의 기백이 잘 나타나 있다.

　　지금 나는 생각하노니, 곤륜산은
　　이처럼 높을 필요도 이처럼 눈이 많을 필요도 없네.
　　하늘에 기대어 보검을 뽑을 수 있다면 너를 쳐서 셋으로 나누리.
　　하나는 유럽에 주고 하나는 미국에 주고 하나는 우리 중국이 갖겠네.
　　그러면 세계가 태평해져서 온 인류가 세월을 함께 할 수 있으리.[74]

만약 이 시가 시인으로서 마오쩌둥의 낭만적 기질을 표현한 것이라면 그가 국가지도자의 위치에 있을 때의 모든 행동은 이 사상에 반영된 것처럼 확실히 실천에 옮겼을 것이다. 1959년 중국과 인도 국경에서 무장충돌이 발생하여 저우언라이가 위기 수습에 분주한 와중에, 마오쩌둥은 11월 인도 공산당 총서기 고시(Ajoy K. Ghosh)와 인도공산당 좌파대표단을 접견하였다. 마오쩌둥은 중국과 인도의 국경분쟁을 언급하면서, 인도 인민이 정권을 장악하는 순간 중국은 맥마흔라인(Mcmahon Line)을 인정할 뿐만 아니라 맥마흔라인 이남 9만 $km^2$의 영토를 인도에 내줄 것이라고 말하였다.[75] 마오쩌둥의 이 발언을 보면 자연히 중국의 황제가 주변국을 대하는 태도를 떠올리게 한다. 1728년 베트남 국왕이 윈난(雲南)과 분쟁 중인 120리의 영

<hr>

73) 필자와 왕치싱(王启星, 王飛의 아들)과의 인터뷰 기록(2011. 2. 7).
74) 毛澤東, 『毛澤東詩詞選』(北京: 人民文學出版社, 2004), p. 55.
75) 「毛澤東與印共左派學習代表團談話記錄」(1967. 12. 13).

토를 베트남에 귀속시켜줄 것을 진언하였고, 옹정제(雍正帝)는 80리까지 양보하였으나 베트남 국왕은 이에 만족하지 못하였다. 이에 옹정제가 "짐이 온 천하를 다스리고 복속한 모든 나라가 내 영토(版籍)이며, 안남국(베트남) 역시 이미 번속국(藩封)의 하나로다. 천하의 한 치 땅도 내 땅이 아닌 것이 없거늘 어찌 구구하게 40리의 땅을 놓고 따질 필요가 있겠는가?"라고 말하였다. 옹정제의 뜻을 알게 된 베트남 국왕은 "천자의 훈계를 받들어 죄를 뉘우치옵니다"라며 충성을 맹세하였다. 이에 옹정제는 다시 "윈난은 짐의 내지(內地)이고 안남은 짐의 외번(外藩)이니, 이 40리의 땅은 조금도 구분할 필요가 없다"라며, 마침내 그 땅을 베트남 국왕에게 선사하고 주둔하여 지킬 것을 명령하였다.76)

이 두 가지 사유방식이 이토록 비슷할 수 있을까! 마오쩌둥은 중국 역사상의 천조(天朝) 의식과 무산계급 세계혁명의 이상을 완벽하게 결합시켰을 따름이다. 중국의 천조(혹은 세계혁명) 관념에서는 국경을 문제 삼지 않을 뿐만 아니라 그 존립 자체가 불가하다. 상대방이 천조(혹은 혁명진영)에게 귀복하면 더 많은 땅을 내 주어도 무방한데, 이는 상대방이 이미 천조(혹은 혁명진영)에 속해 있기 때문이다.

다섯째, 아편전쟁 이후의 역사에서 중국 고대 왕조의 통어환우(統御寰宇, 온 우주를 통치하다), 천하일가(天下一家)의 주권 개념과 정책은 이미 구미 열강의 근대 국민국가의 주권 개념과 정책에 의해 사라졌다. 내지(內地)·내번(內藩)·외번(外藩)은 천조 관념에서의 영토(版籍)와 다름없으며 '천조는 이웃나라와의 경계가 없다(天朝無隣國)'는 영토에 관한 구시대적 풍경도 이미 사라졌음을 말해주고 있다.77) 이런 맥락에서 볼 때, 사회주의진영이라는 이

---

76) 王之春, 『淸朝柔遠記』(北京: 中華書局, 1989), pp. 68~69.
77) 이 문제와 관련한 연구의 전반을 다룬 훌륭한 연구가 있다. 劉曉原, 「中國的民族, 邊疆問題及其領土屬性的近代轉型」, 李小兵·田憲生 編, 『西方史學前沿研究評析』(上海: 上海

념의 지도 아래 '혁명국가'를 '형제'로 보고 이를 국경과 주권문제를 처리하는 정책의 출발점으로 본다면, 이는 역사상의 후퇴임이 명백하다. 결론적으로 말해서 북중 국경문제의 해결방식과 그 결과는 1950~1960년대 양국 관계가 충분히 정상적이고 현대화된 국제관계가 아니라는 것을 전형적으로 보여준다.

辭書出版社, 2008), pp. 1~23.

# 제2부
# 중국의 부상과 동아시아 상호인식의 변화

## 제1장

# 개혁개방 이후 중국인의 한국인식[*]

## 왕위안저우(王元周)

 

 

1949년 중화인민공화국 건립 시기에 중국은 외교정책상 소련 '일변도' 노선을 채택했고, 냉전과 한국전쟁(朝鮮戰爭)의 영향 아래서 중국의 외교노선도 자의반 타의반 더욱 고정적이 되었다. 이후 중소관계의 악화, 중미관계의 개선, 중일수교 등을 거치면서 중국 외교의 틀에 큰 변화가 나타났다. 그러나 혁명 전후의 상황에서 중국은 여전히 이데올로기 대립의 관점에서 세계를 바라보지 않을 수 없었고, '세 개의 세계(三個世界)' 이론도 국내 계급투쟁 관념의 연장에 지나지 않았다. 이 이론을 바탕으로 동아시아(東亞)를 해석하는 데는 어느 정도 한계가 있었는데, 어쩌면 바로 그러한 이유로 개혁개방 초기 중국인에게 '아시아의 네 마리 용'에 관한 모든 내용은 신선하게 느껴졌으며 또한 엄청난 흡인력을 지녔을 것이다.

혁명의식이 쇠퇴함에 따라, 중국의 정책적 무게중심은 경제건설로 옮겨가게 되어, 냉정한 경제지표를 통해 세계를 바라보고 경제발전 정도를 기

---

[*] 이 글은 《中國近現代史硏究》, 제56집(2012. 12)에 실렸던 논문을 수정, 보완한 것이다.

준으로 세계를 구분하게 되었다. 이데올로기의 영향이 철저히 소멸되지는 않았으나 한편으로 국가이익이 점점 더 외교정책의 핵심이 되어갔다. 이는 국민의 대외인식에도 반영되어 국제정치상의 적아친소(敵我親疏)와 경제발전 정도의 차이가 중국인의 대외인식 형성에 영향을 미치는 양대 주축이 되었고, 양자는 상호연계 또는 상호대립하면서, 한쪽이 위축되면 다른 쪽이 확장되는 식으로 나타났다.

동아시아 지역 각국 중, 1949년 이후 중국이 시종 중시한 나라로는 아마도 일본이 유일할 것이다. 하지만 한국의 흥기(興起)는 중국을 괄목상대(刮目相看)하게 했고 한국을 포함한 '아시아의 네 마리 용'이 부상하는 가운데 어느 정도 동아시아 의식도 형성되었다고 볼 수 있다. 그 후, 중국의 동아시아정책의 변화여하와 무관하게 시종 동아시아에서 서로 얽혀 있던 일본과 한국, 더욱 뒤얽혀 있던 일한 양국의 맹주인 미국, ASEAN과 중·일·한의 '10+3' 체제가 바로 이러한 국면을 반영한 것이다. 이러한 체제와 국면하에서 한일 양국은 중국의 협력 동반자이면서 또한 경쟁할 맞수, 심지어 대립할 상대였다. 비록 서로 경제적으로 밀접한 불가분의 관계였으나 친근하기 어려운 심리적 거리가 존재했으니, 이 또한 동아시아 일체화의 실현을 가로막는 난점이었다. 이러한 정황은 1978년 이후 중한관계의 발전 및 중국인의 한국인식에 비교적 충분히 체현(體現)되었다.


## 1. 동아시아 협력과 한국인식

현재 정치안보에서 중·일·한은 ASEAN을 매개로 상호 '비정식적(非正式性)인 그리고 최소한의 조직성'을 유지하는 상황이므로 동아시아지역의 협력에서 중·일·한 삼국과 ASEAN의 관계는 중요한 의미를 지닌다. 중국은

ASEAN과의 자유무역지구 건설을 통하여 양자 간의 관계를 개선하려 시도했다. 그러나 남중국해(南海) 도서 영토분쟁으로 이에 대한 반작용력도 형성되었다. 미국은 이 시기를 틈타 이러한 반작용의 효과를 극대화하면서 다시금 동아시아를 되돌려 일본, 한국 및 ASEAN 각국과의 관계를 강화했다. 최근 나타난 한일 정보보호협정 문제는 이러한 배경하에 발생한 것이다.

수년 전에만 해도 중국은 아직 동아시아 지역에서 주도적 지위추구에 확신이 없었다. 이라크 전쟁과 반테러 전쟁으로 인해 미국의 주의력이 잠시 약해졌으나, 중국은 미국이 동아시아에서 퇴출되거나 미국이 일본, 한국 및 호주와 뉴질랜드, 나아가 인도에까지 미치는 영향력을 배척하기란 불가능하다고 정확히 인식하고 있었다. 비록 중국의 경제력이 1997년 동남아 금융대란 중 이미 두각을 나타내기는 했으나 동아시아 각국은 나날이 흥기하는 중국을 어떻게 받아들일 것인가에 대해 여전히 심리적 준비가 결여되어 있었다. 이 심리적 준비는 현재까지도 잘되고 있지 않은 것으로 보인다. G2체제 속에서도 일본과 한국은 과거보다 더 미국의 대(對)중국정책 변화에 맞추어 춤추는 수밖에 없다. 냉전시대가 재차 도래하면서 복잡한 경제관계는 중국이 이러한 선택을 하는 것을 용납하지 않았다. 관계는 한 걸음 더 밀접해졌지만 각종 모순 또한 극복하기 어렵게 됨에 따라 동아시아의 협력은 기로에 처하게 되었다. 국제교류에서 경제적 정치적 모순이 항상 존재한다지만 오늘날의 동아시아 지역처럼 그 첨예한 대립이 드러나는 경우는 찾아보기 어렵다.

목전의 곤란한 형국을 대면하면서 중국은 아마도 이를 결코 의외의 경우로 치부할 수는 없을 것이다. 이는 중국이 흥기하는 길에서 필연적으로 맞닥뜨릴 국면으로, 운명이라고도 할 수 있다. 경제상의 접근법은 비교적 명확한데, 그것은 바로 자유무역지구를 세우고 경제적 연계를 더욱 강화하는 것이다. 하지만 정치상의 사고노선은 여전히 불명확하다. 중국이 조화로운 세계라는 구상을 내놓았지만 결코 국제사회의 완전한 신임을 얻을 수가 없다. 설령 그것이 중국이 세계를 마비시키거나 시간 끌기식 책략을 쓰는 것이 아님을 인정하더라도 여전히 실현되기 어려운 공상(空想)이다.[1] 모두들 중국의 흥기 이후 동아시아 질서나 중국과의 쌍방관계의 앞날을 뚜렷하게 예측하지 못하며, 자신의 국제적 지위나 심리적 우월감이 어떤 식으로 하향화(下向化)할지에 대해서도 받아들일 준비가 되어 있지 않다. 중국의 흥기가 주변 국가들의 의구심을 불러오는 이유가 바로 여기에 있다.

북조선 핵문제(朝核問題)의 출현으로 인해 모든 국가들은 동북아의 다자간 안전기구의 수립의 필요성을 절감하게 되었다. 북조선(朝鮮)은 일찍이 이러한 기제를 이용하여 한미동맹을 와해시키려 했다. 그러나 다른 국가들은 이 기제를 이용하여 북조선 핵문제를 해결하고 나아가 이를 상시적인 동북아의 다각적 안전기구로 발전시키기를 원했다. 6자회담의 성립으로 한동안 신뢰감이 강화되었고, 2007년 새로운 돌파구를 마련하는 고무적인 성과를 올려 모두 매우 기뻐했다. 그러나 얼마 후 남북관계가 역전되고 6자회담은 정체 상태에 빠졌다. 사람들은 6자회담과 동북아의 다각적 안전기구가 점차 요원해지고 있음을 정확히 인식하게 되었을 뿐만 아니라, 동북아의 다각적 안전기구 구축 자체에 대한 믿음을 잃게 되어, 쌍방의 관계에 더욱 많은 관심을 두게 된 것이다. 따라서 "앞으로 정치적으로 북조선 핵문제를 해결하는 과정 속에서 쌍방관계의 개선에 대한 의존이 더욱 커질수록 동북아의 다각적 안전기구를 개척하거나 건립할 가능성은 더욱 작아질 것이다."[2] 북조선 핵문제뿐만 아니라 다른 문제들도 다각적 기제를 통해 해

1) 張勝軍·張久安,「世界大變革與中國外交面臨的新課題」, 梁守德·李義虎 主編,『全球大變革與中國對外大戰略』(北京: 世界知識出版社, 2009), p. 210.

2) 朱鋒,「朝核問題與東北亞多變安全機制建設」,『中國國際戰略評論』(北京: 世界知識出版社, 2008), p. 273.

결하기가 어려워졌다. 중한 간의 문제는 중한 양국끼리만 해결하는 수밖에 없다.

중국에서 한국문제는 영원히 한반도(半島)의 남북통일문제와 별개로 생각할 수 없는 사안이다. 중국정부는 외교석상에서 한반도(朝鮮半島)의 평화통일을 지지한다고 여러 차례 강조했음에도 적지 않은 한국인이 중국의 진의에 회의를 품고 있으며 사실 다수의 중국 학자들도 확실히 그러한 생각을 갖고 있다. 그들이 보기에 한반도의 통일은 미국의 아시아 - 태평양지역 패권주의 정책의 실패라는 매우 큰 의미를 갖는다. 왜냐하면 그들은 통일후의 한반도가 장차 동아시아의 강대하지만 중립적인 평화국이 되어 동북아의 다극화를 이루는 데 유리할 것이라 믿기 때문이다.3) 이는 일부 중국 학자들의 순진하고도 진심어린 견해이다. 김대중과 노무현 시대에 한국은 동북아에서 주도권을 발휘하기를 원했고 최소한 동북아 국제관계의 협조자가 되려했다. 중국학자들은 비록 이에 회의적이었으나 보편적으로 한국의 지위와 역할을 중시했으며 현재의 한국은 물론이고 통일된 한반도가 모두 아시아 - 태평양의 다극구조 속에서 중요한 한 극이 될 것이라 믿는다.

이러한 견해는 21세기 초에 비교적 강렬했는데, 한미동맹관계의 회복과 강화에 따라 이에 대한 사람들의 믿음도 점차 사라진 것으로 보인다. 한국 스스로가 입장이 명확하지 않았고 정책도 크게 변했다. 쿵칭둥(孔慶東)은 일찍이 「전설과 국민성」이라는 글에서 한국인이 약속을 잘 지키지 않는다고 비판하여 한국인의 항의를 받은 바 있다.4) 쿵칭둥은 김춘추가 토끼와 거북이 우화의 함의를 받아들여 고구려를 떠났다는 고사를 인용하고 있을 뿐인데 사실 근래 한국의 학계는 일반적으로 외교에서 이이제이(以夷制夷)

---

3) 陳峰君·王傳劍, ≪亞太大國與朝鮮半島≫(北京: 北京大學出版社, 2002), p. 8.
4) 孔慶東, 『獨立韓秋』(北京: 新華出版社, 2002), pp. 90~92.

책략을 강조해왔고 역사학계의 광해군에 대한 새로운 평가도 이러한 경향과 밀접한 관계가 있다. 그렇다면 한국이 미국의 패권 속에서 어떻게 스스로를 위치시킬 것이며, 통일 후의 한반도는 중국에 어떤 의미를 갖겠는가? 이는 여전히 답하기 어려운 문제이다. 따라서 중국은 한국 그리고 한반도 전반의 미래에 대해서도 파악하기 어려우며 자연히 유효한 대응정책을 마련하기도 어렵다.

## 2. 한국: 전통과 현대

개혁개방 초기, 한국이 '아시아의 네 마리 용' 중 하나라는 점은 중국인의 시선을 끌었다. 더욱이 1986년의 아시안 게임과 1988년의 서울 올림픽은 중국인이 '한강의 기적'을 더욱 눈여겨보도록 만들었다.

이 시기 중국인이 접한 한국에 관한 소개는 한국의 경제발전 및 한국을 영도하여 경제를 발전시킨 박정희의 신상에 편중되어 있었고, 아울러 한국과 박정희에게 배울 점을 찾았다. 예를 들어 리우야저우(劉亞洲)는 중역본 『박정희(朴正熙)』의 서론에서 다음과 같이 쓰고 있다. "한국(南朝鮮)의 경험은 의문스러우면서도 매력적이다. 우리 경제계가 깊이 생각해보고 사회학계가 심사숙고하고 군부도 고민해보지 않을 수 없다. 우리는 과연 그들에게 무엇을 배울 것인가?"[5]

사실 한국의 경험, 심지어 '아시아 네 마리 용'의 경험은 결코 복잡한 것이 아니다. 그 첫걸음은 바로 정부 주도하에 노동밀집형 산업과 수출주도형(外向型) 경제를 발전시켜 외국자본을 유치하는 것이었다. 사실 중국도

---

5) (美) 玄雄 著, 『樸正熙』, 潘屹 譯(北京: 紅旗出版社, 1993), p. 5.

그러한 방식을 취했으나 이를 더욱 철저하게 수행하다가 오히려 과잉되어 되돌리기 어려운 지경에 이르렀다. 한국은 적극 외래 선진 기술을 흡수하여 본국 경제를 발전시키는 동시에 본국의 생산물품으로 국내시장을 확실하게 제어할 수 있었으나,[6] 중국은 그렇게 할 수 없었다. 중국은 한국의 경험을 배우고 동시에 한국이 주는 교훈도 받아들이려 했으나 대체로 성공적이지 못했다고 판단된다. 왜냐하면 중국의 한국연구는 시종 미미한 지적 수준에 머물러왔고 진정 한국을 이해하는 전문가가 부족한 데다가 연구태도 또한 지나치게 실리 위주여서 항상 중국이 곧바로 활용할 수 있는 필요에만 입각해 있었기 때문이다. 진정한 학술연구의 흥기는 매우 어렵다. 예를 들어 한국의 역사와 문화에 대한 연구는 장기간 중국에서 벌어진 한국의 독립운동에만 집중되어왔을 뿐 본질적인 연구는 빈약한 편이다.

오랜 기간 중국인에게는 한반도에 대한 기본적인 이해와 인식이 결여되어 있었다. 더욱이 '한강의 기적'이라는 현혹은 자연스레 한국에 대한 인식을 객관적이고 냉철하지 못하게 만들었으며 대신 상상이 그 자리를 메웠다. 1988년 9월 중국사회과학원 철학연구소의 멍페이위안(蒙培元) 연구원이 한국에서 열린 제10회 국제퇴계학술대회에 참석했다. 대회 주최 측은 그가 도산서원, 옥산서원 등의 고적지와 영남대, 경희대, 고려대 등의 대학 교정, 그리고 몇몇 도시와 공업기지를 참관하도록 해주었는데 여기서 그는 현대와 전통이 조화된 한국이라는 인상을 받았다. 그리고 한국의 올림픽이 몰고 온 축제분위기도 그를 크게 감동시켰기에 그의 한국에 대한 묘사는 문학적 과장법으로 가득 차 있다. 예를 들면 그는 현대화된 고속도로가 종횡으로 연결되어 올림픽 주경기장과 전 도시 및 전국의 각개 외딴 지역까지 연결하고 있다고 했다.[7] 하지만 사실 당시 한국의 고속도로는 그 정도

---

6) 金光耀, 「訪韓散記」, ≪當代韓國≫ 1995年 12期.

로 발달되어 있지는 않았다.

전통과 현대의 조화, 이는 장기간 중국인이 한국을 바라본 두 관점이다. 1994년 봄에 한국에 온 베이징위옌대학(北京語言學院)의 쑨쥔정(孫鈞政) 교수도 한국인이 시대의 흐름에 따르면서도 상고(尙古)하며, 경제적인 측면에서 현대화를 추구하면서도 정신적 방면에서는 전통을 숭상하니 이는 동방의 발전된 국가들의 공통점이라고 강조했다.[8] 이는 당시 중국이 한편으로는 물질문명의 건설을, 다른 한편으로는 정신문명의 건설을 제창하는 사유양식의 투영일 뿐만 아니라 5·4 운동 이래 중국의 반전통주의와 문화대혁명기의 마구잡이식 전통 파괴의 충격을 반영한 것이다. 그 외에 한국의 전통문화에 중국과 유관한 연고가 많이 남아 있다는 점도 있다. 주커촨(朱克川)은 서울거리의 한자 간판과 역사고적의 한자 편액에 주목하고 이것이 중한 문화교류의 역사 흔적이라고 보았으며 심지어 한국이 한자 사용을 취소하고 한글전용화한 사실을 숨겼다. 그리고 1960년대 한자 사용 취소 여부를 둘러싼 대논쟁 끝에 내린 결론은 한자사용을 취소하는 것이 불가능하다는 것이었다고 했다. 그러나 그가 언급한 한국이 한자사용을 취소하지 않았다는 것은 정확히는 한국이 단지 한자어를 계속해서 사용한다는 것을 의미한다.[9] 또한 주커촨은 한국이 영어에서 온 외래어를 많이 사용하고 있다는 점에도 주목했으나 미군의 주둔이 수많은 한국인의 감정을 상하게 했다는 점도 알게 되었다. 그는 문화적 연계성과 민족감정 간의 불일치에도 주목했으나 중한문화의 관계에 대해서는 이런 식의 이해를 보여주지 않았다. 이러한 경향은 중국인들 사이에서 매우 보편적인 것이다. 천성뤄(陳生

---

7) 蒙培元, 「對傳統文化的高度重視: 訪韓觀感」, ≪當代韓國≫ 1994年 1期, p. 71.

8) 孫鈞政, 「韓國印象」, ≪當代韓國≫ 1994年 3期, p. 17.

9) 朱克川, 「走馬觀花訪韓國」, 中國人民對外友好協會 主編, 『中國記者眼中的韓國』(北京: 世界知識出版社, 2012), p. 14.

洛)는 47명의 중국청년정치대학(中國靑年政治學院) 대학생을 조사하여 얻은
결론에서, 중국대학생들의 한국에 대한 호감은 그 마음 깊은 곳의 자신의
전통문화에 대한 사랑과 미련을 반영하며 그러한 우수한 문화전통이 자기
국토에서 단절되고 유실된 점, 그리고 다른 국가에서 개화하고 결실 맺은
현실에 대한 무력함과 상실감을 반영한다고 보았다.10) 쓰투자오(司徒釗)가
예리하게 지적했듯이, 비록 서울에 몇몇 한자간판이 있지만 일상에서 사용
하는 한자는 결코 많지 않고 영문 거리명은 있어도 한자는 없으며 중국어
를 이해하는 사람은 극소수이니 한국문화는 이미 중국문화(漢文化)와 상당
히 멀어져 있다.11)

　또한 이는 중국인이 한국의 그다지 현대화되지 않은 일면을 이해하는 데
도 도움을 주었다. 왜냐하면 상상 속의 '아시아 네 마리 용'은 현실보다 더
현대화한 모습이었기 때문이다. 1992년을 전후하여 두 차례 한국을 방문한
중국사회과학원 부원장 겸 한국연구센터 이사장인 루신(汝信)은 서울을 고
층건물이 빽빽하게 늘어서 있고 도로에는 차량의 행렬이 끊이지 않는 국제
적이고 현대화한 대도시로 묘사했고,12) 1992년 10월 한국에 온 중국기자
주커촨도 서울의 중심부가 그에게 준 첫 인상은 고층빌딩숲, 번화한 시가,
교통 혼잡에도 양호한 교통질서라고 했다.13) 그러나 1993년 5월 한국을 방
문한 인민출판사(人民出版社) 대표단은 비교적 객관적으로 묘사하기를 비
록 서울에 수십 층의 현대식 고층건물들이 있지만 5~6층의 건물이 훨씬
많고, 적지 않은 점포들은 2~3층으로 결코 상상했던 정도로 발달하지는
않았다고 했다.14) 사실 주커촨의 기록도 전적으로 현대화의 풍경으로만 채

---

10) 陳生洛, 「中國大學生看韓國」, ≪中國靑年政治學院學報≫ 2007年 6期, p. 16.

11) 司徒釗, 「遊韓散記」, ≪經濟世界≫ 1994年 4期, p. 35.

12) 汝信, 「訪韓歸來後的思考」, ≪當代韓國≫ 1994年 3期, p. 14.

13) 朱克川, 「走馬觀花訪韓國」, p. 9.

워져 있지는 않다. 그는 여행 안내서에 소개된 쇼핑 장소들을 거론하며 그 중 남대문시장은 하나의 커다란 자유시장일 뿐으로 매우 번화하기는 하나 상점이 작은 골목 안에 빽빽이 들어차 있고 길의 중앙에도 평판수레나 나무상자 등을 사용해 설치한 임시 매대가 늘어서 있으며 간단한 전통음식을 파는 노점도 있다고 묘사했다. 2001년 리웨이(李爲)가 일본에서 한국으로 왔을 때, 아마도 더욱 발달된 일본과 대비되었기에, 그는 단지 한국이 현대화되고 있는 국가라고만 인정하고는 서울시의 건축과 도시계획이 무질서하다는 느낌을 주며 특색이 결여되어 있다고 기록했다. 주커촨이 호기롭게 소개한 남대문시장도 질 낮은 상품으로 채워진 상가거리이며 차라리 광저우가 더 낫다고 보았다.15) 주커촨은 한국의 사회질서가 양호하다고 강조했고, 그 예로 특히 서울 가두의 철창 두른 경찰차량과 완전무장한 전투경찰을 언급했다. 하지만 필자의 경험에 따르면 이러한 광경은 안전하다는 느낌을 주기는커녕 불안을 증대시켰고 아무 때나 거리에서 구타당할 수도 있다는 불안을 심어주었다. 주커촨은 한국의 학생운동에 대해 직접적인 평가를 내리지 않고 대신 학생운동을 비판하거나 부정하는 교수와 사회에 진출한 대학졸업자들의 말만 인용했다. 이는 1989년 '천안문 사건(六四事件)' 이후 중국이 학생운동에 대해 가진 태도와 관련이 있을 것이다.

사실 1990년에 베이징 아시안 게임이 성공적으로 거행된 후 아시안 게임과 올림픽이 한국에 대한 인상에 씌워준 광배도 희미해지기 시작했다. 당시 한국에 있던 추이칭성(崔慶生)은 베이징 아시안 게임 관련시설의 건축이 결코 서울에 비해 손색이 없다고 생각했으며, 베이징도 점점 현대화된 대도시로 변모하고 있었기에 베이징으로 돌아올 생각을 품었다. 추이칭성은

14) 吳道弘, 「漢城見聞」, ≪當代韓國≫ 1994年 6期, p. 34.
15) 李爲, 「走馬日韓隨筆」, ≪人民之聲≫ 2001年 11期, pp. 46~47.

1990년에 한국에 갔다. 당시 중국에서는 해외행이 성행했는데 주요 목적지는 미국이었고 일본으로 향하는 경우도 적지 않았다. 하지만 추이칭성은 한국에 친척이 있는 조선족이었기에 한국행을 택했다. 비록 그가 국내에서 1년간 벌 수 있는 임금을 한국에서 며칠 만에 벌어 한국이 당시의 중국에 비해 훨씬 발달했다고 인정하기는 했으나[16] 이러한 기회는 결코 많지 않아서 좌충우돌 끝에 실패하여 일확천금의 꿈은 깨졌고 중한문화교류에 공헌하고자 했던 계획도 이룰 수 없었다. 그의 서울에 대한 감회를 보면, 서울은 결코 상상했던 정도로 현대화되어 있지 않고 밀집된 고층건물들도 없으며 여전히 대부분이 저층의 건물들로 이루어져 있었다. 이는 1992년에 루신(汝信)과 주커촨이 서울의 마천루를 묘사한 것과 정확히 상반된다. 추이칭성도 한국이 중국보다 발달한 면이 있다고 인정했는데 재산 축적의 꿈을 스스로 고취하면서도 왕왕 한국의 악습을 거론하며 향수의 감정을 토로하기도 했다.[17] 이는 한국에 장기체류한 중국인이 상당 기간 공유했던 사유와 행동 양식일 것이다. 2000년부터 2001년까지 이년간 이화여자대학교에서 중문학을 가르친 쿵칭둥도 조국으로부터 멀리 떨어지니 말이 통하지 않고 생활 중에 수많은 곤란한 상황을 피하기 어려웠기 때문에 기분이 좋지 않을 때면 한국이 야만적이라느니 낙후했다느니 하며 자주 비판했다고 한다.[18] 사실 추이칭성도 한국의 중국인 유학생은 미국이나 일본의 그들처럼 많은 어려움을 겪지 않으며 한국에서의 교수생활은 꽤 괜찮은 편이라고 언급했다. 당시 중국의 교수수입은 매우 적어서 한국에서 강의하면서 받는 수입은 상당한 액수였다. 비록 쿵칭둥이 자신은 "한국에서 객지생활을 하며 모래바람을 피하는 처지"[19]라고 표현하였으나 사실 그 소득은 그 이상

---

16) 崔慶生, 『走漢城』(北京: 光明日報出版社, 1993), p. 1.

17) 같은 책, p. 213.

18) 孔慶東, 『獨立韓秋』, p. 27.

이었다.

　루신이 그와 같이 기술한 이유는 "덩샤오핑(鄧小平) 동지가 남방담화(南方
談話) 중 언급한 '발전이야말로 빼어난 도리이다'가 분명코 깨질 수 없는 진
리"라는 것을 증명하기 위한 것이었다.[20] 그는 한국의 경험을 세 가지로 정
리했다. 첫째, 30년(1962~1992년) 사이 예측할 수 없을 정도의 정세 변화가
있었지만 한국은 시종 경제발전을 가장 중요한 자리에 두고 있었다. 둘째,
기회를 잡는 데 능숙하고, 시기에 따라 변화하며, 지역의 실정에 맞게 대책
을 세우고, 본국의 실제정황에 적당한 발전전략을 취했다. 셋째, 국민들 사
이에 보편적으로 존재하는 민족자강의식도 한국경제가 신속히 성장하도
록 촉진한 정신적 요소였다.[21] 앞의 두 가지는 사실 바로 당시 중국이 실행
하고 매일 선전하고 있던 정책이었고 나머지 하나는 루신이 중국이 고양시
키기 어렵다고 스스로 인정한 것이었다. 민족자강의식을 고양시키기 어려
운 바, 루신은 오히려 교육과 과학기술을 강조하는 쪽으로 전환하였는데
이 역시 덩샤오핑의 '과학기술이 제1의 생산력'이라는 이론이 얼마나 통찰
력 있는 것인가를 설명하기 위한 것이었다.[22] 따라서 중한수교를 전후하여
중국이 진지하게 한국의 경험을 보고 배우려 했다기보다는 중국이 한국의
사례를 들어 중국 현행 정책 방침의 정확성을 증명하기 위해 이를 절실히
필요로 했다고 보는 편이 타당할 것이다.

---

19) 孔慶東, 『獨立韓秋』, p. 1.
20) 汝信, 「訪韓歸來後的思考」, p. 14.
21) 같은 책, p. 14.
22) 같은 책, p. 16.

## 3. 민족자존: 애정과 분개

　루쉰의 경우와 같이, 중국인은 한국인과 접촉을 통해 보편적으로 한국인
의 강렬한 민족자존의식과 정치의식에 깊은 인상을 받았다. 1992년 9월부
터 고려대학교 중문과에서 중문학을 가르친 베이징광보대학 텔레비전학
과(北京廣播學院 電視系) 교수 짜오펑샹(趙鳳翔)은 한국 대학생들이 흡사
1950년대의 중국대학생처럼 강한 정치적 사명감을 갖고 "우국우민(憂國憂
民)"한다고 생각했다.[23] 수년 후 이화여자대학교에서 중문학을 가르친 쿵
칭둥도 한국인의, 특히 대학생의 정치적 열정에 주목했으며 그는 이를 한
국인의 혁명정신이라고 칭했다. 그는 이러한 혁명정신이 흉악무도한 미국
과 속마음을 알 수 없는 일본을 향한 날카로운 검이 되어 21세기의 세계평
화에 필히 긍정적인 추동력이 될 것이고, 따라서 이러한 혁명정신이 아시
아 인민의 공동자산이 될 수 있을 것이라고 보았다.[24]
　이러한 자존의식 경향에 대한 긍정적 평가는 그들이 국가와 민족의 앞날
에 관심이 있고 민족의 전통문화를 존중하며 진취적인 정신을 풍부히 갖고
있다는 것이다.[25] 중국인은 한국인이 국산품을 애용하고 도로에서 일제차
를 거의 볼 수 없으니 이는 한국인의 애국과 단결을 상징한다며 찬사를 보
냈다. 1997년 아시아 금융위기 당시 중국인들이 한국인의 금 모으기 운동
을 보고 한국인의 애국열정에 깊이 감동받았는데, 한국 민중이 국가에 대
한 걱정을 나누는 위대한 행동이 민족의 응집력을 체현했고 이로써 한국이
조기에 금융위기를 극복하고 경제를 다시 진작시키는 데에 새로운 희망을
더했다고 보았다. 한국인의 민주의식과 환경의식도 높은 평가를 받았다.

---

23) 趙鳳翔, 「韓國的大學生」, ≪當代韓國≫ 1994年 6期, p.37.
24) 孔慶東, 『獨立韓秋』, p. 30.
25) 益鳴, 「訪韓雜感」, ≪當代韓國≫ 1994年 1期, p. 73.

2006년 이후 한국의 새마을운동이 중국에 광범하게 전파되었는데, 이것이 중국 사회주의 신농촌건설에 본보기의 역할을 한다고 보편적으로 인식되었다.

그러나 과도한 자존의식은 한국인의 교만과 폐쇄성을 가져오기도 했다. 이러한 정황은 심지어 같은 민족인 중국 조선족에 대한 대우에도 나타났다. 추이칭성은 한국에 간 후 처음으로 자신의 조선족 신분을 강하게 의식하게 되었는데, 한국인이 피는 물보다 진하다는 친근감을 갖고 있음을 목격했지만, 곧 자신만이 짝사랑을 하고 있음을 깨달았다. 중국에서 간 조선족 방문자는 의도와 무관하게 문전에서 구걸하는 가난한 친척으로 여겨졌으며, 한국의 친척은 자신의 부유함을 뽐내기 좋아하여 서로가 상대방의 시선을 강하게 의식했다.[26] 양국 발달정도의 편차와 가정수입의 차이, 그리고 이러한 차이의 상상은 양국인 사이의 심리적 장벽을 확장시켰다. 쿵칭둥도 한국인이 외국인의 한국에 대한 비판의견을 수용하지 못한다고 지적하며 이는 한국이 아직 진정한 자신감을 갖지 못했다는 증거라고 보았다.[27]

중국은 한국인의 대외인식 중 매우 중요한 지위를 점유하고 있다. 추이칭성은 중국인의 한국에 대한 이해가 한국인의 중국에 대한 이해에 훨씬 미치지 못한다고 느꼈다. 그러나 한편 중국인의 자본주의사회에 대한 이해가 한국인의 사회주의사회에 대한 이해에 비해 낮다고 보았다.[28] 한국인의 중국에 대한 지식은 역사와 문화에 집중되어 있고 중국은 한국 및 기타 자본주의 국가의 현 상황을 더 중시한다. 이 때문인지 비록 1992년 이후 매년 많은 사람들이 중국에 왔으나 한국인의 뇌리 속의 중국 이미지의 변화는

---

26) 崔慶生, 『走漢城』, p. 5.

27) 孔慶東, 『獨立韓秋』, p. 32.

28) 崔慶生, 『走漢城』, p. 234.

완만하고 중국인의 한국에 대한 이미지의 변화처럼 신속하지 못하다. 한국에서 발생한 몇 가지 사건으로 중국인의 한국에 대한 인식은 보다 복잡하게 변화할 수밖에 없었는데, 중국인의 한국 이미지는 21세기 초까지 단결과 내분, 진취와 열등감, 과격과 실속의 대립통일체라고 말할 수 있다. 2005~2006년에 발생한 황우석 연구조작 사건은 지나친 민족자존의식이 집단적 이성 상실에 이를 수 있음을 보여주었고, 리정위(李拯宇) 기자는 자신의 글에서 황우석이 도목검(桃木劍)을 사악한 기운을 막는 부적으로 삼았음을 거론하며 과학자가 지닌 미신적 태도를 지적했다.[29] 2008년 미국 쇠고기 수입을 둘러싼 소란 속에, 가두의 시위 활동이 기세등등하면서도 한편으로는 미국 쇠고기가 시판되자마자 동이 난 것 역시 일반적인 한국인의 모순된 심리 태도가 반영된 것이다. 자존심 문제에서 결코 양보할 수 없는 한국 민중은 생활 속에서는 현실과 타협하는 '이성' 역시 갖추고 있는 셈이다.[30]

더욱 중요한 점은 21세기에 들어선 이후 중국인은 쿵칭둥이 칭찬한 한국인의 혁명정신이 미국과 일본을 겨눌 뿐만 아니라 중국을 향할 수도 있다는 점을 깨닫게 될 수도 있다는 것이다. 사실 한국인의 민족자존의식은 줄곧 중국과 관계가 있었다. 그러나 중국인은 근대 중한관계의 역사를 거의 알지 못하고, 따라서 이 방면의 사고가 가능한 인물이 드물다. 이를테면 한국민족이 "혈기 넘치는 민족"임을 강조하는 위샤오윈(兪肖云)은 독립문을 소개하면서 해방 이후 한국인이 일제 강점기 일본에 반대하여 수감된 한국인들이 있던 지방의 명칭을 '독립문'으로 불렀다고 했다.[31] 중국인들에게

---

29) 李拯宇, 「黃禹錫的"辟邪"桃木劍」, 中國人民對外友好協會 主編, 『中國記者眼中的韓國』, pp. 78~79.

30) 李拯宇·幹玉蘭, 「韓國"牛肉風波"何以鬧這麼大」, 中國人民對外友好協會 主編, 『中國記者眼中的韓國』, p. 236.

서울을 '한청(漢城)'이 아닌 '서우얼(首爾)'로 부르도록 하는 탈중국화 행위는, 도리어 중국인들이 근대 이전의 양국 관계사를 기억하도록 자극한다.[32] 역사와 문화인식상의 충돌은 중국인이 한국인을 부정적으로 인식하도록 하는 주요 근원을 조성하게 만든다.


## 4. 맺음말

근대의 도래 이후 중국인은 점차 자신감을 잃어갔고, 항상 새로운 모델을 발견하여 자신의 발걸음에 자신감을 강화하기를 원해왔다. 이러한 국면은 개혁개방 이후에도 지속되었다. 중국은 한국에서도 새롭게 학습할 내용을 발견할 수 있었다. 이는 최초의 경제발전전략에서부터 새마을운동, 다시 문화산업 정책에까지 이른다. 이러한 모델로부터의 학습은 언제나 형식적이고 얄팍한 것이었다. 또한, 한국을 모델로 한 발전의 길은 이미 막다른 곳에 다다랐다. 다행히 현재는 마침 중국이 재차 흥기하기 시작하는 시기로, 모든 것이 평상으로 돌아갈 수 있을 것이다. 그러나 돌 하나가 천 층 높이의 격랑을 일으키듯, 중국의 흥기는 동아시아발(發) 세계의 구조적 대변화를 가져올 수도 있다. 목전의 이러한 적응기에 중국의 한국에 대한 인식도 변화하며 멈추지 않을 것이다. 이러한 변화는 필자의 생각에는 주로 다음의 몇몇 요인의 영향을 받을 것이다. 그것은 바로 한국은 인접국이자 미국의 동맹국이기도 하고, 문화와 역사의 연원관계가 깊고도 두터운 국가이며, 또한 역사문화 인식이 충돌하는 국가이고, 무역의 동반자면서 경쟁하

---

31) 俞肖雲, 「血性民族: 韓國印象」, 《中國國情國力》 2002年 3期. p. 47.
32) 博洋·中淸, 「首爾印象」, 《出國與就業》 2008年 2期, p. 49.

는 맞수라는 점이다. 경제이익, 군사안보, 민족감정에는 모두 상호대립의 힘이 존재하는데, 이것이 미래 양국관계 발전에 순풍의 역할을 할 수 없을 뿐더러 중국인의 한국인식도 상당히 복잡하도록 결정지어버렸다. [번역: 박대인]

## 제2장

# 중국의 '동북공정'과 한국인의 중국인식의 변화[*]

**백영서**

## 1. 머리말

중국[1]이 우리가 멀리할 수 없는 긴요한 존재임을 한국인이라면 누구나 수긍한다. 우리 사회는 '중국은 우리에게 무엇인가'를 종종 물어왔다.[2] 오

---

[*] 이 글은 ≪中國近現代史硏究≫, 제58집(2013. 6)에 게재된 논문을 수정·보완한 것이다.

[1] 우리가 쓰는 중국과 한국이란 명칭은 좁은 의미로는 중화인민공화국과 대한민국을 가리킨다. 예컨대 '2012년이 한중수교 20주년'이란 용례가 그러하다. 그런데 보통 이에 한정되지 않는 용례도 많다. 한국이 '분단된 남북한을 아우르는 한반도 전체 및 그 장소에서 존재한 역사체 또는 문화체'로서의 한국을, 중국 또한 넓은 의미에서 '역사체 또는 문화체로서의 중국'을 가리키는 기호로 쓰이기도 한다. 따라서 이 글에서 한국과 중국은 넓은 의미로 쓰인다. 단, 좁은 의미로 쓰일 때는 그 쓰임새의 차이를 문맥을 보면 쉽게 알아차릴 수 있을 것이다. 좀 더 분명히 할 필요가 있을 때는 괄호 속에 그 한정된 대상을 병기하겠다. 예컨대 한국(곧 대한민국), 중국(곧 중화인민공화국)식으로 표기된다.

[2] ≪신동아≫ 1974년 2월호 특집 「중국문제 60문 60답'의 취지문」(105쪽)에 그런 표현이 나온다. 또 ≪철학과 현실≫ 2004년 가을호의 특집이 「중국은 우리에게 무엇인가?」

죽하면 '중국은 우리의 운명'[3]이란 말까지 나왔을까. 그렇기에 한국이 중국과 적절한 관계를 맺는 것은 매우 긴요하다. 특히 중국이 G2라 불릴 정도로 굴기한 지금이야말로 그 물음이 절실한 과제가 아닐 수 없다.

그 과제와 관련해 중국사연구자인 필자는 한국인의 중국인식을 역사적 관점에서 규명하는 작업을 수행하려고 한다. 또한 지금 양국 간의 관계가 정부만이 아니라 비국가 행위자들(Non-State Actors)의 역할에 의해서도 영향 받는 시대가 된 만큼 민간의 중국인식은 전보다 더 중요해졌다. 그래서 한국인의 중국에 대한 여론 형성 과정과 그 실상을 분석하고 그 여론이 혐중론(嫌中論)으로 치우치지 않도록 개입하는 것은 중국연구자가 감당해야 할 중요한 일감이다. 우리가 중국에 대한 균형 잡힌 지식을 생산하는 동시에 그 성과를 일반 대중과 효율적으로 소통하는 방도를 확보하는 것이 필요한 시점이다.

이 엄중한 작업의 일환으로 이 글은 한중수교(1992년) 이후 중국이 급부상하는 과정에서 한국인의 중국인식에 중요한 작용을 한 '동북공정'에 초점을 두려고 한다. 먼저 한국인의 중국인식의 역사적 궤적을 그려보고, 그 연장선에서 동북공정이 한국의 일반 대중에게 미친 영향의 의미를 검토한다. 이어서 그 자장 속에 있는 역사학자들이 그 영향에 어떻게 대응했는지를 짚어보려고 한다. 역사학자라 하지만 일차적으로 중국사연구자를 대상으로 삼고 한국사 연구자를 간접적 대상으로 시야에 둔다.

사실, 아래 본문에서 본격적으로 논의되듯이 동북공정 자체에 대한 연구와 중국 교과서에 대한 분석, 그리고 중국 변경에 대한 연구를 비롯해 중국사를 상대화하는 연구 경향이 2000년대에 들어와 자못 활기를 띠어 적지

---

이다. 지금도 그런 질문이 종종 제기된다고 할 수 있다.
3) ≪신동아≫ 1974년 2월호, 105쪽.

않은 연구 성과가 축적되었다. 그러나 동북공정이 가한 충격의 일정 정도 영향 아래 나타난 중국현대사 연구의 새로운 경향들을 한층 더 높은 차원에서 비평하면서 연구자의 중국인식의 기반이 되는 이론틀을 분석하고, 그것을 한국사 연구와 공유할 가능성을 모색한 연구는 거의 없었다고 판단된다.

이 연구가 필자의 의도대로 독자에게 전달만 된다면 중국 사학계의 지식 생산의 성과를 한국사 연구자들과 공유하고, 더 나아가 일반 대중과 효율적으로 소통할 수 있게 하는 길을 찾는 데 다소나마 기여할 것으로 기대한다.

## 2. 한국인의 중국인식의 역사 궤적과 동북공정의 충격

오늘날 한국인의 중국인식을 역사적 관점에서 파악하기 위해서 먼저 한중관계의 역사에서 '변하지 않는 것'과 '변하는 것'의 상호관계의 중요성에 주의를 환기시키고 싶다. 양자가 상호작용하면서 한중 간의 상호인식의 변화를 가져왔기 때문이다.

한중관계의 역사를 돌아볼 때 '변하지 않는 것'은 무엇일까. 먼저 지적할 것은 양자 관계의 비대칭성(非對稱性)이다. 대국인 중국과 그 주변 소국인 한국(또는 한반도) 사이에는 영토와 인구의 크기 같은 단순한 물질적 규모뿐만 아니라 역사적·문화적 규모에서도 차이가 엄연히 존재한다. 그다음으로 근접성(近接性)도 주목되어야 한다. 중국 동북(東北) 지방에 연접(連接)한 한반도의 지리적 근접성은 한중관계를 규정하는 핵심적 조건인데, 이로부터 파생된 역사적·문화적 근접성 또한 누구에게나 인정된다. 이 근접성으로 인해 긴밀한 한중관계의 역사는 면면히 이어져 왔다. 마지막으로 한중관계에서 차지하는 한국의 위치와 역할의 중요성도 변하지 않는 조건으로 꼽을 수 있다. 비록 양자가 비대칭적 관계에 있지만 그렇다고 해서 대국인 중국이 약소국인 한국을 자신의 의지대로 일방적으로 강제할 수는 없다. 약소국이 저항하는 동기는 생존과 긴밀하게 연관되어 있기 때문에 대국이 지배하려는 동기보다 종종 더 강할 뿐만 아니라 대국은 한국과의 관계가 다른 나라와의 관계에 미칠 영향까지 고려해야 한다. 더 나아가 동아시아사에서 그 비대칭적 국제관계가 흔들리는 전환기마다 중국의 근린인 한국의 태도 여하에 따라 동아시아의 질서가 잘 유지될 수도 있고 갈등을 일으킬 수도 있었으니 한국이 중국에 미친 영향은 결코 무시될 수 없다.[4]

그렇다면 '변하는 것'은 무엇인가. 전통시대에 한중관계가 소수의 권력층에 의해 주도된 것과 달리, 20세기 들어와 한중관계를 형성하는 주체가 점차 다양해지고 상호의존성이 점점 더 심화되어온 것은 커다란 변화이다. 한중관계의 또 다른 변화는 한중관계에 끼어드는 제3자로서의 강대국의 출현이다. 청일전쟁에서 중국이 패하고 일본제국이 동아시아질서에서 부상한 시기(1895~1945)에, 그리고 20세기 중반 이후의 냉전시기에 한반도가 그 속에 편입되면서 일본과 미국(및 소련)이 제3자로서 각각 작용하여 중국과 한반도가 맺은 관계의 비대칭성과 근접성도 달리 작동했던 것이다.[5]

이 새로운 '변화'가 한중 간의 '변하지 않는' 조건과 상호작용하면서 한국인의 중국인식의 궤적에 어떤 영향을 초래했을까.[6]

---

4) 필자가 말하는 이와 같은 한중관계의 비대칭성을 좀 더 넓은 시각에서 중국과 그 이웃 나라들의 '구조적 비대칭'으로 이론화한 것으로 Brantly Womack, "Asymmetry and China's Tributary System," *The Chinese Journal of International Politics*, Vol. 5(2012)가 있다. 그는 위의 글 p. 46에서 약소국은 양국 관계에서 생기는 기회랄까 틈새를 활용하는 데 대국보다 더 민감하고, 자신을 이익을 밀어붙이려고 노력하는 데 더 열중한다고 지적한다.

5) 이상에 대한 좀 더 상세한 논의는 백영서, 「변하는 것과 변하지 않는 것: 한중관계의 과거·현재·미래」, ≪역사비평≫, 2012년 겨울호 참조.

6) 이하 서술은 백영서, 『思想東亞:朝鮮半島視角的歷史與實踐』(北京: 三聯書店, 2011), pp. 174~180의 내용을 요약하면서 이 글의 논지에 맞게 재구성한 것이다.

개항 이전 시기 조공질서 속에서 조공국으로 위치 지어진 조선의 중국에 대한 인식은 사대(事大)하는 대상이자 보편적 문명의 중심으로서의 '상국(上國)' 또는 '대국' 이미지로 흔히 특징지어진다.[7] 이런 인식을 갖게 된 것은 물론 변하지 않는 조건인 비대칭성과 근접성이 크게 작용했기 때문이다. 이러한 중국인식은 전통시대에 한국인과 중국인의 상호접촉이 국가 주도로 극히 제한된 상태에서 고정된 이미지로 굳어졌다. 이런 점에서 19세기 말 조선이 개항하고 나서 조선인이 조선에 진출한 중국 상인과 병사들을 직접 접촉할 기회가 증가한 것은 한국인의 중국인식 형성에서 유례없는 사건이다. 이에 따라 한국 민중 사이에서 중국에 대한 종래의 관념적 이미지가 변화될 계기를 얻었지만 그보다 더 크고 직접적인 충격은 청일전쟁에서 청이 패배한 현실이다. 이로써 한국인이 문명관의 대전환을 겪으면서 중국인식은 일대전환을 맞이했다. 말하자면 청일전쟁 이후 제3자로서의 강대국인 일본제국의 출현으로 한중관계의 비대칭성과 근접성이 전과 다르게 체감되고 인식되었던 것이다. 그 결과 세 유형의 중국인식이 형성되었다. 즉 ① '천한 중국(淸)' 인식이다. 조선의 급진개혁파는 이제 중국을 문명의 중심으로 숭상하지 않고 오히려 근대문명의 낙오자로 보았다. 이들에게 중국 인민은 "천하며 어리석으며 더러우며 나라 위할 마음이 없"는 존재로 비쳤던 것이다(≪독립신문≫, 1896. 4. 25). 이와 대조적으로 일본을 새로운 문명의 선구자로 인식했다. ② 개혁 모델로서의 중국인식이다. 온건개혁파는 청조 말기의 개혁운동에 깊은 관심을 갖고 그에 기대를 걸었다. ③ 동양평화의 일원 즉 세력균형의 축으로서의 중국 인식이다. 황인종 연대를 추구하는 동아 3국공영론의 시각에서 동아시아 세력균형의 한 축으

---

7) 박지원은 중국에 문명의 중심인 상국(上國)과 힘으로 굴복시키는 강대국인 대국(大國)의 두 측면이 있음을 간파했다. 박지원, 『열하일기』 2권, 김혈조 옮김(돌베개, 2009), 258~261쪽.

로서 중국의 역할을 중시하는 것이다.8) (이와 같은 세 유형의 중국인식은 그 후 20세기를 거쳐 오늘날까지 역사적 맥락에 따라 변형되면서 이어져 왔고 그 비중도 달리 나타났다고 본다.)

일본의 식민지로 막 전락한 1910년대 초기에 중국의 신해혁명에 동조하거나 참여한 일부 조선인들 사이에서 공화정체를 채택한 중국을 개혁모델로 인식한 유형이 나타난 바 있지만, 일제 강점기에는 '천한 중국' 유형이 비교적 지배적이었던 것 같다. 이것은 일본의 중국 멸시관이 주입된 결과임은 물론이나, 1910년대 이후 식민지 조선의 근대화에 따라 대거 몰려온 중국인 노동자 및 상인과 경쟁해야 하는 일상생활 속의 경험이 한국인들의 '천한 중국' 이미지에 물질적 근거를 제공했던 것도 사실이다[예를 들면 김동인의 단편소설 「감자」(1925)에 나오는 '왕서방' 이미지]. 이에 비해 '세력균형의 축으로서의 중국' 유형의 경우는 크게 관심을 끌기가 어려웠다. 독자적인 국민국가를 갖지 못한 식민지 조선에서 제국주의 열강에 시달리던 중국이 유의미하게 다가오지 않았던 탓으로 짐작된다. 그러나 중국에서 활동하던 독립운동가들을 중심으로 한 민간 차원의 항일 한중연대운동에서 일본을 견제하는 데 도움이 될 국가로 기대한 데서 그 유형의 일단을 찾아볼 수 있을 것이다. 또한, 동아시아에서의 정세 변화를 일본 본위의 관점에서 보는 데서 벗어나고자 한 《조선일보》나 《동아일보》 같은 조선 일간지가 중국 혁명의 특질을 객관적이고도 넓은 시야에서 보도한 내용에서도 동아시아의 중요한 축으로서 중국이 인식되었던 증거가 보인다.

---

8) 백영서, 『동아시아의 귀환: 중국의 근대성을 묻는다』(창작과비평사, 2000), 166~198쪽. 박찬승은 대한제국기 "동도서기론을 변형시킨 '신구절충론'" 즉 필자가 말하는 ② 개혁 모델로서의 중국인식이 대세를 장악했다고 본다. 박찬승, 「18·19세기 조선의 중화론과 중국관」, 동북아역사재단·동아시아사연구포럼 공동주관 국제회의 <동아시아 문화 속의 중국>(서울: 2012. 11. 2~11. 3) 자료집, 67쪽.

일본 제국주의로부터 해방된 한반도가 남북으로 분단되어 냉전진영의 한쪽에 각각 편입됨에 따라 한국인의 중국에 대한 인식도 분열되었다. 분단 직후에는 중국의 국민당과 공산당의 내전을 고착된 상태로 보지 않고 계속되는 혁명 과정으로 보는 인식도 일부 언론 매체에 나타났다.[9] 그러나 마침내 1949년 중국대륙에 중화인민공화국이 성립된 데다가 1950년에 한국전쟁이 발발함으로써 북한 주민에게 '동맹국'인 중국(곧 중화인민공화국)이, 남한 주민에게는 '적성국(敵性國)'으로만 인식되었다. 냉전시기 남한 주민의 중국인식의 형성에는 일본제국을 대신한 미국이란 제3자의 영향이 컸다. 미국이 설정한 '죽의 장막'에 가리어져 중국과 상호접촉이 불가능했기 때문에 후진적인 적성국 이미지가 오랜 기간 재생산되어 지배적 위치를 차지했다. 이것은 식민지 시기의 '천한 중국' 유형이 냉전 이데올로기에 의해 변형 내지 강화된 것으로 볼 수 있을 것이다.

그런데 1970년대 초 미국과 중국의 수교를 계기로 동북아 지역질서에서 중국이 영향력을 회복하자 '세력균형의 축으로서의 중국' 유형이 한국(곧 대한민국)에서 부활하였다(반면에 그동안 자유중국이자 전통문화 수호자로 비친 대만의 역할에 대한 관심은 약화되었다). 이런 분위기에서 주목되는 것은 적성국 이미지가 여전히 지배적이었던 1970~1980년대에 '개혁 모델로서의 중국' 유형도 부활했다는 사실이다. 한국의 사회변혁을 요구하던 진보적인 학생과 지식인 세력은 중국대륙에서 전개되고 있는 인류 생존 양식에 대한 거대한 사회주의적 실험 — 그 절정이 바로 문화대혁명이다 — 에 흥미를 느꼈다. 그리고 그 중국 이미지를 한국 사회에 투영함으로써 경제성장에 몰두하던 한국의 개발독재 체제를 비판하는 거울로 활용하고 싶어 했다.

---

9) 백영서, 「1949년의 중국: 동시대 한국인의 시각」, ≪중국현대사연구≫, 제9집(2000. 6) 참조.

이는 냉전적 사고에 의해 왜곡된 중국인식을 바로잡는 데 기여하기는 했지만, 한국을 비추는 거울로서 중국 이미지를 이용하려고 한 목적의식 때문에 중국 현실 전체를 중·장기적 관점에서 파악하지 못한 문제점이 있다.

1980년대 이래 중국대륙이 개혁개방정책을 추진하기 시작한 이후, 특히 1992년 한국(곧 대한민국)과 중국이 국교를 수립하고 나서부터 한국인의 중국인식이 크게 바뀔 여건이 조성되었다. 이러한 탈냉전의 상황 속에서 그 어느 때보다도 중국과 직접 접촉할 기회가 사회 여러 계층에 확대되었고, 그에 따라 중국의 다양한 모습이 전해졌다. 그렇다면 종래의 세 가지 인식 유형에 어떤 변화가 이뤄졌을까.

한국에서 출간된 여러 종의 중국 여행기에 나타난 중국인식을 분석한 연구 성과에 따르면,[10] 종래의 '천한 중국' 유형이 여전히 지속되고 있음을 무엇보다 강하게 느낄 수 있다. 중국의 '위대한 과거'와 대비하여 현실 중국 속의 불결, 음식 냄새, 불친절, 몰염치, 부패, 돈벌이 열풍 등을 모두 문명화가 덜 된 사회주의체제 탓으로 간주하고 경멸한 것이다. 식민지와 냉전 시기를 거쳐 지속되어온 이 유형의 인식이 탈냉전기에도 한국의 경제발전 및 점진적인 민주화의 성취에 대비되어 또다시 힘을 얻은 것이다. 그 밖에 '개혁 모델로서의 중국' 유형도 부분적으로 나타났는데, 이전처럼 이념형으로 중국을 파악하는 것이 아니라 중국 사회의 특정 현실의 일면을 직접 견문한 결과라는 점에서 그전과 차이가 있다. 대표적인 사례가 중국 여성의 상대적으로 높은 지위에 대한 평가이다. 또한, '세력균형의 축으로서의 중국' 유형은 급속히 부상하는 21세기 강대국으로서의 중국 이미지로 바뀌었고 심지어 중국위협론의 허실이 논쟁의 초점이 되기도 했다.

---

10) 유장근, 「위대한 과거와 낙후한 현재 사이: 여행기를 통해 본 현대 한국인의 중국관」, ≪대구사학≫, 제80집(2005); 「현대 한국인의 중국 변방 인식: 수교 이후 여행기를 중심으로」, ≪중국근현대사연구≫, 제44집(2009. 12) 참조.

이처럼 탈냉전기, 특히 한중관계가 정상화된 이후 여러 한국인이 중국을 드나들며 중국인과 접촉하면서 중국인식을 형성하게 되었다. 그런데 여기서 그 실제 접촉 경험보다 더 깊은 영향을 미친 변화는 제3자로서의 미국의 동아시아에서의 장악력(또는 패권)이 약화되면서 중국이 부상하는 '세력 이전' 상황이다. 한중관계가 한미관계의 변화에 영향을 받듯이 그와 연동된 우리의 중국인식 또한 미국인식과 상관관계에 있다. 중국이 G2라 불릴 정도로 굴기한 지금, 우리는 '연미화중(聯美和中)'이란 용어를 만들어낼 정도로 (미국과 더불어) 중국을 중시한다.

그렇다면 이러한 새로운 정세로 인해 한국인의 중국인식은 종래의 '천한 중국' 유형에서 벗어난 것일까. 달리 말하면, 한중관계를 규정하는 '변하지 않는 것'에 해당하는 비대칭성과 근접성을 한국인이 새롭게 인식할 계기를 맞았는가.

2006년 9월 3개 대학에 재학 중인 한국인 학생 230명에 대한 설문조사 결과를 분석한 연구를 보면, 중국과 중국인에 대한 고정 이미지가 형성되어 있음을 알 수 있다. 한국 대학생들은 중국 하면 우선 많은 인구와 넓은 영토, 그다음으로 다양한 음식, 미래의 강대국의 이미지를 떠올렸다. 중국에 대한 국가 이미지 가운데 상위를 차지한 응답은 중국의 잠재력과 발전 가능성이었다. 이렇듯 중국이란 국가에 대한 이미지는 긍정적인 의견이 높은 비율을 차지한다. 이에 비해 중국인에 대해서는 대체로 부정적인 의견이 많았다. 비위생적이고 청결하지 않다는 의견이 가장 많고, 그다음으로 철저한 금전관념, 시끄럽다, 매너가 없다의 순서이다.[11] 요컨대 '큰 나라 작

---

11) 김경혜, 「한국 대학생의 중국 중국인에 대한 인식」, ≪한중인문학연구≫, 제25집 (2008). 이 글에서 소개된 한국인의 중국 이미지 형성 통로는 인터넷과 대중매체가 가장 높고, 그다음으로는 중국을 직접 다녀온 주변인으로부터 얻은 정보 순이다. 이것은 체류 경험 없는 학생들이든 체류 경험 있는 학생들이든 별반 차이가 없다고 한다.

은 인민'이란 인식 즉 중국이란 국가와의 비대칭적 관계를 깊이 의식하지만 그 국민 개개인에 대해서는 종래와 같은 '천한 중국' 이미지를 여전히 갖고 있는 것이다.

이처럼 한중수교 이후에도 중국인을 비하하거나 부정적으로 보는 경향이 남아 있다. 여기서 우리의 중국인식을 중국인 연구자들이 한국인의 중국 이미지를 조사한 결과와 비교해보자. 그에 따르면, 한국인은 중국을 '발전 중인' 국가로 인식하는데, 그것은 빠른 속도로 발전 중이지만 아직 낙후한 나라란 두 개의 측면이 얽혀 있다는 의미에서의 '발전 중인' 국가이다. 그래서 요약하면 "발전 중이고 불확실성이 충만하며, 믿기 어려운 비호감의 사회주의 대국"이란 이미지를 한국인은 갖고 있다는 것이다.[12] 그러나 이런 유의 고정된 중국인식이 아직은(적어도 일본에 비해) 심각한 수준은 아니다. 일본에서는 엘리트보다 대중들의 중국인식이 훨씬 더 부정적이나, 한국에서는 거꾸로 엘리트보다는 대중들의 중국인식이 한층 더 긍정적이란 분석도 있다.[13] 그리고 다행히도 아직은 일본과 달리 한국에서는 혐중론을 부추기는 대중서적이 별로 없고 또한 설사 있다 해도 주목받지 못하는 실정이다.

그러나 우리가 우려하지 않을 수 없는 최근의 현상은 한국인의 중국에 대한 호감도가 2005년 20%에서 2012년 12%로 줄었고, 중국을 좋아하지 않는다는 응답이 같은 기간에 24%에서 40%로 증가했다는 것이다.[14] 여기

---

12) 董向榮·王曉玲·李永春, 『韓國人心目中的中國形象』(北京: 社會科學文獻出版社, 2011), p. 177. 이 연구는 한국의 교과서와 일간지 분석에 설문조사를 곁들인 방법을 구사하였다.

13) 좀 오래된 글이나 정재호, 「중국의 부상, 미국의 견제, 한국의 딜레마」, ≪신동아≫, 2000년 10월호 참조. 그는 한국 대중의 중국인식이 왜 긍정적인지는 규명하지 못하고 있으나, 엘리트의 부정적인 중국인식은 '기득권'과 냉전적 사고 등에 말미암은 것인데 이에 대해 진지한 검토가 필요하다고 지적한다.

에는 중국 어선 선장의 한국 단속반 살해 사건과 그에 대한 중국정부의 대응책 같은 것이 부정적 인식을 조장했을 가능성이 있으나, 그와 더불어 우리 정치가나 언론이 악화된 남북관계를 빌미로 대중의 집단기억('천한 중국' 유형 등)을 자극하고 중국위협론을 부추긴 움직임도 어느 정도 작용한 것 같다. 이 점을 보면 북한은 한중관계의 또 하나의 당사자이자 제4자로서 역할을 하고 있다. 그런데 한층 더 근본적 원인으로는 한중관계의 '변하지 않는 것'이 변화된 역사적 상황에서도 여전히 작동하고 있음을 들지 않을 수 없다.

바로 이 점은 한 중국인 연구자가 제시한 양국 국민 간의 상호관심도의 비대칭에 의해 보충 설명이 가능하다. 그에 따르면, 중국인은 장기간 대국으로 자처해 다른 나라에 관심이 적어 한국에 대해서도 한류, 한국 상품 등 주로 자신의 생활과 직결된 내용에만 한정된 관심을 갖는 데 비해, 한국인은 중국의 정치·경제·사회·문화·한중관계 등 여러 방면에 걸쳐 관심을 갖는다. 그로 인해 양국인의 상대방에 대한 요구도 비대칭적이다. 중국인은 자부심이 강해 자신을 아시아문화의 종주국으로 간주하고 주변국가 예컨대 한국인의 승인과 존중을 기대하나, 한국인은 중국이 한반도 평화와 경제발전에 기여하는 등 여러 영역에서의 역할을 기대한다. 이와 같은 서로에 대한 기대와 반응에서의 비대칭으로 인해 종종 좌절감이 빚어지고 부정적 정서가 조성된다고 한다.[15]

한국인과 중국인의 상호인식에서의 엇갈림(錯位)을 전형적으로 보여주

---

14) 「韓 - 中 - 日 국민의식 조사」, ≪동아일보≫, 2012년 1월 6일자.

15) 王曉玲, 「中韓民衆間的相互認識以及好感度影響因素」, ≪동아연구≫, 제63권(2012), pp. 104~106; Brantly Womack, "Asymmetry and China's Tributary System," *The Chinese Journal of International Politics*, Vol. 5(2012), p. 46에서 그는 필자와 마찬가지로 그 비대칭이 서로의 인식과 행위의 차이를 빚는다고 본다.

는 사례가 다름 아닌 '동북공정'을 비롯한 역사적·문화적 요인이 미치는 영향이다. 중국인이 아시아문화의 종주국으로서 자부심이 강하다면, 한국인역시 중화주의에 대한 거부감을 느끼는 정도와 비례해서 중국인에 대한 우월감을 느낀다. 여기서 한중관계의 '변하지 않는 것'의 하나가 한국의 위치와 역할의 중요성임을 상기할 필요가 있다. 그러다보니 이제 '동북공정'은한중 간의 역사 문제를 넘어 중국과 관련된 여러 분야에서 일종의 '트러블메이커'로 간주되는 경향이 있다. 그것은 "역사 분야의 범위를 넘어 광범위한 분야에서의 '중국과의 갈등'을 대변하는 단어"로 쓰이는 지경이라는 해석도 있다.[16]

동북공정이 한국인의 중국에 대한 여론에 미친 영향을 구체적으로 확인하기 위해 한국과 중국 대학생의 상호인식에 대해 2011년 5월 말부터 6월중 시행된 조사 보고서를 인용해보겠다.[17] 먼저 한국 대학생들이 중국에대해 느끼는 가장 강한 이미지를 보면 경제발전(32.9%)과 중화주의(32.3%)였으며, 가장 낮은 이미지는 대중문화(1.8%)와 민주화(1.0%)이다. 이는 위의2006년 조사와 큰 차이가 없어 보인다. 그다음으로 한국 대학생들의 최근한중관계에 대한 의견을 들어보니, 한중관계가 '좋아지고 있다'(50.8%)와'나빠지고 있다'(49.2%)고 생각하는 비율이 거의 비슷하다. 그렇다면 한중

---

16) 김현숙, 「'동북공정' 이후 한중언론의 보도양상」, 한국고대사학회/동북아역사재단 공동주최, 제14회 한국고대사학회 하계세미나 <동북공정 이후 중국의 변강정책과 한국고대사 연구동향>(대구: 2012. 7. 20~21) 자료집, 106쪽.

17) 윤철경, 「중국인과 한국인의 상대국에 대한 인식과 태도 연구: 청소년을 중심으로」, ≪경제·인문사회연구회 대중국 종합연구 협동연구총서 11-03-05≫, 2011. 이 보고서는 https://www.nrcs.re.kr/reference/together에서 검색 가능하다. 중국과 한국의 5대 도시에서 총 2,016명의 대학생과 대학원생을 대상으로 상대국에 대한 인식과 태도를 조사하였다. 한국의 경우는 서울대학교, 동아대학교, 경북대학교, 충남대학교, 전남대학교 대학생과 대학원생 총 1,013명을 조사하였다.

관계 발전 방안으로 무엇을 생각하고 있을까. 한국 대학생들은 상호 객관적 이해(20%)와 역사와 영토문제 해결(20%)을 가장 시급한 문제로 꼽았으며, 다음으로 과도한 민족주의 자제(17.9%)와 국민의 문화적 소양(14.5%)이 중요하다고 응답하였다. 중국 대학생들이 '상호 객관적 이해'(24.3%), 과도한 민족주의 자제(21.4%), 그리고 국민의 문화적 소양(18.7%) 등을 중요한 분야로 응답한 것과는 대조가 된다. 한국 대학생은 역사와 영토문제 해결 즉 (위에서 본 확대된 의미의) '동북공정'을 한중관계를 결정짓는 중요 요인으로 지목하고 있는 것이다. 이 점은, 중국 대학생들이 '중국문화 재산권에 대한 마찰과 왜곡'을 주요 갈등 요인으로 보는 데 비해 한국 대학생들은 중국의 한국에 대한 비우호 정서의 원인을 '한국과의 역사·영토분쟁(가능성 포함)'에 두고 있는 인식 격차에서도 잘 드러난다.

이와 같이 동북공정이 한중 간 상호인식을 악화시킬 요인으로 확산될 위험이 있다면 이 불편한 문제에 연구자는 비판적으로 개입해야 한다. 그러기 위해서 동북공정이 발생한 이후 한국의 역사학계에 미친 영향과 그에 대응하는 담론에 대해 규명하는 것이 우선 필요할 것이다. 그런 다음에라야 중국에 대한 지식의 사회적 유통 과정이 어떻게 일반 대중의 중국인식과 이미지 형성에 영향을 미치는지를 평가하는 작업이 수행될 수 있다.


## 3. 동북공정 이후 한국 역사학자의 중국인식

'동북공정'은 한국의 역사학자에게 강한 충격을 주었다.[18] 그 점을 명료

---

18) 동북공정은 당연히 중국의 한국사 연구에도 영향을 미쳤다. 그들은 한국에서의 한국사 연구가 한국과 중국의 특수한 역사 관계 및 지정학적 위치 그리고 일본 식민지 역사로 말미암은 '역사영웅주의'와 '역사감상주의(Historical Sentimentalism)'에 빠져

하게 드러낸 것이 중국사 연구자 윤휘탁의 다음과 같은 발언이다.

적어도 동북공정 문제가 불거지기 전까지 중국은 우리에게 미국을 대신
해서 우리의 미래를 같이 짊어지고 나아갈 '전략적 동반자' 내지 '대안적 국
가'로 인식되어왔던 것이 사실이다. 그러나 동북공정 문제는 우리의 대중
국인식에 커다란 변화를 야기하여 우리 사회에 '중국위협론'을 느끼게 한
반면, 미국의 대(對)한반도 내지 동북아 전략에 청신호로 작용하고 있다.[19]

한국에서의 중국사 연구의 제2세대에 속한다고 할[20] 중견 연구자 윤휘
탁이 보기에 '동북공정'은 패권국인 미국을 견제할 국가로 중국을 바라보
던 인식에서 한중관계에 개입하는 제3자인 강대국 미국의 복귀를 허용하
는 쪽으로 변화하게 만든 계기로 작용했다는 것이다. 이는 탈냉전기, 특히
미중의 세력 전이가 논의되는 시점에 처한 한국 지식인의 중국인식의 추이
를 보여주는 흥미로운 진술이다.

그렇다면 실제로 '동북공정'은 역사학자에게 어느 정도 영향을 미쳤을
까. 이를 살펴보기 위해 먼저 '동북공정'이 우리 사회에서 어떻게 인식되고
있는지 잠깐 짚어볼 필요가 있다. 그 배경이나 경과 등은 이미 한국 학계에
서 충분히 논의되고 널리 알려져 있어 이 글에서 굳이 더 언급할 필요는 없
을 것이다.[21] 잘 알려져 있듯이, '동북공정'(정확한 명칭은 東北邊疆歷史與現

---

있는 것으로 파악하고 있다. 김승일, 「동북공정 이후 중국학계의 한국사 연구동향」,
≪한국근현대사연구≫, 제55집(2010년 겨울호), 288쪽.

19) 윤휘탁, 「'포스트(post) 동북공정': 중국 동북변강전략의 새로운 패러다임」, ≪역사
학보≫, 제197집(2008. 3), 99쪽.

20) 중국 연구자의 세대 구분에 대해서는 하세봉, 「우리들의 자화상: 최근 한국의 중국
근현대사 연구」, ≪한국사학사학보≫, 제21집(2010. 6) 참조.

21) 한국사 측의 연구사 정리로 임기환, 「동북공정과 그 이후, 동향과 평가」, 한국고대사

狀系列研究工程)은 2002년 2월에 시작되어 2007년 2월에 종결되었으니, 올해(2012년)가 중국에서 '공정'을 시작한 지 10년째이며 종료한 지 5년째가 되는 해이다. 그런데 그간 우리 사회에서는 (위에서 보았듯이) 그 용어가 "중국과의 갈등을 대변하는 단어"로 쓰일 정도로 그 외연이 확대되었다. 그래서 중국의 동북변강정책을 모두 동북공정으로 해석하여 "전선의 대립만을 형성하는 태도도 그리 바람직하지 않다"는 판단을 내리고, 동북공정을 동북역사공정과 동북변강정책전략의 두 층위로 구별하여 사용할 것을 제안하는 주장이 최근 한국사 연구자로부터 제기되었다.[22] 전자는 한국에서 대응한 주된 측면으로서 고구려사를 중심으로 발해사, 고조선사, 그리고 이와 연관된 기타 역사문제 등을 포함한 기초연구를 가리키고, 후자는 동북변강연구, 소수민족정책, 주변국가(북한, 한국, 러시아 등)의 전략적 고려 등을 다루는 응용연구를 가리킨다. 이 두 층위는 서로 중첩하고 긴밀한 연관관계를 갖고 상호연동하나, 역사연구자는 전자에 한정해 주로 대응하자는 것이 그가 말하는 대응 전략의 핵심이다. 대상을 확대하지 말고 한국 고대사에 한정해야 좀 더 효율적인 대응전략을 짤 수 있다는 그의 주장은 일정 정도 설득력이 있다. 대상이 한정될수록 대응책에 그만큼 집중할 수 있을 테니까.

그런데 역사학계의 대응을 한국사 연구자에 한정하지 않고 중국사연구자에까지 넓힌다면 그와 같은 구별은 그다지 유용하지 않다. 그 이유는 동

---

학회/동북아역사재단 공동주최, 제14회 한국고대사학회 하계세미나 <동북공정 이후 중국의 변강정책과 한국고대사 연구동향>(대구: 2012. 7. 20~21) 자료집 및 송기호, 「중국의 동북공정, 그 후」, 《한국사론》, 제57권(2011)이 비교적 최근의 체계적인 글이다. 중국사 측의 연구사 정리는 정문상, 「'역사전쟁'에서 '역사외교'로: 동북공정에 대한 한국인의 대응양상」, 《아시아문화연구》 제15집(2008)이 유용하다.
22) 임기환, 「동북공정과 그 이후, 동향과 평가」, 2쪽.

| 연도 | 논문(편) | 저서(권) |
|------|---------|---------|
| 2002 | 1 | |
| 2003 | 10 | |
| 2004 | 30 | 16 |
| 2005 | 16 | 6 |
| 2006 | 17 | 4 |
| 2007 | 24 | 6 |
| 2008 | 21 | 6 |
| 2009 | 2 | 8 |
| 2010 | 7 | 5 |
| 2011 | 9 | 4 |
| 2012 | 5 | 5 |
| 합계 | 142 | 60 |

북공정이 발생한 이후 한국 역사학계에서 생산된 관련 연구 성과의 시계열적 양적 추이와 주제의 변화를 분석하면 곧 드러난다. 위 표에서 제시되듯이,[23] '동북공정'이 중국에서 시작된 해인 2002년에 관련 논문이 한 편밖에 없었지만, 그 이듬해부터 늘어나 2004년에 정점을 이뤘고 그 후로도 대체로 증가 추세를 보였다. 그것은 동북공정이 우리 사회에 알려진 것이 한국 일간지가 보도하면서부터였고, 그로 인해 사회 여론이 들끓고 시민사회단체가 '역사 지키기' 운동을 전개하고 나서자 학계가 뒤늦게 서둘러 대응한 사정에 기인한다. 특히 여론을 타고 2004년 5월 고구려연구재단이 설립된

---

23) 연구 논문의 기준은 ≪한국사휘보≫에 나온 연구서들을 토대로 하고 기타 학술 사이트(Riss, Dbpia, 네이버학술, Keris, 국사편찬위원회(한국사휘보), 동양사학회 사이트 등등)에서 '동북공정'이라는 키워드로 검색한 결과를 보충했다. 또한 그 검색 결과에서 사학과 관련 및 한국사/동양사연구자의 글 위주로 골라냈다. 대상 기간은 2012년 말까지이다. 이 자료 정리는 연세대 대학원에 재학 중인 지관순의 도움을 받았다.

것이 학계의 대응에 탄력을 가져다주었다.24) 양적인 확산은 자연스럽게 주제의 다양성을 동반했다. 여기에는 2006년 9월 고구려연구재단을 흡수 통합하여 새로 출범한 동북아역사재단이 '역사외교'로 활동 방향을 전환한 것도 영향을 미쳤다. 그래서 고구려사를 비롯한 한국 고대사를 연구 대상으로 삼은 데 그치지 않고 중국의 민족론이나 변경정책 등으로 점차 넓혀 갔다. 그것은 동북역사공정과 동북변강정책전략이란 두 층위 모두에 역사학자가 관심을 기울였다는 뜻이다. 특히 후자는 중국현대사 연구자들(및 일부 중국정치학자)의 주된 관심사였다. 그것은 한국사 연구자인 정두희가 일찍이 지적한 대로 동북공정의 해결책을 찾기 위해서는 "만주 지역 고대사 연구가 아니라 차라리 중국현대사를 심도 있게 파악하려는 노력이 더 필요"하다는 판단과 통하는 문제의식의 소산이었다 하겠다.25) 동북공정이란 학술문제이자 정치문제이고, 당면한 중국의 현실문제를 해결하기 위한 논리로 역사문제가 활용되고 있는 사례이다. 그 밑바탕에 깔린 역사관(예컨대 통일적 다민족국가론이나 신중화주의 문명사관)을 중국의 전 지역으로 확산시키고 소수민족문제를 궁극적으로 해결하여 '국민적 통합'과 '영토적 통합'을 확고히 하려는 것이 그들의 현재적 과제이므로,26) 오늘의 중국 내지 중국현대사에 우리가 주목하는 것은 당연한 대응 방식이 아닐 수 없다.

그런데 이러한 동북공정 관련 연구 성과의 양적 증가에 대해 역사학계

---

24) 2004년 한 해 동안 중국의 역사 왜곡에 대응하는 성격의 국내외 학술회의가 모두 54차례 열렸으며 이들 학술회의를 통해 발표된 논문은 394편이다. 전호태, 「밖으로부터 시작된 위기와 기회, 2004년의 한국고대사연구」, ≪역사학보≫, 제187집(2005. 9), 12쪽. 그런데 필자가 만든 본문의 표에는 그중 학술지에 실리되 동북공정이 키워드로 제시된 경우만 추출되었기에 그 가운데 일부만 통계에 잡혔다.

25) 정두희, 「중국의 동북공정으로 제기된 한국사학계의 몇 가지 문제」, ≪역사학보≫, 제183집(2004), 472쪽.

26) 임기환, 「동북공정과 그 이후, 동향과 평가」, 4쪽.

내부에서는 비판과 우려의 목소리도 있었다. 특히 동양사 분야에서는 시류에 편승해 연구 대상이 특정 소재로 쏠리는 문제를 염려할 뿐만 아니라 자신의 연구 관심과 관련이 없음에도 연구비 때문에 국가정책 연구사업에 참여하는 것은 연구다운 연구로부터 멀어진다는 비판도 제기되었다.[27]. 원론적으로 타당한 염려와 경계이다. 그런데 여기서 좀 더 깊이 천착해볼 문제가 있다. 학술 연구가 사회현실에 개입하는 것 자체가 문제시되어서는 곤란하다. 물론 사회현실에 개입하더라도 연구자의 학술적 자율성 내지 독립성이 훼손되어서는 안 되는데, 바람직한 길은 현실 추종이 아니라 비판적 개입에 있다. 학술의 자율성과 독립성은 사회현실에서 초연하기만 하면 저절로 확보되는 것이 아니다. 다시 말해, 그것은 비판성을 유지하는 데서 얻어지는 것일 터인데 연구 대상은 물론이고 연구자가 처한 사회현실에 대해서도 비판적 긴장관계(張力)를 견지하는 것이 그 관건이다.

이런 관점에서 다시 볼 때, 적어도 동북공정이란 사회의제에서 촉발된 중국현대사 연구의 새로운 동향은 어느 정도 이 기준에 부합된다고 본다. 필자가 이하에서 제시할 세 갈래의 새로운 동향에 속하는 성과들이 모두 직접적으로 동북공정 자체를 분석 대상으로 삼는 것은 아니다. 그러나 (위에서 본) 윤휘탁의 증언에 잘 드러나듯이, 동북공정은 한국 역사학자의 중국인식에 일정한 영향을 미쳤고 그것이 중국이란 국민국가를 초역사적 존재로 보지 않고 상대화하는 중국사 연구의 문제의식을 한층 더 북돋우는 계기로 작용한 것은 분명하다. 그래서 2000년대 이래 새로운 연구 영역이 개척되거나 또는 확산되었다.[28]

---

27) 박한제, 「한국 동양사학 연구의 어제와 오늘: 2004-2005년 연구 성과와 관련하여」, ≪역사학보≫, 제191집(2006), 230~231쪽.
28) 이하 세 가지 새로운 조류에 대한 서술은 졸고, 「韓國の中國認識と中國研究」, 『シリーズ 20世紀中國史』 4(東京: 東京大學出版部, 2009), pp. 106~109에서 부분 발췌하여 본

## 1) 중국은 하나인가?

중국대륙 중심의 역사서술에서 벗어나 그것을 상대화하려는 시도가 최근 한국에서 부쩍 확산되고 있다. 일찍부터 대만의 민주화/본토화에 주목한 선구적 연구가 없지는 않았지만,[29] 대개의 연구는 통합된 (또는 통합을 지향하는) 중국을 전제로 대륙에서 전개된 역사를 해석하는 데 중점을 두었다. 그런데 최근 들어 중국정부가 공식적으로 표방하는 '다민족통일국가론'의 타당성에 질문을 던지는 연구가 다양한 영역에 걸쳐 붐을 이루다시피 하고 있다. 그것은 2002년 중국의 동북공정 내용이 한국에 전해진 여파이다. 중국대륙 안의 소수민족의 역사, 중국 국경 설정과 영토(疆域)의 문제, 동북공정 자체의 분석, 그리고 시간대를 현재의 영역까지 넓혀 현재 중국 민족주의(혹은 애국주의)의 문제점을 지적하는 등 다양한 연구 성과가 쏟아져 나오고 있다. 특히 만주, 티베트, 신강, 홍콩 및 대만 등지에 대한 연구가 태동한 것에 그치지 않고,[30] 간도처럼 민감한 지역에 대해서는 강역 범위

고에 맞게 수정한 것이다. 이 글에서 동북공정과 거리가 멀어 언급하지 않은 다른 경향으로 '국민국가의 형성과 연관된 정치사' '전통과 근대의 이분법을 넘어서'가 일본어로 된 글에서는 설명되어 있다. 그 글에서 분석되지 않은 2008년 이후의 연구 성과를 보완하기 위해 그 체제에 맞춰 2008~2009년의 연구 성과는 김수영, 「역사학의 '근대성'에의 도전」, ≪역사학보≫, 제207집(2010. 9), 그리고 2010~2011년의 연구 성과는 김승욱, 「사학 담론의 생산기반 강화와 새로운 공간의 발견」, ≪역사학보≫, 제215집(2012. 9)를 참조했다. 2012년의 연구 성과 부분은 그에 대한 회고와 전망이 아직 발표되지 않아 필자의 주관에 따라 극히 선택적으로 언급했을 뿐이다. 물론 여기서 언급된 연구 성과 목록이 망라된 것은 아니다.

29) 閔斗基, 「臺灣에서의 새 世代 政治運動과 그 挫折: 1970年代」, 閔斗基, 『現代中國과 中國近代史』(知識産業社, 1981); 閔斗基, 「臺灣史의 素描: 그 民主化 歷程」, 閔斗基, 『시간과의 경쟁: 동아시아근현대사논집』(연세대학교출판부, 2001).

30) 이 새로운 경향에 속하는 글들을 일일이 거론하지는 않겠다. 다만 그 가운데 만주 지역 연구에 연구 역량이 무엇보다 집중되었다는 사실만은 지적하고 싶다. 그 성과라

획정에 대한 논란도 벌어졌다.[31] 그리고 점차 20세기 중국의 민족주의를 상대화하고 중국 국민국가에 중첩된 제국성을 따져 묻는 데로 관심이 옮아 가고 있다.

제국성을 내면화한 채 형성·전개된 중국의 (단일)민족론을 구조적으로 분석해 중화민족론이 '민족제국주의론'으로 귀결될 수밖에 없었음을 논증한 연구,[32] 그리고 전통적인 국가 기능의 핵심인 문화적 보편성의 구현과 대일통(大一統) 천하의 수호를 근대적인 국민국가라는 외피를 통해 달성하려는 것이 20세기 중국의 국민국가 건설 과정이었음을 보여준 연구[33])가 주목된다. 최근 해외학계에서 21세기 중국이 세계질서에서 맡고 있는 역할과 관련해 중국의 '제국성'의 역사적 궤적이 다시 비상한 주목을 끌고 있다. 이 흐름에 우리 한국학계가 적극 기여할 몫이 분명히 있음이 자각되어야 한다.

---

고 할 수 있는 만주학회(2004년 6월)가 창립되어 ≪만주연구≫(반년간지)를 기관지로 간행하고 있다. 이것은 역사학자뿐만 아니라 인문사회과학의 여러 분야에 걸친 연구자들이 참여하는 학제 간 학회라는 특징을 갖는다.

31) 여기에는 중국사연구자인 박선영 외에 일부 한국사 연구자들도 참여했다. 박선영, 「간도협약의 역사적 쟁점과 일본의 책임」, ≪중국사연구≫, 제63집(2009. 12); 배성준, 「한중의 간도문제 인식과 갈등구조」, ≪동양학≫, 제43집(2008. 2); 정애영, 「러일전쟁직후 일본의 간도조사와 지역구상: 나카이 기타로를 중심으로」, ≪일본역사연구≫, 제28집(2008. 12); 최덕규, 「제국주의 열강의 만주정책과 간도협약(1905~1910)」, ≪역사문화연구≫, 제31집(2008. 12).

32) 유용태, 「근대 중국의 민족제국주의와 단일민족론」, ≪동북아역사논총≫ 23호 (2009).

33) 전인갑, 「'우상'으로서의 근대, '수단'으로서의 근대: 중국의 근대성 재인식을 위한 방법론적 시론」, ≪인문논총≫ 제50집(2003); 「帝國에서 帝國性 國民國家로(Ⅰ): 제국의 구조와 이념」, ≪중국학보≫, 제65집(2012. 6); 「帝國에서 帝國性 國民國家로(Ⅱ): 제국의 지배전략과 근대적 재구성」, ≪중국학보≫, 제66집(2012. 12).

## 2) 동아시아적 시각과 중국의 상대화

중국사를 상대화하는 연구의 또 다른 경향은 동아시아적 맥락에서 중국사를 재검토하는 형태로 구체화되어 나타났다. 아직 이 분야에서 많은 연구 성과가 축적된 것은 아니지만, 중국과 다른 동아시아 국가들과의 연쇄와 교류가 연구자의 관심을 끌고 있다. 먼저 월경(越境)하는 존재인 화교, 이민 및 무역에 대한 연구[34]를 비롯해 여행, 박람회, 역사기념관, 상호인식 등과 같은 소재에 걸쳐 중국이 동아시아 속에서 어떻게 표상되고 기억되는지가 연구 대상이 되었다.[35]

이와 같은 실증적 연구와 병행하여 1990년대 초부터 동아시아 담론이 제기되어 지금까지 이어져 오면서 영향력을 미치고 있다.[36] 그것이 설득력을 갖게 된 중요한 이유는 "민족주의 내지 서구중심주의에 대한 반성과 일국사의 상대화"의 덕이라고 평가된다.[37] 그런데 이 논의가 20세기 중국사 연

---

34) 강진아, 「중일 무역마찰의 전개와 조중관계의 변화: 1920~30년대를 중심으로」, 『근대 전환기 동아시아 속의 한국』(성균관대학교 동아시아학술원, 2007); 「이주와 유통으로 본 근현대 동아시아 경제사」, ≪역사비평≫, 제79집(2004); 「근대전환기 한국 화상의 대중국 무역의 운영방식」, ≪동양사학연구≫, 제105집(2008).

35) 박경석, 「근대중국의 여행 인프라와 이식된 근대여행」, ≪중국사연구≫, 제53집(2008); 「동아시아의 전쟁기념관과 역사 갈등」, ≪중국근현대사연구≫, 제41집(2009); 하세봉, 「모형의 제국: 1935년 대만박물회에 표상된 아시아」, ≪동양사학연구≫, 제78집(2002); 「동아시아 박람회에 나타났던 '근대'의 양상들」, ≪역사와 문화≫, 11호(2006).

36) 川島眞, 「アジアからみた'アジア'、'地域'、そして'周邊'」, 橫山宏章 外 編, 『周邊からみた20世紀中國: 日·韓·臺·港·中の對話』(福岡: 中國書店, 2002), pp. 287~290; 강선주, 「고등학교 동아시아 과목에서 동아시아사와 세계사 연계 방안」, 역사학회 창립 60주년 기념 추계학술대회 <동아시아사의 방법과 서술>(2012. 10. 6, 서울) 자료집, 100쪽. 후자에서는 동아시아사 교과목의 탄생과 그 내용 구성에 동아시아 담론 등이 중요한 역할을 했다고 지적한다.

구에 직접적인 영향을 크게 미쳤다고는 보기 힘들다. 그 이유에 대해 그것이 현실과 미래에 대한 비평에 치우쳤지, "구체적인 역사연구에서 실증적 논리를 제시하지 못해 동아시아 역사상 재구축에 기여하지 못"했기 때문이란 지적도 있다.[38) 어쨌든 양자 간에 거리가 벌어졌다면 그 벌어진 거리를 좁힐 필요가 있다. 왜냐하면 중국사를 상대화하는 방법으로 동아시아적 시각을 고려해야 하는데, 그러기 위해서는 중국현대사 연구자도 적극적으로 왜, 어떤 동아시아인가를 물어야 하기 때문이다.

이런 실정에서도 양자 간의 거리를 좁힐 가능성을 보여주는 증후가 전혀 없지는 않다. 여기에는 동북공정과 연관된 연구프로젝트가 결정적인 기여를 했다. 아시아주의 내지 아시아 개념 자체에 대한 연구[39)도 있지만, 더욱 풍성한 성과는 역사교과서 분석에서 볼 수 있다. 동아시아적 맥락에서 20세기 중국의 역사교과서를 비판적으로 해석한 일련의 연구,[40) 그리고

---

37) 손승회, 「(회고와 전망—중국현대사) 금구(禁區)에 대한 도전: 중국현대사 연구의 새로운 지평」, ≪역사학보≫, 제191집(2006), 349쪽.

38) 하세봉, 「동아시아 역사상, 그 구축의 방식과 윤곽」, ≪역사학보≫, 제200집(2008). 박원호는 '동아시아사'와 (필자 등이 제기한 것으로 그가 분류한) '동아시아담론'을 분리하면서 전자가 지역사 차원에서 과거사를 재구성하는 역사학적 논의라면 후자는 미래 기획이요 사회과학적 논의라고 이분법적으로 구획한다. 박원호, 「'동아시아사로서의 한국사'를 위한 마지막 提言」, ≪역사학보≫, 제216집(2012), 33~36쪽. 그 밖에 필자의 동아시아론을 포함한 한국에서 제기된 동아시아론을 비판적으로 검토하면서 앞으로의 동아시아 연구는 '초국가적 공간'으로 접근하자는 주장도 제기되었다. 박상수, 「한국발 동아시아론의 인식론 검토: '초국가적 공간'으로부터 접근하자」, ≪아세아연구≫, 제53권 제1호(2010).

39) 황동연, 「20세기 초 동아시아 급진주의와 '아시아' 개념」, ≪대동문화연구≫, 제50집(2005) 및 「냉전시기 미국의 지역연구와 아시아 인식」, ≪동북아역사논총≫, 제33집(2011); 김하림, 「1930년대 중국 지식인의 아시아론과 민족주의: ≪신아세아(新亞細亞)≫·≪신동방(新東方)≫을 중심으로」, ≪중국근현대사연구≫, 제35집(2007).

40) 백영서, 「20세기 전반기 동아시아 역사교과서의 아시아관」, ≪대동문화연구≫, 제50집(2005); 윤휘탁, 「동아시아 근현대사상 만들기의 가능성 탐색」, ≪중국근현대사연

2012년부터 고등학교 수업에 채택된 동아시아 교과서와 일반 독자를 위한 동아시아사 개설서 간행[41]은 국민국가를 넘어선 동아시아 공동의 역사인식에 도달할 수 있는 (불)가능성을 역사 속에서 찾는 작업이라 하겠다.

## 3) 한국에 대한 관심의 귀환

또 다른 증후는 중국사와 한국사의 경계 넘나들기에서도 찾아볼 수 있다. 중국사연구자는 1960년대 이래 한중교류사 내지 관계사에서 벗어나 중국사 자체 연구에 전념했다. 그런 경향의 여파로 중국현대사 연구자도 한국에 대해 관심 갖기를 꺼려왔다고 볼 수 있다. 그런데 이제는 중국사 연구가 한중관계사에 치중된 것을 극복하기 위해서 중국사 자체에 대한 연구를 너무 강조한 나머지, "한국을 의식하지 않는 중국 연구, 한국이 빠진 동아시아사를 탐구하는 바람직하지 못한 경향"이 나타났다고 비판되기에 이르렀다.[42] 그리고 이런 편향을 극복하기 위해 중국사 연구자로서 한국현대사와 중국현대사 모두를 상대화하려는 시도가 나타나기 시작했다.

그 사례로 주로 중국의 한국(인)에 대한 인식과 정책[43] 혹은 재한화교 재

---

구≫, 제25집(2005). 그 밖에도 많지만 여기서 일일이 거명하지 못했다.

41) 손승철 외 지음, 『고등학교 동아시아사』(교학사, 2012); 김형종 외 지음, 『고등학교 동아시아사』(천재교육, 2012); 유용태·박진우·박태균, 『함께 읽는 동아시아 근현대사(전 2권)』(창비, 2011); 한중일3국공동역사편찬위원회, 『한중일이 함께 쓴 동아시아 근현대사(전 2권)』(휴머니스트, 2012).

42) 이성규, 「회고와 전망: 동양사 총설」, ≪역사학보≫, 제175집(2002), 278쪽.

43) 이재령, 「남경국민정부 시기, 중국의 한국 인식: 만보산사건에 대한 여론 동향을 중심으로」, ≪중국사연구≫, 제31집(2004); 「20세기 중반 한중관계의 이해: 한국독립에 대한 중화의식의 이중성」, ≪중국근현대사연구≫, 제29집(2006); 「항전시기(1937~1945) 국공양당의 한국관」, ≪중국학보≫, 제56집(2007); 「미군정시기(1945~1948) 中國國民黨 언론의 대한인식: ≪申報≫를 중심으로」, ≪동양학≫, 제

만한인(在滿韓人) 연구, 그리고 한국인의 (만주와 대만을 포함한) 중국인식에 대한 연구,[44] 쑨원과 한국의 관계에 대한 연구[45] 등을 들 수 있다. 이러한 일련의 연구는 최근 들어 점점 더 활기를 띠고 있다. 그 흐름은 일국 중심의 민족주의적 시각이 지닌 한계를 드러내고, 그로 인해 가리어진 역사적 사실과 억압된 목소리를 복원해 왜곡된 역사적 실상을 바로잡는 데 기여한다.

이상에서 살펴본 세 갈래의 새로운 연구 영역의 개척 내지 확산이 모두 다 동북공정이란 사회의제를 학술 과제로 삼은 직접적인 결과라고만은 볼

47집(2010); 「냉전체제 형성기(1945~1948) 중화민국의 한국인식: 국민당 언론의 한국 기사를 중심으로」, ≪동북아역사논총≫, 제29호(2010); 김지훈, 「중일전쟁기 중국공산당의 한국인식」, ≪역사학보≫, 제194집(2004); 「중일전쟁시기 해방일보의 한국인식」, ≪사림≫, 제25집(2006); 이찬원, 「근대 중국 지식인의 대한국관: 黃炎培의『조선』을 중심으로」, ≪중국근현대사연구≫, 제24집(2004); 임상범, 「1948년 남북한 건국과 동북아 열강들의 인식 – 중국의 남한정부 수립에 대한 인식: 1948년 5월부터 8월까지의 신문기사를 중심으로」, ≪사총≫, 제67권(2008); 이선이, 「근대 중국의 조선인 인식: 梁啓超와 黃炎培를 중심으로」, ≪중국사연구≫, 제66집(2010); 유연실, 「근대 중국 언론에 나타난 朝鮮 여성의 形象」, ≪역사학 연구≫, 제41권(2011).

44) 손승회, 「만주사변 전야 만주한인의 국적문제와 중국·일본의 대응」, ≪중국사연구≫, 제31집(2004); 「1931년 식민지 조선의 배화폭동과 화교」, ≪중국근현대사연구≫, 제41집(2009); 손준식, 「식민지 조선의 대만 인식」, ≪중국근현대사연구≫, 제34집(2007); 유장근, 「위대한 과거와 낙후한 현재 사이: 여행기를 통해 본 현대 한국인의 중국관」, ≪대구사학≫, 제80집(2005); 「현대 한국인의 중국 변방 인식: 수교 이후 여행기를 중심으로」, ≪중국근현대사연구≫, 제44집(2009); 강진아, 「근대전환기 한국 화상의 대중국 무역의 운영방식: '同順泰寶號記'의 분석을 중심으로」, ≪동양사학연구≫, 제105집(2008); 김승욱, 「20세기 초(1910~1931) 仁川華僑의 이주 네트워크와 사회적 공간」, ≪중국근현대사연구≫, 제47집(2010); 「19세기 말~20세기 초 仁川의 운송망과 華僑 거류양상의 변화」, ≪중국근현대사연구≫, 제50집(2011); 윤은자, 「20세기 초 남경의 한인유학생과 단체(1915~1925)」, ≪중국근현대사연구≫, 제39집(2008); 윤휘탁, 「근대 조선인의 만주농촌체험과 민족인식: 조선족의 이민체험 구술사를 중심으로」, ≪한국민족운동사연구≫, 64(2010); 「'뿌리 뽑힌 자들의 방랑지': 조선인에게 비쳐진 만주국 사회상」, ≪한국민족운동사연구≫, 66(2011).

45) 배경한, 『쑨원과 한국인』(한울, 2007).

수 없다.[46] 그것은 동북공정의 영향 없이도 발생했을 변화라고 반박될 수도 있다. 그러나 김태승의 지적대로 '우리 자신의 중국사 인식의 한계'를 성찰하고, 중국이란 국민국가를 '초역사적 존재'로 간주해온 '중국사의 범주 인식'을 재검토하는 데 동북공정의 충격이 일정하게 작용한 것은 부인할 수 없다.[47] 이 사실은, 위의 세 갈래의 영역에 속하는 연구를 수행해온 일부 동료 연구자를 필자가 심층 조사한 결과에 의해서도 확인된다. 이 조사에 도움을 준 응답자들은 대체로 동북공정이 중국현대사 연구자에게 약간 내지 그 이상의 영향을 미쳤다는 사실을 인정한다. 그 영향은 구체적으로 그들의 문제의식 또는 연구 소재에 드러난다고 밝히면서, 중국을 단순히 중국의 내재적 관점에서 파악하는 것이 아니라 한국인의 관점에서 중국을 재구성하거나 중국에 대해 균형 잡힌 시각을 갖는 것의 중요성을 깨닫게 되었다고 대답한다. 물론 그렇게 되는 데 다른 요인들도 작용했겠지만, 동북공정이 상당한 자극제가 되었음은 분명하다는 것이다.[48] 이와 같이 동

---

46) 중국 고중세사 연구에서도 동북공정의 영향으로 새로운 영역인 한국사와 중국사를 아우르는 연구가 촉진되었다. 하원수, 「위진수당사연구의 회고와 전망」, ≪역사학보≫, 제199집(2008), 228쪽; 김택민, 「동양사 연구의 현황과 전망」, ≪역사학보≫, 제199집(2008), 200쪽.

47) 김태승, 「한국에서의 중국사 연구의 전통」, 사회과학원 편, 『(김준엽선생 1주기 추모문집) 김준엽과 중국』(나남, 2012), 239쪽.

48) 50대 연구자 세 명(C, J, Y로 표기)과 60대 연구자 한 명(B로 표기)에게 2013년 3월 12일과 13일 사이에 이메일로 묻고 답한 극히 제한적인 설문조사이다. 그중 유일하게 동북공정의 영향을 자신은 받지 않았다고 밝힌 B라는 응답자는 동북공정 이전부터 중국 중심의 역사 해석이 상존했고 그에 대해 자신은 비판적이었으므로 동북공정이 영향을 미친 것 같지 않다고 답하면서도, 다른 연구자에게는 '약간 영향이 있다'는 사실을 긍정한다. 그 밖에 C라는 응답자는 동북공정 이후 "중국에 대한 부정적 인식이 눈에 띄게 연구자 사이에도 확산되었다"고 말하면서, "이 점은 연구 논문에서는 잘 드러나지 않지만, 중국과 관련한 시사적인 사안에 대한 말을 주고받는 과정에서 확인할 수 있다"고 증언한다.

북공정의 충격은 아직 우리 학계 안에 존재한다. 김승욱이 최근 발표된 중국현대사 분야 연구 성과를 비평하면서 "'동북공정' 등으로 인한 갈등은, 2010~2011년에도 적지 않은 학자들을 '역사분쟁'에 개입하도록 했다"[49]고 명시한 것은 그 단적인 증거이다.

이 사실을 확인했으니 이번에는 새로운 조류가 '밖으로부터 시작된 위기'에 대응하는 또 하나의 유행으로 그칠 위험은 없는지 점검해보고 싶다. 앞서의 표가 보여주듯이 '동북공정'을 키워드로 한 연구논문의 수는 2009년부터 점차 줄어들고 있는데, 그것은 2007년에 중국에서 동북공정이 공식적으로 종료된 것과 무관하지 않은 듯싶다. 그렇다면 학계 밖에서 주어진 기회를 계속 창조적인 연구의 계기로 살리는 길은 무엇일까. 그 길은, 동북공정이란 외적 계기를 우리 자신의 연구의 한계를 성찰하는 내발적 계기와 단단히 결합하는 데서 열린다. 좀 더 구체적으로 지적하면, 양적으로 크게 확산된 한국사 연구가 내적으로 심화되는 계기로 삼기 위해 한국사(의 범위)란 무엇인가를 심각하게 되묻듯이,[50] 중국이란 그리고 중국사란 무엇인가를 좀 더 확대된 시공간을 염두에 두고 문제 삼는 것이다. (이 일은 중국사 연구자에게 좀 더 근원적인 과제, 필자의 용법으로 바꾸면 동북공정 등의 개별적

---

49) 김승욱, 「사학 담론의 생산기반 강화와 새로운 공간의 발견」, 249~250쪽. 그는 김형종, 박선영, 김정현, 이은자, 김종건의 등의 연구 성과를 그 근거로 제시한다. 김형종, 「吳祿貞과 ≪延吉邊務報告≫: 100년 전의 '東北工程'?」, ≪역사문화연구≫, 제35집 (2010); 박선영, 「中華民國 시기의 "間島" 인식: 당시 출판된 신문 잡지의 "간도" 기사를 중심으로」, ≪중국사연구≫, 제69집(2010); 김정현, 「20세기 중국의 한국사 서술과 일본의 식민사관」, ≪국제중국학연구≫, 제61집(2010); 이은자, 「중국고등학교 역사과정표준 실험교과서의 청대사 서술 분석」, ≪아시아문화연구≫, 제19집 (2010); 김종건, 「중국 역사교과서상의 한국 관련 서술 내용 변화에 대한 검토: 최근 초급중학≪중국역사≫교과서를 중심으로」, ≪중국사연구≫, 제69집(2010).
50) 정두희, 「중국의 동북공정으로 제기된 한국사학계의 몇 가지 문제」, 특히 465~470쪽.

단기과제를 중·장기 과제와 연결시켜 동시에 파악하는 작업이 되겠다. 이에 대해서는 맺음말에서 다시 논의할 것이다.)

지금 중국에서는 현재의 강역론을 근간으로 중국사를 구성하면서 통일적 다민족국가론이나 다민족기원론, 다문화융합론 등을 개발해 역사연구를 진행하고 있다. 이에 비해 한국에서는 혈통적 민족론에 입각해 한국사의 계승 관계가 설명된다. 이 실정에 직면해 양측은 평행선을 달리면서 제각각 자신의 역사구성이 지닌 설득력을 강화하기 위해 그저 학문적으로 '엄밀한 실증적 토대'를 갖추기만 하면 될 일인지 묻지 않을 수 없다. 한국에서 외국사로서 중국사를 전공하는 필자로서는 양측 모두 국민국가의 역사(national history)를 구성하는 이론적 기반에 대한 성찰이 필요하다고 강조하고 싶다. 그리고 그 대안적인 이론 기반을 구상하기 위한 방법의 하나로 동아시아(사)를 하나의 분석 단위로 삼는 시각의 유용성에 다시 한 번 주의를 환기시키고자 한다.[51]

필자가 역설하는 동아시아사는 민족/국사해체론과 동일한 것이 아니

---

51) 동북공정 문제의 해결을 위해 동아시아적 시각 내지 동아시아사를 중시하는 것이 필자만의 주장은 물론 아니고 이미 일정한 공감대가 형성된 것 같다. 중국정치학자 이희옥은 연구 담론을 "동아시아 지평으로 확장"할 것을 요구하고 있다(이희옥, 「동북공정의 정치적 논란에 비판적 해석」, ≪동아연구≫, 제53집, 2007, 40쪽). 최근 역사학회 창립 60주년 기념 추계학술대회의 주제가 "동아시아사의 방법과 서술"(2012. 10. 6, 서울)인 것도 흥미로운 변화이다. 박원호도 「'동아시아사로서의 한국사'를 위한 마지막 提言」에서 동아시아 역사상의 새로운 패러다임을 다시 한 번 제안하면서, 그것을 통해 '중국중심주의'의 대응 논리를 개발하고, '중국'이란 무엇인가라는 오랜 의문을 새롭게 문제로 부각시킬 수 있으며, 한국사를 세계사로 연결시켜주는 매개 고리를 확보할 수 있다고 주장한다(특히 43~44쪽). 그의 주장은 필자가 이 글을 포함한 일련의 작업에서 그간 펼쳐온 문제의식과 별로 다를 바 없다. 그 밖에 동아시아라는 공간의 시점을 기반으로 근대사를 재구성하자고 일관되게 주장하는 하세봉, 「근대 동아시아사의 재구성을 위한 공간의 시점」, ≪동양사학연구≫, 제115호(2011)이 있다.

다.52) 위에서 확인했듯이 한중관계사의 변하지 않는 조건인 '비대칭성', '근접성'과 '한국의 위치/역할의 중요성'을 진지하게 받아들인다면 섣불리 각 국가·민족의 역사를 지역사 속에 해소시키는 일이 얼마나 비역사적인 것인지 잘 알 수 있다. 우리에게 필요한 동아시아사는 연동하는 동아시아의 역사이다. 그것은 서로 깊이 연관된 동아시아가 중층적으로 상호작용하는 구조 및 서로 연관된 다양한 주체의 행위를 두루 서술하는 것이다. 이 연동하는 지역사의 시각은 각국의 역사를 상대화하는 데 유용하다. 필자는 아직 능력 부족으로 이러한 관점에서 구체적인 역사서술의 대안을 만들지는 못했다. 그러나 그러한 작업을 이미 한국의 중국현대사 연구자들이 제각기 그 나름으로 수행해왔음은 위에서 본 대로이다. 이것은 중국현대사 연구 영역에서만 이뤄진 일이 아니다. 중국의 전통시대 연구자들도 이와 같은 지역사의 서술에 일조하고 있다. 예컨대 김병준은 3세기 이전 동아시아세계는 중국 중심이라는 하나의 국제질서가 아니라 다수의 지역질서가 중층적으로 존재했는데, 중국을 매개로 다수의 지역질서가 연결된 것이라고 주장한다.53) 중국을 중심으로 한 동아시아 질서는 그 속에 여러 소중심 질서가 존재한 중층적인 세계란 점은 필자도 민두기의 입론에 기대어 이미 역설한 바 있다.54) 또한 구범진은 기왕의 조공체제론이 명과 청을 연속의

---

52) 송기호는 탈국사론의 범주에 동아시아사론을 넣고 주로 김기봉과 정두희의 글을 비판하고 있다(송기호, 「중국의 동북공정, 그 후」, 431~432쪽). 이에 비해 필자는 자국사와 지역사가 소통할 수 있는 '자아 확충과 충실의 동아시아사'라는 구상을 이미 백영서, 「자국사와 지역사의 소통: 동아시아인의 역사서술의 성찰」, 《歷史學報》, 제196집(2007. 12)에서 좀 더 상세히 밝힌 바 있다.

53) 김병준, 「3세기 이전 동아시아 국제질서와 한중관계」, 이익주 외 지음, 『동아시아 국제질서 속의 한중관계사』(동북아역사재단, 2010), 특히 62쪽.

54) 백영서, 「제국을 넘어 동아시아 공동체로」, 백영서 외 지음, 『동아시아의 지역질서』(창비, 2005), 15쪽.

시각에서 파악하며 국제질서의 맥락에서 양자를 모두 중국으로 간주한 한
계가 있다고 비판하면서, 18세기 후반 청을 중심으로 한 동유라시아 국제
질서는 조공체제, 호시(互市)체제, 조약체제, 번부(藩部)체제 등 네 가지 하
위체제로 구성된 다중(多重)체제였다고 주장한다.[55]

　이처럼 딱히 동아시아사란 이름을 내걸지 않더라도 일국사와 소통하는
지역사에 대한 관심과 요구는 이미 꽤 넓게 우리 학계에서 자리 잡고 있다.
한국사 연구자도 우리 민족사를 구성하는 이론적 기반에 대한 성찰이 필요
하고 중국의 동북공정이나 동북아전략에 대한 거시적인 분석의 시각과 이
론틀을 확보하기 위해 노력해야 한다고 요구하고 나선 상황이라면,[56] 이미
제기된 연동하는 지역사의 관점을 더 적극 검토할지언정 방치해서는 안 될
것이다.[57]


## 4. 결론을 대신하여

　앞에서 살펴본 대로 한국 일반 대중의 중국인식에는 여러 유형이 있었지
만 일제강점기와 냉전시기의 역사적 맥락에서 중국을 부정적으로 보는 유
형(필자가 말한 '천한 중국' 유형)이 지속적으로 강세를 보였다. 이 특징은 탈
냉전기, 특히 한중국교 수교 이후에도 유지되었는데 여기에 촉진제가 된

---

55) 이에 대해서는 구범진, 「동아시아 국제질서의 변동과 조선 - 청 관계」, 이익주 외, 『동
　　아시아 국제질서 속의 한중관계사』 참조.
56) 임기환, 「동북공정과 그 이후, 동향과 평가」, 10쪽.
57) 글로컬 히스토리를 추구하는 동아시아사는 한국의 민족주의, 동양사의 중국중심주
　　의 및 서양사의 유럽중심주의를 넘어설 수 있는 역사적 시야를 제시할 것으로 기대
　　하는 입장도 있다. 김기봉, 「한국 역사학의 재구성을 위한 방법으로서 동아시아사」,
　　≪동북아시아논총≫, 제40호(2013. 6), 24~25쪽 참조.

것이 바로 동북공정이었다.[58] 동북공정은 일반 대중뿐만 아니라 역사학자 (특히 중국현대사 연구자)의 중국인식에도 충격을 가했다. 그 결과는 직접적이든 간접적이든 연구자의 문제의식이나 연구 작업에 영향을 미쳤다.

그들 가운데 일부는 동북공정이란 사회적 쟁점을 심각하게 받아들이고 그것을 학술적 과제로 삼았다. 그들은 중국이란 국민국가를 초역사적 존재로 보지 않고 상대화하는 새로운 작업들을 수행했다. 그런데 그들의 작업이 과연 동료인 한국사 연구자와 소통하는 가운데 이뤄진 것이고 그 연구성과는 서로 공유되고 있는가.

'동북공정'을 구성하는 두 층위의 하나인 동북역사공정은 중국 고중세사 연구자와 한국 고대사 연구자 간에 중첩되는 연구 대상이므로 그 부분 (즉 交點)에 대한 연구를 통해 소통이 조금씩은 이뤄지고 있는데,[59] 아직 충분한 것 같지는 않다. 이에 비해 또 다른 층위인 동북변강정책전략은 중국현대사 연구자들(과 일부 중국정치 연구자)이 주로 연구 대상으로 삼은 셈인데 그 성과가 한국사 전공자들과 그다지 공유되는 것 같지 않다.

그렇게 서로 거리가 생긴 직접적인 원인은 역사학의 3분과라는 제도적 장벽이다. 그렇다고 해서 형식적으로만 3분과를 통합하는 데 그치고 종래의 진부한 사고방식 자체를 바꾸지 않는다면 그것은 바람직한 지식 생산에 도움이 되는 진정한 해결책은 아니다. 한층 더 근원적인 해결은 (위에서 필

---

58) 董向榮·王曉玲·李永春, 『韓國人心目中的中國形象』, 186쪽에 따르면, 한중수교 이후의 밀월관계를 지나 한중관계가 악화된 계기는 1999년 전후 즉 한국이 금융위기를 겪은 데 반해 중국이 고속성장을 계속한 분기점을 전후해서이고, 이때부터 한국인의 중국관도 부정적으로 변했다고 한다. 2003년의 동북공정에 대한 보도는 그것이 표출되는 구실이었다고 한다. 그들이 양국의 경제발전의 역전이란 요인을 중시한 것은 흥미로운 해석이나, 한국인의 중국인식의 역사궤적에 나타난 인식의 세 유형을 간과한 견해이기에 이 글에서 수용하지는 않는다.

59) 하원수, 「위진수당사연구의 회고와 전망」, 228쪽.

자가 말한) 각자의 역사 해석을 규정하는 이론적 기반, 예컨대 국민국가 내지 국사(national history) 형성의 역사적 맥락에 대한 철저한 성찰을 통해 그것을 상대화하는 방향에서 공통의 학술과제를 개발하고 주요 이론틀이나 분석 개념을 공유하는 데서 주어질 것으로 본다. 그럴 때 한국에서의 한국사 연구와 중국사 연구가 동아시아사의 틀 안에서 소통할 수 있을 것이고, 더 나아가 국경을 넘어 해외 학계에도 발신하는 '소통적 보편성(communicative universality)'을 확보할 수 있을 것이다.[60]

중국사 연구자와 한국사 연구자 간의 거리 못지않게, 아니 그보다 더 심각한 것은 역사학자와, 아직도 '천한 중국' 이미지나 인식을 갖고 있는 대중과의 거리이다. 이 문제는 '연구의 제고와 보급'이란 표현으로 일찍이 선

---

60) 동북아역사재단·동아시아사연구포럼 공동주관 국제회의 <동아시아문화 속의 중국>(2012. 11. 2~3, 서울)에서 동아시아사에 대해 벌어진 토론 내용은 동아시아 속에서의 중국의 위치 그리고 개별 국사(國別史)와 지역사의 적절한 관계에 대해 시사하는 바가 있어 여기서 일부 소개하고 싶다. 홍석률은 동아시아 교과서와 개설서 몇 종을 검토한 뒤 그 속에서 중국사가 단절되고 소외된 것이 아닌가 질문했다. 집필자들이 동아시아 여러 나라를 균형 있게 다룬다는 취지에 충실하다 보니 중국사가 실상보다 축소되고 그 계기적 발전이 제대로 서술되지 않은 것 같다는 뜻이다. 이 지적에 대해 함동주는 집필자가 의도한 결과는 아닐지라도 구조적으로 중국사가 축소 서술된 것에는 동의하나 그게 소외를 의미한다면 동의할 수 없다고 대응했다. 또한 유용태는 각국사의 계기적 발전을 소개하는 것과 병행하여 각국 간의 연관을 서술하는 방식이 필요하지 않은가 제안했다. 이러한 토론을 들으면서 지역사로서의 동아시아사를 실제 서술한다는 것이 쉽지 않음을 필자는 다시 한 번 절감하게 되었다. 그리고 그 난점은 역시 이 글에서 강조한 바와 같이 중국과 그 주변 이웃들과의 비대칭성에서 빚어진다고 판단된다. 필자가 지금 이 문제에 대해 깊이 개입할 여유가 없어,「자국사와 지역사의 소통: 동아시아인의 역사서술의 성찰」에서 자국사와 지역사의 소통을 제대로 서술하기 위해서는 우선 역사교과서라는 서술 양식 자체가 안고 있는 한계를 벗어나야 한다는 점을 지적한 바 있음을 소개하는 데 그치겠다. 각국의 국사란 개체 안에 국경을 넘어 소통을 가능케 하는 보편적 요소가 있다고 보고 그에 해당하는 소재들에 맞춰 지역 범위를 정해 자유롭게 서술하는 방식을 강조했던 것이다.

학 민두기도 진지하게 고민한 적이 있을 정도로 역사학(더 나아가 학문 일반)의 사회적 존재 이유와 직결된 것이다.[61] 사회적 과제인 동북공정을 학술적 과제로 전환한 연구자들은 이미 대중과의 단절에서 벗어나 소통의 장에 들어갈 의지를 내보인 셈인데, 그 안에 들어가 제대로 소통하려면 연구 태도에 대해 고민해야 한다. 이 말은 단순히 논문 형식을 버리고 대중이 알기 쉽게 글을 쓰자는 뜻이 결코 아니다. 연구자의 지식 생산의 결과를 대중과 공유하는 길은 역사학이 사실의 인과관계를 설명하는 '과학으로서의 역사학'에 머물지 않고, 대중이 공감할 수 있는 주제에 대해 비평적 개입을 하는 것이 관건이다.

동아시아 전통시대 역사학의 사평(史評) 기능이 바로 그러했듯이, 역사 자체에 대한 평가임과 동시에 그 서술에 대한 평가라는 이중적인 의미를 가진 '비평으로서의 역사학'은 하나의 제도라기보다 연구 태도와 접근법을 뜻한다. 좀 더 구체적으로 말하면, 그것은 역사학계의 학술 성과(논문이든 저술이든)에 대한 비평은 물론이고, 특히 역사학 밖에서 중시되는 사회의제에 대해 비평함으로써 공론의 장에 개입하는 것을 과제로 삼는다.[62] 다시 말해 역사연구자가 지식을 발신하면서 동시에 그것을 수신하는 대중을 위해 매개/중계하는 역할도 아우르는 것이다.[63]

---

61) 민두기, 「中國史 硏究의 '提高'와 '普及'」, ≪東洋史學硏究≫, 제50집(1995. 4), 5쪽.

62) 백영서, 「사회인문학의 지평을 열며: 그 출발점인 '공공성의 역사학'」, ≪東方學志≫, 제149집(2010. 3)에서 '비평으로서의 역사학'에 대한 구상의 일부를 밝혔다.

63) 앞서 거론한 <동아시아문화 속의 중국> 제목의 국제회의에서 바바 기미히코(馬場公彦)는 일본인의 중국인식의 형성 과정을 분석한 발표에서 그것을 하나의 하천으로 비유하면서 원천의 정보원으로 중국이란 큰 호수가 있는데 그 상류(上流)는 학술권(1차 정보를 생산하는 중국학자·지역연구자·저널리스트), 중류(中流)는 지식공공권(1차 정보에 의거해 논제를 정하고 국민의 여론 형성을 위해 공론을 제시하는 것 즉 종합잡지 등 논단에 참여하는 공공지식인) 및 그것을 받아들여 여론을 형성하는 하류(下流)로 구성된다고 소개한다(馬場公彦, 「戰後日本の對中國認識:雜誌メディアを中心

이 글에서 주목한 한국인과 중국인의 상호인식의 어긋남에서 비롯된 한국인의 '천한 중국' 인식 유형 같은 대중 정서는 일단 형성되면 단기간에 바뀌기 어렵고 근본적으로 한중협력의 기초를 흔들 위험이 있다.[64] 그렇다면 역사학자는 이에 개입해 그 현상의 역사적 맥락을 분석하고 그에 대해 평가하는 비평적 역할을 감당해야 한다. 지금 일본에서는 중국에 대해 이해하기를 거부하고 존재 그 자체를 혐오하는 사조마저 고양되고, 그런 분위기가 중국뿐만 아니라 한국에 대해서도 번지고 있다. 반중(反中)·혐중(嫌中)과 반한·혐한을 촉진하는 보도가 넘쳐나고 반감과 멸시관을 부추기는 실정이라고 한다. 이런 상황에서 중국 연구의 정치화(精緻化), 다른 말로 하면 중국에 관한 단편적 지식의 높은 축적이 반드시 일반인들의 중국 이해를 심화시키는 것으로 이어지지는 않는다는 지적은[65] 일본에만 한정된 것일까.

이런 우려스러운 사태를 타개하려면 각자가 처한 현실생활에 뿌리내려 그로부터 촉발된 사회의제를 학술의제로 바꾸려는 열정, 곧 '내심에서 우러나오는 인생에의 흥미'가 연구의 추동력이 되어야 한다. 그렇다고 해서 시사문제를 해설하고 단기적 예측을 하는 시사평론을 하자는 것은 당연히 아니다. 동북공정과 같은 문제에 대한 단기적 진단과 대책[66]을 내놓는 것

---

に」, ≪동아시아문화 속의 중국≫ 자료집, 259쪽). 흥미로운 비유인데 상·중·하류란 비유가 위계적인 것 같아 필자는 그것을 바꾸어 잠정적으로 발신 - 매개(또는 중계) - 수신으로 표현해보았다.

64) 王曉玲, 「中韓民衆間的相互認識以及好感度影響因素」, p. 108.

65) 山室信一, 「曼荼羅としての中國: 日本からの眼差し」, <동아시아문화 속의 중국> 자료집, 13~14쪽. 중일전쟁이 발발하던 시기에 중국연구자 오자키 호쓰미(尾崎秀美)가 우려한 바와 같이 중국 연구의 세분화와 연구자의 고립화가 진전됨에 따라 일반인의 놀라운 무이해와 무관심이 증폭되는 상황이 지금 재현되고 있다고 야마무로 신이치는 우려한다.

66) 단기 대책으로 그간 제기된 것은 연구 역량과 역사교육의 강화 및 국내외 네트워크

에 그쳐서는 안 된다. 그것과 중·장기 과제를 동시에 생각하고 일관된 실천에 옮기는 것이 사회의제를 학술의제로 전환하는 창의적 방식임을 잊어서는 안 된다. 달리 말하면 현실문제에서 사상과제(또는 역사과제)로서의 중국을 독해하면서 그것을 통해 현실문제를 비판적(또는 역사적)으로 사유하는 인식틀을 제공하는 작업을 동시에 수행하는 것이다.[67]

사실, 우리가 직면한 중국인과 한국인의 상호인식의 어긋남이란 현실은 한중관계의 '변하는 것'과 '변하지 않는 것'이 상호작용하는 역사적 맥락에서 나타난 여러 가능성 가운데 한 가지가 실현된 것일 뿐이다. 곧 또 무수한 가능성이 중·장기적으로 드러날 것이다. 이미 실현된 현실성을 뒤집을 수 있는 가장 훌륭한 가능성을 역사와 현실 속에서 찾아내고 그것을 향해 사람들이 다가갈 수 있도록 비판적 사고를 북돋는 것이 인문학으로서의 역사학(의 비평 기능)이 감당할 보람찬 일감이다.

---

구축으로 압축된다(정문상, 「'역사전쟁'에서 '역사외교'로: 동북공정에 대한 한국인의 대응양상」, 《아시아문화연구》, 제15집, 2008). 한중 간의 우호적 상호인식을 위한 정책 대안이란 대체로 '지속적인 교류와 대화'란 기조 위에서 각종 아이디어를 제시하는 것이 대부분이다.

67) 각주 48)에서 언급한 설문조사에 응한 중견 연구자 Y는 "중국의 국가 활동이 야기하는 대중의 편향된 인식을 사실에 입각해 객관화하고 국제적 맥락에서 해석함으로써 균형을 잡을 수 있도록 하는 게 중국현대사 연구자의 책무 중 하나라고 본다"고 지적하는데, 이 발언은 바로 필자의 뜻과 통한다. 필자는 이러한 과제를 수행하는 중국연구를 '비판적 중국학'으로 규정하고 한국에서의 그 계보를 정리한 바 있다. 백영서, 「중국학의 궤적과 비판적 중국연구: 한국의 사례」, 《대동문화연구》, 제80집(2012. 12) 참조.

## 제3장

# 냉전시기 한국인의 대만인식[*]
## 일간지의 대만 관계 기사 분석을 중심으로

정문상

## 1. 머리말

2012년은 한국이 대만(臺灣)과 '단교'한 지 20년이 되는 해였다. 단교와 함께 한국인에게 기존 '자유중국(自由中國)'은 '대만'으로, '중공(中共)'은 '中國'으로 불렸다. 중화인민공화국(이하, 중국)과의 국교 수립으로 한국인의 관심은 중국으로 급속하게 이동하였으며, 상대적으로 대만에 대한 관심도는 격감하였다. 과거 20여 년 동안 대만은 한국인에게 거의 '잊혀진 존재'가 되었고 '중국'하면 으레 국교를 맺은 중국과 등치시켜 사고하는 것이 한국인 일반의 국제 감각이 되었다.

그러나 최근 한국사회에서 대만에 대한 관심이 증대되고 있다. 학계에서는 대만연구가 본격화되고 있을 뿐만 아니라[1] 대만학자들과의 각종 크고

---

* 이 글은 ≪中國近現代史硏究≫, 제58집(2013. 6)에 게재된 논문을 수정·보완한 것이다.
1) 한국 역사학자들의 대만사 연구에 대한 요령 있는 정리로는 陳姃湲, 「處於<東洋史>與 <國史>之間:戰後韓國歷史學界中的臺灣史硏究」, ≪臺灣史硏究≫ 18-3(2011. 9) 참조. 그

작은 학술교류가 활발히 이루어지고 있다. 이를 반영이라도 하듯이 학계와 사회 일각에서는 '양안관계의 번영과 동아시아의 평화발전'에 기여할 대만에 주목할 것을 요구하고 있다.[2] 한국사회의 대만에 대한 이러한 관심의 증대에는, 대만사회에서 이루어진 일련의 변화가 중요하게 작용하였다. 2000년 정권 교체로 상징된 일련의 정치적 민주화 진척, 이와 동반된 이른바 '본토화(本土化)'의 대두 그리고 양안관계의 개선 등은 한국인의 시선을 대만으로 이끌기에 충분했던 것이다. 대만에 대한 관심의 증대가 대만에 대한 폭넓은 이해로 이어져 한국인의 '중국문제'를 바라보는 균형감각을 회복시키고 나아가서는 한국 - 대만관계의 개선은 물론 '화해와 소통의 동아시아'를 상상하는 데 기여할 수 있기를 기대한다.

이 글에서는 한국인의 대만인식을 추적해보고자 한다. 한국인은 대만을 어떤 시선으로 보았으며 어떻게 이해하고 있었는지를 파악해보고자 하는 것인데, 이는 한국인에게 대만은 무엇이었는가를 되돌아보고자 하는 시도와 통한다. 필자는 한국인의 대만인식을 해명한 연구가 현재 일제시기에 한정되어 있는 것을 고려하여,[3] 검토 시기를 한국이 대만과 국교를 수립한 이후부터 단교에 이르렀던 시기까지에 초점을 맞추고자 한다.

이 시기는 한국 - 대만관계에서 보면 냉전시기에 해당한다고 볼 수 있다. 널리 알려져 있듯이 동아시아의 냉전구도는 미 - 중 대립구조로 특징지어진다. 미일동맹을 기축으로 그 아래에 한국과 대만이 위치한 '자유주의진

---

녀의 분석에 따르면 한국 역사학계의 대만사 연구는 1990년대부터 점차 시작되다가 2006년에 들어서 현저히 늘어났다.

2) 허영섭, 『대만, 어디에 있는가』(서울: 채륜, 2011); 최원식·백영서 편, 『대만을 보는 눈』 (서울: 창비, 2012).

3) 손준식, 「식민지 조선의 대만인식: 조선일보(1920~1940) 기사를 중심으로」, 《중국근현대사연구》, 제34집(2007. 6); 손준식, 「동아일보(1920~1940) 기사를 통해 본 식민지 조선의 대만인식」, 《중국학보》, 제61집(2010. 6).

영'과, 이른바 '혈맹관계'로 맺어진 중국과 북한의 '사회주의진영'이 대치했기 때문이었다. 한국은 북한과 그리고 대만은 중국과 국경을 맞대고 있었기 때문에 한국과 대만은 미 - 중이 주도한 동아시아 냉전 반공블록의 전초기지였으며, 역으로 중국과 북한은 동아시아 반미블록의 전초기지였다. 이러한 냉전구도는 1970년대에 들어 시작된 미중화해 분위기에 의해 동요되기 시작하였고, 시차를 두고 진행된 일본과 미국의 중국수교와 대만단교 등으로 중대한 변화를 맞았다. 1992년 '북방외교'를 내건 한국까지 이러한 변화에 가세하면서 동아시아 지역은 이른바 '탈냉전'의 시대로 접어들었다.

한국 - 대만관계상의 냉전시기 한국인의 대만인식을 추적하는 데 유용한 방안 중 하나는, 일간지의 대만 관계 기사를 분석하는 것이다. 일간지는 한국인의 대만인식이 표출되는 출구이자 그것을 사회에 유통시키는 일상적 매체이기 때문에 한국인의 대만인식을 일정하게 반영할 뿐만 아니라 그것을 형성케 하는 데 중요한 역할을 수행했다고 판단되기 때문이다. 이 글에서는 《조선일보》, 《동아일보》, 《경향신문》, 《매일경제》, 《한겨레》등 대표적인 일간지의 대만 관계 사설과 기획기사들을 주로 검토하고자 한다.[4] 이러한 검토를 통해 동아시아 냉전구도의 변동에 연동되어 형성되고 표출된 한국인의 대만인식의 추이가 드러나길 기대한다.

---

4) 본문에서 분석 대상으로 삼은 5종 일간지의 대만 관계 기사에 드러난 공통된 시선과 아울러 그 차이에도 주의를 기울이는 것은 마땅하다. 그러나 이 글에서 분석 대상으로 삼은 시기의 대만 관계 기사를 검토해본 결과 그 차이를 드러내기는 어려웠다. 해당 시기 대만은 한국인의 집중적인 관심이나 논쟁을 불러일으킬 만한 대상이 아니었기 때문은 아닐까 생각한다. 다만 《매일경제》의 경우 경제 관련 기사가 상대적으로 많았다는 점, 《한겨레》의 경우 '대만 민주화'와 관련되어 시민사회의 움직임을 상대적으로 비중 있게 다루었다는 점에서 특징적이었다. 이상과 같은 점을 감안할 때, 이 글은 해당 시기 한국의 대만인식의 내용과 그 추이를 드러내는 데 만족하지 않을 수밖에 없다. 좀 더 면밀한 검토와 분석은 추후의 과제로 남기고자 한다.

## 2. 반공우방, 일본문화에 압도된 대만사회

널리 알려져 있듯이 동아시아에서 냉전이 본격적으로 구축된 것은 한국전쟁을 거치면서부터였으며, 한국과 대만은 미국이 주도한 반공진영의 최전선에 위치하였다. 한국인에게 대만은 같은 분단국가로서 동아시아의 반공진영의 일원이라는 인식이 지배적이었다. 반공우방이라는 인식에 기초한 양국관계는 1992년 8월 양국이 단교를 선언할 때까지 기본적으로 유지되었다. 특히 1950년대에 간행된 대부분의 일간지들은 '침략적인 중공'과 대치하면서 '본토수복'을 준비하고 있는 대만을 집중적으로 기사화하였다. 본토수복을 위해 나날이 충실해져가고 있는 국부군의 모습을 전하며 '중공'을 대상으로 한 대규모 군사작전과 전투를 치를 수 있는 상태가 완료되었음을 보도하거나,[5] 미국의 원조를 기다리며 착실하게 무기생산에 힘을 기울이면서 준비하고 있는 대만을 보도하였던 것이다.[6] 미국의 미온적인 대만정책을 비판하며 좀 더 강경한 '대중공정책(對中共政策)'을 주문하거나 국부군의 해·공군을 강화시킬 필요가 있음을 촉구하는 기사를 내보낸 것[7]은 같은 반공국가로서 연대와 유대의식을 반영한 것이었다.

그럼에도 같은 반공국가로서 기대에 미치지 못한다며 대만에 대한 섭섭한 심정을 표출하기도 하였다. '중공군'이 한국전쟁에 개입하였을 때 '국부군'이 대륙 남부지역을 공격할 것을 기대하였지만 그러지 않았다는 것이었다.[8] 이러한 섭섭함을 과거 중국공산당과의 내전에서 중국국민당이 패배

5) 「미중립정책 해제 후의 국부동향(상): 대륙수복은 가능한가?」, ≪경향신문≫(1953. 7. 16).
6) 「미중립정책 해제 후의 국부동향(하): 비약적인 육해공군의 발전」, ≪경향신문≫(1953. 7. 17).
7) 「중공의 대만침공설과 그 대비책」, ≪조선일보≫(1954. 8. 19).

하여 대만으로 패주한 것과 관련지어 "(장제스는) 너무나 무력하고 타방(他方) 의존인 데 놀라고 또한 탄식하는바"라고 노골적으로 드러내었다.9) 장제스는 공산당과의 내전에서 '요행'과 '기적'만을 바라는 자세로 일관하였기 때문에 패하였다는 비판이었다.

흥미로운 사실은 당시 한국 언론에서 대만은 단순히 반공우방이라는 정치·군사적 관점에서만 다루어지지 않았다는 점이다. 대만사회의 또 다른 일면에도 주목했던 것인데, 그것은 대만사회에 '일본풍'이 널리 퍼져 있었다는 사실이었다. 대만은 "상점에서뿐만 아니라 가정에서도 일본말을 쓰고 일본글을 좋아하며, 일본노래를 마음대로 부를 수 있는 괴이한 곳"이며, 이는 대만인이 "50년 왜치(倭治)로 완전히 일본화했기 때문"이라고 보았던 것이다.10) 일본문화에 압도된 대만사회의 분위기는 양국의 군사적 유대를 강화하기 위해 대만을 방문한 육군참모총장 일행에 의해서 "(대만사회의) 기이한 한 가지"로 지목될 정도였다.11)

반공우방으로서의 연대와 유대의식을 가지면서도 동시에 대만사회의 일본화에 대해 비판적 입장을 견지하고 있었다는 것은 한국인의 대만을 보는 시선이 중층적이었음을 의미한다. 말하자면 국공내전에서 패주하여 대만으로 건너와 대륙수복을 외치는 이른바 '외성인(外省人)'과는 '반공' 이데올로기라는 연대감을 가지고 있었지만, 일본에 의해 50년간 식민 지배를 받아야 했던 대만사회, 즉 '본성인'의 문화에 대해서는 '괴이하고 기이'하다며 강한 이질감을 드러내고 있었던 것이다. 당시 한국인들이 대만과 문화적 유대감을 가진 것은 대륙 중국의 역사와 문화를 매개로 한 것이었다

---

8)「韓中의 共同鬪爭의 展望」,≪동아일보≫(1953. 12. 6).

9)「自由中國의 奮起를 促함」,≪동아일보≫(1953. 11. 15).

10) 閔載禎,「臺灣」,≪경향신문≫(1952. 4. 3).

11)「臺灣紀行(2)」,≪조선일보≫(1957. 2. 7).

는 점을 상기하면, 결국 당시 한국인이 대만에 대해 가진 연대와 유대의식
은 정치 이념적으로는 반공, 문화적으로는 중국문화에 기초한 것이었음을
알 수 있다. 당시 한국인들은 '외성인'을 통해 대만을 보았으며, 그들의 정
치이념과 중국문화와 강한 유대감을 느끼고 있었던 것이다. 한국인의 이러
한 대만인식은 1980년대 중반 이전까지 좀처럼 변화되지 않은 채 지속되
었다.

## 3. (농촌)근대화의 모델

   일간지의 기사를 검토할 때 한국인의 대만 인식이 기존보다 풍부하게 표
출된 것은 1956년 말과 1957년 말에 있었던 민간 차원의 교류 이후였던 것
으로 파악된다. 특히 1957년 12월 3일부터 16일까지 한국의 문인들로 구성
된 문화친선방문단(文化親善訪問團)의 대만 관찰기는 한국사회에 대만에 대
한 더욱더 풍부한 시선을 전달하기에 충분하였다. 문인들의 대만 관찰 내
용과 시선은 일간지에 기사화된 다른 기행문에 비해 더욱 구체적이고 풍부
하였으며, 이들의 기행문은 한국인의 대만에 대한 관심을 점차 기존의 정
치군사적 차원에서 사회문화적 차원으로 변화시키는 계기로 작용했던 것
으로 파악된다. ≪동아일보≫에는 농민문학의 선구자로 평가되는 이무영
(李無影), ≪경향신문≫에는 경향신문기자이자 수필가 전숙희(田淑禧), 그리
고 ≪조선일보≫에는 언론인이자 소설가 송지영(宋志英)이 각기 자신의 대
만 방문의 경험을 투고하였다.
   '야자수와 푸른 가로수로 인한 이국적인 풍경, 깨끗하게 정돈된 도시의
모습, 자전거로 붐비는 거리, 도시와 농촌 모두 안정된 생활, 검소하고 수수
한 생활태도' 등과 같이 타이완을 방문하는 방문객이라면 누구나 관찰할

수 있는 풍경 외에 문인들의 관찰기에서 주목되는 것을 추리면 나음과 같았다. 첫째, 대만의 문인들은 도색문화 즉 '황색문학(黃色文學)' 제거운동에 정부와 함께 힘을 기울이고 있으며,[12] 둘째 대만대학의 도서관은 풍부한 장서를 갖추고 있었을 뿐만 아니라 각종 교육 시설을 완비하고 있었으며 검소한 차림의 남녀 학생들은 독서와 공부에 몰두하고 있었고,[13] 셋째, 대부분 학비를 국가로부터 지원받고 공부하는 대학생들은 졸업 이후 100% 취업을 하고 있었다는 것이다.[14] 그러나 이들의 시선과 관심이 집중된 곳은 농촌 내지는 농민에 대한 부분이었다.

특히 이무영은 자신의 관심사를 반영이라도 하듯이 농촌과 농민에 많은 관심을 보였다. 벽돌로 지어진 농가, 농촌 구석구석까지 뻗어 있는 포장도로, 생활이 안정되었을 뿐만 아니라 라디오 등을 갖추고 문화생활까지 영위하고 있는 농민, 농민방송국을 운영하고 있는 대만 등을 관찰하며 대만 농촌이 완전히 탈바꿈되었음에 매우 놀라워하며 "자꾸만 구라파 도시가 연상된다"[15]는 감상을 피력하였다.

놀라움을 느꼈던 것은 10여 년 만에 다시 대만을 찾은 송지영의 경우도 마찬가지였다.[16] 10년 전만 하더라도 그에게 대만은 "炎熱의 南國風光을 즐길 겨를도 없었던, 불안하고 착잡한 심정이 교차하는 炎熱의 南國"에 지나지 않았지만, 다시 찾은 대만은 "중국의 오랜 역사와 전통을 간직한 自由中國"이자 "근검과 절약으로 안정된 농촌경제를 이룩한 兄弟之邦"으로 인

---

12) 李無影,「臺灣通訊: 第1信(下)」,≪동아일보≫(1957. 12. 12).

13) 李無影,「臺灣通訊: 第2信(上)」,≪동아일보≫(1957. 12. 15); 田淑禧,「臺灣紀行 ③」, ≪경향신문≫(1957. 12. 17).

14) 田淑禧,「臺灣紀行 ④」,≪경향신문≫(1957. 12. 18).

15) 李無影,「臺灣通訊 第3信(上)」,≪동아일보≫(1957. 12. 18).

16) 이하 宋志英의 대만 관찰기는 「自由中國의 今日」(1)~(6),≪조선일보≫(1958. 1. 31/ 2. 1/ 2. 2/ 2. 4/ 2. 5/ 2. 7) 참조.

식되었다. 홍미로운 사실은, 그가 괄목할 성장에 놀라워했던 대만은 '외성인'의 대만이었다는 점이었다. 그의 눈에 비친 대만은 "중국의 전통과 문화, 역사를 체현한 주체"이자, "鄕愁와 憂鬱"에 젖은 소수 "外省人"이 주도하는 "反共"과 "獨裁抗拒"의 기지였기 때문이었다. 이러한 대만인식은 대만사회의 발전상에 놀라워했던 다른 문인들에게서도 공통적으로 나타나는 것이었다.

물론 '외성인'을 매개로 한 대만인식과는 다른 인식이 표출되기도 하였다. 예컨대, 이른바 '2·28 사건'에 대한 설명을 통해 '본성인'과 '외성인' 사이에 존재하는 갈등구조에 주목하면서[17] '본성인'에 대한 차별을 철폐하고 좀 더 민주적인 방향으로 정치를 해야 한다고 주문하기도 하였다.[18] 대만인들의 일본어 사용을 '왜색성(倭色性)'이라고 더는 비난하지 않고 일본어 사용이나 일본풍의 문화가 존속되고 있는 양상을 '하나의 대만의 전통'으로 이해하려는 시선도 등장하기도 하였다.[19] 그러나 이러한 시선과 인식은 소수였으며, 주류는 '외성인'이 매개된 대만 인식이었다.

대만이 거둔 성취에 대한 한국인들의 찬탄과 놀라움은, 대만을 '(농촌)근대화의 모델'로까지 인식하도록 이끌었다. 대만이 일군 공업화도 관찰자의 눈길을 끌기에 충분했지만, 정작 많은 한국인들의 시선을 끈 것은 농업의 근대화였다.[20] 성공적인 토지개혁, 농산물의 상품화, 정부의 육성 의지,

---

17) 「臺灣 이모저모 ③」, 《동아일보》(1959. 9. 6); 「臺灣 이모저모 ④」, 《동아일보》(1959. 9. 7).

18) 「臺灣 이모저모 ⑤」, 《동아일보》(1959. 9. 8).

19) 朴峽賢, 「臺灣紀行: 建設에 邁進하는 모습을 보고」, 《동아일보》(1960. 3. 24).

20) 「東南亞 經濟 瞥見: 自由中國」, 《경향신문》(1962. 10. 16); 朴根昌, 「旅券에 묻어온 證言: 내가 보고 느낀 海外經濟(10): 臺灣」, 《매일경제》(1966. 4. 8); 朴基赫, 「旅券에 묻어온 證言－내가 보고 느낀 海外經濟(12): 臺灣(下)」, 《매일경제》(1966. 4. 13); 李奎燦, 「旅券에 묻어온 證言－내가 보고 느낀 海外經濟(71): 臺灣의 現況」, 《매일경

선진 영농기술의 적극적인 도입 등이 농업근대화의 요인으로 지목되었다. 농업근대화를 달성한 대만의 농촌은 '초가 없는 가옥, 90%에 달하는 전화 보급률(電化率), 그리고 라디오와 건축, 텔레비전 등을 갖추었고, 이는 한국의 농촌과는 완전히 딴판'이었다고 평가되었다.

농업과 공업의 균형적인 발전을 이룬 대만은, 한국인 관찰자에 의해 '개발도상국의 경제개발의 모범 사례'이자,[21] 한국에서 논의와 연구의 대상으로 삼기에 충분한 가치를 지닌 국가로 적극적으로 평가되었다.[22] 한국 관찰자들은 대만 근대화의 성공 요인으로 무엇을 강조하였을까. 관찰자들은 자연적인 조건을 비롯하여 경제적인 요건 또는 정치적 리더십 등 다양한 조건을 지목했지만, 특히 주목되는 것은 《경향신문》이 대만사회의 '정치 부재' 현상을 경제성장과 연관 지어 보도한 대목이었다.[23] 기사에 따르면 대만사회를 관찰하면서 놀라웠던 것은 '정치 부재'인데, 이 '정치 부재' 현상이야말로 대만이 놀라운 경제성장을 이룰 수 있었던 배경이었다는 것이었다. 말하자면 정치적 자유, 민주 등을 포기한 대가로 대만은 급속한 경제성장을 이룩하였다는 논지였다.

## 4. 자립과 자강 의지가 넘치는 중소기업 강소국

미국 대통령 닉슨의 중국 방문과 상해 코뮤니케 발표, 유엔에서의 '中共'

제》(1966. 9. 9) 등.

21) 李奎燦, 「旅券에 묻어온 證言—내가 보고 느낀 해외경제(71): 臺灣의 農業現況(完)」, 《매일경제》(1966. 9. 14).

22) 林元澤, 「이달의 論調(下): 自立繁榮의 指導精神」, 《동아일보》(1965. 3. 13).

23) 「오늘의 臺灣(上)」, 《경향신문》(1966. 6. 27).

대표권 인정 등은 기존 동아시아 냉전구도를 변화시키면서 대만의 국제적 지위를 크게 약화시켰다. 유엔에서의 퇴출과 이웃나라 일본의 발 빠른 중국수교에 이은 대만단교에서 보듯이, 대만은 국제사회로부터 점차 고립되어갔다.

대만의 이러한 처지에 한국 언론들은 동정적이었다. 상해 코뮤니케는 "자유중국에 대한 미국의 배신행위"[24]라며 미국을 강하게 비판하였고, 유엔에서 대만이 퇴출된 직후 대만은 "불안, 혼란, 패배주의 등에 휩싸일 것"[25]이라며 안타까운 심정을 표명했던 것이다. 나아가 미국이나 일본의 대만에 대한 태도 변화를 약소국의 운명은 아랑곳하지 않은 강대국의 "편의주의적 정책의 대표적인 예"로 비판했으며,[26] 미중관계의 개선에 따른 '미국의 공백'으로 대만은 물론 아시아 전체는 "긴장완화는커녕 갈등과 분쟁이 격화될 가능성이 커졌다"고 우려의 목소리까지 높이기도 하였다.[27] 1970년대 말 막상 미중수교가 이루어진 것을 보고는 "충격을 금하기 어렵다"거나 "새삼 국제정치사회의 비정함에도 경악을 억제할 길이 없다"[28]는 심경을 표출하기도 하였다. 한국인에게, 동아시아 반공냉전의 최전선에 위치하여 근대화를 함께 추구해 나아가는 동류 국가로 인식되었던 대만은 이제 약소국으로서 동병상련하는 대상으로 인식되기도 했던 것이다.

미중화해와 뒤이은 미중수교를 계기로 대만과는 동병상련의 위치에 있다는 유대감이 한국인 사이에 확산되고 있었지만, 실제 대만이 보여준 모습은 예상 밖이었다. 대만을 직접 찾은 한 신문사 주필은 "의외의 안정된

---

24) 「社說: 臺灣의 立場」, ≪조선일보≫(1972. 2. 29).
25) 李東旭, 「臺灣의 오늘과 내일」, ≪동아일보≫(1971. 12. 8).
26) 「社說: 美中共과 臺灣問題」, ≪경향신문≫(1971. 5. 12).
27) 「새로 조성될 힘의 眞空 狀態는 어떻게 메우려는가」, ≪경향신문≫(1973. 2. 24).
28) 「社說: 美·中共의 國交正常化」, ≪매일경제≫(1978. 12. 18).

활기"에 놀라워했다.29) 이른바 '처변불경(處變不驚)'하는 자세를 견지하며 새로운 방향의 국내외 정책을 적극적으로 모색하고 있었다는 것이다. 그의 관찰에 따르면 대만은 국내적으로는 '자강노선'을 분명히 하고 대외적으로는 '호혜적인 경제외교' 쪽으로 선회하기 시작하였다.

이후 한국 언론들은 '자강과 자립'을 지향한 대만 경제의 성취와 그 특징에 집중적인 관심을 보이며 적극적으로 보도하기 시작하였다. 가령 ≪매일경제≫는 "풍요로 치닫는 자유중국"이라는 기획 연재 기사를 통해, '영농의 기계화', '기술개발', '산학협동' 등 세 분야에 걸친 경제성장 동력을 소개하면서 대만은 "萬難을 극복하면서 공업입국의 기반을 구축하여 자립의 길을 다져가고 있다"고 소개하였다.30) ≪동아일보≫는 "민생우선의 대만경제"라는 기획 연재물을 통해 대만 경제가 지닌 '풍요와 발전상'을 다양한 측면에서 분석하여 전달하고자 하였다. '풍부한 의식주, 안정된 물가, 균등한 소득분배, 실리주의' 등으로 특징지어진 대만 경제는 바로 쑨원의 삼민주의에 입각한 '민생 위주'의 경제 방향에 근거한다고 분석하였다.31) 이러한 대만에 대한 관심은 ≪조선일보≫에서도 표명되었다. "고립 속의 번영, 자유중국"이라는 제목의 특파원 취재기사나, "시련의 번영 속의 쌍십절"이라는 제목의 사설은 대표적인 사례에 해당하였다.32) 말하자면 대만은 비록 미국으로부터 '버림받고' 국제사회에서 고립되는 등 일찍이 경험하지 못한 시련을 겪고 있었지만 '동요 없이' '풍요와 발전을 구가하며'

---

29) 李東旭,「臺灣의 오늘과 내일」, ≪동아일보≫(1971. 12. 8).

30) 「豊饒로 치닫는 自由中國(上): 營農의 機械化」, ≪매일경제≫(1975. 8. 28);「豊饒로 치닫는 自由中國(中): 技術開發」, ≪매일경제≫(1975. 8. 29);「豊饒로 치닫는 自由中國(下): 産學協同」, ≪매일경제≫(1975. 8. 30).

31) 「民生優先의 臺灣경제(1)～(4)」, ≪동아일보≫(1978. 5. 16~19).

32) 「特派員手帖: 孤立속의 繁榮 自由中國」, ≪조선일보≫(1975. 9. 5);「社說: 試鍊과 繁榮 속의 雙十節」, ≪조선일보≫(1976. 10. 10).

이른바 '자립과 자강'에 힘쓰고 있는, 작지만 강한 나라로 한국 언론에 의해 묘사되고 있었던 것이다.

주목할 것은 당시 대만 경제의 저력으로 한국 언론에 의해 지목된 여러 사안들은 당시 한국이 교훈으로 수용해야 할 것으로 적극적으로 평가되고 있었다는 점이다. 가령 공업화 과정에서 농촌경제를 희생시키지 않는다든지,[33] 안정을 희생삼아 성장을 추구하지 않고 안정과 성장을 동시에 달성하는 정책을 추진한다든지,[34] 그리고 적자나 부실경영을 면치 못하는 한국과 달리 국영기업을 건실하게 운영한다든지[35] 하는 점 등은 대만 경제의 '저력'이자 한국에게 주는 '교훈'이라는 것이었다. 여러 고난에도 불구하고 성공적으로 자립과 자강을 이루어내고 있는 대만의 저력과 성취는 국제시장에서 대만과 경쟁국의 위치에 있는 한국이 교훈으로 삼아야 할 사안이기도 하다는 것이었다.

1970년대 이후 대만의 경제성장과 방식에 대해 한국 언론들이 보인 관심과 그로부터 얻고자 했던 교훈들은 1980년대에 들어 세계적 불황 내지는 그에 연동된 한국 경제의 추락과 관련되어 다시금 표출되었다. 대표적인 사례는 1980년 이른바 '제2차 오일쇼크' 이후 나타난 '대만형 경제개발(臺灣型 經濟開發)'에 대한 관심이었다. 널리 알려져 있듯이 1980년 이른바 '제2차 오일쇼크'에 따른 세계적 차원의 불황에서 한국 경제가 마이너스 성장으로 비틀거리고 있을 때 대만은 성장을 계속하며 수출 실적이나 1인당 국민소득에서 한국을 능가하고 있었다. 당시 한국은 석유화학, 제철 등 석유 및 천연자원의 소비가 큰 중공업 위주의 경제성장 정책을 펼쳤던 시기라 오일쇼크의 여파는 더욱 컸다.

---

33) 「自立·自强 意志 넘치는 中華民國」, ≪경향신문≫(1979. 6. 14).
34) 「民生優先의 臺灣經濟(1)」, ≪동아일보≫(1978. 5. 16).
35) 「民生優先의 臺灣經濟(4)」, ≪동아일보≫(1978. 5. 19).

대만 경제의 경쟁력에 대한 언론의 관심과 분석은 대체로 대동소이했지만, 일간지별 또는 필자나 기자에 따라 강조점은 달랐다. 강조점을 달리한 부분을 간추려보면 "물가안정을 비롯하여 국민과 정부의 협동정신의 발휘",36) "중소기업 위주의 수출 정책을 비롯하여 중소기업 중심의 경제구조",37) "농업 안정을 전제로 한 단계적 공업화 달성 정책",38) "민생위주의 경제철학" 등39)이 주목되었다. 이 가운데 언론에서 가장 관심을 집중한 것은 중소기업에 관련한 부분이었다.

언론이 대만 경제의 가장 큰 특징이자 경쟁력으로 중소기업에 주목했다는 사실은 대기업 또는 재벌 위주의 경제정책으로 일관한 한국 경제정책에 대한 반성과 비판을 의미하는 것이었다. 1984년 현재 대기업 수나 크기에서 대만은 한국에 뒤지지만, 국가 전체의 수출액에서는 한국을 앞설 뿐만 아니라 한국보다 더 많은 무역 흑자 성적까지 내고 있다는 것이었다. 이러한 보도는, 대기업에 정부 지원을 집중하여 수출제일주의와 고도성장을 추구한 한국형 경제개발은 이제 효율 면에서 한계에 봉착했으며, 대기업 형성에 제동을 걸면서 중소기업을 기반으로 "民生爲主의 安定政策"과 "均富의 사회 형성"에 주력한 대만형 경제개발이 효력을 발휘했다는 주장인 것이었다.40)

흥미로운 사실은 대만경제 '예찬론'을 경계하는 기사도 등장하고 있었

36) 「臺灣經濟의 순리」, 《동아일보》(1981. 3. 25).
37) 「中小企業의 輸出擴大」, 《동아일보》(1981. 5. 30); 「中小企業 오늘과 내일을 診斷한 다(46)」, 《매일경제》(1981. 6. 25); 「第5次 韓中 中小企業 심포지엄 參席者 座談會」, 《매일경제》(1981. 7. 23); 「韓國型 문어발 大企業」, 《동아일보》(1983. 11. 9).
38) 「서두르지 않는 自由中國 農政」, 《동아일보》(1981. 10. 23).
39) 「經濟政策과 哲學」, 《동아일보》(1984. 1. 18); 「臺灣의 經濟」, 《조선일보》(1983. 2. 24).
40) 「富國과 富民」, 《동아일보》(1984. 9. 10).

다는 점이다. 대만형 경제론이 가지는 장점은 있지만 그러한 장점만을 일방적으로 소개하고 이를 '타산지석(他山之石)'으로 삼자고 하는 주장은, 대만이 맞닥뜨리고 있는 고민과 곤경에 대해 무관심한 것일 뿐만 아니라, 심지어는 대만의 사례를 '아전인수(我田引水)하는 것'이기도 하다는 비판이었다.[41] 이러한 비판은 대만이 직면한 현실을 올바로 전달하지 못할 뿐만 아니라 그럼으로써 대만에 대한 왜곡된 인식을 형성할 우려가 있음을 경계한 것으로 읽힌다. 실제 대만은 중소기업 위주의 경제구조로 인해 '규모의 경제'를 누릴 수 없을 뿐만 아니라 경제 전반에 걸친 '자유화와 국제화'가 어렵고, 그리고 국민의 높은 저축률은 투자로 이어지지 않아 내자동원(內資動員)이 어렵다는 고민과 곤경에 맞닥뜨리고 있었다.[42] 게다가 대만이 거둔 경제적 성취는 다른 분야의 희생, 특히 '빵만으로 살 수 없다'는 목소리를 억누르고 이루어진 것이기도 하였다.[43] 이러한 대만이 직면한 현실과 상황까지 시야에 넣을 때 대만형 경제개발이 가지는 특징은 물론 그 의의까지 균형 있게 이해할 수 있다는 논지였다.


## 5. '민주화 바람'과 대만인식의 다층화

1960년대 이후 경제영역에 초점이 맞추어진 대만 담론이 '정치영역'으로 선회하기 시작한 것은 1980년대 후반이었다. 계엄(戒嚴) 해제 후 정치적 민주화가 본격적으로 진행되면서 대만에 대한 한국 언론의 관심이 정치영

---

41)「臺灣 禮讚 有感」,≪동아일보≫(1984. 11. 17).
42)「그들은 이렇게 하고 있다(2): 臺灣經濟의 특징」,≪매일경제≫(1985. 4. 13);「활로 찾는 NICS(5): 臺灣(하)」,≪매일경제≫(1986. 1. 10).
43)「臺灣禮讚有感」,≪동아일보≫(1984. 11. 17).

역으로 신속히 이동했기 때문이었다. 국민당 정부가 계엄을 해제한 것은 1987년 7월 15일이었는데, 이는 계엄이 실시된 지 38년 만이었다. 계엄 해제 이후 대만사회에서 불기 시작한 이른바 '민주화 바람'은 한국 일간지들의 경쟁적인 취재와 보도의 대상이 되었다.

한국 일간지들은 '민주화 바람'을 두 분야에서 다루었다. 첫째 국민당(國民黨)을 비롯한 민진당(民進黨) 등 정당이 주도한 정치적 민주화, 둘째 양안관계의 개선이었다. 정치적 민주화의 경우, 국민당이 추진한 당내 인적 쇄신과 제도 개선, 이에 대한 민진당의 비판과 약진 등이 집중적으로 보도되었으며, 양안관계 개선의 경우에는 국민당 정부가 추진한 대륙과의 인적, 물적 교류의 양상 등이 신속하게 다루어졌다. 일련의 정치개혁을 추진해가며 양안관계까지 개선해나가는 등 민주화 도정에 들어선 대만사회의 역동적인 모습이 일간지를 통해 생생하게 한국사회에 전달되었다.

한국인들은 대만의 '민주화 바람'을 어떤 시선으로 바라보았을까. 즉 대만의 민주화 바람을 일간지 기사를 통해 접하면서 대만을 어떻게 인식하였을까. 이를 해명하기 위해서는 일간지에서 민주화 과정을 어떤 시각에서 다루었는지 주목해볼 필요가 있다. 먼저, 가장 눈에 띄는 것은 국민당이 민주화를 주도하고 있다는 관점이었다. 대만의 민주화를 장징궈 총통의 계엄해제에 이은 리덩후이 총통의 정치제도 개혁으로 보고 이를 '헌정복귀(憲政復歸)를 지향한 위로부터의 점진적 개혁'으로 보도한 데서 잘 드러난다. 그러면서도 일간지들은 국민당이 일련의 민주화 조치를 추진하지 않을 수 없었던 국내적 배경에 주목하는 관점을 견지하였다. 1947년 2·28 사건까지 거슬러 올라가는 반정부 민주화운동의 경험을 중시한 것이었다.[44] 말하자

───────

44) 「臺灣民主化바람, 38년 만의 變化: 現場을 가다(2)」, ≪동아일보≫(1987. 7. 16); 「묵은 틀 깨는 臺灣(2)」, ≪한겨레≫(1989. 3. 21).

면 반정부 민주화운동의 이면에는 권력을 독점해온 '외성인'과 민주화와 자유화를 주장해온 '본성인(本省人)' 사이의 이른바 '성적(省籍) 갈등과 대립'이 자리하고 있다는 점을 주시할 필요가 있음을 강조한 것이었다. 대만의 독립과 '본토화'를 지향한 민진당의 결성과 그 활동에 일간지들이 예의 주시했던 것은 바로 이와 같은 시각을 잘 보여준다. 일간지가 견지한 이러한 태도와 시각은, 대만사회 내부의 '성적갈등(省籍葛藤)'이 본격적으로 한국인의 시야에 들어오기 시작하였음을 뜻한다. '외성인'을 매개로 형성된 한국인의 기존 대만인식에 균열 내지는 변화가 생겨나기 시작했음을 의미한다.

둘째, 민간 차원의 물적, 인적 교류를 시작으로 양안관계 개선을 주도해 가면서 기존 중국과의 적대적 관계까지 청산해가는 국민당의 유연한 대중국정책을 높게 평가하였다. 일간지에서 국민당의 양안관계 개선을 높게 평가한 것은, 적대적 대립에서 벗어나지 못하고 있는 한반도의 남북관계를 되돌아보고 양안관계로부터 남북관계를 개선할 수 있는 실마리를 찾아보고자 하는 바람과 기대 때문이었다. 양안 간 인적, 물적 교류를 보도하면서 이산가족과 서신왕래를 비롯한 문화학술교류가 남북 간에도 이루어지길 기대하거나,[45] 남북관계 개선을 위해 국가보안법을 폐지할 필요가 있다는 요지의 주장을 덧붙인 데서도 잘 드러난다.[46] 양안문제를 풀어가는 대만과 중국을 빗대어 북한이 좀 더 개방과 개혁의 길로 적극적으로 나서줄 것을 주문하기도 하였으며,[47] 남북이 공히 '대승적 민족주의(大乘的 民族主義)를 견지하며 화해의 길로 나설 필요가 있음'을 역설하기도 하였다.[48] 양안관

45)「새해엔 南北韓 여행길 트자」, ≪동아일보≫(1988. 12. 29).
46)「악용되는 保安法 '限定合憲' 決定」, ≪한겨레≫(1990. 6. 6).
47)「北韓도 大勢에 順應하라」, ≪경향신문≫(1990. 6. 2).
48)「南北韓 왜 이리 오래도록 싸우는가」, ≪한겨레≫(1990. 6. 7).

계 개선에 적극 나서고 있는 대만의 노력을 '우리 겨레는 타산지석으로 삼아야 할 것'이라고 한 주장[49])에서 볼 수 있듯이 양안관계를 개선해가는 대만의 행보는 한국인에게 남북관계를 되돌아보는 계기로 작용하였고, 동시에 민족문제까지 유연하게 풀어가는 대만이라는 이미지를 형성시켜나갔다.

셋째, 양안관계의 개선을 주도해가는 대만은 부러움의 대상으로만 비쳐지지 않았다. 경쟁의 대상이라는 대만인식도 동시에 표출되고 있었다. 이러한 인식은, 대만이 적극적으로 양안관계 개선에 나서는 근본적인 이유는 표면적으로는 '인도적 측면'을 강조하지만 본질적으로는 '경제적 공존'을 추구하기 위해서라는 판단에 근거하였다. 국민당이 양안관계의 개선에 적극적으로 나서고 있는 것은, '지난 30년간 쌓아올린 경제적 부'를 중국의 거대한 노동력과 결합시킴으로써 궁극적으로는 '대중국 경제권'을 형성하기 위해서라는 것이다.[50]) 이러한 관점에서 볼 때, 양안 개선을 주도해가는 대만은 향후 세계무역시장을 놓고 한국이 치열하게 경쟁해야만 하는 대상이기도 하다는 것이다.

## 6. 맺음말

단교 이전까지 한국인의 대만에 대한 인식은 시기에 따라 다양하게 표출되었다. '반공우방'이자 '일본문화에 압도된 대만사회'라는 인식이 1950년대에 표출되었다면, '(농촌)근대화 모델'이라는 인식은 1960년대에 표출되었으며, '약소국으로서 동병상련하는 대상'이자 '자립과 자강 의지가 넘치

---

49) 「[사설] 中國 향해 조용히 문을 여는 臺灣」, ≪한겨레≫(1990. 6. 14).
50) 「富의 蓄積으로 認識의 大轉換」, ≪조선일보≫(1987. 9. 11); 「中國 - 新國共合作時代 ④: 中共 - 臺灣經濟交流」, ≪조선일보≫(1988. 6. 17).

는 중소기업 강소국'이라는 인식은 1970년대에 형성된 대만 인식이었다. 1980년대 후반부터 1992년 8월 단교할 때까지는 '양안관계 개선을 주도해가는 민주화 도정에 들어선 대만'이라는 시선이 견지되는 가운데, 본격적으로 한국인 시야에 '성적갈등(省籍葛藤)'이 들어오면서 기존 '외성인' 위주의 대만인식에서 벗어나기 시작하였다. 한편 양안관계를 주도해가는 대만을 보면서 타산지석으로 삼을 대상이라는 인식과 아울러 향후 세계수출시장에서 경쟁을 피할 수 없는 잠재적 경쟁자라는 시선이 조심스럽게 표출되기도 하였다.

이러한 대만인식의 추이는 기본적으로 동아시아 냉전질서의 구축과 균열이라는 국제관계의 변동, 그리고 그에 연동된 양국관계를 일정하게 반영한 것이었다. 냉전질서가 구축되면서 분단국이자 반공국가로서의 유대감이 강조된 1950~1960년대에는 '반공 우방'과 '근대화 모델'이라는 유형의 인식이, 냉전질서가 균열되기 시작한 1970년대에는 '약소국으로서의 동병상련의 대상'이자 '자립과 자강 의지가 넘치는 중소기업 강소국'라는 인식이 표출되었던 것이다. 동아시아 국가들이 '탈냉전'의 흐름을 본격적으로 타기 시작한 1980년대부터는 '양안관계 개선을 주도해가는 민주국가'라는 인식이 사회적으로 유통되기도 하였다.

이상과 같은 인식의 흐름에서 주목되는 것은 한국인의 대만사회에 대한 이해와 인식이 1980년대 후반기를 넘어서면서 심화되어갔다는 점이다. 이른바 '외성인'을 매개로 대만을 관찰하고 이해하던 데서 '성적갈등'을 시야에 넣음으로써 대만사회를 더욱 다층적이고 역동적인 시각으로 인식할 수 있게 되었던 것이다. 물론 여기에는 '탈냉전'이라는 국제관계의 변동이 작용했지만 양국 사회에서 전개된 민주화운동도 중요한 배경으로 작용하였다고 보아야 할 것이다. 일간지에서는 명료하게 표출되지는 않았지만, 1980년대 후반 양국민은 공히 민주화 시대를 맞이하였으며 그에 따라 과거

권위주의시대 국가 차원의 반공우방이라는 유대감에 견줄 만큼 혹은 그 이상으로 민주화를 매개로 한 사회영역의 연대의식을 형성하였을 것으로 보이기 때문이다. 이러한 연대의식으로 한국인은 '외성인'에 의해 가려졌던 대만사회의 내면을 들여다볼 수 있는 시야를 갖게 되었던 것으로 보인다.

주목되는 또 다른 하나는, 한국인들에게 대만은 주로 경제영역에 집중되어 인식되어온 경향이 강했다는 점이다. 1960년대부터 1980년대에 이르기까지 대만은 근대화의 모델 또는 중소기업형 경제모델 등으로 인식되어왔다. 이는 한국인에게 대만이 어떤 관심의 대상이었는지를 시사한다. 비록 반공우방으로서의 연대감은 강조했지만, 그러한 연대감을 현실화할 수 있는 관계를 구축하지 못한 상태에서 경제개발을 신속히 이루어야 하는 개발도상국으로서의 동반자 의식을 가지고 있었던 것은 아닐까 생각해본다. 양국은 국가주도하의 수출 지향적 산업화라는 유사한 방식으로 경제개발을 경쟁적으로 추구하였다. 이 과정에서 한국인은 대만이 이룩한 경제적 성취에 관심을 가졌고 그러한 성취가 가능했던 산업질서와 생산체제의 특성에 주목하였다.

경제적 영역에 집중된 한국인의 대만인식과 관련하여, 흥미로운 것은 대만을 경제개발의 참조 틀로 바라보던 데서 양안관계의 개선에 따라 비록 명료하지는 않지만 잠재적 경쟁자로 인식하는 경향이 표출되기 시작하였다는 점이다. 이는 양안관계의 개선이 결국 '대중국 경제권' 형성으로 귀결될 것이라는 전망 속에서 드러난 인식이었다.

## 제4장

# 대만에서의 중국인 정체성의 우여곡절과 전망<sup>*</sup>

정훙성(鄭鴻生)


## 1. 머리말: 대만과 중국 간 명칭의 대립

지난 100여 년 동안 대만에서 중국인 정체성은 여러 차례의 전환을 겪었다. 2000년 대만독립을 주장하던 민진당 천수이볜(陳水扁)이 정권을 잡자 대만인들은 갑자기 이때부터 중국 정체성에서 벗어나는 것처럼 보였다. 그러나 2008년 국민당 마잉주(馬英九)가 정권을 재차 장악하고 게다가 서구 세계에서 발생한 심각한 금융위기 가운데 중국대륙이 그 시기를 틈타 흥기하자 대만인의 중국 정체성은 다시 또 한 차례의 변화 가능성을 맞게 되었다. 이 글은 대만인이 100여 년 동안 겪은 정체성 변화의 우여곡절 그리고 중국대륙이 흥기하는 상황하에서 맞닥뜨린 정체성 문제상의 난제와 전망에 대해 살펴보고자 한다.

---

* 이 글은 ≪中國近現代史硏究≫, 제56집(2012. 12)에 게재된 것을 다시 원문과 대조하여 다듬고 고쳤으며 역자 주를 첨부하였다.

마잉주가 2008년 중화민국 총통에 당선되어 국민당이 정권을 다시 장악하게 된 데는 민진당의 전임 총통 천수이볜이 엄청난 부패사건에 연루되었던 탓이 크지만, 평화 발전적 양안(兩岸, 타이완 해협 양편)관계에 대한 대만 유권자들의 기대도 그 요인으로 작용했다. 그런데 이렇게 외성적(外省籍, 1949년 국공내전에서 패하고 이주해온 한족을 外省人, 그 이전에 이주해 정착한 한족을 本省人이라 부른다)을 가지고 있는 국민당 중흥의 국가원수는 순조롭게 연임에 성공한 오늘날까지 공개적 행사에서 입만 열었다 하면 '우리 대만인'이라고 언급할 뿐 '우리 중국인'이라는 말은 전혀 사용하지 않고 있다. 말하자면 마잉주는 총통으로서 여러 해 동안 양안 분열하에서 초래된 '중국/대만' 명칭의 이항대립적 상황을 여전히 돌파하지 못하고 있는 것이다. 예컨대 대만인/중국인 정체성에 관한 최근의 여론조사를 보면, 중국인 정체성을 갖고 있지 않은 사람이 점차 많아져 절반을 넘어섰음을 알 수 있다. 물론 나는 마잉주가 여전히 중국인임을 스스로 깨닫고 있고 단지 비권위주의적 총통으로서 매우 신중하게 통(일)/독(립)과 중국/대만이라고 하는 이분법적 대립 사이에서 줄타기를 하고 있는 것이라고 가정한다. 내가 이렇게 판단하는 것은 그가 '그들 중국인'이라는 말을 쓰지 않았고 심지어는 '중국대륙'이라는 말로 대안(對岸)을 지칭해야 한다고 주장하기까지 했기 때문인데, 이것은 대만독립론자들이 직접 중국이라고 부르는 것과는 다르다.

나는 2008년 「대만인은 어떻게 다시 중국인이 될 것인가」[1]라는 제목의 논문을 써 가족과 친구들을 긴장케 한 적이 있다. 그들은 글의 제목을 '대만

---

1) 鄭鴻生, 「台灣人如何再作中國人 ─ 超克分斷體制下的身分難題」. 2008년 9월 ≪台灣社會研究≫창간 20주년 "超克分斷體制" 연구토론회에서 발표한 논문으로 ≪台灣社會研究≫ 第74期(2009년 6월)에 게재. 또한 <人文與社會> 인터넷 사이트에도 수록됨. http://wen.org.cn/modules/article/view.article.php/1403.

인은 다시 중국인이 될 수 있는가'나 '대만도 중국의 또 다른 국가일 수 있다'와 같이 온화하게 바꿀 것을 권유하였다. 요컨대, 일반적으로 대만인이 스스로를 중국인으로 여긴다 함은 대만이 중국에 의해 병탄될 것임을 의미하는 것이 된다.

이는 21세기 초반에 많은 대만인들이 느끼고 있는 인상이다. 그러나 내가 성장한 1960~1970년대에 '우리 중국인'은 젊은 학생들의 낭랑한 자아정체성이었고 이는 마치 공기를 호흡하듯 자연스러웠다. 지금처럼 적극적으로 대만 독립을 외쳤던 내 동년배들도 많았는데 그들이 "우리 중국인은 응당 어째야 한다"고 고함쳤던 소리가 일반 사람들보다 컸다. 그때의 중국인 정체성은 주로 냉전시기 국민당의 '친미반공' 교육으로 인해 형성된 것이었고, 당시 이러한 정체성을 받아들였던 오늘날의 많은 대만독립론자들은 이 이데올로기를 계승하고 있다. 이러한 중국인 정체성의 탈각이라고 하는 커다란 전환은 대체로 1970년대의 국제 정세의 대변동에서 시작되었다.

1975년 미국 유학 시절, 북미에는 중국대륙에서 온 유학생이 아직 없었고 대만의 유학생들은 '라오중(老中)'이라고 서로를 호칭했다. 혹시 당신이 어떤 대만 유학생이 라오메이(老美)와 라오중(老中)이 어떻다고 이야기하고 있는 것을 들었다면, 그가 가리키는 것은 미국 백인과 대만에서 온 중국인 사이에 있었던 어떤 일이다. 이러한 상황은 대만에서도 마찬가지였는데 당시 대만인들은 여전히 중국인을 마음에 품고 있었다. 그런데 그 유학 시절의 어느 날, 어떤 미국인과 잡담을 나누다가 우연히 나의 내력에 대해 말할 일이 있었다. 나는 'Chinese'라고 답했는데 그것은 마음속으로 중국인을 의미하고 한 말이었다. 그는 몇 가지 질문을 더 하다가 내가 대만에서 온 것을 알고 난 뒤, 내가 'Chinese'가 아니라 'Taiwanese'라는 말을 했다. 내 경우 중국인 신분과 대만인 신분은 충돌하지 않았지만 그 미국인에게 대만인은 중국인이어서도 심지어는 화인(華人)이어서도 안 되었던 것이다. 여기에서 주의해야 할 것은 중국인과 화인이라는 이 두 가지 신분이 영문(英文)에서는 모두 Chinese라는 단어로 구분되지 않는다는 점이다. 그 미국인은 내가 중국인이 되는 것도, 또 화인인 것도 불허한 셈이다. 당시 내가 처음 미국에 갔을 때는 이러한 신분적 분기(分岐)에 대해 민감하지 않았던 터라 그 말을 듣고는 이 미국인이 무슨 소리를 하는지 이해할 수 없었고 내 신분 정체성에 대해 간섭하는 양 느껴지기까지 했다. 당시 나는 신분이란 상호 인정되는 것으로, 만약 중국인이라면, 대만에서 왔건 홍콩에서 왔건 아니면 중국 대륙에서 왔건 간에, 내가 중국인이라고 받아들이는 것이지 어째서 너 같은 외국인이 제멋대로 하는 말이 필요한가 하고 생각했다. 정체성 문제에서 이것이 내가 맞닥뜨린 첫 번째 도전이었다. 차츰 나는 이 문제가 내가 생각하는 것보다 훨씬 더 복잡하다는 것을 깨닫게 되었다.

1970~1980년대의 변동을 거치며 대만에서 계엄이 해제된 후 사회운동이 왕성하게 발전한 1990년대를 맞이하면서, '중국인' 정체성은 소위 진보운동의 테두리 안에서 이미 배척당하게 된다. 당시 활약했던 한 사회운동가는 사회운동계에서 "어찌 중국인 신분을 사용할 수가 없고 스스로 화인이라고만 부를 수 있단 말인가?"라며 분개했다.

그런데 화인이라는 이 단어조차 하나의 과정(過渡)일 뿐인 듯했다. 다시 10년이 지나 새로운 세기가 도래하고 민진당이 2000년에 정권을 잡자 이제 화인이란 신분마저 의심을 받게 되었던 것이다. 우리는 많은 경우 국어를 화어(華語)라고 부르는 것을 듣게 되는데 그 용례는 대만어(臺灣話)와 구별된다. 이러한 구분된 용법하에서 대만 민난어(閩南語)는 다시는 화어의 일종에 속하지 못하게 되었는데, 이는 마치 30여 년 전에 내가 만난 그 미국인처럼 대만인 Taiwanese를 화인 Chinese의 범주에서 격리시키는 것과 같은 식이다. 이렇게 극단적인 예를 들지 않는다 하더라도, 대만인도 화인이라는 것을 받아들인다는 전제하에서 이렇게 '중국인'과 '대만인'을 이분법적으로 대립시키는 용법은 이미 주류 매체의 언어가 되었고 바로 여기에 마잉주가 '우리 중국인'이라고 공식적으로 말하지 못하는 상황이 존재하는 것이다.

이러한 변화에는 수십 년 동안의 정세 변화와 민진당의 정권 장악 외에도 깊이 영향을 미친 요인이 존재하는데, 중소학교 교과서 특히 역사교과서의 '탈중국화(去中國化)' 시도가 바로 그것이다. 이 추세는 1990년대 리덩후이 집권 후 바로 시작되었고, 천수이볜이 정권을 장악한 후 임명된 교육부의 교과서심의위원회를 통해 더욱 강력한 정체성 개조가 추진되었다. 이 개조가 미친 영향은 매우 컸는데 마잉주가 다시 총통으로 선출되었음에도 쉬이 시정되기 어려웠다. 대만 학생들이 도대체 어떠한 역사의식을 배워야 하는지에 대해 지금까지도 논란이 끊이지 않고 있고 정론도 정해지지 않고 있다. 이 상황은 오늘날 대만인의 중국 정체성이 처한 곤경을 잘 반영한다.

이처럼 최근 들어 대만에서 발생하고 있는, 대만에 온 대륙인에 대한 정책적 혹은 사회적 불평등 대우는 그 나름의 역사적 유래를 가지고 있다. 오늘날 왜 이러한 상황에 봉착하게 되었는가를 파악하기 위해서는 이 30~40년 이래의 정세 변화뿐만 아니라 100여 년 동안의 동아시아 역사를 살펴보아야 한다.

## 2. 대만에서의 중국인식의 몇 차례 역사적 전환

나는 2004년에 집필한 「대만의 대륙 상상」[2]이란 글에서 19세기 말엽 청

---

2) 鄭鴻生, 「台灣的大陸想像」, ≪台灣社會研究季刊≫, 第56期(2004. 12). 대륙판은 ≪讀書≫ 2005년 1월호를 통해 간행됨. 이 논문은 본래 쑨거, 백영서, 천꽝싱이 공동으로 편집한 『ポスト＜東アジア＞』(東京: 作品社, 2006)에 게재된 글임. 중문판은 <思與文網站>에 수

이 대만을 일본에 할양했던 때부터 시작하여 21세기 초 민진당이 정권을 잡기까지의 100여 년간 대만인이 중국대륙을 어떻게 '상상'했는가를 회고한 바 있다.

19세기 말 시점부터 그 문제를 논했던 것은 왜였는가? 그 이유는 우리가 '만약 중국이 1894년 청일전쟁시기 일본에 패하지 않았다면 상황이 어떻게 됐을까'라고 하는 하나의 가설적 문제에 직면해야 하기 때문이다. 답은 매우 분명한데, 청의 대만 할양이 없었다면 양안에는 오늘과 같은 이러한 문제가 없었을 것이며 전체 동아시아 형세 또한 매우 달라졌을 것이다. 따라서 우리는 1895년의 대만 할양 문제로부터 이야기를 시작해야 한다.

나는 그 글에서 이 100여 년간의 역사 변화 속에서 대만인의 마음속에 형성된 중국대륙에 대한 다른 상상들을 전후 중첩된 네 시기로 나누었다. 일찍이 청조(淸朝)의 유로(遺老)였던 내 조부모 세대가 본 '고향당산'(原鄉唐山, 唐山은 화교가 조국인 중국을 일컫는 말), 그리고 일제 강점기 식민지 근대화 교육을 받은 부모 세대가 본 '낙후한 지나(落后支那)', 광복 후 국민정부의 민족국가 교육을 받은 우리 세대는 만져볼 수 없는 '신주대륙(神州大陸)', 끝으로 20세기 말부터 시작된 신흥 대만독립운동이 이 신주의 땅을 다시 묘사한 '요마의 중국(妖魔中國)'이 그것이다.

결정적 사건으로서 1895년의 대만 할양에 의한 영향력이 점차 확대되는 가운데, 특히 교육체제에서 그 변화가 두드러지게 나타났다. 일본 식민정부는 1896년 국어학교를 설립하여 대만인 일어 인재를 양성했고 1898년에는 공학교(公學校)를 설립하여 대만인의 소학 교육을 담당케 했다. 이어서 1919년과 1922년 두 차례 '대만교육령'을 반포하여 동화정책을 방침으로 삼아 공학교, 중등학교에서 고등학교에 이르는 완전한 대만교육체제를 수

록됨. http://www.chinese-thought.org/ddpl/001778.htm.

립했다. 이러한 교육체제하에서 교육을 받은 대만인 자제들은 기본적으로 원래의 전통 학당에서의 한문교육을 버린 채 일본의 식민지 근대화 교육을 받게 되었다. 이 관건적 시점에 이러한 일련의 근대화 교육을 받을 기회가 있었는가 여부는 대체로 그들이 중국대륙을 어떻게 바라보는가를 결정지었다. 내 가족의 경우를 살펴보면 최소한의 공학교 교육을 받을 기회도 없었던 내 할아버지, 할머니는 살아생전 입만 열었다 하면, 마치 대만 민요 「사상기(思想起)」의 한 구절 '당산에서 대만으로 넘어왔네(唐山過台灣)'처럼, 저편 중국을 늘 '당산(唐山)'이라고 불렀다. 1960년대까지 내 할머니는 그녀의 만년을 항상 전통 당장(唐裝)으로 꾸미고 있었다. 그들 다음 세대인 내 부모 세대는 바로 리덩후이 세대이기도 한데, 어린 시절부터 받기 시작했던 일본 교육이 그들의 근대적 계몽의 근원이 되었다. 이 영향력은 매우 지대했고 그 세대의 근대화 세계관을 육성했지만 일본 양식을 띠고 있었다. 이러한 근대화 세계관을 통해 중국대륙을 바라볼 경우 사실상 '낙후한 지나'라는 이미지는 피하기 어려웠다.

소설가 황춘밍(黃春明)은 집에서 발생했던 어떤 사건 하나를 언급한 적이 있다. 1945년 일본 천황이 패전 투항을 선언하자 기뻐하며 집으로 돌아온 황춘밍의 할아버지는 자기 아들이 슬퍼하며 울고 있는 모습을 보게 되었다. 그의 할아버지는 선뜻 이해가 되지 않아 황춘밍의 부친에게 "아들아, 우리가 싸워 이겼는데 왜 우는 것이냐?"고 물었다 한다. 일본의 식민지 근대화 교육의 영향과 혜택을 확실히 받았던, 내 부모와 같은 세대인 황춘밍의 부친은 그들 윗세대와는 그 심리적 격차가 상당했던 것이다. 이것은 다소 극단적인 예이지만 상당한 상징성을 지닌다.

두 세대 간에는 엄청난 차이가 존재했는데 청의 유로인 내 조부모가 회상하며 멀리 바라보는 것은 '당산'이었고 먹고 입고 읽고 듣는 것들은 온통 중국 전통의 민난(閩南, 대만에 이주한 한족들의 출신지로 푸젠성 남부를 지칭

함) 양식이었다. 반면 리덩후이 세대이기도 한 내 부모 세대가 바다를 사이에 두고 바라본 것은 '지나(支那)'였고 그들은 일본 식민지의 근대적인 신국민이 되기를 바랐으며 전통 민난의 문화 습속을 무시하는 마음을 품었다. 그들은 전통문화를 무시했을 뿐만 아니라 옛것에 얽매인 그들의 부모 세대에 대해서도 경시하는 태도를 가지고 있었다. 그들은 가자희(歌仔戱, 대만 전통극의 일종으로 민요와 山歌가 발전해 만들어졌다)와 포대희(布袋戱, 인형극의 일종)가 아닌 일본과 미국 영화를 보기 시작했고, 『삼국지』와 『수호전』 대신 무라사키 시키부(紫式部)와 아쿠타가와 류노스케(芥川龍之介)를 읽었으며, 남관(南管, 푸젠성의 고전음악으로 멜로디가 우아하고 아름답다)과 난탄(亂彈, 청 건륭·가경제 때의 희곡에 나오는 곡조)을 듣지 않고 일본 가요와 서양 음악을 들었다. 그들의 근대화 세계관과 5·4 운동의 영향 아래 있었던 같은 시기의 중국대륙의 지식인들의 그것은 사실상 같은 것이었는데, 차이는 대만의 경우 주로 일본 식민정권이 위에서 아래로 주입한 것이었다는 것, 그리고 일어가 그들의 주된 사상 언어가 되었다는 점에 있었다.

1945년 일본의 패전은 또 다른 핵심적인 전환점으로 작용했다. 대만 광복 후 모든 일본식민체제는 중화민국의 국민정부체제에 의해 완전히 대체되었다. 전후 베이비붐 세대인 우리 세대는 중국 교육을 다시 받은 첫 번째 세대였지만 이 교육은, 민난어나 하카어(客家語)로 전통 한문교육을 받았던 우리네 조부모 세대로 회복하는 것이 아닌 신중국의 교육이었다. 여기서 신중국이란 신해혁명을 주축으로 현대 백화 중국어인 '국어'로 서술한 중화민국이었다. 중화민국은 특정적인 중국 개념을 가지고 있었는데, 많은 부분 당산 전통을 용인했지만 대개는 근대민족국가 개념하에서 이러한 민족적 목표를 지탱하는 데만 전통을 사용할 뿐이었다. 더욱이 그것은 대만의 친미반공적 편안정권(偏安政權, 중원을 잃고 일부 지방에 안거함을 만족해하는 정권)으로 후퇴하는 것이기도 했다.

이와 같았다 할지라도 그것이 용인하는 중국 전통이란 여전히 대만의 민속사회와 연결될 수 있었다. 우리가 학교에서 학습한 중국의 역사 지리는 대체로 대만의 전통 희극 습속과 일치했고 요순우탕(堯舜禹湯)과 마조(媽祖, 하늘의 성모로 중국 남방 연해 및 남양 일대에서 신봉하는 여신), 관공(關公, 관우)이 병렬되었는데, 이는 모두 우리 것에 속하는 것이었다. 이러한 공동의 문화 귀속감은 우리 전후 세대가 우리 부모 세대와 크게 달랐던 첫 번째 중국 개념으로, 신주대륙은 우리 민속상의 중신지주(眾神之州)였고 대만 민간 신앙의 여러 신지(神祇)는 거의가 이 신주대륙에서 온 것이었다. 우리들 또한 신중국의 언어문자 — 북방관화(北方官話)를 기초로 하는 백화 중국어 — 를 신속하게 습득했고 현대 중문을 운용한 논리 사변 능력은 전혀 손색이 없었다. 이 새로운 '중국문화공동체'는 옛 당산의 양분을 포함한 토양 위에서 20년도 채 되지 않아 대만에서 중건되었고 현대중국어는 우리 세대가 사용하는 사상언어가 되었다.

그러나 이 문화공동체로서의 중국 개념은 심각한 결함을 갖게 되었다. 1949년 이후 양안의 적대적 관계가 초래한 단절은 일본이 대만을 식민 지배했던 지난 50년보다 더욱 심각해 사람들의 구체적인 접촉과 왕래를 완전히 끊어버렸던 것이다. 더욱 심각했던 것은 냉전의 군사적 전초기지로서 친미반공적 국민당 정권이 어떤 상황에서건 중국대륙을 요마의 땅(妖魔之域)으로 묘사하지 않은 때가 없었다는 것이다. 물론 우리는 '대륙에 반격하여 대륙 동포를 구하자(反攻大陸, 解救大陸同胞)'라고 교육받기는 했지만 이 '대륙동포'라는 것은 얼굴이 없고 추상적이며 만져지지 않는 존재였다. 1960년대 대만에서 우리는 떳떳하게 '우리 중국인'이 어떻게 해야 한다고 말할 수 있었지만 해외 화교조차도 여기에서 말하는 '중국인'에는 '대륙 동포'가 포함되지 않는다고 여겼다. 그 10억 인구는 단지 모호한 모습을 한 '고통받는 동포'였을 뿐이었다. 양안이 심각하게 대립하는 상황에서 '신주대륙'의 상상은 '요마중국'의 원소를 감추고 있었다.

20세기 말 양안과 세계에서 발생한 일련의 사건들은 신주대륙으로서의 상상을 다시는 가능하지 못하게 했고 가시지 않는 요마의 이미지를 각인시켜버렸다. 1971년 미국 대통령 닉슨의 베이징 방문 선포에 이어 같은 해 말엽 중국대륙이 대만을 대신해 유엔에 가입한 것을 시작으로 발생한 일련의 중대 사건들은 정체성 전환의 또 다른 관건으로 작용했다. 국민당은 1970년대부터 중국을 대표하는 정당성을 잃어갔고 국민당이 건립해놓은 권위주의체제 역시 민주화의 물결과 경제발전이라는 상황하에서 점차 붕괴되었으며 그와 함께 대만 판본의 신중국 이념까지 붕괴되었다. 원래 또랑또랑하고 유창했던 '우리 중국인' 소리는 꺼내기 어려운 말로 변했고 이제 '우리 대만인'이 그 말을 대신했다. 종래 중국 자유주의자 레이전(雷震), 인하이광(殷海光) 등으로부터 여러 사상적 양분을 섭취해왔던 당외 민주운동 역시 '우리 대만인'을 민족을 소환하는 말로 삼은 민진당에 의해 점차 침탈되었다.

이후 중국대륙은 전 세계 범주에서 중국을 대표하는 이름을 얻었던 반면 중국 대표성을 잃은 국민당의 권위주의체제는 붕괴하기 시작하여 전후 세대를 핵심으로 한 신흥 대만독립 세력이 당외 민주운동을 통해 점차 정치적 정당성을 획득하게 된다. 이 삼자는 동시에 병존 발전했는데 바로 이것이 대만이 반공친미로부터 반(反)중국의 길로 들어서게 된 결정적 순간이었다.

1970년대 당외 민주운동이 시작된 이후 2000년에 이르러 민진당은 국민당으로부터 정권을 빼앗아오는 데 성공했다. 신흥 대만독립운동은 국민당의 신중국에 반대하긴 했지만 수십 년 동안 중국대륙을 요마화한 반공친미 노선을 충실하게 계승했다. 반공의식이 1990년대 들어 그 실질적 의미를 잃었을 때 역설적이게도 그것은 반중국의식으로 전화되었다. 다시 말해 대만독립운동의 이러한 다중적 계승 노선 속에서 신중국은 어떤 판본이었건, 즉 중국이 신중국이든 구중국이었든 간에 관계없이 모두 일률적으로 배제되었다. 바로 이러한 공허한 전환점 위에 리덩후이 세대의 '지나관'이 다시 소환되었고, 특히 1990년에 그가 '3월학생운동'을 빌미로 구세력을 국민당의 권력 핵심에서 완전히 제거한 후 '탈중국화'의 오늘날에 이르게 되었다.

그 밖에, 1990년대에 냉전이 종식되고 미국식 자본주의가 독점적 이데올로기로 자리 잡자 '민주자유'는 마침내 이데올로기 무기가 되어 '황민지나관'의 심리 위에 성공적으로 접목되었다. 대륙의 '민주자유의 결핍'은 리덩후이 정권 이후 대만의 '민주자유'와 서로 대립되었다. 또한 일종의 '낙후'하지만 '진보적인 사회주의중국'은 드디어 '낙후한 지나'로 전락해버렸다. 폐기처분되었던 '황민지나관'이 되살아나 해협을 사이에 두고 바라보았던 것은 뜻밖에도 '낙후된 지나'였다. 이것은 1970년대 이후 냉전과 미국 요인의 상호 영향 속에서 조성된 핵심적 전환점이었다. 민진당은 새로운 세기가 교체되는 시점에 정권을 잡았고 대만독립운동은 앞을 향해 큰 걸음으로 나아가는 듯 보였으며 '대만민족' 또한 살아 있는 듯 생생했다.


## 3. '대만인' 자아인식의 형성과 오늘의 난제

'대만민족' 문제에 대해 더 살펴보기에 앞서 우선 '대만인'이라는 호칭의 연원과 역사 변화를 고찰해보자.

오늘날 많은 대만 사람들이 대만인으로서의 자아 정체감을 가지고 있지만 이러한 정체성이 아무런 문제가 없는 것은 결코 아니다. 어떤 대만 원주민운동가는 대만인 혹은 중국인이라는 논법이 그들과 무슨 상관이 있느냐고 반문하면서 이것이 또 다른 민족국가의 폭력이 아닌가 하고 인식한다.

이는 분명 커다란 도전으로 내가 「대만의 대륙 상상」을 집필할 당시에도 같은 문제에 직면했다. 내가 논의의 대상으로 삼은 것은 일부의 대만인이었을 뿐, 대만에 사는 모든 사람들의 견해가 아니었다. 게다가 그것은 순전히 대만 한인(漢人)이 아니라 대만 푸젠인(福佬人, 역주)의 대륙 상상이었을 뿐이다. 나는 나와 같은 출신의 대만인을, 심지어는 이러한 출신의 도시민을 다루었을 따름이었다. 당시 나는 대만인이라는 단어를 대만 푸젠인으로 바꾸어야 합당하지 않을까 생각하기도 했지만 스스로의 정체성 내력을 더 고찰하기로 하고 원래의 명칭을 보류하기로 했다.

나는 타이난성(臺南城)에서 자랐고 내 조부모와 부모도 여기에서 태어나 자랐다. 소위 타이난성은 대략 청대에 쌓은 성벽으로 둘러싸인 범위를 가리키는데, 타이난시(臺南市)라고 하는 이 근대적 구획의 수십 분의 일을 점하고 있을 뿐이고, 성벽은 일찍이 일본 점령기에 철거되었지만 전통 타이난의 핵심 지역이기도 하다. 내가 대만인이라는 관념을 가지게 된 것은 우선 내가 살았던 옛 동네 안의 외성인 사람들 때문이었다. 내가 어린 시절을 보낸 1950년대 그들은 길거리 상가에서 시계방을 했고 우리 동네에 세 들어 살기도 했다. 나는 어른들에게서 그들은 '외성인'이고 우리는 '대만인'이라는 것을 배웠다. 우리가 말하는 언어는 '대만어'였고 그 집의 할머니가 말하는 것은 '국어'가 아닌 내가 알아듣지 못하는 그들 고향의 방언이었지만, 그 집의 아이는 나와 함께 놀 때 대만어를 말하면 남보다 조금도 뒤지지 않았다. 나는 어른들이 방금 결혼한 육촌누이가 '하카인(客家人)'(4세기와 12세기 북방 유목민족의 압력에 밀려 황하유역에서 남하한 한족으로 독특한 문화와 언어를 갖고 있다) 집에 시집을 갔다고 말하는 것도 들었다. 하지만 누이의 남편은 나처럼 '대만어'를 사용했고 모습도 나와 전혀 다르지 않았던 터라 나는 하카인이라는 명칭의 의미를 분간하기가 어려웠다. 후에 내 어머니의 재봉학원에 '하카어'를 하는 몇 명의 핑둥(屛東) 지방의 여자애들이 온 후에야 비로소 하카어를 통해 하카인의 신분을 구분할 수가 있었고, 나의 대만인으로서의 정체성을 한층 더 명확하게 확정할 수 있게 되었다. 이렇게 정체성이 형성되던 성장기를 보내던 어느 날 나는 거리에서 행색이 여느 대만인과는 다른 사람을 목도하게 되었다. 내 옆에 서 있던 어른이 그들이 누구라고 말하는 것을 들었는데, 그들은 바로 후에 내가 '원주민'이라고 부르게 된 사람이었다. 이처럼 나는 이러한 과정 속에 대만인으로서의 나의 정체성을 명확하게 확립했는데, 이것은 원주민, 하카인, 그리고 외성인과 구별되는 방식으로 확정되었다. 나는 어릴 때부터 '푸젠인'이라고 하는 대만섬의 어느 지방의 용례가 하카인과 구분되는 호칭이라는 것을 들은 바 없었고 대만인이 이런 자칭을 사용할 필요도 없었는데, 왜냐하면 평상시에는 이들 하카인을 '보지' 못했기 때문이었다. 심지어 타이난성 안에서 수적으로 적지 않았던 푸저우인(福州人)들은 자취를 감추며 살고 있었다.

아마 우리는 정치상의 명확한 이유에 기초하여 이것은 대만 푸젠인이 대만의 이름을 점령한 것이라고 확신할 수 있을는지도 모른다. 그런데 역사 발전이라는 각도에서 보면, 이 호칭이 원래 분명하게 가리키는 것은 바로 복건지방에서 대만으로 온 이민자들의 후손으로 대만이라는 이름의 내력과 밀접한 관계가 있다. 타이난 츠칸러우(赤崁樓) 북측의 청공(成功)초등학교는 청대에 타이완현서(臺灣縣署)가 소재해 있던 곳으로, 지금 그 부근에 현 성황묘(城隍廟)가 남아 있기도 하다. 이 타이완현서가 관할한 것이 후래의 타이난현시이다. 타이완현이라는 오늘날 이해하기 어려운 명칭은 어디서 온 것일까?

명 말 정청궁(鄭成功)이 타이완 지역에 정권을 건립했을 때에는 타이완이라는 이름을 사용하지 않았고 둥닝(東寧), 청톈푸(承天府) 등의 이름으로 불렀다. 청 조정이 타이완을 수취한 후에야 정식으로 타이완이라는 이름을 사용했다. 청 초기에는 정청궁 시기의 조직을 계승하여 1부(府) 3현(縣)만을 설치했는데 즉 타이완부는 푸젠성에 예속되어 타이완(타이난 지역), 주뤄(諸羅, 嘉義·雲林 지역)와 펑산(鳳山, 高雄·屛東 지역) 3현을 관할했다. 타이완부청과 현청은 모두 오늘날의 타이난시 중심에 설치되었는데, 당시에는 타이난이라는 명칭 없이 타이완부라고 불렸을 뿐이다. 또한 전 섬의 유일한 부청이었기 때문에 간단히 부성(府城)이라고도 불렸다. 따라서 당시 타이완이라는 이 지명은 좁은 의미로 바로 타이난현시(2010년 말 타이난현시가 타이난시로 합병됨)라는 지역을 가리켰다. 옹정(雍正)년간에 이르러 타이완부의 배치는 변하지 않았고 단지 북쪽으로 장화현(彰化縣, 彰化·臺中 지역)이 늘어났다. 청말 광서(光緖) 원년(1875)에는 북부 지역의 발전에 대처하기 위해 비로소 2부 8현으로 증설했는데, 즉 타이베이부(臺北府)를 설치해 단수이(淡水, 타이베이 지역), 신주(新竹, 桃竹苗 지역), 이란(宜蘭, 屛東 지역)을 관할케 했고, 타이완 남부는 여전히 타이난부라는 이름으로 유지되었고 헝춘현(恆春縣, 屛東 지역) 하나가 더 설치되었다. 타이완부와 타이베이부라는 이 섬의 남북두 주부(州府)는 서로 별다른 관련 없이 각자 푸젠성에 예속되어 있었다.

그러나 정세가 급변하여 서양 신흥 세력이 빈번히 문을 두드리자 타이베이에 성을 설치한 것이 광서 13년(1887)이었다. 청 조정은 정식으로 타이완에 건성하고 성치(省治)는 타이베이부에 두었다. 그 후 원래 남부에 있던 타이완부는 타이난부로 개칭되었는데 이것이 비로소 타이난이라는 이름의 시작인 것이다. 다시 말해 청조 초기부터 말기까지 타이완 건성으로 일단락된 200여 년간, 현재의 타이난은 줄곧 타이완부의 부성 소재였고, 타이난현시는 타이완현을 지칭했다. 여기에서 살고 있던 사람들은 스스로를 대만인이나 부성인(府城人)이라고 불렀으나 타이난이라는 이름은 알지 못했다. 이 기간에 타이난은 부성이라고 불렸을 뿐만 아니라 대만의 이름을 독점했다. 여기에서 우리는 타이난인의 대만인 신분 관념은 길고 긴 역사적 연원을 가지고 있음을 알 수 있다.

이러한 대만이라는 명칭의 독점은 또한 더욱 실재적인 역사 지리적 원인을 가지고 있다. 대만이라는 이름이 정청궁 시기에 대원(大員)이나 대원(臺員)으로 쓰이기도 했고, 이 세 가지 명칭의 민난어 발음이 성조를 제외하고는 기본적으로 같은데, 오늘날 학계에서도 대부분 이러한 명칭이 타이난, 안핑(安平) 일대의 원주민 지명인 'Tayouan'에서 왔을 것이라는 데 동의하고 있다. 따라서 한인(漢人)이 이주해온 이 최초 지역은 대만이라는 이름을 줄곧 사용했고 1887년 대만 건성 후가 되어서야 타이난이라는 이 새로운 명칭이 생겨 대만이라는 이름이 비로소 정식으로 전체 섬을 포괄하게 되었던 것이다. 그러나 이 새로운 명칭이 생긴 지 8년도 채 되지 않은 1895년 을미년에 일본제국은 대만섬 전체를 점령했고 또한 총독부를 타이베이에 설치했다. 따라서 부성인이 명확하게 타이난인이 된 것은 일제강점기 50년간 완성된 것이었지만 결코 그 대만인 신분의식의 역사적 내용이 바뀌었던 것은 아니었다.

지난 200여 년간의 대만이라는 이름의 역사적 연원에 대한 검토는, 대만이라는 이 명칭이 일찍이 푸젠성 장저우·취안저우(漳州·泉州) 지역에서 왔고 민난어를 하며, 오늘날 대만 푸젠인이라고 불리는 이들의 이민사와 단단하게 묶여 있음을 명확하게 보여준다. 이것은 내 성장기의 대만인 정체성의 배경이 되었을 뿐만 아니라, 이후 대만 푸젠인 정치운동이 쉬이 피할 수 없고 또 매우 돌파하기 어려운 정체성 문제의 핵심이기도 하다. 비록 대만인이라는 이 명칭이 100여 년간 그 함의를 확대시켜오기는 했지만 그것이 이와 같이 배타적인 용례로서 민난어를 하는 대만 푸젠인을 가리키는 용어였기 때문에, 대만의 족군(族群, ethnic)정치가 1990년대 범람하면서 강렬한 배타적 성격을 가지고 있었을 때 리덩후이는 비로소 '중국인'과 대립되는 '신대만인'이라는 명칭을 제기하여 구대만인이라는 이름에 의해 배척된 원주민, 하카인과 외성인(外省人)을 포괄하려 했다. 이것과 상응하는 명칭이 중국대륙에서도 동시에 생겨났다. 대만에서 1987년 계엄령이 해제된 후 많은 외성적을 가진 노병들이 고향을 방문해 가족을 만났는데, 대만에서는 원래 대만인이라고 여겨지지 않았던 그들이 이 시점에는 중국대륙에 의해 '대만동포'(흔히 '臺胞'라고 약칭)로 통칭되었던 것이다. 이 역시 양안 분열하에서 대만인 명칭이 발전한 또 다른 형태였다.

그러나 민난어족을 주체로 한 대만인 족군정치는 늘 끊임없이 그 외부의 적인 '중국'을 향해 대만섬 내에서 그와 상응하는 '비대만인'의 투영을 찾아내야 했고 특히 외성인을 그 내부의 적으로 삼아 이것으로 유권자들을 선동했다. 이 때문에 '신대만인'은 줄곧 구성될 수가 없었다. 대만인 정체성에 내포되어 있는 바로 이러한 한계가 오늘날 대만민족 형성에 중요한 장애로 작용했는지도 모른다. 이처럼 우리는 대만민족의 형성이란 것이 한인 이민사회로부터 온 내재적인 한계성과 장애를 가지고 있음을 간파할 수 있다.


## 4. '대만민족' 상상의 가능성과 그 장애

다음으로 대만민족 문제를 살펴보자. 세기가 교차된 2000년 3월 천수이볜이 총통으로 당선되고 대만독립운동이 고조될 무렵, 세계적으로 저명한 민족 이론가인 베네딕트 앤더슨(Benedict Anderson, 이하에서는 앤더슨이라고 간칭) 교수가 대만을 방문해 '전 지구화 시대의 민족주의 상상'이라는 제목의 강연회를 열었다. 나는 강연회 발표에 대한 토론에 응했고 그 후에 그것을 「대만민족 상상의 가능성과 그 장애」[3]라는 글로 정리했다.

---

3) 鄭鴻生,「台灣民族想像的可能及其障礙: 回應班納迪克·安德森≪想像的共同體≫」,『百年

당시는 천수이벤이 처음 총통으로 뽑혀 사회 분위기가 급변하던 때로 대만의식이 더욱 고조되고 있었고 대만 인사들은 독립 건국에 대해 더욱 강한 동경을 품고 있었다. 앤더슨의 명저 『상상의 공동체(Imagined Communities)』는 일찍이 중문으로 번역 출간되어 대만 지식계에 널리 알려져 있었다. 그의 민족 상상 이론은 대만 인사들을 크게 고무시켜 독립 건국의 이론적 근거로 차용되었는데, 나는 강연회장에서 그들의 흥분을 충분히 감지할 수 있었다. 앤더슨은 바로 이러한 분위기 가운데 대만에 와서 그들을 고무시킨 것이다.

앤더슨의 민족 형성 이론은 동남아 지역의 민족국가 독립 건국의 역사를 소재로 삼아 귀납한 것으로 그것을 중국 전통사회의 구조를 가지고 있는 대만에 기계적으로 적용할 수 있는가 여부는 확실히 문제가 된다. 나는 토론에서 '대만민족' 관념 형성의 역사적 조건에 대한 고찰 외에도 몇 가지 난제들을 제기했다.

대만의 민족 상상이 우선 일본의 식민통치에 뿌리내리고 있다는 것이 첫 번째 역사적 조건이다. 앤더슨의 관점에서 보면 일본의 식민통치는 대만의 민족 상상에 매우 결정적인 작용을 담당했는데 그중의 하나가 일어를 매개로 한 근대화 교육이다. 앞에서 지적한 것처럼 내 조부모 세대는 민난어만 구사할 수 있어 일본인의 근대화 식민교육을 따라잡을 수가 없었다. 그러나 내 부모 세대는 일본의 식민교육으로부터 일어를 통해 근대화 관념을 수용했다. 그전에 '대만인'이라는 용어는 결코 완전하거나 독립적인 개념이 아니었고, 대만의 거주민들은 원주민 외에도 서로 싸우고 있던 장저우인, 취안저우인과 하카인이 더 많은 수를 차지했다. 이들 한인 이민자들은

離亂:兩岸斷裂歷史中的一些摸索』(台北: 唐山出版社, 2006)에 수록됨. 또한 <台社網站>에도 수록됨. http://web.bp. ntu.edu.tw/WebUsers/taishe/frmzhenghongsheng01. htm.

결코 '대만인'으로서의 일체적 귀속감을 가지고 있지 않았고, 대륙 내지의 다른 사람들처럼 베이징을 앤더슨이 말한 성지순례지로서의 중심으로 삼았다.

일본의 식민통치는 북경으로의 성지순례 가능성을 차단했을 뿐만 아니라 사실상 장주인, 천주인, 하카인과 원주민의 다언어 문제를 종결지었다. 그들은 모두 일본어라는 언어 아래 통일되어 일본어를 사용해야만 근대화된 세계 안에서 상호 소통하고 상상할 수 있었는데, 여기에는 민족 상상의 가능성도 포함되었다. 그러므로 일본의 식민통치는 일본어로써 대만민족을 상상할 때 언어상에서의 첫 번째 장애를 없애는 데 도움을 주었다고 할 수 있다.

일본 식민정부는 일본어로 교육받은 대만 세대가 근대화에 진입하도록 가르쳤지만 결코 그들을 일본인으로 받아들인 것은 아니었다. 그들은 여전히 2등 공민인 청국노(淸國奴)였다. 제2차 세계대전 때 시작된 황민화운동은 이미 너무 늦었고 대만을 그 본토의 일부분으로 완전히 포함시키지 못했다. 그러나 일본의 식민통치는 이러한 민족 상상의 지리적 범위 ─ 일본 식민정권 통치하의 대만과 펑후(澎湖)군도로 이루어진 두 지역 ─ 가 정해지는 것을 도왔다. 앤더슨이 지적한 바와 같이 식민지적 행정 경계가 새로운 민족 상상의 경계가 되었던 것이다.

마지막으로 일본 식민통치자가 추진했던 근대화 프로젝트 역시 새로운 민족을 상상하는 데 과거를 부정하는 무기를 제공했다. 내 부모 세대는 내 조부모 세대의 사람들이 수구적이고 낙후되어 있으며 미신적이고 아편을 피우며 위생적이지 않다면서 마치 '낙후된 지나'에 속해 있는 것처럼 무시했다. 이러한 인식에 의거한 문화적 수치감은 수십 년 후에도 중국을 부정하는 심리적 조건으로 작용했다.

앞서 서술한 바와 같이 이러한 중국에 대한 부정은 역설적으로 국민당정권 시기에 정형화되었는데, 국민당은 중화민족주의 외에도 반공친미 이데올로기를 매우 중요한 사상 기초로 삼았다. 이 반공친미 이데올로기는 대만민족 상상의 발전에서도 중요하게 작용했는데, 다시 말해 중국대륙의 친공반미적인 중국인을 대립적인 '타자'로 여기는 심리적 잠재의식을 구성했던 것이다. 그러나 역설적이게도 국민당은 전통 중국의 대표자로 인정되었고, 그리하여 우리 전후 세대의 서구화 조류 속에서 반국민당, 반전통과 반중국은 마침내 심리적으로 통합될 수 있었다.

그렇기 때문에 1949년 대만으로 후퇴한 국민정부와 뒤이은 국공의 장기적 대립은 바로 대만민족 상상의 두 번째 역사적 조건을 형성했다고 말할 수 있다. 당국(黨國, 당이 곧 국가인 일당제) 권력은 사상에서뿐만 아니라 실제 행위에서도 좌파에 대해 전면적인 진압과 숙청을 단행했다. 1950년대의 백색공포는 대만의 좌파적 계승을 완전히 단절시켰다. 이후 수십 년 동안, 심지어 오늘날까지도 대만에는 좌익의 목소리와 도전이 극도로 결핍되어 있는데 이는 전 세계적으로 드문 일이라 할 수 있다. 국민당의 반공친미 이데올로기는 대만에 매우 성공적으로 어떤 도전도 받지 않을 정도의 반공사회를 구축했고 역설적이게도 대만의 민족 상상 프로젝트에 대한 사상에서의 도전과 항체를 제거했다.

마지막으로 국민당 정권은 근대민족국가의 언어 통일, 교과서 통일, 역사관 통일의 방법을 통해 대만의 민족형성을 위한 사상 구조의 근대적 조건들을 준비했다. 이로부터 지금의 대만 민족주의자들을 검토해보면, 그중 많은 수가 일찍이 국민당의 적극적인 옹호자였거나 혹은 무언의 순종자들이다. 앤더슨의 이론에 입각해보자면 이는 결코 모순적이지 않은데 리덩후이가 바로 그 좋은 예이다.

이처럼 대만의 민족 상상과 구축은 일본의 식민통치와 국민당정권이 잇달아 촉진하며 그 범주를 정한 것이었고 리덩후이의 '신대만인' 상상에서 최고조에 이르렀다고 할 수 있다. 그러나 그것은 동시에 이 두 정권이 내포하거나 파생했던 또 다른 더욱 강력한 민족 상상 — 중화민족주의의 도전을 받았다. 중화민족주의는 제국주의(특히 일본)의 제약을 심각하게 받았다. 즉 일본제국의 대만 식민통치 및 이후의 대륙 침략 정책은 한편으로는 대만민족 상상의 가능성을 열었고 또 다른 한편으로는 해협 양안에서의 중화민족주의(혹은 중화민족 상상)의 동시적 발전을 촉진시켰다.

대만에서 국민당은 한편으로는 일본 식민통치의 형식을 계승하고 반공친미 정책을 집행하여 대만민족 상상에 필요한 장애물을 제거했지만, 다른 한편으로는 중화민족의 각종 물질적·비물질적 요소들을 재차 강화시키면서 민족 상상의 새로운 장애물을 많이 만들어냈다. 예를 들어 고궁박물관은 앤더슨이 말한 것처럼 계속해서 민족 형성을 위한 신성한 빛을 방출해냈다. 또한 중화민국의 현실 영역인 '타이펑진마(台澎金馬, 대만섬, 펑후군도, 진먼 섬과 마주 섬)' 지역의 '진마'는 역설적인 존재가 되었다. 즉, 진먼인(金門人), 마주인(馬祖人)은 대만인인가라는 질문을 수반하며 대만민족을 상상하는 데서의 골칫거리가 된 것이다. 이것들은 모두 대만의 민족 상상 발전 속에 내포되어 있는 모순이다.

100여 년간 확충되어온 대만과 중국이라는 근대성으로 충만한 두 종류의 민족 상상은 대만에서 동시에 병존했다. 그것들은 기본적으로 제3세계가 서구 근대화 조류를 마주했을 때 태어난 쌍생아로서 같은 강도의 질투의 감정을 드러내고 있다고 할 수 있다. 이러한 두 가지 충돌적인 민족 상상은 변증적이면서도 역설적으로 상호 대립하고 또한 상호 구성된 것이다. 이러한 내재적 모순은 대만민족을 형성하는 데 최대의, 그리고 가장 치명적일 수 있는 장애물이다. 이것이 내가 앤더슨에게 제기했던 현실적 문제였다.

타이베이의 고궁박물원은 역설적인 존재로서 앤더슨이 말한 민족 상상의 중대한 기능을 발휘하고 있다. 그런데 고궁에 수장되어 있는 그 보물들은 천 년 전 북송에서 시작되어 원·명·청 3대에 걸쳐 부단히 늘어났다가 중화민국 수중에 전승되었고 마지막으로 국민정부에 의해 대만으로 옮겨진 것들이다. 앤더슨의 이론에 입각해 박물관의 전승이라는 이 항목에서만 보자면, 마치 중화민족의 상상이 송대(宋代)에 발단한 것이라고 추론할 수도 있을 것 같다. 이것은 조금 황당무계한 소리로 들릴 수 있겠으나 송대는 매우 흥미로운 시대이기도 했다. 송대에는 인쇄업이 성행했고, 설서(說書, 창과 대사를 이용해 시대물이나 역사물을 얘기하는 통속문예의 일종. 講談이라고도 함)의 전통이 시작되어 중국 소설의 기원이 되었다. 그리고 능력으로 관리를 선발하는 과거제도가 완비되어 모든 학자들로 하여금 관화(官話)를 통용하게 함으로써 그 통치범위 내에 성지순례의 여정이 생겨나게 되었다.

이러한 상업출판, 소설, 능력으로 관리를 등용하는 것, 관화의 통용 및 지식을 장악한 사람의 성지순례의 여정 등은 모두 앤더슨이 『상상의 공동체』에서 빼어나게 서술한 민족 상상의 여러 역사적 조건들이다. 이러한 조건들이 뜻밖에도 송대에서 발생한 것이다. 하지만 우리가 오늘날 근대민족국가로서의 중국이 1,000년 전인 송대에서 시작되었다고 말할 수는 없다. 앤더슨의 민족이론은 모종의 중요한 요소들을 (어떤 것은) 결여하고 있거나 (다른 어떤 것은) 많이 가지고 있어 그것을 중국의 역사적 상황에 그대로 적용하기에는 분명 문제가 있을 수 있다. '민족국가', '동양적 전제주의' 혹은 '천조(天朝)모델' 등을 이용해 중국 및 대만의 양안 관계를 관찰하는 것은 오리엔탈리즘적 오류를 저지르는 것일 수 있는데, 이것은 당시 내가 앤더슨에게 제기한 이론상의 문제였다.

2000년 강연회가 끝난 후 어느 사석에서 앤더슨은 내가 말한 3대 간의 세대 문제를 따져 물었다. 그는 내가 부모와 조부모 중에 어느 쪽을 비교적 가깝게 느끼는지를 물었고 나는 고민도 하지 않고 곧장 "부모와 가깝다"고

대답했다. 이것은 분명 그가 기대하던 답이었는데, 왜냐하면 그에게 나와 부모가 공유하는 근대화의 사상 기초는 설령 미국식과 일본식이 다르다 하더라도 그가 찬성하는 대만민족의 형성에 도움이 되지만 내 조부모 세대의 경우는 방해가 될 수 있기 때문이다. 그러나 나는 후에 곰곰이 당시를 회상해보면서 일이 그렇게 간단치 않음을, 그리고 나의 감정 또한 그렇게 일방적이지 않다는 것을 깨닫게 되었다. 할머니는 사실 나에게 큰 영향을 주었는데 취학 전인 유년 시절 나는 할머니를 좇아 각종 전통 희극들을 보러 다녔다. 앤더슨의 질문과 나의 대답은 재차 이러한 정체성 문제의 복잡성을 실감하게 했다.

앤더슨이 대만에 강연을 하러 왔던 당시는 바로 민진당이 막 정권을 잡고 흥기했던 시기였다. 8년이 지난 후 중국대륙은 서구 금융위기하에서 굴기했고 민진당은 이미 두 차례 좌절과 실패를 겪었다. 대만인의 정체성 문제는 오히려 더욱 복잡해져 버린 듯한데 이는 그 문제의 또 다른 전환점의 징조일 수 있다.

## 5. '중국' 명칭의 역사적 의미와 오늘의 난제

앞서 논했듯이 19세기 이후 확충된 중화민족이라는 근대민족국가 관념은 열강의 침략에 저항하고 국가의 독립 자주를 쟁취하기 위한 사상 무기로써 매우 유효했지만, 또한 대만민족 형성에 가장 현실적인 장애가 되기도 하는데 그것은 특히 21세기 중국의 굴기라는 형세하에서 그러하다. 우리는 또한 근대민족국가라는 틀에서 대만민족과 중화민족의 공생관계를 목도할 수 있는데, 대만민족이란 마치 굴기하는 중국에 경쟁하는 와중에 태어난 근대의 괴물 같은 것이다. 여기에서 우리는 앤더슨의 대만독립운동에 대한 찬동을 강대한 중화민족에 맞서기 위한 것으로 이해할 수 있는가? 요컨대 대만독립 문제는 중국의 내재적 문제인가?

앞에서도 언급했듯이 대만민족의 형성은 외재적으로 중화민족의 압제를 받았을 뿐만 아니라 대만 안에서도 엄청난 내재적인 난제들을 가지고 있다. 만약 대만민족의 형성이 그러한 내외재적 어려움을 가지고 있다고 할 때, 마찬가지로 근대민족국가 틀 속에 놓여 있는 중화민족의 정체성이라는 것은 합리성과 전망을 가질 수 있는 것일까? 양안 간, 국내 소수민족 그리고 동아시아 이웃국가와의 문제를 해결할 수 있을 것인가?

본래 중화민족이라는 이름은 백 년 전 민국이 성립되었을 때 국내의 다양한 민족들을 단결시키기 위해 사용했던 통칭으로 민족국가를 초월하는 측면을 가지고 있었다. 하지만 후에 민국이 우여곡절을 겪고 특히 국민당이 대만으로 물러난 이후에는 매우 국한된 근대민족국가 이데올로기로 후퇴했다. 여론조사를 보면, 대만에서 이 중화민족이라는 정체성은 중국인으로서의 정체성과 비교해 대만인들에게 더 수용되었던 것으로 생각되지만 사실상 이것은 근대민족국가와 여전히 한데 묶여 있다.

이처럼 우리가 지금 직면하고 있는 도전은 근대민족국가의 틀을 이용해 중국의 장래를 상상하는 것 외에 또 어떤 사상자원을 가지고 이 장애들을 극복할 수 있는가이다. 우리가 중국이라는 명칭을 역사적으로 다시 고찰한다면 이것이 근대민족국가로서의 중국이나 중화민족이라는 이름과 비교해 사실 훨씬 더 풍부한 의미를 가지고 있다는 사실을 발견할 수 있을 것이다. 그리고 아마도 이 작업은 우리들이 중국을 다시 정의하는 데 도움을 줄 수 있을 지도 모른다.

대만에서 계엄령이 해제되고 7, 8년이 지난 1995년 봄에야 나는 중국대륙에 처음 발을 내딛었다. 우리는 비행기를 타고 북경으로 건너가 거기에서 일을 하고 있는 옛 친구를 찾아갔다. 마침 친구가 그곳 해외 화인 여행단과 산시(山西) 다퉁(大同) 지역을 여행하기로 되어 있어 우리도 겸사겸사 잠가했다. 산시 다퉁 일대는 윈강석굴, 화엄사, 선화사, 잉현(應縣)목탑 등과 같은 수많은 고적을 보존하고 있었는데 이곳들이 바로 이 여행단의 목적지였다. 그런데 이 여정 중 어떤 고적 하나가 나를 크게 흥분시켰고 나의 중국 관념에도 큰 충격을 안겨주었다.

선화사의 한 각루(閣樓)인 보현각(普賢閣)이 바로 그것이었다(보현각과 대칭되게 서 있던 문수각은 이미 불에 탔음). 사찰의 대웅보전은 보수 중인 탓에 공사로 뒤덮여 있어 그 전모를 명확히 확인할 수는 없었지만 이 각루는 나를 무척이나 놀라게 만들기 충분했는데, 당시 나는 '화북(華北) 황토 고원인 여기에 어떻게 일본 건축이 있을 수 있는 것인가' 하고 생각했다. 내가 그토록 의아했던 것은 보현각의 모습이 일본 사찰의 각루 건축과 매우 흡사했기 때문에, 내가 종래 대만에서 봐왔던 중원 스타일의 전통 건축과는 너무나 달랐다. 당시 선화사가 천년고적이라는 것이 이미 명시되지 않았더라면 나는 그것을 일본으로부터 이식된 오늘날의 관광산업 작품 정도로 여겼을지도 모른다. 물론 잠시 후에 나는 이 절이 당대(唐代, 618~907)에 지어지기 시작해 요대(遼代, 916~1125)와 금대(金代, 1115~1234)에 걸쳐 완공되었고, 요대문화는 당대의 것을 직접적으로 물려받았기 때문에 사찰 전체의 건축이 당풍(唐風)을 띠고 있음을 알게 되었다. 이러한 당대 건축 양식이 오늘날 가장 잘 보존된 것이 바로 일본의 사찰로, 이것이 내가 대륙에서 처음으로 몇 남아 있지 않은 당대 양식의 건축물을 목도했을 때 바로 일본 사찰을 연상했던 이유였다.

산시 다퉁에 있는 선화사 보현각을 보면서 나는 원래 가지고 있었던 중국의 이미지란 것이 단지 후대의 명·청 양식일 뿐임을 되돌아보게 되었다. 예를 들어 전통건축을 본뜬 대만의 쑨중산(孫中山, 쑨원) 기념관과 중정(中正, 장제스) 기념당은 사실 모두가 다 명·청 시기의 건축 양식을 띠고 있다.

우리가 어릴 적부터 공원이나 영화에서 보았던 전통건축은 다 명·청 양식의 것이었기 때문에 중국 건축이 예부터 지금까지 마치 하나인 것처럼 여기게 되었던 것이고 그것이 바로 지금의 이른바 중원 스타일로 고착된 것이다. 중국대륙의 전통건축 또한 대체로 이와 같다. 그러나 좀 더 자세히 들여다보면 중국의 건축 양식이 줄곧 변화해왔음을 알 수 있다. 한대에서 당대까지 변화했고 송원대까지 계속 변화했던 것이 마지막으로 명·청 시기에 정해졌던 것이다. 청 말에 서양식 건축이 일체를 대체해 갔고, 명·청 건축 양식은 이른바 중국 스타일로 이처럼 굳어지게 된다.

이러한 변화와 고정화는 건축에서만 발생했던 것이 아니었다. 역사의 긴 과정 속에서 중국 이미지는 여러 차례의 변천을 겪어왔는데 복식이 그 예가 된다. 우리가 어릴 적부터 보아왔던 이른바 중국의 전통복식이란 것은 조부모 세대가 입고 있던 전통복식을 제외하면 주로 연극무대와 영화에 나온 것들이었다. 그런데 연극무대 위의 가자희나 경극 배우들이 입었던 옷이나 사극 영화에서의 분장은 전부 다 비슷했다. 후에 나는 그것이 명대의 복식이라는 것을 알 수 있었는데 아마도 전통 희극이 발전했던 시기가 바로 명대였기 때문이었을 것이다. 그러나 이러한 명대 복식은 우리 마음속에 깊이 각인되어 명·청 건축 양식과 마찬가지로 독점적으로 전통중국복식으로 굳어지게 되었다. 대만도 최근 들어서야 어떤 예술단체들에 의해 당대나 한대의 복식 스타일이 추구되는 경우가 생기고 있다. 예를 들어 저명한 남관(南管) 공연단체인 '한당악부(漢唐樂府)'의 복식은 바로 한대의 것인데 출토된 한용(漢俑)을 참고해서 디자인했다 한다.

요컨대 중국의 전통 이미지는 근대화 과정 속에서 가장 최근에, 가장 마지막에 굳어진 양식이다. 그리고 양안 각각의 근대민족국가 형성 과정에서 이처럼 중국전통으로 굳어졌다. 에릭 홉스봄(Eric Hobsbawm)이 말한 '전통의 발명'인 셈이다. 그러나 건축과 복식은 하드웨어에 속하는 부분일 따름이고, 또한 주어진 것일 뿐 일반인들이 일상적으로 향유하는 '전통'은 아니다. 더욱 더 많은 상황이 언어, 음악 등과 같은 소프트웨어에 속하는 영역에서 발생한다.

언어를 예로 들면, 우리는 어릴 적부터 국민당의 일련의 민족주의 교육을 받아 '국어'가 바로 중국 유일의 정통 언어라고 여겨왔다. 또 중국인은 수천 년 전에도 국어를 구사했는데, 왕양명·주희가 말한 것이 국어였고 이백·두보·소동파 역시 이로써 시를 읊었으며 공자·맹자 시대의 사서오경도 국어로 쓰이고 발음되었다고 생각해왔다. 상대적으로 내 모국어인 민난어는 단지 방언일 뿐이었다. 후에 나는 국어가 한어의 여러 방언 중의 일종, 즉 표준화된 북방관화일 뿐이며 표준화되어 국어가 된 것도 민국 이후의 일이라는 사실을 알게 되었다. 게다가 북방관화라는 이 한어 방언은 사실상 원대 이후에야 형성된 것으로, 한어 방언 중 가장 최근에 출현한 갈래인데 후대에 와서야 최대의 세력을 갖게 되었다.

이러한 발견이 나에게 선사한 떨림은 선화사 보현각을 보았을 때의 그 놀라움에 뒤지지 않았다. '중국'이라고 하는 것이 반드시 국어를 사용해 구사되어져야 하는 것이 아니고 또 국어만을 이용해서는 전체 중국을 이야기할 수 없다. 다시 말해 언어상 중국이라는 것은 국어로 고정화될 수 없다. 대만에서 국어는 근대민족국가의 형식으로써 굳어져 왔고 이것이 중국과 대만이라는 명칭의 이분법적 대립을 더욱 촉진시켜왔던 것이다. 오늘날 어떤 사람이 사실상 민난어인 '대만어'와 이분법적으로 대립시키기 위해 국어를 '화어(華語)'라고 부르는 것을 종종 듣게 되는데, 이럴 경우 민난어는 이제 화어가 아니게 된다.

언어 분류상 국어와 민난어는 모두 한어 계열에 속한다. 한어의 역사를 보면 북방관화를 기초로 한 국어는 원대 이후 발생한 가장 최근의 신생한 어이나,4) 민난어는 매우 오래된 한당 어음(語音)에 가까운 중고한어이다.5)

내 조부모 세대는 청나라 유로에 속하고 일제강점기 이전에 출생하였으며 삼자경 등 전통중국경전을 통해 글을 배웠다. 민난어는 그들이 유일하게 장악하고 있는 언어로 그들은 민난어를 사용해 전체 한문 경전을 읽었으며 당음(唐音)에 가까운 민난어 독서음으로 당시를 읊었고, 마디마디 압운하고 스스로 그 음율을 얻었다. 이와 달리 많은 당시송사(唐詩宋詞)가 국어로 읊어지면서 그 소리의 아름다움을 잃게 되었다.

사실 민난어는 꽤나 보수적인 언어로, 3, 4세기 한말 육조시기에 백화음이 형성되고 대략 8, 9세기인 당대에 독서음이 확립된 후 천년 동안 거의 크게 변하지 않고 중고한어의 많은 흔적들을 간직하고 있다. 그와 상반되게 국어의 전신인 북방관화는 14세기 원대에 형성된 후 줄곧 변화해왔는데 이 근대 한어는 그 변화 과정 속에서 간소화되는 경향을 띠었다. 예를 들어 오(吳), 민(閩), 월(奧) 각 방언이 최소한 7, 8개 심지어는 10개 이상의 성조를 가지고 있는 것과 비교해보면, 국어의 성조는 4개로 간소화되었다. 중고한어 안의 탁음(濁音), 폐구호(閉口呼)와 입성(入聲)은 국어에서 전부 소실되었고 권설음과 아화음(兒化音)을 많이 만들었다. 다시 말해 옛날 민난인이 민난어를 사용해 한대악부를 노래하고 당시를 음송하거나 고전성어를 강할 때 북방관화나 국어는 아직 소리를 내지 못하고 있었던 것이다! 그렇기 때문에 민난어는 현대 언어학자들이 중고한어 어음을 연구하는 데 이른바 살아있는 화석으로서 풍부한 자료를 제공해주고 있다.

당시송사를 읊어낼 수 있는 음운의 아름다움은 민난어만의 독자적 특질은 아니다. 한어 중의 몇몇은 고음(古音) 방언을 잘 보존하고 있는데 예를 들어 광둥어, 하카어, 오어(吳語, 상하이 지역의 방안) 등도 제각기 장점이 있다.

---

4) 王力, 『漢語史稿』(北京: 中華書局, 1980).

5) 周長楫, 『閩南語的形成發展及在台灣的傳播』(台北: 台笠出版社, 1996); 張光宇, 『閩客方言史稿』(台北: 南天書局, 1996).

심지어 한국어, 일본어의 한자 독음도 북방관화와 비교해 더욱 많은 한어 고음을 유지하고 있다.

관화방언은 가장 최근에 형성된 것이면서 어떻게 그렇게 변화할 수 있었는가? 이 문제에 대해 한어학계는 줄곧 원만한 해답을 얻지 못했다. 그러나 대체로는 당·송 이후 북방민족들이 계속 남하하여 정권을 수립함으로 인한 어음 변화와 분명 관계가 있을 것이라고 인정하는데, 예컨대 베이징 지역은 요나라 때부터 시작해 대개 북방민족들이 건립했던 정권의 수도였다.

한어에 속하는 이 두 종류의 언어는 근대민족국가의 틀 속에서 하나는 국어가 되었고 다른 하나는 방언으로서 낮은 지위에 머무르게 되었다. 이는 원래에도 큰 문제가 아니었지만, 광복 후 국민정부의 조악한 국족(國族, 국가를 단위로 한 민족)교육과 이후 열성적인 사람들에 의한 이항대립적 조작이 이루어지면서 이 대만 민난어는 국족의 의미를 띤 '대만어'가 되어 마치 지난 400여 년 동안 대만섬만이 가진 특유한 무엇처럼 되었다. 반면 현대 백화 중국어인 국어는 그것과 대립되는 '화어'가 되어 마치 중국인이 예부터 국어처럼 중국어를 구사했던 것인 양 인식되었다.

중국이라는 말에 담긴 이미지와 함의는 이처럼 간단하게 파악되기 어려운데, 중국이라는 이 명칭은 더욱이 민족이나 혈연의 문제로 정의하기 어렵다. 중국은 수천 년 동안 줄곧 엄청난 혼혈의 과정에 놓여 있었는데, 최근의 유전자 연구는 상당한 정도로 유전자의 다양화라는 정황을 발굴해냈다.[6] 중국인이라는 뜻을 최초로 띤 한인(漢人)이라는 호칭은 한대 이후에야 발생했다. 그전에 중국인은 이미 수차례의 대혼혈 과정을 겪었는데, 예를 들어 동이에서 온 상(商)왕조는 중원의 하(夏)왕조를 점령했고 서융에서 온

---

6) Luigi Luca Cavalli-Sforza, et, *The History and Geography of Human Genes*(Princeton, NJ: Princeton University Press, 1994).

주(周)왕조는 상왕조를 대체했다. 뒤이어 서융(西戎)의 연원이 더욱 강했던 진나라가 천하를 통일하였으며 끝으로 오·초(吳楚) 일대의 원래 남만(南蠻) 백월(百越)에 속했던 항우·유방 등의 세력이 제국의 대업을 전개했다. 하·상·주로부터 춘추전국을 거친 전쟁은 진·한(秦漢)의 통일에 이르렀다. 황하와 장강 유역에서의 기나긴 대혼혈의 역사였던 이 과정은 바로 '한조지인(漢朝之人)'인 한인의 형성과정이었던 것이다. '염황자손(炎黃子孫)'(전설상의 염제·황제의 자손)의 간명한 논조는 상당 부분 근대민족국가의 골조를 가지고 있다.[7] 최근의 동북 요하 유역의 홍산(紅山)문화와 강남 하모도(河姆渡), 양저(良渚)문화의 고고학적 발견 또한 화하(華夏)문명의 중원에서의 일원적 발전이라는 옛 설명 방식을 깨뜨리고 있다.[8]

한대 이후의 한인은 결코 고정되지 않았는데, 왜냐하면 1,700년 전인 남북조의 '오호난화(五胡亂華)' 시기가 바로 뒤따랐기 때문이다. 당시 북방민족들이 분분히 중원으로 남하했고 중원의 사족(士族)들은 처음으로 대규모로 남천(南遷)하게 된다. 그들은 먼저 동오(東吳)로 내려왔는데 이 지역은 바로 오늘날의 장강 하류 강남 일대로 본래 삼국시기 손권(孫權)이 통치한 중심 지역에 속해 있었던 곳이다. 그곳에서 이른바 오성(吳姓)과 교성(僑姓)의 차이가 형성되었는데 여기에서 오성이 가리키는 것은 동오의 원주민이고 교성은 바로 새로운 이민자를 의미했다. 이는 마치 1949년 이후 대만의 본성인과 외성인의 구별과 같은 것이었다. 당시 동오 일대로 옮겨온 중원 사족들 중의 일부분은 남하를 계속하여 저장성을 경유해 푸젠성 지역에 이르렀다. 역사상의 기록을 확인하지는 못하지만 여기서도 마찬가지로 민성(閩姓)과 교성(僑姓)의 구분이 있었을 것임을 짐작할 수 있다. 이러한 상황은 역

---

7) 沈松僑, 「我以我血薦軒轅: 黃帝神話與晩淸的國族建構」, 《台灣社會硏究》 第28期(1997年 12月).

8) 蘇秉琦, 『中國文明起源新探(香港: 商務印書館, 1997).

사 속에서 여러 차례 발생하고 있는데, 저장성과 푸젠성 등 대륙 동남부 지역에서는 반복적으로 출현하고 있다. 따라서 남북조 시기 역시 하·상·주 이후 또 한 차례의 중국인 대혼혈 과정이었다고 할 수 있다. 북방의 각 유목민족 무리가 중원으로 남하해 북방의 혼혈을 형성했을 뿐만 아니라 중원의 한인이 민월로 남하하여 그 지방의 백월 각 민족들과 남방적 혼혈도 형성했던 것이다. 남북조의 이 대혼혈 양상은 당나라의 기초를 구성했고 이로부터 당인(唐人)·당산(唐山) 등의 명칭이 남겨지게 되었던 것이다. 당나라 황실 이씨 일가는 바로 북조에서 온 호한(胡漢) 혼혈가족인 셈으로 그 북조를 화하의 정통으로 삼았다.

그 후 이러한 과정이 중국 역사에서 계속 진행되었는데 송·원 시기에 그 규모가 컸다. 무력이 약했던 북송은 늘 북방 거란인의 요나라에 대처해야 했다. 후에 여진이 일어나 요국과 북송을 함께 멸하고 중원 지역에 금나라를 세우자 황하 유역은 갑자기 한인과 여진인 그리고 거란인이 잡거하는 곳이 되었다. 이러한 혼성은 원나라가 중국을 통일한 후 하나의 새로운 한인 조합을 만들어내게 된다. 즉, 원나라가 그 나라 사람들을 네 등급, 즉 몽고, 색목, 한인과 남인으로 나누었던 것이다. 종전 금나라 통치하에 있었던 중원 지역의 한인, 여진인, 거란인들은 이때에 전부 한인 범주에 귀속되었고, 남송이 통치했던 남방 지역의 사람들은 남인이라 불렸다. 그리하여 북방 중국인은 금·원 시기에 다시 한 차례의 대혼혈을 겪게 된다. 연운16주는 북송 시기에 요나라에 속해 있었고 그 정치 중심인 유주(幽州, 오늘날의 베이징 지역)는 원래 요의 수도 중 하나였다가 이어서 금의 중도(中都)와 원의 대도(大都)가 되었으며 연후에 명 성조가 여기에 베이징성을 세웠다. 이곳은 요·금·원·명·청 5대 왕조의 천년지도(千年之都)의 역사를 거치는 가운데 이러한 혼혈의 중심이 되었다. 현재 국어 혹은 보통화라고 명명되는 신생 한어방언인 북방관화는 바로 이러한 과정 속에서 차차 생성된 것이었다.

남방 중국은 송나라의 남천에 따른 또 다른 일군의 중원사람들을 받아들인 것 외에도, 동남 연해의 대외무역이 남송 조정에 거대한 경제 이익을 가져다주었던 상황에서 적지 않은 인도양권의 각국 상인들을 흡인하기 시작했다. 이 해상 선로는 명조 초기까지 줄곧 이어져 정화의 원정으로 최고조에 달했다. 그 사이 많은 아랍상인들이 민월 연해 항구에 남았는데, 이러한 일단의 역사는 오늘날 당시 국제적 대무역항이었던 천주(泉州)에 남아 있는 청진사(清真寺)를 통해, 그리고 아랍 혈연을 띤 천주인들에게서 뚜렷이 확인할 수 있다. 지금까지 대만에 취안저우 출신 이민자가 많은 것은 이러한 역사의 예증이다.

송·원 시기의 이러한 중국인 대혼혈 상황은 명조의 기초를 놓았는데, 명 태조 주원장과 명 성조 영락제의 몇몇 공신 명장들은 무슬림이기도 했다. 오늘날 중국적이라고 불리는 많은 것들은 이 새로운 기초 위에서 만들어진 것이다. 예를 들어 우리에게 익숙한 중국 건축물은 기실 명조의 중원 양식이고, 우리의 전통 가구는 명대식 가구라고 불리기도 하며, 경극 가자희의 무대 의상은 명대 복식이다. 우리가 국어/보통화라고 부르는 현대 중국어는 윗 절에서 언급한 것처럼 사실은 명대에 형성된 북방관화를 기초로 발전해온 현대 한어로서 명·청의 백화소설 안에서 그 변화의 흔적을 발견할 수 있다. 현대 중국인이 전통적이라고 생각하는 것들은 많은 경우 변화를 여러 차례 거친 근대적 산물이다. 다만 모두가 제대로 살피지 않고 마치 중국이라는 존재가 수천 년 동안 하나의 덩어리로 단단히 유지되어온 것처럼 여기지만 사실 이것은 인상에 박힌 이미지일 뿐이다.

여기에서 우리는 중국 역사상의 진·한, 당·송과 명·청 이 세 차례의 대일통의 구축이란 것이 우선 동서남북으로부터 건너온 각 민족의 대이민과 대혼혈 시기를 그 기초로 삼고 있다는 사실을 알 수 있다.[9] 그 과정에서 더해진 것은 혈통만이 아니었고 문화, 공예와 생활 습성 면에서도 상당한 융합

이 진행되었다. 이러한 장기적 융합과정으로 말미암아 우리는 중국인이란 개념이 포용적이고 혼종적이라고 말할 수 있을 것이다. 또한 중국인이라는 정체성은 이전에도 명확한 정의와 경계가 존재하지 않았으며, 특히 '화하 주변' 지역에서는 그 정체성 변천의 역사가 충만했다.[10] 결론적으로 말하 자면, 만약 어떤 이가 '한인'만의 배타적 유전자를 찾아내려고 한다면 이는 마치 양파를 벗기는 것처럼 벗기고 벗기다가 마지막에는 결국 아무것도 남 지 않을 것이다.

한 발 더 나아가면, 중국의 이미지와 그에 내포된 개념은 중국 내부에서 뿐만 아니라 앞서 서술한 다퉁의 선화사처럼 화하문명의 영향을 받은 동아 시아 지역에서도 곤혹스러운 문제를 발생시킨다.

몇 년 전 인터넷상에서 한국과 관련하여 벌어진 논쟁 하나가 이러한 문 제의 복잡함을 드러낸 적이 있다. 이 논쟁의 발단은 중국대륙의 인터넷 상 에 한국의 단오절 유네스코 세계무형문화유산 등재 신청에 대한 소문이 퍼 지면서였다. 이에 대해 중국대륙의 네티즌들은 단오절을 '우리 중국인'의 것이라면서 한국이 어떤 자격으로 유네스코 등재 신청을 할 수 있느냐며 분노를 표시했다. 한국에서 정말 누가 단오절 등재를 신청했는지 사실 여 부와 관계없이 이들 중국대륙 네티즌들의 분노는 매우 심각했다. 여기에서 내가 이야기하고자 하는 것은 중국대륙 네티즌들이 단오절을 '우리 중국인 의 것'이라고 여기는 그 심리 상태에 관한 것이다.

한 문명이 그 기나긴 변화의 역사 과정 속에서 발전시켜온 유·무형의 산 물들은 늘 주변으로 확산되었고 그 확산과정에서 부단히 개조되었으며 심 지어 더욱 발전하기도 했다. 반대로 그것이 발원했던 지역에서는 자취 없

---

9) 葛劍雄, 『中國移民史(台北: 五南圖書, 2005).
10) 王明珂, 『夏邊緣(台北: 允晨文化, 1997).

이 사라지는 일도 있었다. 이것은 전 세계 모든 문명이 겪는 변화 과정의 일반적인 현상인데 이는 마치 당대(唐代) 양식의 건축물이 중국대륙에는 별로 남아 있지 않은 반면 일본에서는 오히려 상당한 정도로 사찰 건축으로 보존되고 있는 것과 같다.

단오절이라 하는 것이 화하문명을 따라 외부로 확산되었던 것은 본래 아무런 문제가 되지 않았다. 그런데 근대화의 큰 조류가 도래하면서부터 중국 지식인들은 장기적인 자아부정운동을 시작했고 신해혁명에서 5·4 운동까지, 그리고 다시 해방 건국에 이르러 이 자아부정의 '탈중국화' 경향은 점차 더 극렬해지기 시작해 문화대혁명의 '사대구악 타파(破四舊, 구사상·구문화·구풍속·구습관을 타파하는 대중운동)'에서 최고조에 이르게 된다. 당시 대륙의 중국인들은 다시는 단오절을 쇠지 않았다. 다시 말해 단오절은 일찍이 그것이 발원했던 지역에서는 거의 소실되었다고 볼 수 있다. '중화문화를 부흥시키자'고 공언했던 대만에서도 국민당정부가 교과서에서 시인 굴원(屈原)을 언급한 것 이외에는 이 명절을 중시하지 않았다. 국정 공휴일의 제정에서도 크리스마스는 휴일이지만 단오절은 휴일이 아니었는데, 이처럼 단오절이란 명절은 순수하게 대만인의 민간 습속이 되었다. 이러한 상황에서 누가 단오절이 어느 한 국가에만 전유되어 있는 것이라고 말할 수 있겠는가.

또 다른 동아시아 문명의 기초 산물인 한자는 이러한 민족국가의 경계를 넘어서는 특질을 더더욱 잘 보여준다. 한자가 동아시아의 각 지역으로 전해져 사용되었을 때 이미 좁은 의미의 근대민족국가로서 정의되는 중국 관념으로는 제한할 수 없게 되었다. 한자의 기본구성법, 즉 상상(象像), 지사(指事), 회의(會意), 형성(形聲), 전주(轉注)와 가차(假借) 이 여섯 가지 원칙을 이용해 창조된 문자라면 모두가 한자의 범주에 속했고 그것은 전체 동아시아 지역에서 서로 유통되고 사용할 수 있었다. 북방관화를 기초로 형성된 현대 백화 중국어 안의 '們', '的'과 같은 한자들은 명대 이후 만들어진 글자로, 중고한어에는 복수격의 們자가 없었는데 이후 발전 과정 속에서 일찍이 '每'라는 해음자(諧音字)를 사용하다가 후에 '人' 변에 '門'을 더하여 비로소 글자가 확정되었다. 소유격인 '的' 역시 가차자(假借字)로, 20세기까지도 '底'·'地' 등의 글자 사이에서 오락가락하며 확정되지 않았다. 광둥어가 창조한 한자 역시 유명하다. 일본어 안에도 새롭게 만들어진 글자들이 많은데, 한자를 새롭게 창조해낸 것은 물론 중문에서 사용되는 많은 근대적 용어, 특히 화학·수학·경제·박물 등의 학술용어는 상당 부분 일문의 서구 술어에 대한 번역에서부터 온 것으로, 오늘날 한자문화권의 공용어로 사용되고 있다.

한 문명의 산물은 그것에 영향을 받은 다른 지역에서 더욱더 발전할 수 있고 반대로 그것의 발원지역에서 사라질 수도 있다. 그런데 이러한 일반적 현상이 근대민족국가를 만나면 문제가 발생하는 것이다. 서구세계에서는 어떠한 국가도 크리스마스가 그들 국가에 귀속된 것이라고 감히 공언하지 못한다. 마찬가지로 동아시아문명에서 발생한 여러 유산도 어떤 한 민족국가에만 속해 있다고 말할 수 없고 민족국가의 틀을 이용해 이러한 문명 유산을 구속할 수 없다. 따라서 중국대륙 네티즌의 이러한 반응은 사실상 자기 자신을 근대민족국가의 틀로 제한시키는 것이다. 이러한 상황은 대만에서도 마찬가지로 발생하고 있다.

역사적으로 국가체제와 서로 관련된 각종 사물은 중앙과 주변으로 구분되어왔고, 근대민족국가의 구조는 더욱더 그 차이를 강화시킨다. 이러한 차이는 국가 내부에서만 발생하는 것이 아니라 중심국가와 주변국가의 형태로 국가 간에도 발생한다. 그러나 문명의 특질 중 하나는 사방으로 확산되고 스스로 변화하며 자급자족한다는 점이다. 각각의 전통 문명 속에서 중앙과 주변의 영역은 종종 명확하지 않았고, 각 지방은 국가 영역에서는 주변이지만 그 문명 영역에서는 독자적일 수 있었다. 근대화가 도래하기 이전의 전통 민난어 지역을 예로 들면, 민난 지역은 그 지리적 위치와 정치 권력에서 '하늘은 높고 황제와 멀리 떨어진(天高皇帝遠)' 주변 지역이었다고 말할 수 있지만, 문명 영역에서는 독립적인 성격을 띠었다고 말할 수 있다. 전통 민난어 지역의 학자들, 예컨대 일제 강점기 이전의 대만 학자들은 우아한 민난어를 사용해 전체 문명 전적들을 장악했고 문명의 모든 내러티브를 서술했다. 관직에 진출하고자 하는 사람들만이 관화를 학습할 필요가 있었고 상경하여 과거에 응시하였다. 바로 이런 의미에서 정치적으로 주변에 처해 있던 대만의 전통엘리트들이 그 문명 영역에서는 자급자족했다고 볼 수 있다.

이상 전통문명의 시각에서 중국의 다중적 함의에 대해 살펴봄으로써 그것이 근대민족국가의 틀과 서로 상충되는 부분이 적지 않음을 확인할 수 있었다.


## 6. 맺음말: 근대민족국가의 한계와 문명적 시야의 전망

전후 베이비붐 세대의 대만인은 완전한 근대민족국가 교육을 받은 세대이다. 이것이 국민당정권이 대만으로 철수한 후 시행한 기본교육이었고 사회 교화의 매우 중요한 일부분이기도 했음은 전통적인 것들에 대한 우리의 호칭을 통해 명확히 파악할 수 있다. 예를 들어 우리는 표준 현대 백화 중국어를 '국어'라고 부르고 수천 년 동안 중국인들이 모두 국어를 구사해왔다고 상정해왔다. 또한 전통회화를 '국화'라고 부르고, 전통음악을 '국악'이라 불렀으며, 경극을 '국극'이라고 부르고, 쑨원을 '국부'라고 부르는 등 그 사례가 한둘이 아니다. 또한 국부기념관, 중정기념당과 공원의 정자와 누

각 등 국민정부가 대만에 세운 전통건축물은 사실 모두 명·청 시기의 북방 양식을 모방한 것으로, 이것을 보며 우리는 중국의 정통적 건축양식을 유일하게 대표하는 것으로 인식해 왔다.

제2차 세계대전이 끝나고 국민정부는 대만을 수복한 후 근대민족국가를 건설하기 위한 일련의 조처들을 시행하려 했는데 이때 바로 큰 문제가 뒤따르게 된다. 대만은 원래 중국전통사회였지만 또한 일본제국에 의한 식민지근대화를 통해 매섭게 개조되어 이미 근대민족국가의 요소들을 띠었던 탓에 충돌을 피하기 어려웠던 것이다. 예컨대 국민정부가 신속하게 일어신문을 폐간하자 원래 일문을 주된 근대화 언어로 삼아왔던 대만 엘리트들은 갑자기 언어 도구를 잃게 되었다. 국민정부는 수복지에서 근대민족국가라는 제한된 관념으로 당연히 민족의 대적(大敵)이 사용했던 언어를 제거하려고 했다. 그러나 신해혁명, 5·4 운동, 항일전쟁 등 민족애국운동의 세례를 받을 기회가 없었고, 아직 현대 백화 중국어를 배울 기회가 없었던 대부분의 대만 엘리트들은 어쩔 수 없이 다시 일본어를 경유해 근대적 생활을 위한 일체 용어들과 관념을 학습해야 했다. 근대민족국가라는 틀 속에 속박되었던 국민정부는 여기에 중대한 후기식민(Post-colonialism, 역자)과 탈식민(De-colonialism, 역자)의 문제가 존재하고 있음을 완전히 이해하지 못했고, 거기에 다른 내외재적 요인들이 더해지면서 충돌을 피할 수 없었다. 1947년에 발생한 2·28 사변은 바로 그러한 충돌이 초래한 피눈물의 교훈이었다. 국민정부는 50년간 일본의 통치를 받았고 일본식 근대화교육을 받아왔던 대만 엘리트들에 대해 제대로 대처할 능력이 없었는데, 여기에는 근대민족국가 관념 자체가 갖는 한계도 큰 요인으로 작용했다.

대만으로 철수한 국민당은 1949년 이후 재차 민족국가교육을 강화했지만 1971년 유엔의 의결 이후 대만의 중국 대표성은 점차 상실되기 시작했다. 그러나 당시 상실했던 것은 단지 '중국'의 대표성이었을 뿐, 대만의 근대민족국가적 골격은 대만독립운동에 의해 완전히 승계되었다. 대만독립이란 의제는 대만의 전후 세대가 이러한 일련의 근대민족국가의 양분을 흡수한 후 큰 몸집으로 발전한 결과물이었다.

이러한 근대민족국가의 틀 속에서 특히 서구 중심의 미국이 주도하는 전지구화 시대에, 대만의 많은 근대적 엘리트들은 날마다 세계의 근대적 주변인 대만에서 미국이라고 하는 근대적 중심을 직접 바라보거나 혹은 일본과 서구라고 하는 이들 부중심들을 바라보았다. 이 구조하에서 중국대륙의 근대민족국가적 틀은 이러한 대만의 근대 엘리트들을 소환할 수 없었을뿐더러 도리어 대만 엘리트들이 세계의 근대 중심과 직접적인 동맹을 맺는 데 장애로 작용할 수 있었다. 대만 엘리트들은 근대적 중심인 구미와 직접적으로 제휴하고 싶어 했고 베이징이나 상하이 엘리트들과 누가 더 뉴욕이나 런던에 가까운가를 경쟁하고자 했다. 그들은 베이징이나 상하이를 거칠 필요도 없고 거치려고 하지도 않았다. 100년 동안의 양안 분열 상황에 놓여 있던 대만이 당황했던 것은 아마 근대민족국가의 중국적 틀 속에서 대만이 주변의 주변이 되고 말았다는 사실이었을 것이다. 대만독립운동은 이러한 의미에서 '반주변화'운동이었다. 직접적으로 구미 중심과 연결되어 서구 중심의 일부분이 되기를 갈망하면서 베이징이나 상하이와 같은 부중심에 의해 방해받고 싶지 않았던 욕망, 그것이 바로 대만독립운동가들의 말단 심리 기제를 이루었다. 이렇게 근대민족국가의 영예를 추구하려는 일종의 왜곡된 심리는 그것을 열성적으로 추구했던 사람들에게 결코 자각되지 않았는데 여기에는 중화민족국가의 영예를 추구하려는 이들도 포함되었다.

국민당과 대만독립운동의 근대민족국가 관념에 대한 강조와 비교해보면, 중국공산당은 정권을 수립한 후 비교적 민족국가 관념을 띠지 않는 어휘들을 채용했다. 예컨대 국어를 '보통화'라고 칭했는데 이것은 모두가 공동으로 사용하고 소통하는 언어를 의미하는 명칭이다. 또 어떠한 연극도 국극으로 지정하지 않았고, 대만에서는 국악이라 불렀던 것을 한족민족음악이라고 불러 단지 국내 여러 전통 민족음악 중 하나로 포함시켰다. 모든 공민은 전국 50여 개 민족 중 하나에 귀속되었다. 근대민족국가를 강조하지 않는 중국공산당의 이러한 논법은 한편으로는 공산주의적 세계관에서 온 것이었고 다른 한편으로는 근대민족국가의 한계를 초월하는 문명세계관을 계승한 것이기도 했다. 공산당원들은 본디 좁은 의미의 근대민족국가가 아닌 인류의 신문명을 수립하고자 했고, 이러한 포부가 그들의 행동에 매우 커다란 영향을 미쳤다.

그러나 1970년대 말 개혁개방이 시행된 이후 30여 년간, 우리는 중국대륙이 민족국가의 발전 노정으로 돌아가고 있음을 목도하고 있다. 21세기에 필연적으로 '대국굴기'의 담론이 출현하게 된 것은 바로 그것의 예증이다. 이것은 혹시 국제공산주의운동의 실패가 초래한 필연적 결말인가? 중국대륙도 근대화 과정 속에서 끝내 민족국가라는 경로를 반드시 거쳐야만 하는 것인가? 그러나 중국대륙 역시 동아시아 이웃국가와의 관계, 양안관계 및 국내 소수민족문제를 포괄한 이른바 근대민족국가가 파생하는 각종 문제에 직면해야 한다. 이러한 문제들은 원래의 문명 틀 속에서 전통천하관이건 코민테른적 관점이건 상관없이 서로 다른 시각과 상호작용의 방식을 가지고 있었다. 오늘날 민족국가의 틀 속에서 굴기하는 대국이 이들 문제들에 직면한다면 변통하기가 쉬워 보이지는 않는다. 게다가 거기에는 냉전의 잔해가 가득하다.

따라서 포스트냉전시대에 양안 서로가 근대민족국가의 형식과 모습을 취해 대응한다면 부분적인 문제만을 해결할 수 있을 뿐이다. 제2차 세계대전 후 국민당이 근대민족국가의 형식을 통해 대만을 다루었다가 반세기 후 상처투성이가 된 것은 실패한 전례로서 후세에게 중요한 역사적 교훈을 제공한 것이라 하겠다. 타이완 해협 양안의 크기가 비대칭적인 오늘날의 상황에서 중국대륙의 발전은 하나의 근대민족국가 형식을 띤 대국의 굴기일지 아니면 더욱 크고 포용력을 가진 문명의 부흥일지, 이 문제 해결 방식의 선택은 향후 결정적 영향력을 갖게 될 것이다.

중국대륙이 어떠한 중국이 되어야 과거의 전철을 다시 밟지 않을 수 있을까? 이것이 내가 위에서 대답하려고 했던 문제이다. 바꿔 묻는다면, 중국대륙이 굴기하는 상황 속에서 대만인은 어떤 중국인이 되어야 좁은 의미의 민족국가의 한계와 냉전 구조를 벗어나 동아시아 평화와 부흥에 공헌할 수 있을 것인가? 이것은 대만인이 반드시 직면해야 하는 중대한 과제이며 또 공헌할 수 있는 기회가 되기도 한다. 내가 2008년에 쓴 「대만인은 어떻게 다시 중국인이 될 것인가」라는 글은 바로 근대민족국가라는 틀과 냉전구조를 넘어 개방적이고 비전을 갖춘 중국인 정체성의 가능성을 타진해보고 또 '어떤 모습의 중국인이 될 것인가'라는 중요한 문제를 제기하려는 시도였다. 여기서 말하는 중국인은 다시는 국가 형식을 띤 어떠한 정치세력에 의해서도 농단되지 않을 수 있는 존재, 그리고 역사상의 어떠한 정형화된 틀에도 얽매이지 않을 수 있는 존재이다. 또 근대민족국가 관념을 초월하고 양안의 분단체제를 초극하며 여러 전통과 진보적 사상 자원을 더욱 포용하고 받아들일 수 있는 그런 정체성을 의미한다. '이러한 거듭 새롭고 비전 있는 정체성이 양안 간의 역사적·정치적 파열로 인해 초래된 해답이 없는 듯 보이는 수많은 난제들을 해결하는 데 도움을 주고, 한발 더 나아가 전 세계 사람들에게 모범이 될 수 있기'를 기대한다. [번역: 김하림]

## 제5장

# 현대 중국의 핵정책과 일본의 평화운동[*]

마루카와 데쓰시(丸川哲史)

## 1. 머리말

2008년 베이징의 혁명군사박물관을 방문하였을 때 마음에 걸리는 것이 있었다. 당연한 말이지만, 혁명군사박물관은 중화인민공화국의 공적 역사를 기록하고 전시하는 기관이며, 그곳에 전시되어 있던 역사적 정리도 분명 공적인 것으로써 중국의 교육기관에서 교육되고 있음에 분명하다. 눈을 뗄 수 없었던 것은 인민공화국이 핵무기 개발을 시작한 1950년대부터의 역사를 전시한 코너에 들어섰을 때였다. 그 코너의 사진이나 안내판의 문장을 확인하면서, 소련으로부터의 영향이 거의 기록되어 있지 않음을 발견하였다. 그 대신 기록되어 있는 것은 미국에서 유학한 중국인 물리학자가 인민공화국 성립 이후에 본국으로 불려와 핵실험에 성공하기까지의 개발연

---

[*] 이 글은 ≪中國近現代史硏究≫, 제56집(2012. 12)에 게재된 것을 다시 원문과 대조하여 다듬고 고쳤으며 역주를 첨부하였다.

구에 종사하였다는 공적이다. 이 코너에는 이들 미국 유학 출신 학자들의 소련 시찰에 대한 사실은 기록되어 있어도, 1950년대의 핵개발 전체에 관한 소련의 영향은 마치 전혀 없었던 듯한 서술 방식을 보이고 있었다.

나는 우선 그 사실에 충격을 받음과 동시에, 냉전을 둘러싼 배치가 이리도 다르다는 것에 놀랐다. 현재 일본에서 냉전구조란 한국전쟁이 그 발단이 되어 미소대립이 동아시아로 파급되는 양상으로 기억되며, 중국과 소련이 한 쌍이 되어 미·일에 대치하는 구도로 이해되고 있다. 그러나 후술하는 것처럼, 1980년대까지는 오히려 소련과의 적대관계가 주된 동력이 되어 인민공화국의 양상을 결정지었다고 보아야 할 것이다. 동아시아 냉전사라는 포맷을 상정한 경우에, 중국 안과 바깥 사이에 이렇게 큰 역사관의 차이가 존재함을 깨닫게 되는 바이다.

여기서 내가 말하고자 하는 것은 인민공화국의 역사서술이 잘못되었다는 것이 아니다. 중국에게 동아시아 냉전이란 어떠한 것이었는지, 그 국가기억을 풀어내지 않으면 아마도 현재의 중국 핵정책, 나아가 이로부터 파생되는 원전(原電)정책의 미래를 예측하는 것은 불가능하다는 점이다. 왜냐하면 일본의 원전추진정책뿐만 아니라, 동아시아의 핵정책은 그야말로 1950년대에 연원을 가지는 동아시아 냉전체제의 문맥에서 발생한 것이기 때문이다. 따라서 일본이 본 냉전체제의 반대편에 있던 '중국이 본 냉전'이란 무엇이었는가를 제시하지 않으면, 동아시아의 탈냉전도 전망할 수 없으며, 또한 공통적 이상이 되어야만 하는 동아시아 전체로부터의 핵폐기(물론 미국이 들여오고 이식한 것까지도 포함하여)도 전망할 수 없을 것이다.

## 2. 한국전쟁이라는 기점

중국이 냉전체제의 한편인 소련권에서 강력한 위치를 점하게 되는 단서, 그리고 그 후에 핵정책을 추진하게 되는 단서가 된 것은 1950년의 한국전쟁 참전 결정(10월)이라 보아야 할 것이다. 그 이전에 중소우호동맹상호원조조약이 체결되었으나, 이는 평등을 상정한 것이었다. 후의 역사연구에서 볼 때, 인민공화국의 참전은 자동적으로 결정된 것이 아니라 주로 소련(당시의 사회주의권 전체)과의 관계를 통한 정치판단의 결과였다. 반대로 한국전쟁 참전이라는 계기가 없었다면, 이후의 인민공화국의 정치경제정책(국방위주의 중공업 노선)은 상당히 달라졌을 것이라 예상할 수 있다. 예를 들어, 한국전쟁이 발발하지 않았고 또한 이를 위해 소련을 모델로 한 급속한 공업화·국방을 서두를 필요가 없었다면 어떻게 되었을까. 아마도 민족자본의 존재를 용인하고 농민의 토지 소유를 긍정하고 있던 '신민주주의' 단계가 계속되었을 것이라 예상할 수 있다.

한국전쟁의 경위와 그 주요 동인에 관해서는 오늘날 소련 측의 자료도 발굴되는 등 연구수준이 점차 정비되어 가고 있다. 여기서 중요한 한 가지는 그야말로 중국의 시점이다. 주젠룽(朱建榮)은 제1차 자료의 발굴이 곤란한 시대에 세밀한 조사와 인터뷰를 통해, 특히 중국인민지원군의 참전 경위에 대해 큰 성과를 남겼다.[1]

우선, 조선민주주의인민공화국(이하 '북한')이 개전을 결단한 이유를 북중관계에서 찾는 흥미로운 시점을 제시하였다. 이는 중국 내전의 승패가 어느 정도 결정된 1949년 10월 이후, 인민공화국 측에서 조선인 병사 3만

---

[1] 朱建榮, 『毛澤東の朝鮮戰爭』(東京: 岩波書店, 1991)(『모택동은 왜 한국전쟁에 개입했을까』, 서각수 옮김, 역사넷, 2005).

5,000명 이상을 북한 측에 귀환시키기로 결정한 경위이다. 이 병사의 귀환이 대부분 실현되자 곧바로 한반도 남북의 군사적 균형이 바뀌어 북한의 개전 결단을 촉진하였다고 하는데, 이러한 의미에서도 한국전쟁은 잠재적으로 중국 국공내전의 연장선상에 위치하게 되는 면이 있다는 것이다.

오늘날의 소위 '6자회담'이라 불리는 구조에서 볼 때에도 이 잠재적인 교섭의 주축이 미·중 간의 교섭에 있다는 것은 분명한 사실이다. 현재 이 두 대국은 서로 불신감을 남기면서도 그 한편으로 협력을 도모하고 있다고 할 수 있다. 이때 문제가 되는 것은 이 한국전쟁이 남긴 영향에 대해 쌍방이 실제 어떻게 느끼고 있는가 하는 것이다. 유엔군(미국)의 인천상륙 이후 전투의 가장 큰 격돌도 그야말로 유엔군(미군)과 인민지원군의 전투였다. 어찌되었든 확실히 말할 수 있는 것은, 앞서 언급한 바와 같이, 인민지원군의 투입은 매우 고도의 정치적 판단에 의한 것이었다는 것이다. 이는 김일성의 스탈린에 대한 요청에 따라 중국정부 측(주로 저우언라이)과 모스크바 사이의 긴 협의를 통해 결정된 것이다. 당초 린뱌오(林彪) 등 중국인민해방군 내부에서도 신중론이 강하였으나, 마오쩌둥이 신중론을 물리치고 최종적으로 참전을 결정한 것이었다.

또 한 가지 덧붙이지 않을 수 없는 것은, 중국의 인민지원군의 파견은 인민공화국(공산당) 측에게는 내전의 정리단계로서 '타이완 해방'의 포기와 교환된 것이라는 견해이다. 한국전쟁의 발발에 따라 미국의 반공방위라인이 올라가 태평양 제7함대가 타이완 해협에 들어서게 되었다. 그러자 '타이완 해방'의 주력부대였던 중국 동남부 연해지역의 대량의 부대(주로 제3야전군을 중심으로 하는 수십만)를 동북부로 보내어 한반도 정세에 대응하지 않을 수 없는 사태가 되었다. 그 이전에는 미국은 타이완 방위를 반쯤 포기하고 있었다. 내전과정에 뿌리 깊은 부패를 남기고 있었던 국민당정권을 포기하는 것에 어느 정도 의견의 일치를 얻고 있었던 것이다. 그러나 한국전쟁의 발발은, 그야말로 미국 내의 반공의식에 불을 지피게 되었다. 이와 연동하여 국내에서 공산주의자 추방의 바람(매카시 선풍)이 불게 된 것도 이러한 흐름 속에서였다. 한편으로 인민공화국은 이 전쟁의 결과 타이완 대신에 38도선 이북에서 압록강까지의 '간섭지대'를 손에 넣었다는 해석도 가능할 것이다. 그러나 이는 인민공화국에게는 실로 큰 타격이었음에 틀림없다.

이상의 문맥에 강렬하게 얽혀오는 것이 '핵'이라는 문제이다. 즉 한국전쟁의 휴전상태(동아시아 냉전)란, 맥아더에 의해 입안되어 트루먼에 의해 거부된 '원폭 투하의 가능성'에서 시작된 역사적 사이클의 연장선상에 있다는 것이다. 냉전을 규정한 트루먼 독트린이 결과적으로 오늘날 우리들이 알고 있는 동아시아 냉전체제까지 줄곧 규정해온 셈이다. 이는 물론 후에 중화인민공화국이 스스로의 주권방위를 위해 핵무기 보유를 추구하기 시작한 궤적도 포함하는 것이다. 인민공화국은 빠르게도 1950년 12월 국가의 싱크탱크인 중국과학기술원에 '원자력연구실'을 설치하였다.


## 3. 소련으로부터의 '자립'

서두에 제시한 혁명군사박물관의 견문에서 직접적으로 연결되는 것 중 그다음으로 보지 않으면 안 되는 것은 1950년대부터 1960년대의 중화인민공화국의 역사란 소련으로부터의 '자립'의 역사였다는 사실이다. 이 감각은 피부감각으로서는 반공 측에서 살아온 '우리'에게는 가장 이해하기 어려운 문맥이다. 중국이 소련으로부터의 깊은 영향을 받아온 시기는 대체로 1960년까지로, 실로 10년에 지나지 않는다. 그 이후부터 중국은 줄곧 소련과 적대 상태를 지속해온 것인데, 최종적으로 그러한 중소 간의 적대상태가 해소된 것은 1989년 봄 고르바초프에 의한 베이징 방문이다. 실질적으로 중소가 대립해 있던 시기는 30년이나 된다. 중·소 동맹관계가 성립해 있던 시기의 약 3배인 것이다.

그러나 중·소가 동맹관계를 맺고 있었다고 볼 수 있는 1950년대에도, 그 중반부터 이미 '자립'을 향한 도움닫기가 시작되어 있었다. 소련 내부에서 흐루쇼프에 의한 스탈린 비판이 행해진 1956년, 마오쩌둥은 (중공중앙정치국 확대회의에서) '10대관계론'이라는 제목의 연설을 하였다. 이 연설의 일부에서 일찍이 1920~1930년대에 걸쳐 코민테른파로 중공의 최고 지도부에 있던 왕밍(王明)을 반복적으로 비판하고 있음을 볼 때, 단적으로 말하자면 내부적으로는 탈소련이 암시된 연설임을 알 수 있다. 그리고 이 정치경제에 관한 연설에 한국전쟁 이래 긴밀화되고 있는 주로 중국 동북지역(만주)의 소련 모델 이식에 대한 부분적 비판이 반영된 것이다. 그 비판의 골자는 소련 모델로부터 영향을 받은 중공업 편중, 농업집단화의 강행, 과도하게 중앙집권적인 계획경제, 숙청문제 등 매우 다양한데, 모두 소련 모델에서 어떻게 자립할 것인지 그 극복을 목표로 하는 중국사회주의의 이념과 방법을 찾는 단서를 제시하는 것이었다.

덧붙여 말하면, 이 '10대관계론'보다 한 해 앞선 1955년, 중국은 소련과의 사이에 '중·소 원자력협력협정'을 체결하였다. 기묘하게도 이 해에 인민공화국과 타이완 국민당정권과의 사이에 타이완 해협 위기라 불리는 군사충돌이 발생하여, 진먼 섬(金門島)에서의 포격전이 전개되었다. 이 사건이 아마도 다음해에 이루어진 '10대관계론' 연설에 영향을 미쳤을 것이며, 마오쩌둥을 비롯한 중공 수뇌부에게 진지하게 핵개발에 나서는 동기를 부여하였다고 볼 수 있다. 다만 그렇다 하더라도 중국의 핵개발이 소련의 도움 없이는 진행될 수 없었던 것은 확실하다. 그렇기 때문에 1955년의 '중·소 원자력협정'이 필요했던 것이다. 그러나 이 소련을 통한 핵개발은 실로 단기간에 끝나버렸다. 즉, 중·소대립이 공식화되는 1960년보다 한 해 전의 1959년에 이미 '중·소 원자력협정'은 파기되었기 때문이다. 실제적인 외교 관계에서 소련의 핵개발 기술이 중국에 이전된 기간은 물리적으로는 4년에 지나지 않았던 것이다.

이상의 전제를 바탕으로, 실제로 '10대관계론' 중의 핵정책을 포함한 국방 부문에 관한 서술을 살펴보도록 하자.

1. 국방은 없어서는 안 된다. 군대를 모두 없애도 좋은가? 그렇지 않다. 적이 있고, 그 적은 우리를 쳐부수려 하고 있으며, 우리는 적으로 포위되어 있기 때문이다. 우리는 이미 상당한 국방력을 지니고 있다. 항미원조전쟁(抗美援朝戰爭, 1950~53년)에서 싸워 우리 군대는 더욱 강대해졌으며, 우리의 국방공업도 건설되기 시작했다. 반고(盤古, 중국신화에서 천지개벽의 시조로 일컬어지는 인물)의 천지개벽 이래 우리는 자동차·비행기를 만드는 법을 알지 못했으나, 지금은 자동차·비행기를 만들기 시작하였다. 우리 자동차 공업은 우선 트럭을 만들며 승용차는 만들지 않는다. 그래서 우리는 매일 외제차로 회의에 나갈 수밖에 없다. 애국적이 되려고 해도 그다지 빨리는 될 수 없다. 언젠가 국산차로 회의에 갈 수 있는 날이 온다면 그것으로 족하다.

2. 우리는 아직 원폭을 가지고 있지 않다. 과거에는 비행기·대포조차 없었으나, 우리는 소총으로 침략자 일본과 장제스를 이긴 것이다. 우리는 이미 전보다 강해졌으나 이후에는 현재보다 더욱 강해지지 않으면 안 된다. 이를 위해서는 군사비와 행정비를 적당한 비율로 줄여서, 그 비율을 단계적으로 국가예산의 20% 전후로 조정해야 한다. 이렇게 경제건설의 비용을 늘려서, 경제건설을 보다 크게 보다 빨리 발전시켜야 한다. 이를 기초로 한다면 국방건설도 보다 큰 진보를 이룩할 수 있다. 이렇게 한다면 머

지않아 많은 비행기·대포뿐만 아니라, 우리의 원폭도 가질 수 있게 된다.

3. 우리는 원폭을 진정 원하는가? 만일 그렇다면 군사비와 행정비의 비율을 낮추고 경제건설에 힘을 쏟아라. 원폭을 진정으로 원하지 않는가? 만일 그렇다면 군사비와 행정비의 비율을 낮추지 말고, 경제건설에 힘을 쏟지 마라. 어느 쪽이 좋은지 함께 연구하기 바란다.[2]

이 문헌은 당시에도 그리고 오늘날에도, 소련으로부터의 '자립'을 확인하는 의미에서 중요한 문헌으로서 인식되어왔다. 또한 일국의 지도자가 공식적으로 '핵'에 대한 전략적 사고를 제시하였다는 의미에서도 매우 흥미롭다. 이 시기는 아직 중국이 핵개발에 착수하기는커녕 내부에서도 다양한 논의가 이루어지고 있던 시기이다.

여기서 주의하지 않으면 안 되는 것은 종래의 중공업은 분명히 소련 모델에의 의존을 전제로 하고 있던 사정이다. 이 인용문의 말을 빌리자면 그것은 '경제건설'의 범주에 속한다. 그 한편으로, 여기서 언급하고 있는 '군사·행정비'는 종래의 인민전쟁론 전략의 주요 요소로서 주로 '인건비'를 의미한다. 그렇다면 여기에는 하나의 딜레마가 존재하게 된다. 공업화 모델로서 이미 어느 정도 고도의 공업체제를 수립한 소련으로부터 원조가 없다면, 핵무기를 포함하는 국방공업은 발전할 수 없다는 사실이다.

나아가 또 한 가지 덧붙이지 않으면 안 되는 것은, 이후 분명히 드러나기 시작하는 소위 통상무기 개발과 핵무기 개발 사이의 예산배분의 모순이다. 중국의 핵무기 개발을 연구한 학자 히라마쓰 시게오(平松重雄)에 따르면, 이

---

2) 毛澤東, 「論十大關係」(1956. 4), 『毛澤東 社會主義建設を語る』, 矢吹晉 編易(東京: 現代評論社, 1973, pp. 9~10. 편자가 확인한바, 이 판본은 『毛澤東文集』 7卷(北京: 人民出版社, 1999, pp. 27~28의 해당 내용과 다소 다르다. 후자의 편집 과정에서 원문에 손질을 가한 것으로 보인다.

미 1980년대에 당시의 국방부장이었던 장아이핑(張愛萍)이 1950년대의 무기개발과 생산에 대해 이렇게 언급하였다고 한다. 즉, 낭시 중국의 예산규모로는 도저히 통상무기를 통해서는 미국에 대항할 수 없다(나아가 후에는 소련에도 대항할 수 없다)는 점에서 오히려 핵개발 쪽이 저비용이라는 계산에 따라 예산배분이 핵무기 쪽에 치우쳐 있었다는 것이다. 이를 통해 볼 때, '10대관계론' 이후 군사발전상의 중국의 지향성은 대체적으로 통상무기 예산을 삭감하고 그것을 핵무기 개발에 집중시키며, 나아가 그 과도기를 메우기 위해 구래의 '인민전쟁이론'이 문화대혁명 시기에 걸쳐 지속적으로 선전되었다고 할 수 있다.

이후 이상과 같은 딜레마는 어느 정도 폭력적으로 해소됨과 동시에 심화되었다. 1959~1960년 중·소대립이 발생하여, '원자력 협력협정'이 파기되고 소련의 기술자가 일제히 귀국하였다. 이로써 중국은 소련이라는 모델을 잃은 동시에 소련으로부터의 '자립'을 일거에 이루어낼 수 있는 극단적인 정책을 펴게 되었다. 중국은 4년 후인 1964년, 소련의 기우가 실현되기라도 하듯이 핵실험에 성공하고 핵개발을 순조롭게 진행해나갔다. 이러한 우여곡절 속에서 '경제건설'이 진행되어가는 가운데 이데올로기상으로는 정말로 그것과 정반대의 '혁명정치'인 중국문화대혁명이 이 시기에 발동된 것이다.

이 사태를 다시 한 번 공산당 내부의 정치투쟁의 측면에서 설명하자면, 역사적 사건으로서 루산회의(廬山會議, 1959년)의 일련의 소동을 빼놓을 수 없다. 루산회의란 마오쩌둥에 의해 발동된 대약진정책의 실패에 대해 1959년 7~8월에 마오의 정책(대약진과 급속한 인민공사화 등)을 비판한 국방부장 펑더화이(彭德懷)와 그 동조자들이 실각하게 된 중앙정치국 확대회의를 말한다. 공교롭게도 이때 펑의 주장은 시기상으로 소련공산당의 마오 비판과 거의 겹치는 것이었다. 나아가 이때 펑이 실각당한 배경에는 국방부장이었던 그가 중국 국내에서 소련의 통신기지를 건설하려고 하였다는 사실이 크게 작용하였다. 마오가 생각하기에 펑은 탈소련의 최대 장벽이었던 것이다. 펑을 대신하여 국방부장 직에 오른 사람은 소련적 배경과는 정반대의 '인민전쟁이론', 즉 '10대관계론'의 문맥으로는 군사·행정비에 힘을 쏟는 인민전쟁론을 신봉하는 군인 린뱌오였다.

앞서 말한 딜레마의 해소와 심화라는 말을 생각하자면, 탈소련은 이 루산회의에 의해 전진된 것이며, 이로써 소련의 실질적인 원조 없이 핵개발을 포함한 '경제건설'을 추진하지 않으면 안 되었다. 이 딜레마의 심화형태로서 문화대혁명이 발동되고, 나아가 이 딜레마가 폭발적으로 노정되는 형태로 1971년 9월에 이데올로기적으로 문화대혁명을 이끌었던 린뱌오의 실각사건이 발생하였다. 린 실각의 가장 큰 배경이 된 것은 극단적인 '혁명정치'를 거부한 반린뱌오파가 군간부 내에 존재했던 것이며, 후에 이들 반린뱌오 군간부들이 '개혁개방'의 흐름을 지지해나가게 된다. 반린뱌오파란 '경제건설'을 중시하는 세력으로서, 실로 인민공화국의 주류파를 말한다. 이미 핵개발을 완료한 인민공화국은 군사방면에서 이후 통상무기의 개발과 양산에도 힘을 쏟을 여유를 갖게 되었다.

린뱌오 실각으로 사실상 문화대혁명은 끝이 났다. 같은 해 말, 미국 대통령 특사 키신저가 비밀리에 미·중 접근을 시도하기 위해 중국을 방문하고, 다음 해인 1972년 초에 미·중 접근을 알리는 '상하이 코뮈니케'가 발표된다. 억측의 범위를 벗어나지 못하는 것이기는 하지만, 오늘날 북한에 의해 반복되고 있는 핵실험은 그야말로 중국의 1964년 핵실험 성공으로부터 이 1972년의 미국과의 '화해'의 문맥을 참고로 하는 것이 아닐까 하는 생각마저 든다.

## 4. 마오쩌둥의 전쟁과 평화

그렇다면 이 시기의 마오쩌둥의 '핵'에 대한 생각은 어떠했는지 잠시 언급해두고자 한다. 앞서 말한 '10대관계론'에도 있듯이 1950년대 중반까지, 정확히는 흐루쇼프 통치하의 모스크바를 방문하기까지(1957년), 마오에게 핵이란 미제국주의와 일체화된 밖으로부터의 위협이었다. 자주 인용되는 "미제국주의는 종이호랑이다"(겉보기에 세지만 실속은 약한 것)로 상징되듯이, 밖으로부터의 핵의 공포에 대항하기 위한 수사(修辭)가 선택되었다. 다만 이는 소련에 핵무기가 있음을 전제로 한 것이었다. 간신히 소련과의 동맹을 유지하고 있던 그 단계까지, 중국은 소련의 핵우산에 들어가 있기로 하였다. 1957년 11월 모스크바에서 행한 마오의 연설에는 아래와 같은 내용이 담겨 있다.

(15년 만에 소련은 미국을, 중국은 영국을 따라잡을 수 있다는 말을 한 후) 결국 우리는 15년간의 평화 상태를 쟁취하지 않으면 안 된다. 그때가 오면 우리는 천하무적이 될 것이며 누구도 우리를 공격하지 못하게 될 것이다. 세계는 이를 통해 항구적인 평화를 얻게 될 것이다. 현재 좀 더 상황을 예측해보자면, 전쟁을 발동하려는 미치광이들은 원폭이나 수폭을 도처에 떨어뜨리려고 한다. 그들이 떨어뜨리면 우리도 떨어뜨린다. 그렇게 되면 엉망진창이 되어 많은 사람이 목숨을 잃게 된다. 문제는 항상 최악의 사태지점에 놓고 사고해야 한다. 우리의 당 정치국은 몇 번이나 회의를 열어 이 문제에 대해 논의하였다. 지금은 싸우고자 해도, 중국에는 수류탄이 있을 뿐 원폭은 없다. 그런데 소련에는 있다. 만약 전쟁이 발발한다면 얼마나 많은 사람이 죽을 것인지 한번 상상해보자. 전 세계 인구 27억 명 중 아마도 3분의 1이 죽게 될 것이다. 좀 더 많이 보자면 반 정도가 죽을지도 모른다. 우리

가 싸우려는 것이 아니라 그들이 싸우려는 것이며, 일단 시작되면 원폭이나 수폭이 떨어질 것이다. 나는 이전에 한 외국인 정치가와 이 문제에 대해 논의한 적이 있다. 그는 만약 원폭전쟁이 발발하면 인류는 사멸할 것이라 말하였다. 이에 대해 나는 극단적으로 생각해도 반 정도가 죽고 반 정도는 살아남을 것이라고 말하였다. 제국주의가 타도되고 전 세계가 사회주의화 되고나서 수년 지나면, 세계인구는 다시 27억 명으로 회복될 것이며 분명히 그전보다 많아질 것이다. 우리 중국은 아직 건설 중에 있으며 평화를 바라고 있다. 그러나 만약 제국주의가 기필코 전쟁을 하고자 한다면, 우리는 맞서 싸우고 나서 다시 건설에 나서는 수밖에 없다. 매일 전쟁에 대해 걱정하고 있지만 정말 전쟁이 일어나면 어떻게 할 것인가? 나는 일찍이 동풍이 서풍을 압도하고 있으며 전쟁은 일어나지 않을 것이라고 말한바 있지만, 지금은 전쟁이 발생한 상황을 가정하고 그에 대해 보충설명을 하였다. 이로써 나는 두 가지 가능성 모두에 대해서 예상해보았다.[3]

여기서 주목하지 않으면 안 되는 것은 마오의 평화에 대한 생각이다. 일반적으로는 인용문과 같은 마오의 발언을 가리켜, 그의 호전성 나아가서는 야만적인 생명관의 근거라는 논의가 주로 서방 사회에 존재하고 있다. 그러나 한국전쟁에 더하여 당시 중화민국(대만) 당국과의 사이에 발생하고 있던 진먼 섬의 포격전(1955년, 1958년) 등에 관한 위기감을 고려하자면, 인민공화국이 자국의 경제발전을 위해 '평화시간'을 바라고 있던 것도 확실한 사실이다. 여기서 '두 가지 가능성'이라는 말이 등장하는데, 당시의 마오나 인민공화국 모두 이 두 가지 가능성을 하나의 것으로 파악하고 살아가고 있었다는 사실이 중요하다. 중국에게 '평화상태=경제건설'이라는

---

3) 「在莫斯科共産黨和工人黨代表會議上的講話」(1957. 1), 『毛澤東文集』7卷, p. 326.

것은 그야말로 적의 공격을 받지 않기 위한 것으로서 '전쟁에 대한 전쟁'인 것이다. 간단히 말하자면, 밖으로부터 공격받지 않을 정도의 국가건설이 급선무가 되고 있었던 셈인데, 이것이 통상 일본에서 말하는 평화 개념과는 다르다는 것을 깨달을 필요가 있다. 덧붙이자면 이후 중국의 '평화'는 그야말로 자력에 의한 핵개발의 성공을 통해 비로소 달성되었다.

이 연설은 1957년에 행한 것인데, 인용의 서두에서 보이는 15년이라는 시간 설정은 결과적으로 그 후의 중국의 모습에서 볼 때 의미심장하다고 할 수 있다. 15년 후란, 1964년의 핵실험 성공을 사이에 두고 있는 1972년에 해당한다. 즉 미국과의 사이에 사실상의 평화 상태를 쟁취하는 사건의 도래를 의미한다. 그렇다면 다음으로 중국에게 평화 획득의 이정표가 되는 핵무기 개발의 성공, 즉 1964년 10월의 핵실험의 성공 직후의 인민공화국의 성명을 살펴보자.


스스로를 지키는 것은 어떤 주권국가라도 빼앗겨서는 안 되는 권리이다. 세계의 평화를 지키는 것은 평화를 사랑하는 모든 국가에 의한 공동의 책무이다. 나날이 높아지는 미국의 핵 위협에 직면하여, 중국은 앉아서 지켜볼 수만은 없게 되었다. 중국이 핵실험을 하고 핵개발을 하는 것은 불가피하다.

중국정부는 일관하여 핵무기의 전면금지와 철저한 폐기를 주장해 왔다. 만약 이 주장이 실현될 것이라면, 중국은 원래 핵무기를 개발하지 않았을 것이다. 그러나 우리의 이러한 주장은 미제국주의의 강고한 저항에 부딪쳤다. 중국정부는 일찍이 '1963년 7월 미·영·소 3국이 모스크바에서 조인한 핵실험의 부분적 금지조약은 세계 인민을 속이는 뻔히 눈에 보이는 수작이다'고 말한 바 있다. 이 조약은 3대 핵대국의 독점적 지위를 강화하는 것이며, 평화를 사랑하는 국가의 손발을 묶어두려는 것이다. 또한 미제국주의의 중국인민과 세계인민에 대한 핵 위협을 줄이지 않을 뿐만 아니라 오히려 증가시키고 있는 것이다.

(중략)

중국정부는 완전히 평화를 사랑하는 국가와 인민이 일체의 핵실험을 정지시키려는 선량한 원망을 이해한다. 그러나 점점 많은 국가가 이해하고 있듯이, 핵무기는 미제국주의와 그 동조자들에 의해 독점되고 핵전쟁의 위기가 더욱 커지고 있다. 우리들은 갖고 있지만 너희들은 갖고 있지 않다는 식으로 그들은 으스대고 있다. 그러나 일단 그들의 반대편도 핵을 갖게 된다면, 그들은 으스대지 못하게 되며, 핵에 의한 협박이나 위협도 그다지 효과를 갖지 못하게 된다. 그렇게 되면 핵무기를 전면적으로 금지하고 폐지하는 가능성도 높아지게 되는 것이다. 우리들은 마음속 깊이 핵전쟁이 영원이 발생하지 않기를 바라고 있다. 또한 전 세계의 평화를 사랑하는 국가와 인민이 공동 협력하여 투쟁을 계속하면 핵전쟁을 방지할 수 있다. (중략)

중국정부는 이전과 마찬가지로, 전력을 다하여 국제적인 소통을 통해 핵무기를 전면적으로 금지하고 폐지하는 숭고한 목적을 실현하려 하고 있다. 그 날이 올 때까지, 중국정부와 중국인민은 흔들림 없이 우리의 길을 견지하여 국방을 강화하고 조국과 세계평화를 방위할 것이다.

우리는 핵무기가 사람에 의해 만들어진 것이라면 반드시 사람의 손으로 폐기할 수 있다고 굳게 믿고 있다.[4]

이 성명을 표면적으로 보자면, 미국(제국주의)이 주요 적인 듯한 인상을 갖게 되나, 당시의 문맥으로는 오히려 소련으로부터의 자립을 위한 핵실험이었던 것이 틀림없다. 이러한 중국의 위치에서 볼 때, 소련은 이때에는 이미 '제국주의'에 동조하는 배신자로서 표상되고 있다. 그리고 실제로 이후

---

4) 「中華人民共和國政府聲明」, ≪人民日報≫(1964. 10. 16).

에 발생하는 것은 1969년의 우수리 강(烏蘇里江) 중소분쟁이다.

강조하고 싶은 것은, 여기에서 보이는 평화관이라는 것이 1957년 마오의 모스크바 연설로부터 직접적으로 이어지는 것으로 볼 수 있다는 점이다. 중국의 핵실험 성공은 '전쟁에 대한 전쟁'으로서 평화와 전쟁이 일체화된 시간을 상징하는 것이 된다. 즉, 중국이 핵무기를 실제로 사용하지 않는 이상, 여기에 적힌 선언 '중국정부는 이전과 마찬가지로 전력을 다해 국제적인 소통을 통해 핵무기를 전면적으로 금지하고 폐기하는 숭고한 목적을 실현하려 하고 있다'가 궤변이라는 것은 완전하게 입증할 수 없다는 것이다. 바꿔 말하면 이러한 언뜻 보기에 궤변으로도 보일 수 있는 종이 한 장의 논리를 전 세계를 향해 선언해버린 것 자체가, 말하자면 매우 특이한 중국적 근대를 보여주는 것이라고 할 수 있을 것이다. 인용의 마지막 부분인 '사람의 손으로 폐기할 수 있다'는 문언이 그것이다.


## 5. 중국의 핵실험 성공이 일본에 미친 영향

여기서 조금 다른 각도에서 보조선을 긋고 되돌아보고 싶은 것은 일본의 반핵운동(반원전운동을 포함)이다. 1960년대 초반, 일본의 반핵운동은 소련의 핵보유를 인정할 것인지를 둘러싸고 분열하여, 그 후유증은 '원수폭금지 일본협의회'(1955년 결성)와 '원수폭금지 일본국민의회'(1965년 결성, 앞의 단체가 소련의 핵실험을 평화를 위한 것이라고 옹호하자 이에 반발하여 따로 성립됨)의 병립으로서 오늘까지 계속되고 있다. 이 과정은 그야말로 일본의 평화운동 자체가 냉전 상황에 규정되어 있던 증좌이지만, 나아가 1964년 중국의 핵실험 성공의 충격은 또한 소련의 핵보유와는 다른 경우로서 분석 대상이 될 것이다.

중국의 핵실험 성공은 우선 미국과 일본의 언론에서 상당히 다른 반응을 초래하였다는 사실을 특기해둘 필요가 있다. 당시의 냉전 상황을 주시하고 있던 중국학자 니이지마 준료(新島淳良)에 따르면, 미국 언론은 일반적으로 중국이 근대적인 공업 시스템을 갖춘 국가가 되었다는 표지로서 이 실험을 받아들이고, 의화단사건 이래의 미개하며 야만적인 중국 표상이 변경되었다는 문맥을 강조하였다. 그에 비해 일본에서의 반향은 일반적으로는 신중국과 관련된 모럴 에너지의 상실로 받아들이는 경향이 있었다고 한다.5)

그러나 일본의 반체제운동(특히 신좌익 측)에는 또한 다른 문맥이 발생하고 있었던 것도 간과해서는 안 된다. 이는 그 후에 발생한 문화대혁명이 일본의 반대 세력에 가져온 충격이다. 결과적으로 이로써 중국의 1964년 핵실험의 의미가 변질되게 된다. 스가 히데미(絓秀實)에 따르면, 중국 문화대혁명은 미·소의 이데올로기 대립이 실제로는 생산력주의에 구속된 동일 자장(磁場)에 있다고 하며, 문화대혁명이 그 미·소 세계지배의 자장을 무너뜨리는 계기로서 새로운 '오독'을 발표하였다고 한다.6) 분명히 일본에 소개되어 있던 인민공화국의 사회주의정권이라는 이미지에는, 대규모공업에 의하지 않은 '토착식 용광로(土法爐)'라든지, 한방(漢方)을 도입한 농촌의 무료 의료 활동, 나아가서는 도시와 농촌의 분열을 극복하는 시도로서 도시청년의 '하방(下放)' 등, 아름다운 '오독'을 유발하는 다양한 도구가 갖추어져 있었다. 그리고 이러한 표상이란, 실제로는 상반된 것이지만 중국의 핵실험을 미·소 냉전체제에 균열을 초래하는 행위로 이해하는 문맥이 발생한 것이다. 일본의 반공해운동, 혹은 반원전운동의 기원에는 이러한 냉전체제의 전환점으로서의 혁명중국의 이미지가 강렬하게 작용하고 있었

---

5) 新島淳良, 「核實驗の意味、整風の意味」, ≪エコノミスト≫(1966. 5. 31).
6) 絓秀實, 『反原電の思想史(東京: 筑摩書房, 2012).

다. 물론 이러한 문맥은 재고의 여지가 있다.

또 하나 1960년대의 핵문제를 둘러싼 논의에서 잊어서는 안 되는 것은 1964년보다 2년 전에 발생한 쿠바위기이다. 미국의 목구멍이라고도 불리는 쿠바의 핵미사일 배치가 가져온 충격은 소련이 미사일을 철수한 것으로 일단락되었다. 다만 이때 그 핵은 소련(권)의 핵이었으며 이것이 결국 소련에 반환되었다는 점에서 이때의 쿠바는 중국과 같은 '자립'의 인상을 안겨 주지는 않는다.

여기서 하나의 패러독스를 찾을 수 있다. 분명히 인민공화국의 핵무기 보유의 기술적 경유(經由)는 (미국유학자들에 의해 열린 측면도 있을 터이나) 주로 소련에 의한 것이며, 또한 그 소련에서 얻은 핵기술을 통해 마침내 중국은 소련으로부터의 '자립'을 이루어내게 되었다. 나아가 핵무기를 보유할 수 있었기 때문에 비로소 1969년 소련과의 국지적 국경충돌도 무릅쓸 수 있었다고 중국 측은 생각하고 있다. 중국의 소련으로부터의 자립이 동아시아의 냉전구조를 근저에서 변화시킨 것이다. 게다가 그것이 실로 일본의 반핵운동이 갖는 이상주의 에토스로부터는 상당히 먼 국가 현실주의를 기원으로 하고 있는 점이 (일본의 평화세력에게는) 최대의 아포리아(aporia, 해결할 수 없는 난제)가 된다.


## 6. 냉전이 변질되는 1970~1980년대

여기서 또 다른 냉전의 전환점(1970년대 전반)으로 논점을 옮겨보자. 즉 린뱌오 실종사건과 대비되는 중·미 접근(나아가 중·일 국교정상화)이다. 중·미 접근이 형태를 갖추어 나타나는 닉슨의 중국방문, 그리고 중·일 국교정상화가 성립하는 것이 1972년의 일이다. 흥미롭게도, 바로 이 해부터 중국도 소위 '원자력의 평화적 이용'을 지향되게 된다. 말하자면 미국(아이젠하워)이 1950년대에 발명한 논리에 동조한 셈이 된다.

그런데 핵무기 개발에서 '평화적 이용'으로의 이행은 미국·소련·프랑스 등 선진국과 공통되는 도정인데, 다른 한편으로 일본의 경우는 뭐라고 할 수 있을까. 핵무기의 보유 자체는 기피되고 있으며, 순서상 처음에는 겉보기에 '평화적 이용'이었다(다만 1950년대부터 1960년대에 걸쳐 복수의 보수 정치가는 핵무장으로의 지향을 안고 있었던 점을 지적할 수 있다). 일본에서 원전 건설이 가속되는 것은 바로 이 시기에 1973년 제4차 중동(中東)전쟁에 의해 야기된 오일쇼크의 결과이다. 당시 일본의 수상은 다나카 가쿠에이(田中角榮)였는데, '일본열도개조론'으로 알려져 있는 지방개발에 역점을 두는 정치적 인물의 노력에 의해, 원전 건설은 1970년대부터 가속되었다. 게다가 이 원전 건설의 가속은 앞서 언급한 스가(絓)의 『반원전의 사상사』에 따르면, 석유 의존으로부터의 탈피와, 나아가 전력정책의 상대적 자립을 목적으로 한 것으로서, 소프트한 탈미지향(실제로는 종속)을 내재시킨 것으로도 해석할 수 있다. 또한 1979년의 이란혁명으로 시작된 제2차 오일쇼크에 의해 원전 건설의 흐름에 한층 더 물질적 근거가 부여되었으며, 정계의 뒷무대를 지배하고 있던 다나카에 의한 정치역학이 이 경향을 주도하였다.

이상의 논점은 일본에서의 '핵'의 '평화적 이용'을 중심에 두고 서술한 것인데, 야마모토 요시다카(山本義隆)가 말한 바와 같이 기술론적인 관점에서도 '평화적 이용'은 그 의지가 있다면 쉽게 핵무기의 제조로 연결되는 것이다.[7] 현재 야마모토가 지적하였듯이, 1980년대의 잠재기를 거쳐 90년대부터 가속된 핵폐기물의 '재처리'(플루토늄 정제)와 '우라늄 농축'을 위한 시설 건설은 핵무기 보유를 향해 길을 여는 시도라는 의심을 충분히 갖게

---

7) 山本義隆, 『福島の原電事故をめぐって』(東京: みすず書房, 2012).

해준다. 그에 따르면, 1970년대까지의 미국의 핵전략에서는 일본의 핵무기 제조를 허락하지 않고 있었으나, 이란혁명을 거친 1980년대 초기에 전환기를 맞이하게 된다. 일본에서 나카소네(中曾根) 정권이 성립한 1982년, 레이건 정권과의 사이에 신미일원자력협정(新日米原子力協定)이 협의에 들어가 1988년에 발효되었다. 이에 따라 플루토늄 규제가 크게 완화되어, 오늘날의 롯카쇼마을(六ヶ所村)의 재처리 건설, 고속증식로 '몬주(もんじゅ)' 문제가 발생하게 되었다.

지금도 국내적으로는 이 방면의 위험성, 즉 일본은 핵무기 보유에는 나서지 않을 것이라는 감각이 일반 주민 사이에는 지배적인 분위기이다. 이는 실제로 롯카쇼 마을의 시설이나 '몬주'가 건설 중에 사고로 인해 그 계획이 좌절되었기 때문일까. 아니면 좀 더 넓은 맥락에서 미일안보체제와 하나가 된 '핵우산'론에 의존하는 종래의 '냉전감각'이 지속되고 있기 때문일까. 단적으로 말하면 일본열도에 사는 일반 주민은 미군기지가 국내에 존재하는데도 일본정부가 단독으로 핵무기 보유를 추구하는 길은 논리적으로 가능하지 않은 것이라 상정하고 있는 듯하다. 이러한 장래의 그림에 대해서는 일본정부 내부의 의지, 혹은 정치적 보수세력 사이의 견해가 나뉘어 있는 것으로 관찰된다. 다만 정치적 보수세력의 일부는 역시 '원자력의 평화적 이용'이라고 말하는 한편으로, 장차 있을 수 있는 핵무기 보유의 길을 포기하지 않으려는 징후도 있다. 최근의 일로, 2012년 6월 20일에 성립한 권시력기제위원회(倦視力機制委員會) 설치법의 부칙에서, '원자력 헌법'이라고도 불리는 권시력기본법(倦視力基本法)의 기본 방침이 변경되었다. 이 변경은 원자력 이용의 '안전 확보'는 '국민의 생명, 건강 및 재산의 보호, 환경의 보전 및 나라의 안전보장에 도움이 되는 것을 목적으로 한다'는 명분을 내세우고 있다.

1970년대부터 1980년대에 걸쳐, 다른 한편의 중국에서는 큰 변화가 찾아오고 있었다. 서방 각국과의 정체경제관계를 전면적으로 쇄신하는 '개혁개방'의 시동이다. 이 '개혁개방'의 흐름은 국제정치의 국면에서 매우 고도의 정치적 선택이었다. 이때 '핵의 평화적 이용'에 관하여 중국의 파트너가 된 대상으로서 프랑스를 들 수 있다. 1987년 프랑스제 원자력발전소가 착공되었다. 중국은 원자력 발전에 대해서는 프랑스제를 도입하거나, 혹은 스스로 개발해 왔다고 할 수 있다.

이러한 선택도 실로 마오쩌둥 시대부터 중국에 의해 선택된 냉전에 대한 대응에서 나온 것이다. 1960년대부터 1970년대에 걸쳐 중국은 독자의 국제정치의 지도인 '중간지대론(中間地帶論)',[8] '세 개 세계론'[9]을 전개하여, 미소와의 거리를 두는 독자적 활동공간을 창출하려 하였는데, 그 참조 틀로서 크게 드골의 프랑스가 의식되고 있었다. 독자적으로 핵무기 보유를 추진하고 나아가 원자력 발전을 강력하게 추진한 프랑스가 하나의 모델이 된 것이다. 1960년대에 마오 자신이 드골을 칭찬하고 있었던 문맥이 이와 연결된다고 할 수 있다(다만, 2000년대에 들어서면 미국제 원자력 플랜트의 도입도 검토되기 시작한다).

그리고 또 한 가지 소련을 배경으로 한 점에서 적대성을 유지하고 있던 인도를 견제하기 위해, '적의 적은 우리 편'이라는 식의 논리를 펼치기라도 하듯이, 중국은 파키스탄에 접근하였다. 그리고 오늘날 중국은 파키스탄에 대해 핵무기의 기술이전은 물론 원전 그 자체의 수출까지 하면서 관계의

---

8) 1946년 8월 마오가 미국 기자 안나 루이 스트롱과의 회견에서 제시한 국제정세론. 미국과 소련 사이에는 수많은 자본주의국가와 식민지/반식민지국가들로 구성된 중간지대가 있는데, 미국은 겉으로 반소를 외치고 있지만 실제 그 목적은 이 국가들에 대한 세력 확장이며 이 중간지대를 장악하기 전에는 소련을 향해 진공할 수 없다.—역자 주.
9) 미국과 그 우방국들을 제1세계, 소련과 그 우방국들을 제2세계, 중국을 비롯한 그 사이의 나머지 국가들을 제 3세계로 간주한다.—역자 주.

범위를 넓히고 있다. 이러한 중국과 파키스탄의 동맹관계는 인도와의 관계에 강하게 연동되는 카슈미르 문제에 영향을 미치며 오늘에 이르고 있다.

## 7. 맺음말을 대신하여: 제3세계 혹은 중국의 '핵 보유'

마지막으로 현재 진행형인 문제를 제시하면서 이상의 논의를 정리하고 자 한다. 단적으로 현재 중국 및 제3세계의 핵무기 보유 및 원전 건설 문제이다.

주지하는 바와 같이, NPT체제(핵확산방지조약)는 1963년부터 논의되어 1970년 이래 시행되었다. 바로 이즈음에, 앞서 말한 중화인민공화국은 핵실험을 성공시켰다. 1970년 당시, 인민공화국은 유엔(국제연합)의 의석을 갖지 못한 존재였으나, 1972년에 의석을 쟁취하고 나아가 안전보장이사회 상임이사국의 직책도 얻게 되었다. 이야말로 냉전정치의 일대 전환점이었다. 그리고 1992년, 인민공화국은 프랑스와 함께 NPT체제 안에 들어감으로써 다음과 같은 전환이 이루어졌다. 즉, 독자외교를 펼쳐온 프랑스 이외의 '서방 선진국+소련(러시아)' 체제가 기존의 핵무기 보유국의 구조였던 것이, 제3세계인 중국이 들어섬으로써 핵무기 보유의 물결은 나아가 인도·파키스탄·이스라엘·북한·이란으로 계속 확대되어 간 것이다. 이러한 새로운 핵보유국에 공통되는 점은 NATO 회원국이 아니라는 것, 그리고 '주권이 침해받는 위기'를 안고 있다는 것이다.

여기서 고려하지 않으면 안 되는 것은 두 가지이다. 우선 제3세계의 핵무기 보유 물결은 앞서 언급하였듯이 중국에 의한 것으로 중국의 궤적이 모방되어 있다는 점과, 제3세계의 핵 보유에 정당성을 부여하는 논리로 '국가주권'의 개념이 강조되고 있는 점이다. '국가주권'이란 원래 유럽세계가 발명한 것이며, 제3세계 국가들에서는 그것이 독립운동이라는 정치적 계기에 의해 키워졌으며 이를 무시할 수 없다. 이 점에서는 이스라엘도 예외는 아니다.

여기에서 파생되는 문제로서, 또 한 가지 새로운 문제영역의 부상을 지적해두고 싶다. NPT체제 자체가 국민국가를 기본 단위로 하고 있을 뿐 초국가적인 조직이 핵무기를 보유하는 가능성을 상정하고 있지 않은 점에서, 조지 W. 부시정권 이후에 반테러전쟁이라는 구실로 초국가적인 조직에 의한 핵무기 보유(및 핵시설 공격)를 저지할 필요성이 논의되어왔다는 사태이다. 현시점에서의 기술수준에서 보자면, 핵무기 개발과 핵무기 보유는 안정적인 기술관리와 시설관리가 필요하기 때문에, 국가의 손을 벗어날 수 없는 단계이다. 따라서 핵무기 보유에 성공한 국가가 초국가적인 그룹에 이를 넘겨버리는 일 — 현시점에서 구미 각국이 위기감을 안고 있는 그림 — 은 여기에 집중되어 있는 듯하다.

돌이켜 생각해보면, 앞서 말한 쿠바 위기(1962년)로부터 중국의 핵실험 성공(1964년)에 이르러 현재화된 것처럼, 핵무기를 보유하는 것은 통상의 소유개념을 넘어선 영역에 관계하는 사고를 요구하게 되었다. 실로 이점이 중요하다. 한편으로 쿠바위기로는 한 번 배치한 미사일이 반환되어 버리는 경위를 보여주었다면, 다른 한편으로 중국의 핵실험 성공으로 기술이전을 받은 국가가 그 수출국과의 관계를 끊고 독자적으로 핵무기를 보유할 수 있는 사태가 출현한 것이다. 그리고 결과적으로 그 중국의 방식이 종래의 냉전 문법(이 문맥에서는 소련의 핵우산)을 바꾸어, 핵무기 보유를 지렛대 삼아(즉 결코 아름답지만은 않은 방법을 이용하여) 제3세계 각국의 자주독립노선이 실현되어 버린 점에 대한 의의를 이론적으로 설명하지 못하면, 아마도 일본의 반핵평화운동은 그 발언력과 파급력을 가질 수 없게 될 것이다.

다음으로 세계의 원전 건설(원전 수출을 포함) 문제에 관한 정리로 넘어가

자. 여기에서도 주역이 되는 것은 역시 제3세계이다. 소위 선진제국이 3차 생산의 비율을 높여가는 가운데, 제3세계 제국은 2차 생산에 집중한 결과 막대한 전력수요가 예상된다. 즉 이 조건에서 원전 건설(원전 수입)이 촉진되려 하고 있다. 현재 탈원전운동의 방향성이 다양하게 논의되고 있는 단계에 있는 일본에서, 역시 약점이 되고 있는 것은 이러한 관점이다. 이 관점이 중요한 것은 나아가 일본의 원전개발에 이용된 '평화적 이용'의 기술이 이 원전수출이라는 관성에 의존하는 것을 통해 연명하려 하고 있는 사태가 존재하기 때문이다. 다만 지금 원전을 폐기하려는 운동 측의 논리에 서서, '원자로 폐기'를 위한 기술관리, 나아가 폐기물의 고도집중관리 자체는 필요할 것이다. 그러나 제3세계에 대한 (혹은 스리마일 섬 원전사고 이후에 원전개발을 중지한 미국에 대한) 원전수출은 '제2의 후쿠시마(福島)'를 만들어내는 사태라는 것, 즉 원전 사고의 확산을 가져온다는 의미에서 운동 측에서 긴급히 논의하지 않으면 안 되는 문제이다. 나아가 장차 반드시 발생하게 될 핵폐기물 처리와 관리에 관한 거대하고 치명적인 비용에 관한 논의가 세계적으로 이루어지지 않으면 안 될 것이다.

여기서 가장 원리적인 문제영역에 들어가지 않을 수 없다. 즉 제3세계 각국의 2차산업 발전에 대한 욕망은 말하자면 국가와 자본이 요구하는 자동운동과 같은 것이며, 나아가 크게 말하자면 세계자본주의의 불균등발전법칙 그 자체이다(D. Harvey). 세계자본주의에서 불균등발전은 필요한 배치이기도 하다. 제3세계 각국에 의한 원전 건설(혹은 수입)이란 그야말로 단기적인 저비용과 안정적인 전력 확보라는 명제로부터 나온 욕망이라고 볼 수 있다. 이 선택 자체 안에 위기가 내재되어 있음을 지적할 수는 있으나, 다른 한편으로 원전이라는 선택을 강요하는 구조, 혹은 그러한 욕망 자체를 단념시킨다는 선진국 제1세계로부터의 '계몽'이 윤리적으로 성립할 수 있는지는 의문이다.

여기서 역사적 전제로서 분명히 해두지 않으면 안 되는 위상이 있다. 중국도 인도도 그 독립의 과정에서 국시로서 '자력갱생', 즉 '자립'이 강조되어온 시기가 있으며, 게다가 이는 (현실이 어떻든) 이념으로서는 유지되어왔으나 이와 달리 일본에서는 그러한 이념이 상당히 옅으며 미국으로부터의 '자립'은 거의 추구되지 않았다는 점이다. 이러한 일본의 반핵·반원전운동은 제3세계를 향해 도대체 무엇을 주장할 수 있을까. 히로시마(廣島)나 나가사키(長崎)가 세계에 발신해온, 조금 추상적인 '피해자 이미지'를 전달할 뿐이라면, 앞으로 그 효과는 그다지 기대할 수 없을 것이다.

소위 선진 각국이 3차 산업의 비율을 높여가는 가운데, 제3세계 각국에는 2차 산업에 집중된 국가정책으로 인해 거대한 전력수요가 예상된다. 이 조건하에서 원자력발전소 건설(원자력발전소 수입)이 촉진되려 하고 있다. 현재 탈원전운동의 다양한 방향성이 논의되는 단계에 놓여 있는 일본에게 약점이 되고 있는 것은 바로 이러한 관점이다. 이 관점이 중요한 것은 그야말로 일본의 원전개발에 이용된 '평화적 이용'의 기술이 이 원전수출에 의존하는 형태로 연명하려 하고 있는 사태가 존재하기 때문이다.

금후 분명 세계의 원전 건설(그리고 반원전) 추세는 산업구조의 전환으로 오히려 탈원전이 '합리적'이라 보는 선진국이 아니라, 중국·인도 등의 제3세계 나라들이 어느 쪽으로 향하게 될 것인가에 따라 결정적인 전환이 이루어질 것이다. 무기이든 '평화적 이용'이든, '핵'은 선진국에 의해 개발되어 제3세계로 전해진 특수한 산물이다. 핵폐기라는 세계적 사명은 이를 발명한 측이 아니라 이를 밖으로부터 받아들이게 된 측(스스로 가져왔다고도 할 수 있으나)에 의해 완수되지 않으면 안 되게 되었다고 할 수 있는 것은 아닐까.

이러한 중국을 비롯한 제3세계가 낳는 세계사 구조는 이미 사상사적으로는 다케우치 요시미와 프란츠 파농 등 선행하는 인물들에 의해 언급되었다.

서구적인 우월한 문화가치를 더욱 대규모로 실현하기 위해, 서양을 다시
한 번 더 동양에 의해 되감싸 안아, 거꾸로 서양 그 자신을 이쪽에서부터 변
혁한다는 이 문화적 되감기, 혹은 가치상의 되감기에 의해 보편성을 만들어
낸다. 동양의 힘이 서양이 만들어낸 보편적인 가치를 더 높이기 위해 서양
을 변혁한다. 이것이 동양 대 서양의 오늘의 문제점으로 되고 있다.(1960)[10]

제3세계는 지금 하나의 거대한 덩어리로서 유럽에 대치하고 있다. 그 프
로젝트란 유럽이 지금까지 답을 찾지 못하고 있는 문제를 해결하려고 하는
것임에 분명하다.(1961)[11]

기묘하게도 동시대적으로 언급된 이 사상적 언설과 그 본격적인 의미는
그 수년 후인 1964년 중국의 핵실험 성공에 의해 현재 살아 있는 과제의 발
단으로서 세계사에 등장하였다고 말하지 않을 수 없다. 그리고 또한 이 과
제는 오랜 세계사적 과제로서, 핵무기나 원자력발전소를 가지고 있지 않은
나라(지역)의 사람들에게도 원리적인 과제에 대해 고민하게 만들었다. 핵
무기가 존재하는 이상, 또한 원자력발전소가 가동되고 핵폐기물을 생산하
는 이상, 이 과제는 끝나지 않을 것이다. [번역: 양희정]

---

10) 竹内好,「方法としてのアジア」, 최원식·백영서 편, 『동아시아인의 '동양' 인식』(창비,
   2010), 92쪽.
11) Frantz Omar Fanon, 『地に呪われたる者』, 鈴木道彦 外 譯(東京: みすず書房, 1996)(『대지
   의 저주받은 자들』, 박종렬 옮김, 광민사, 1979).

# 부록 · 중국(그 외) 원자력 관련 연표

| 시기 | 주요 사항 |
|---|---|
| 1949년 | 중화인민공화국 건국(10월). *소련 핵실험 성공(9월). |
| 1950년 | 중소우호동맹상호원조조약 체결(2월). |
| 1950~<br>1953년 | 한국전쟁. *중국 동북부에 원폭 투하가 검토됨. *일본 재독립. |
| 1950년 | 중국과학기술원 내에 '원자력연구실' 설치(12월). |
| 1953년 | 아이젠하워 유엔에서 '원자력의 평화적 이용' 연설(12월). |
| 1954년 | 일본 第五福龍丸의 피폭. 나카소네(中曾根康弘) '원자력예산'을 통과시킴. |
| 1955년 | 중소원자력협력협정 체결(4월). *반둥회의(4월). |
| 1956년 | 스탈린 비판(2월), 마오쩌둥 '10대관계론'(4월), 쉬광핑(許廣平) 일본의 원수폭금<br>지대회 출석(8월). |
| 1958년 | 신화사통신 '중국 최초의 연구용 원자로 운전(소련으로부터 제공된 것)' 보도. |
| 1959년 | 중소 대립으로, 소련에 의해 원자력협력협정이 일방적으로 폐기됨. |
| 1960년 | 소련 전문가들 귀국. 중소대립 공식화. |
| 1962년 | 중국 - 인도전쟁(1959년~). *쿠바 위기(10월). *일본 원수폭금지운동의 분열. |
| 1964년 | 중국 최초의 핵실험 성공(10월). *통킹만 사건(8월). |
| 1965년 | 미국에 의한 북폭 개시(2월). 미 해병대의 남베트남 상륙(3월). |
| 1966년 | 중국 문화대혁명 개시(~1976년). |
| 1967년 | 중국 수폭실험 성공(6월). |
| 1969년 | 중소 국경(珍寶島) 충돌(3월). |
| 1971년 | 중국 처음으로 핵잠수함 운행 성공(9월) *린뱌오 사건(9월). |
| 1972년 | 상하이에 核工程研究設計院 설치. 원자력의 '평화적 이용' 개발 시작.<br>*미중접근(닉슨 베이징방문 2월) *중일국교 정상화(9월). |
| 1973년 | 발전용 원자로인 타이산(秦山) 원자력발전소의 설계 개시. *제1차 석유파동. |
| 1978년 | 중국 '개혁개방' 개시. |
| 1979년 | 이란혁명에 따른 제2차 석유파동. |
| 1982년 | 일본 나카소네 정권, 미국과의 사이에 신미일원자력협정 협의(1988년 발효). |

| 1985년 | 중국 최초의 원자력발전소, 자주설계인 타이산 원자력발전소 착공(3월). |
|---|---|
| 1987년 | 중국의 두 번째 원자력발전소, 프랑스제인 다야완(大亞灣) 원자력발전소 건설 착공(8월). |
| 1993년 | 중국 최초의 수출원자력발전소, 파키스탄의 발전소 착공(8월). |
| 1996년 | 중국의 자주개발을 위주로 한 타이산 원자력발전소 2기 공사 1호기 착공(6월). |
| 2000년 | 고온가스냉각로실험로 완성, 초임계(初臨界) 달성(12월). |
| 2003년 | 고온가스실험로, 처음으로 송전망에 접속(1월). 중화인민공화국 수립. |

## 참고문헌

1차 사료·한국어·중국어·일본어·영어 문헌 순서

● 서장

구대열. 1995. 『한국국제관계사연구 2』. 역사비평사.

권석봉. 1987. 「韓淸通商條約의 체결」. ≪동방학지≫, 제54~56호.

권혁수. 2007. 『근대 한중관계사의 재조명』. 혜안.

김기혁. 2007. 『근대 한중일 관계사』. 연세대출판부.

김민규. 2002. 「근대 동아시아 국제질서의 변용과 淸日修好條規: 條規體制의 생성」. ≪大東文化硏究≫, 제41집.

김수암. 2000. 「한국의 근대외교제도 연구 ― 외교관서와 상주외교사관을 중심으로」. 서울대학교 외교학과 박사학위논문.

김용구. 1997. 『세계관 충돌의 국제정치학: 동양 禮와 서양 公法』. 나남.

김지훈. 2004. 「중일전쟁기 중국공산당의 한국인식」. ≪歷史學報≫, 제184집.

동북아역사재단 편. 2009. 『한중일 학계의 한중관계사 연구와 쟁점』. 동북아역사재단.

박성수. 1980. 『독립운동사연구』. 창작과비평사. 1980.

박준형. 2012. 「대한제국기 한청관계와 청국조계」. 『역사적으로 본 근현대 한중관계』. 한국사연구회 춘계정기학술발표회(2012년 6월) 자료집: 1~16쪽.

배경한. 1996. 「孫文의 대아시아주의와 한국」. ≪釜山史學≫, 30집.

＿＿＿. 2000. 「신해혁명직후 몽골의 독립에 대한 孫文과 혁명파의 대응」. ≪인문과학≫, 제30권 제1호.

_____. 2010. 「중일전쟁시기 蔣介石과 국민당정부의 대한정책」. ≪歷史學報≫, 제208집.

백영서. 1997. 「대한제국기 한국언론의 중국인식」. ≪歷史學報≫, 제153집.

서영희. 2006. 「한청통상조약 이후 한중 외교의 실제와 상호인식」. ≪동북아역사논총≫, 제13호.

쉬완민. 2009. 『중한관계사: 근대편』. 전홍석 외 옮김. 일조각.

염인호. 2010. 『또 하나의 한국전쟁: 만주 조선인의 '조국'과 전쟁』. 역사비평사.

왕후이. 2003. 『새로운 아시아를 상상한다』. 이욱연 옮김. 창비.

_____. 2011. 『아시아는 세계다』. 송인재 옮김. 글항아리.

유용태. 1998. 「중국인의 '南朝鮮 漢城': 20세기 중화주의」. ≪동아시아역사연구≫, 제4집.

_____. 2005. 「中華民族論과 東北地政學: 東北工程의 논리근거」. ≪東洋史學研究≫, 제93집.

_____. 2009. 「근대중국의 민족제국주의와 단일민족론」. ≪동북아역사논총≫, 제23호.

_____. 2012 「方言에서 外國語로: 근대중국의 외국어 인식과 교육」. ≪歷史教育≫, 제123집.

유용태 외. 2010. 『함께 읽는 동아시아 근현대사 1』. 창비.

유장근. 2009. 「滿淸植民主義를 둘러싼 중외학계의 논의」. 유장근 외. 『중국 역사학계의 청사 연구 동향』. 동북아역사재단: 186~245쪽.

은정태. 2005. 「1899년 韓淸通商條約 체결과 大韓帝國」. ≪歷史學報≫, 제186집.

이삼성. 2011a. 「'帝國'개념과 19세기 근대일본」. ≪국제정치논총≫, 제51권 제1호.

_____. 2011b. 「'帝國'개념의 고대적 기원: 한자어 '帝國'의 서양적 기원과 동양적 기원, 그리고 일본서기」. ≪한국정치학회보≫, 제45권 제1호.

이영옥. 2005. 「조공질서의 붕괴와 朝淸(대한제국) 관계의 변화, 1895~1910」. 방향숙 외. 『한중외교관계와 조공책봉』. 고구려연구재단: 211~240쪽.

이은자. 2005. 「한국 개항기(1876~1910) 중국의 치외법권 적용논리와 한국의 대응」. ≪東洋史學研究≫, 제92집.

이재달. 2004. 『조선족 사회와의 만남』. 모시는사람들.

이재령. 2006. 「20세기 중반 한중관계의 이해: 독립운동에 대한 중화의식의 이중성」. ≪中國近現代史研究≫, 제29집.

이종석. 2000. 『북한 - 중국관계, 1945~2000』. 중심.

이평래. 1996. 「20세기초 아르 몽골 王公들의 新政에 대한 인식」. 『(김문경교수정년기념)동아시아사 연구논총』. 혜안: 135~181쪽.

_____. 2009. 「1912~1913년 복드정부의 내몽골통합시도와 좌절」. ≪중앙아시아연구≫, 14.

_____. 2011. 「1911년 몽골독립과 하이산」. ≪大東文化研究≫, 제75집.

자오팅양. 2010. 『天下體系: 21세기 중국의 세계인식』. 노승현 옮김. 길.

장세윤. 1995. 「항일전쟁기 중국공산당의 한국독립문제 인식과 대응」. ≪한국독립운동사연구≫, 제9집.

정재호. 2011. 『중국의 부상과 한반도의 미래』. 서울대학교출판문화원.

채영국 외. 2006. 『연변조선족 사회의 과거와 현재』. 고구려연구재단.

최덕수 외. 2010. 『조약으로 본 한국근대사』. 열린책들.

판웨이. 2010. 『중국이라는 새로운 국가모델론』. 김갑수 옮김. 에버리치홀딩스.

허혜윤. 2009. 「淸史工程의 배경과 현황」. ≪中國近現代史硏究≫ 42집.

홍순호. 1990. 「한국전쟁 전후 한중관계의 서설적 연구」. ≪社會科學論集≫, 제11호.

謝益顯 주편. 2000. 『중국외교사 4(1979~1994)』. 한인희 옮김. 지영사.

章開沅. 2008. 『인물과 근대중국: 위기, 이탈, 회귀』. 손승회 옮김. 영남대출판부.


白永瑞. 2009. 『思想東亞: 韓半島視覺的歷史與實踐』. 臺北: 唐山出版社.

宋成有 外. 1997. 『中韓關係史: 現代卷』. 北京: 社會科學文獻出版社.

楊軍 外. 2006. 『東亞史: 從史前至20世紀末』. 長春: 長春出版社.

梁伯華. 1990. 『近代中國外交的巨變: 外交制度與中外關係變化的硏究』. 臺北: 商務印書館.

吳東之 主編. 1990. 『中國外交史, 1911~1949』. 鄭州: 河南人民出版社.

王永祥. 2003. 『雅爾達密約與中蘇日關係』. 臺北: 東大圖書公司.

王明星. 1998. 『韓國近代外交與中國, 1861~1910』. 北京: 中國社會科學出版社.

劉金質·張敏秋·張小明. 1998. 『當代中韓關係』. 北京: 中國社會科學出版社.

劉培華. 1986. 『近代中外關係史』. 北京: 北京大學出版社.

張啓雄. 1995. 『外蒙主權歸屬交涉』. 臺北: 中央研究院近代史研究所.

茅海建. 2002. 「戊戌變法期間光緖帝對外觀念的調適」. ≪歷史研究≫, 2002年 6期.

劉曉原. 2009. 「東亞冷戰的序幕: 中美戰時外交中的朝鮮問題」. ≪史學月刊≫, 2009年 7期.

張小明. 2008. 「中韓關係的回顧與展望」. ≪China연구≫, 6.


山本有造. 2004. 『帝國の硏究』. 名古屋: 名古屋大學出版會.

李海燕. 2009. 『戰後の'滿洲'と朝鮮人社會 ― 越境·周緣·アイデンデイデイ』. 東京: 御茶の水書房.

川島眞. 2004. 『中國近代外交の形成』. 名古屋: 名古屋大學出版會.

坂野正高. 1973. 『近代中國政治外交史』. 東京: 東京大學出版會.

齋藤道彦. 1999. 「中國近代と大中華主義-淸末から中華民國へ」. 中央大學人文科學研究所 編. 『民國前期中國と東アジアの變動』. 東京: 中央大學出版部: pp. 223~291.


Tsedendambyn, Batbayar. 2002. *Modern Mongolia: A Concise History*. Ulaanbaatar:

Mongolian Center for Scientific and Technological Information.

Bernard V. Olivier. 1993. *The Implementation of China's Nationality Policy in The Northeastern Provinces*. San Francisco: Mellen Research University Press.


제1부

● 제1장 ──────────────────────────────────

『淸季中日韓關係史料』 8(中央硏究院近代史硏究所 編, 中國近代史資料彙編, 臺北: 中央硏究院近代史硏究所, 1972 영인).

『淸光緖朝中日交涉史料』 下(臺北: 文海出版社. 1963 영인).

『淸案』 2(『구한국외교문서』 제9권. 고려대학교출판부. 1971 영인).

『交涉局日記』(『구한국외교관계부속문서』 제7권. 고려대학교출판부. 1974 영인).


박원호. 2007. 「근대 이전 한중관계사에 대한 시각과 논점」. ≪한국사시민강좌≫, 40.

권석봉. 1984. 「청일전쟁 이후의 韓淸關係 연구」. 『청일전쟁을 전후한 한국과 열강』. 한국정신문화연구원.

_____. 1987. 「한청통상조약의 체결」. ≪동방학지≫, 54~56.

구범진. 2006. 「'韓淸通商條約' 일부 조문의 해석을 둘러싼 韓·淸의 외교 분쟁」. ≪대구사학≫, 83.

김형종. 2009. 「최근 중국에서의 청대사 연구동향의 분석: 특히 조청관계사와 국경문제 연구를 중심으로」. 『중국역사학계의 청사 연구 동향』. 동북아역사재단.

배경한. 2012. 「대한민국임시정부와 중화민국의 외교관계(1911~1945)」. ≪중국근현대사연구≫, 56.

은정태. 2005. 「1899년 한청통상조약 체결과 대한제국」. ≪역사학보≫, 186.

이은자. 2005. 「한국 개항기(1876~1910) 중국의 치외법권 적용 논리와 한국의 대응」. ≪동양사학연구≫, 62.

_____. 2006. 「한청통상조약 시기(1900~1905) 중국의 재한 치외법권 연구」. ≪명청사연구≫, 26.

_____. 2007. 「大韓帝國時期 韓中間 民事訴訟의 實例: '彭姜案'(1898~1900)을 中心으로」. ≪동양사학연구≫, 100.

_____. 2008. 「한중 간 영토 분쟁에 대한 비판적 검토: 한중 양국의 논리와 대응」. ≪아시아문화연구≫, 14.

_____. 2011. 「청말 주한 중국 공관의 조직과 그 위상: 주한공사 許台身과 曾廣銓 재직

시기를 중심으로」. ≪중국근현대사연구≫, 51.

茅海建. 2005. 「戊戌變法期間光緖帝對外觀念的調適」. 『戊戌變法史事考』. 北京: 三聯書店.

Eun Ja, Lee. 2009. "Chinese Diplomatic Mission in Korea in the Post-Sino-Japanese War Period." *Journal of Northeast Asian History*, Vol. 6, No. 1.

● 제2장 ──────────────────────────────────

≪廣東公報≫, 第14號(廣州, 1912. 8. 16).
≪廣東公報≫, 第142號(廣州, 1913. 1. 18).
≪독립신문≫(上海, 1921년 10월~1922년 10월).
≪民國日報≫(上海, 1921년).
≪四民報≫(上海, 1921년).
≪香江雜誌≫, 第1卷 第1號(香港, 1913. 12. 1).

간행위원회 편. 1989. 『南坡朴贊翊傳記』. 서울: 을유문화사.
고정휴. 2003. 「太平洋戰爭期 미국의 대한민국임시정부에 대한 인식과 불승인정책」. ≪한국근현대사연구≫, 제25집.
구대열. 1995. 「이차대전시기 中國의 對韓政策: 국민당정권의 임시정부정책을 중심으로」. ≪한국정치학회보≫, 제28권 제2호.
국사편찬위원회 편. 2006. 『대한민국임시정부자료집』 제10책(한국광복군1). 서울: 국사편찬위원회.
김광재. 2007. 『한국광복군』. 서울: 한국독립운동사연구소.
金月星. 2010. 「창강 김택영의 사회관과 작품세계의 일단」. ≪어문연구≫, 제38권 제2호.
김준엽 편. 1995. 『石麟閔弼鎬傳』. 서울: 나남출판사.
김희곤. 2004. 『대한민국임시정부연구』. 서울: 지식산업사.
_____. 1995. 『중국관내한국독립운동단체연구』. 서울: 일조각.
배경한. 1999. 「상해 남경지역의 초기(1911~1913) 한인 망명자들과 신해혁명」. ≪동양사학연구≫, 제67집.
_____. 2003. 「중국 망명시기(1910~1925) 박은식의 언론활동과 중국인식」. ≪동방학지≫, 제121집.
_____. 『쑨원과 한국』. 서울: 한울. 2007.
_____. 2010. 「중일전쟁시기 蔣介石 국민정부의 對韓政策」. ≪역사학보≫, 208.
_____. 2011. 「신해혁명과 한국: 김규흥의 廣東에서의 활동을 중심으로」. ≪역사학보≫,

212.

_____. 2011. 「동아시아 역사 속의 신해혁명: 공화혁명의 확산과 동아시아국제질서의 재편」. ≪동양사학연구≫, 117.

여운홍. 『몽양 여운형』. 서울: 청하각. 1967.

吳景平. 1996. 「關于抗戰時期中國國民政府對韓國臨時政府承認問題的態度」. ≪東方學志≫, 제92집.

王元周. 2007. 「1910년대 전반기 韓溪 李承熙의 중화사상과 민족인식: 辛亥革命에 대한 중국인 李文治와의 논쟁을 중심으로」. ≪역사교육≫, 제103집.

윤병석. 2009. 『1910년대 국외항일운동 I (만주, 러시아)』(『한국독립운동의 역사』 제16권). 천안: 독립기념관 한국독립운동사연구소.

이현희. 1989. 「1920년대 한중연합항일운동」. ≪국사관논총≫, 1.

정성미. 2011. 「19세기조선인의 만주이주 실태와 정착과정」. 유지원 편. 『이민과 개발 – 한중일 3국인의 만주 이주의 역사』. 서울: 동북아역사재단.

추헌수 편. 1972. 『資料韓國獨立運動』 제2권. 서울: 연세대학출판부.

한시준. 1993. 『한국광복군연구』. 서울: 일조각.

홍순호. 1992. 「해방직전의 한미관계: 미국의 중경한국임시정부 불승인정책을 중심으로」. ≪사회과학논집≫, 제12집. 서울: 이화여자대학.


裴京漢. 2001. 「韓人參與辛亥革命的史實」. ≪近代中國≫, 第145期.

_____. 2002. 「未完的互助: 武昌起義後中韓紐帶的開始」. 中國史學會 編. 『辛亥革命與20世紀的中國』. 北京: 中央文獻出版社.

_____. 2004. 「20世紀初上海的韓人社會」. 『從韓國看的中華民國史』. 北京: 社會科學文獻出版社.

上海日本總領事館 編. 1932. 『朝鮮民族運動年鑑』. 上海.

中央研究院近代史研究所 編. 1988. 『國民政府與韓國獨立運動史料』. 臺北.

胡春惠. 1976. 『韓國獨立運動在中國』. 臺北: 中華民國史料研究中心.

王建郎. 2009. 「信任的流失: 從蔣介石日記看抗戰後期的中美關係」. ≪近代史研究≫, 2009年 第3期.


金正明 編. 1967. 『朝鮮獨立運動 II』. 明治百年叢書. 東京: 原書房.

森悅子. 1993. 「中國護法政府の大韓民國臨時政府正式承認問題について」. ≪史林≫, 76-4.

俞辛焞. 1990. 「孫中山對日態度再認識」. ≪歷史研究≫, 3.

狹間直樹. 1990. 「孫文と韓國獨立運動」. ≪季刊靑丘≫, 4.

## 제3장

박 실. 1980.『한국외교비사』. 기린사.

이상옥. 2002.『전환기의 한국외교』. 삶과꿈.

이호재. 2000.『한국외교정책의 이상과 현실: 이승만외교와 미국정책의 반성』. 법문사.


國史館中華民國史外交志編纂委員會 編. 2002.『中華民國外交志』. 臺北: 三民書局(初稿).

戴天昭. 2002.『臺灣國際政治史』. 李明峻 譯. 臺北: 前衛出版社.

邵毓麟. 1980.『使韓回憶錄』. 臺北: 傳記文學出版社.

王東原. 1992.『王東原退思錄』. 臺北: 正中書局.

王儀軒·許光建 等 口述. 2009.『中韓'劫機外交': 卓長仁劫機案與漢城談判內幕』. 北京: 當代
　　中國出版社.

外交部外交年鑑編輯委員會 編. 1992.『中華民國八十年外交年鑑』. 臺北: 外交部.

劉德海. 1997.『80年代中期以來的南韓對外關係: 經貿外交成功的實例』. 臺北: 自印.

衛民. 1991.『中華民國的雙邊外交』. 臺北: 國家政策研究中心.

林正義 等. 1990.『臺灣加入國際經濟組織策略分析』. 臺北: 國家政策研究中心.

林秋山. 2011.『前進朝鮮: 與北韓交流二十年』. 臺北: 國史館.

朱立熙. 1993.『再見阿里郎』. 臺北: 克寧出版社.


김정배. 1990.「미국의 세계전략적 관점에서 본 '태평양연맹' 논의의 성격」. 부산대 사
　　학과 석사학위논문.

김남균. 1997.「미국의 타이완 개입과 한국전쟁」.≪미국학논집≫, 제29권 제1호.

노기영. 2002.「이승만정권의 태평양동맹 추진과 지역안보구상」.≪지역과 역사≫, 11.

박정현. 2012.「1950년대 초 대만의 반공과 대륙반공정책」.≪사총≫, 76.

＿＿＿. 2012.「1950년대 초 태평양동맹 결성을 둘러싼 한국과 대만 관계」.『역사적으
　　로 본 근·현대 한중관계』. 한국사연구회 2012년 춘계학술발표회 자료집.

박준영. 1983.「아시아 태평양 각료회의(ASPAC)의 외교적 의의 재조명」.≪사회과학논
　　집≫, 3.

박진희. 2006.「이승만의 대일인식과 태평양동맹 구상」.≪역사비평≫, 76.

왕엔메이. 2010.「한반도 화교들의 한국전쟁」.≪역사비평≫, 여름호.

이규태. 1994.「한국과 대만의 정치적 관계: 과거·현재·미래」.≪동아연구≫, 27.

＿＿＿. 2011.「한국과 대만의 관계: '중화민국 100년': 한 대관계의 역사와 현실」.≪중
　　국학논총≫, 33.

이상현. 2011.「데탕트기 한국의 동아시아 외교: ASPAC 존속을 위한 한국의 대응과 좌
　　절 1972~1973」.≪한국정치학회보≫, 제45권 제5호.

임운남. 1989. 「한국과 중화민국 양국 간의 교역증진에 대한 연구」. 건국대 무역학과 석사학위논문.

조무형. 2008. 「아시아민족반공연맹(APACL)의 창설과 좌절」. ≪세계정치 10≫, 제29권 제2호(가을·겨울).

조양현. 2008. 「냉전기 한국의 지역주의 외교: 아스팍(ASPAC) 설립의 역사적 분석」. ≪한국정치학회보≫, 제42권 제1호.

최영호. 1999. 「이승만의 태평양동맹 구상과 아시아민족반공연맹 결성」. ≪국제정치논총≫, 제39권 제2호.

홍순호. 1990. 「한국전쟁 전후 한중관계의 서설적 연구」. ≪사회과학논집≫, 10.

「한국-대만 단교 비사」. ≪월간조선≫, 1992년 11월호.


「促成'三個中國'加入APEC. 南韓瀛得了面子和裏子」. ≪中國時報≫, 1991. 11. 13.

羅家倫. 1962. 「大韓民國誕生過程中的一段外交史」. ≪問題與研究≫, 1-10.

謝佳珍. 2003. 「1950年代韓戰前後的臺·韓·美·日四角關係」. ≪臺北文獻直字≫, 145期.

王恩美. 2011a. 「'中韓友好條約'簽訂過程中的'韓國華僑問題'(1952-1964)」. ≪人文及社會科學集刊≫, 第23卷 2期.

_____. 2011b. 「1971年'中國代表權'問題與韓國政府'中國政策'的轉變」. ≪國立政治大學歷史學報≫, 36期.

李奎泰. 1992. 「中共對韓政策之研究: 從中國和韓國關係的演變論中共對韓政策」. 國立政治大學東亞研究所博士論文.

● 제4장

中華人民共和國外交部檔案館 所藏檔案

新疆伊犁州檔案 所藏檔案

吉林省檔案館 所藏檔案

廣西自治區檔案館 所藏檔案

江蘇省檔案館 所藏檔案

АВПРФ(러시아연방대외정책문서보관소) 所藏檔案


김명기. 2008. 「북·중 국경조약과 간도: 간도 영유권 회복이 최상의 민족적 소명이며 국민적 성찰이 필요」. ≪북한≫, 4기.

서길수. 2009. 『백두산 국경 연구』. 여유당.

양태진. 2007. 「북·중변계조약을 통해 본 북방한계선: 백두산 천지를 중심으로」. ≪북한학보≫, 제32집.

이종석. 2000.『북한-중국관계 1945~2000』. 중심.

楊昭全·孫玉梅 編. 1994.『中朝邊界硏革及界務交涉史料匯編』. 吉林文史出版社.

中華人民共和國外交部編. 1957~1965.『中華人民共和國條約集』第1~13集. 北京: 法律
    出版社/世界知識出版社.

中華人民共和國外交部條約法律司 編. 2004.『中華人民共和國邊界事務條約集』中朝卷. 北
    京: 世界知識出版社.

唐屹 主編. 2001.『外交部檔案叢書·界務類第一册·東北卷』. 中華民國外交部編印(未刊).

延邊朝鮮族自治州檔案局(館) 編. 1985.『中共延邊吉東吉敦地委延邊專署重要文件匯編』第
    一集(未刊).

中華人民共和國外交部·中共中央文獻研究室 編. 1990.『周恩來外交文選』. 北京: 中央文獻
    出版社.

國務院辦公廳大事記編寫組. 1991.『中華人民共和國中央人民政府大事記』第8卷(未刊).

吉林省革命委員會外事辦公室 編. 2007.『中朝中蘇中蒙有關條約協定議定書匯編』(東北亞
    歷史財團 第三研究室 韓國語飜譯本 "內部資料" 3). 서울: 東北亞歷史財團.

黃世明·顧孔生 主編. 1993.『長白朝鮮族自治縣志』. 北京: 中華書局.

安龍禎 主編. 1996.『延邊朝鮮族自治州志』. 中華書局.

毛澤東. 2004.『毛澤東詩詞選』. 人民文學出版社.

中共中央文獻研究室編.『周恩來年譜』. 1997. 北京: 中央文獻出版社.

『韓國疆域研究』. (臺灣)外交部檔案館, 097.1-0004.

編寫組. 1996.『中朝關係通史』. 長春: 吉林人民出版社.

楊昭全·孫玉梅. 1993.『中朝邊界史』. 長春: 吉林文史出版社.

楊昭全 主編. 1998.『中朝邊界研究文集』下册. 吉林省社會科學院(未刊).

金沖及 主編. 1998.『周恩來傳』下卷. 北京: 中央文獻出版社.

裵堅章 編. 1989.『研究周恩來-外交思想與實踐』. 北京: 世界智識出版社.

林蘊暉. 2008.『烏托邦運動-從大躍進到大饑荒(1958~1961)』. 香港: 香港中文大學出版社.

沈志華 主編. 2011.『中蘇關係史綱: 1917~1991年中蘇關係若干問題再探討』. 北京: 社會
    科學文獻出版社.

陸健東. 1995.『陳寅恪的最後二十年』. 北京: 三聯書店.

王之春. 1989.『清朝柔遠記』. 北京: 中華書局.

劉孝原.『中國的民族. 邊疆問題及其領土屬性的近代轉型』. (李小兵·田憲生 編,『西方史學
    前沿研究評析』, 上海辭書出版社. 2008).

廖心文. 2004.「二十世紀五十年代中國處理陸地邊界問題的原則和辦法」. <1950年代的中
    國> 國際學術研討會論文(2004年8月, 上海).

刁書仁. 2001.「中朝邊界研革史研究」.≪中國邊疆史地研究≫, 2001年 4期.

蔡建. 2004. 「中朝邊界爭執與＜圖們江中韓界務條款＞」. ≪韓國研究論叢≫, 2004年 11月.

李花子. 2007. 「朝鮮王朝的長白山認識」. ≪中國邊疆史地研究≫, 2007年 2期.

劉金潔. 2006. 「中緬邊界中的"麥克馬洪線"問題及其解決」. ≪當代中國史研究≫, 2006年 1月.

劉曉原. 2008. 「中國的民族. 邊疆問題及其領土屬性的近代轉型」. 李小兵·田憲生 編. 『西方史學前沿研究評析』. 上海: 上海辭書出版社.

馮月·齊鵬飛. 2006. 「中緬邊界談判述略」. ≪湖南科技大學學報≫, 2006年 6月.

李丹慧. 2004. 「同志加兄弟: 1950年代中蘇邊界關係」. ≪國際冷戰史研究≫ 第一輯(秋季號).

沈志華. 2009. 「"脣齒相依"還是"政治聯姻"?: 中朝同盟的建立及其延續(1946~1961)」. ≪中央研究院近代史研究所集刊≫ 第63期(3月).

沈志華·董潔. 2011. 「朝鮮戰後重建與中國的經濟援助(1954~1960)」. ≪中共黨史研究≫, 2011年 3期.


Fravel, Taylor. 2008. *Strong Borders, Secure Nation: Cooperation and Conflict in China's Territorial Disputes*. Princeton: Princeton University Press.

제2부


● 제1장 ─────────────────────────

孔慶東. 2002. 『獨立韓秋』. 北京: 新華出版社.

金光耀. 1995. 「訪韓散記」. ≪當代韓國≫, 1995年 12期.

(美) 玄雄 著·潘屹 譯. 1993. 『樸正熙』. 北京: 紅旗出版社.

蒙培元. 1994. 「對傳統文化的高度重視: 訪韓觀感」. ≪當代韓國≫, 1994年 1期.

博洋·中清. 2008. 「首爾印象」. ≪出國與就業≫, 2008年 2期.

司徒釗. 1994. 「遊韓散記」. ≪經濟世界≫, 1994年 4期.

孫鈞政. 1994. 「韓國印象」. ≪當代韓國≫, 1994年 3期.

汝信. 1994. 「訪韓歸來後的思考」. ≪當代韓國≫, 1994年 3期.

吳道弘. 1994. 「漢城見聞」. ≪當代韓國≫, 1994年 6期.

俞肖雲. 2002. 「血性民族: 韓國印象」. ≪中國國情國力≫, 2002年 3期.

李寫. 2001. 「走馬日韓隨筆」. ≪人民之聲≫, 2001年 11期.

李拯宇. 2012. 「黃禹錫的"辟邪"桃木劍」. 中國人民對外友好協會 主編. 『中國記者眼中的韓國』. 北京: 世界知識出版社.

李拯宇·幹玉蘭. 2012.「韓國"牛肉風波"何以鬧這麼大」. 中國人民對外友好協會 主編. 『中國記者眼中的韓國』. 北京: 世界知識出版社.

益鳴. 1994.「訪韓雜感」. ≪當代韓國≫, 1994年 1期.

張勝軍·張久安. 2009.「世界大變革與中國外交面臨的新課題」. 梁守德·李義虎 主編. 『全球大變革與中國對外大戰略』. 北京: 世界知識出版社.

趙鳳翔. 1994.「韓國的大學生」. ≪當代韓國≫, 1994年 6期.

朱克川. 2012.「走馬觀花訪韓國」. 中國人民對外友好協會 主編. 『中國記者眼中的韓國』. 北京: 世界知識出版社.

朱鋒. 2008.「朝核問題與東北亞多變安全機制建設」. 『中國國際戰略評論』. 北京: 世界知識出版社,

陳峰君·王傳劍. 2002. 『亞太大國與朝鮮半島』. 北京: 北京大學出版社.

陳生洛. 2007.「中國大學生看韓國」. ≪中國青年政治學院學報≫, 2007年 6期.

崔慶生. 1993. 『走漢城』. 北京: 光明日報出版社.

● 제2장 ─────────────────────────────

≪신동아≫, 1974년 2월호.

「韓 - 中 - 日 국민의식 조사」. ≪동아일보≫, 2012년 1월 6일자.


강선주. 2012.「고등학교 동아시아 과목에서 동아시아사와 세계사 연계 방안」. 역사학회 창립 60주년 기념 추계학술대회 "동아시아사의 방법과 서술"(2012. 10. 6:서울) 자료집.

강진아. 2004.「이주와 유통으로 본 근현대 동아시아 경제사」. ≪역사비평≫, 제79집.

_____. 2007.「중일 무역마찰의 전개와 조중관계의 변화: 1920~30년대를 중심으로」. 『근대 전환기 동아시아 속의 한국』. 성균관대학교 동아시아학술원.

_____. 2008.「근대전환기 한국화상의 대중국 무역의 운영방식: '同順泰實號記'의 분석을 중심으로」. ≪동양사학연구≫, 제105집.

구범진. 2010.「동아시아 국제질서의 변동과 조선 - 청 관계」. 이익주 외. 『동아시아 국제질서 속의 한중관계사』. 동북아역사재단.

김경혜. 2008.「한국 대학생의 중국 중국인에 대한 인식」. ≪한중인문학연구≫, 제25집.

김기봉. 2012.「한국 역사학의 재구성을 위한 방법으로서 동아시아사」. 역사학회 창립 60주년 기념 추계학술대회 "동아시아사의 방법과 서술"(2012. 10. 6.:서울) 자료집.

김병준. 2010.「3세기 이전 동아시아 국제질서와 한중관계」. 이익주 지음. 『동아시아 국제질서 속의 한중관계사』. 동북아역사재단.

김수영. 2010.「역사학의 '근대성'에의 도전」. ≪역사학보≫, 제207집.

김승욱. 2010.「20세기 초(1910~1931) 仁川華僑의 이주 네트워크와 사회적 공간」. ≪중국근현대사연구≫, 제47집.

_____. 2011.「19세기 말~20세기 초 仁川의 운송망과 華僑 거류양상의 변화」. ≪중국근현대사연구≫, 제50집.

_____. 2012.「사학 담론의 생산기반 강화와 새로운 공간의 발견」. ≪역사학보≫, 제215집.

김승일. 2010.「동북공정 이후 중국학계의 한국사 연구동향」. ≪한국근현대사연구≫, 제55집(겨울호).

김정현. 2010.「20세기 중국의 한국사 서술과 일본의 식민사관」. ≪국제중국학연구≫, 제61집.

김종건. 2010.「중국 역사교과서상의 한국 관련 서술 내용 변화에 대한 검토: 최근 초급중학『중국역사』교과서를 중심으로」. ≪중국사연구≫, 제69집.

김지훈. 2004.「중일전쟁기 중국공산당의 한국인식」. ≪역사학보≫, 제194집.

_____. 2006.「중일전쟁시기 해방일보의 한국인식」. ≪사림≫, 제25집.

김태승. 2012.「한국에서의 중국사 연구의 전통」. 사회과학원 편.『김준엽선생 1주기 추모문집 김준엽과 중국』. 나남.

김택민. 2008.「동양사 연구의 현황과 전망」. ≪역사학보≫, 제199집.

김하림. 2007.「1930년대 중국 지식인의 아시아론과 민족주의: ≪신아세아(新亞細亞)≫·≪신동방(新東方)≫을 중심으로」. ≪중국근현대사연구≫, 제35집.

김현숙.「'동북공정' 이후 한중언론의 보도양상」. 한국고대사학회/동북아역사재단 공동주최, 제14회 한국고대사학회 하계세미나 "동북공정 이후 중국의 변강정책과 한국고대사 연구동향"(대구: 2012. 7. 20~21) 자료집.

김형종. 2010.「吳祿貞와 ≪延吉邊務報告≫: 100년 전의 '東北工程'?」. ≪역사문화연구≫, 제35집.

김형종 외. 2012.『고등학교 동아시아사』. 천재교육.

閔斗基. 1981.「臺灣에서의 새 世代 政治運動과 그 挫折: 1970年代」.『現代中國과 中國近代史』. 知識産業社.

_____. 1995.「中國史 硏究의 '提高'와 '普及'」. ≪東洋史學硏究≫, 제50집.

_____. 2001.「臺灣史의 素描: 그 民主化 歷程」.『時間과의 競爭: 東亞細亞近現代史論集』. 연세대학교출판부.

박경석. 2008.「근대중국의 여행 인프라와 이식된 근대여행」. ≪중국사연구≫, 제53집.

_____. 2009.「동아시아의 전쟁기념관과 역사 갈등」. ≪중국근현대사연구≫, 제41집.

박상수. 2010.「한국발 동아시아론의 인식론 검토: '초국가적 공간'으로부터 접근하자」. ≪아세아연구≫, 제53권 제1호.

박선영. 2009. 「간도협약의 역사적 쟁점과 일본의 책임」. ≪중국사연구≫, 제63집.

_____. 2010. 「中華民國 시기의 "間島" 인식: 당시 출판된 신문 잡지의 "간도" 기사를 중심으로」. ≪중국사연구≫, 제69집.

박원호. 2012. 「'동아시아사로서의 한국사'를 위한 마지막 提言」. ≪역사학보≫, 제216집.

박지원. 2009. 『열하일기』 2권. 김혈조 옮김. 돌베개.

박찬승. 「18·19세기 조선의 중화론과 중국관」. 동북아역사재단·동아시아사연구포럼 공동주관 국제회의 "동아시아문화 속의 중국"(서울:2012. 11. 2~3) 자료집.

박한제. 2006. 「한국 동양사학 연구의 어제와 오늘: 2004~2005년 연구 성과와 관련하여」. ≪역사학보≫, 제191집.

배경한. 2007. 『쑨원과 한국인』. 한울.

배성준. 2008. 「한중의 간도문제 인식과 갈등구조」. ≪동양학≫, 제43집.

백영서. 2000. 「1949년의 중국: 동시대 한국인의 시각」. ≪중국현대사연구≫, 제9집.

_____. 2000. 『동아시아의 귀환: 중국의 근대성을 묻는다』. 창작과비평사.

_____. 2005. 「제국을 넘어 동아시아 공동체로」. 백영서 외. 『동아시아의 지역질서』. 창비.

_____. 2005. 「20세기 전반기 동아시아 역사교과서의 아시아관」. ≪대동문화연구≫, 제50집.

_____. 「자국사와 지역사의 소통: 동아시아인의 역사서술의 성찰」. ≪歷史學報≫, 제196집. 2007.

_____. 2010. 「사회인문학의 지평을 열며: 그 출발점인 '공공성의 역사학'」. ≪東方學志≫, 제149집.

_____. 2012. 「중국학의 궤적과 비판적 중국연구: 한국의 사례」. ≪대동문화연구≫, 제80집.

_____. 2012. 「변하는 것과 변하지 않는 것: 한중관계의 과거·현재·미래」. ≪역사비평≫, 겨울호.

손승철 외. 2012. 『고등학교 동아시아사』. 교학사.

손승회. 2004. 「만주사변 전야 만주한인의 국적문제와 중국·일본의 대응」. ≪중국사연구≫, 제31집.

_____. 2006. 「(회고와 전망—중국현대사) 금구(禁區)에 대한 도전: 중국현대사 연구의 새로운 지평」. ≪역사학보≫, 제191집.

_____. 2009. 「1931년 식민지 조선의 배화폭동과 화교」. ≪중국근현대사연구≫, 제41집.

손준식. 2007. 「식민지 조선의 대만 인식」. ≪중국근현대사연구≫, 제34집.

송기호. 2011. 「중국의 동북공정, 그 후」. ≪한국사론≫, 제57권.

유연실. 2011. 「근대 중국 언론에 나타난 朝鮮 여성의 形象」. ≪역사학 연구≫, 제41권.

유용태. 2009. 「근대 중국의 민족제국주의와 단일민족론」. ≪동북아역사논총≫, 제23호.

유용태·박진우·박태균. 2011. 『함께 읽는 동아시아 근현대사』. 창비.

유장근. 2005. 「위대한 과서와 닉후한 현재 시이: 여행기를 통해 본 현대 한국인의 중국 관」. ≪대구사학≫, 제80집.

_____. 2009. 「현대 한국인의 중국 변방 인식: 수교 이후 여행기를 중심으로」. ≪중국 근현대사연구≫, 제44집.

윤은자. 2008. 「20세기 초 남경의 한인유학생과 단체(1915~1925)」. ≪중국근현대사연 구≫, 제39집.

윤철경. 2011. 「중국인과 한국인의 상대국에 대한 인식과 태도 연구: 청소년을 중심으로 」. ≪경제·인문사회연구회 대중국 종합연구 협동연구총서 11-03-05≫. 미간행 자료. https://www.nrcs.re.kr/reference/together에서 검색 가능.

윤휘탁. 2005. 「동아시아 근현대사상 만들기의 가능성 탐색」. ≪중국근현대사연구≫, 제 25집.

_____. 2008. 「'포스트(post) 동북공정': 중국 동북변강전략의 새로운 패러다임」. ≪역 사학보≫, 제197집.

_____. 2010. 「근대 조선인의 만주농촌체험과 민족인식: 조선족의 이민체험 구술사를 중심으로」. ≪한국민족운동사연구≫, 제64집.

_____. 2011. 「'뿌리 뽑힌 자들의 방랑지': 조선인에게 비쳐진 만주국 사회상」. ≪한국 민족운동사연구≫, 제66집.

이선이. 2010. 「근대 중국의 조선인 인식: 梁啓超와 黃炎培를 중심으로」. ≪중국사연구≫, 제66집.

이성규. 2002. 「회고와 전망─동양사 총설」. ≪역사학보≫, 제175집.

이은자. 2010. 「중국고등학교 역사과정표준 실험교과서의 청대사 서술 분석」. ≪아시아 문화연구≫, 제19집.

이재령. 2004. 「남경국민정부 시기, 중국의 한국 인식: 만보산사건에 대한 여론동향을 중심으로」. ≪중국사연구≫, 제31집.

_____. 2006. 「20세기 중반 한중관계의 이해: 한국독립에 대한 중화의식의 이중성」. ≪중국근현대사연구≫, 제29집.

_____. 2007. 「항전시기(1937~1945) 국공양당의 한국관」. ≪중국학보≫, 제56집.

_____. 2010. 「미군정시기(1945~1948) 中國國民黨 언론의 대한인식: ≪申報≫를 중심 으로」. ≪동양학≫, 제47집.

_____. 2010. 「냉전체제 형성기(1945~1948) 중화민국의 한국인식: 국민당 언론의 한 국 기사를 중심으로」. ≪동북아역사논총≫, 제29호.

이찬원. 2004. 「근대 중국 지식인의 대한국관: 黃炎培의 ≪조선≫을 중심으로」. ≪중국 근현대사연구≫, 제24집.

이희옥. 2007. 「동북공정의 정치적 논란에 비판적 해석」. ≪동아연구≫, 제53집.

임기환. 「동북공정과 그 이후, 동향과 평가」. 한국고대사학회/동북아역사재단 공동주최, 제14회 한국고대사학회 하계세미나 "동북공정 이후 중국의 변강정책과 한국고대사 연구동향"(대구: 2012. 7. 20~21) 자료집.

임상범. 2008. 「1948년 남북한 건국과 동북아 열강들의 인식−중국의 남한정부 수립에 대한 인식: 1948년 5월부터 8월까지의 신문기사를 중심으로」. ≪사총≫, 제67권.

전인갑. 2003. 「'우상'으로서의 근대, '수단'으로서의 근대: 중국의 근대성 재인식을 위한 방법론적 시론」. ≪인문논총≫, 제50집.

_____. 2012. 「帝國에서 帝國性 國民國家로(Ⅰ): 제국의 구조와 이념」. ≪중국학보≫, 제65집.

_____. 2012. 「帝國에서 帝國性 國民國家로(Ⅱ): 제국의 지배전략과 근대적 재구성」. ≪중국학보≫, 제66집.

전호태. 2005. 「밖으로부터 시작된 위기와 기회, 2004년의 한국고대사연구」. ≪역사학보≫, 제187집.

정두희. 2004. 「중국의 동북공정으로 제기된 한국사학계의 몇 가지 문제」. ≪역사학보≫, 제183집.

정문상. 2008. 「'역사전쟁'에서 '역사외교'로: 동북공정에 대한 한국인의 대응양상」. ≪아시아문화연구≫, 제15권.

정애영. 2008. 「러일전쟁직후 일본의 간도조사와 지역구상: 나카이 기타로를 중심으로」. ≪일본역사연구≫, 제28집.

정재호. 2000. 「중국의 부상, 미국의 견제, 한국의 딜레마」. ≪신동아≫, 10월호.

최덕규. 2008. 「제국주의 열강의 만주정책과 간도협약(1905~1910)」. ≪역사문화연구≫, 제31집.

하세봉. 2002. 「모형의 제국: 1935년 대만박물회에 표상된 아시아」. ≪동양사학연구≫, 제78집.

_____. 2006. 「동아시아 박람회에 나타났던 '근대'의 양상들」. ≪역사와 문화≫ 11호.

_____. 2008. 「동아시아 역사상, 그 구축의 방식과 윤곽」. ≪역사학보≫, 제200집.

_____. 2010. 「우리들의 자화상: 최근 한국의 중국 근현대사 연구」. ≪한국사학사학보≫, 제21집.

_____. 2011. 「근대 동아시아사의 재구성을 위한 공간의 시점」. ≪동양사학연구≫, 제115호.

하원수. 2008. 「위진수당사연구의 회고와 전망」. ≪역사학보≫, 제199집.

한중일3국공동역사편찬위원회. 2012. 『한중일이 함께 쓴 동아시아 근현대사』. 휴머니스트.

황동연. 2005. 「20세기 초 동아시아 급진주의와 '아시아' 개념」. ≪대동문화연구≫, 제50집.

_____. 2011. 「냉전시기 미국의 지역연구와 아시아 인식」. ≪동북아역사논총≫, 제33집.

董向榮·王曉玲·李永春. 2011. 『韓國人心目中的中國形象』. 北京: 社會科學文獻出版社.
白永瑞. 2011. 『思想東亞:朝鮮半島視角的歷史與實踐』. 北京: 三聯書店.
王曉玲. 2012. 「中韓民衆間的相互認識以及好感度影響因素」. ≪동아연구≫, 제63권.

馬場公彦. 2012. 「戰後日本の對中國認識:雜誌メディアを中心に」. "동아시아문화 속의
    중국" 자료집.
白永瑞. 2009. 「韓國の中國認識と中國研究」. 『シリーズ20世紀中國史』 4. 東京: 東京大學
    出版部.
山室信一. 2012. 「曼茶羅としての中國:日本からの眼差し」. "동아시아문화 속의 중국"
    자료집.
川島眞. 2002. 「アジアからみた'アジア' "地域', そして'周邊'」. 橫山宏章 外 編. 『周邊
    からみた20世紀中國―日·韓·臺·港·中の對話』. 福岡: 中國書店.

Womack, Brantly. 2012. "Asymmetry and China's Tributary System." *The Chinese
    Journal of International Politics*, Vol. 5.


● 제3장 ─────────────────────────────

≪경향신문≫, 1952. 4~1990. 6.
≪동아일보≫, 1953. 11~1988. 12.
≪매일경제≫, 1966. 4~1986. 1.
≪조선일보≫, 1954. 8~1988. 6.
≪한겨레≫, 1989. 3~1990. 6.

손준식. 2007. 「식민지 조선의 대만인식: 조선일보(1920~1940) 기사를 중심으로」. ≪중
    국근현대사연구≫, 제34집.
_____. 2010. 「동아일보(1920~1940) 기사를 통해 본 식민지 조선의 대만인식」. ≪중국
    학보≫, 제61집.
최원식·백영서 편. 2012. 『대만을 보는 눈』. 서울: 창비.
허영섭. 2011. 『대만, 어디에 있는가』. 서울: 채륜.

陳姃湲. 2011. 「處於<東洋史>與<國史>之間:戰後韓國歷史學界中的臺灣史研究」. ≪臺
    灣史研究≫, 18-3.

● 제4장 ────────────────────────────────────

葛劍雄. 2005. 『中國移民史』. 台北: 五南圖書.

蘇秉琦. 1997. 『中國文明起源新探』. 香港: 商務印書館.

王力. 1980. 『漢語史稿』. 北京: 中華書局.

王明珂. 1997. 『夏邊緣』. 台北: 允晨文化.

張光宇. 1996. 『閩客方言史稿』. 台北: 南天書局.

周長楫. 1996. 『閩南語的形成發展及在台灣的傳播』. 台北: 台笠出版社.

鄭鴻生. 2006. 「台灣民族想像的可能及其障礙 ─ 回應班納迪克·安德森≪想像的共同體≫」. 『百年離亂: 兩岸斷裂歷史中的一些摸索』. 台北: 唐山出版社(http://web.bp.ntu. edu.tw/WebUsers/taishe/frm_zhenghongsheng01.htm).

鄭鴻生. 2009. 「台灣人如何再作中國人 ─ 超克分斷體制下的身分難題」. ≪台灣社會研究≫, 第74期(6月).(http://wen.org.cn/modules/article/view.article.php/ 1403/)

_____. 2004. 「台灣的大陸想像」. ≪台灣社會研究季刊≫, 第56期(12月).

沈松僑. 1997. 「我以我血薦軒轅:黃帝神話與晚清的國族建構」. ≪台灣社會研究≫, 第28期 (12月).


Cavalli-Sforza, L. L. et. 1994. *The History and Geography of Human Genes*. Princeton, NJ: Princeton University Press.


● 제5장 ────────────────────────────────────

≪人民日報≫1964. 10. 16.

毛澤東. 1999. 『毛澤東文集』7卷. 北京: 人民出版社.


矢吹晋 編譯. 1973. 『毛澤東 社會主義建設を語る』. 東京: 現代評論社.

吉羽和夫. 1969. 『原子力問題の歴史(2012年 復刻新版)』. 東京: 河出書房新社.

朱建榮. 1991. 『毛澤東の朝鮮戰爭』. 東京: 岩波書店.

絓秀實. 2012. 『反原發の思想史』. 東京: 筑摩書房.

山本義隆. 2012. 『福島の原發事故をめぐって』. 東京: みすず書房.

デヴィッド·ハーヴェイ. 2012. 『資本の＜謎＞: 金融恐慌と21世紀資本主義』. 森田成也 他 譯. 東京: 作品社.

竹內好. 1966. 「方法としてのアジア」. 『日本とアジア』. 東京: 筑摩書房.

新島淳良. 1966. 「核實驗の意味 `整風の意味」. ≪エコノミスト≫, 1966. 5. 31.

Omar Fanon, Frantz. 1996. 『地に呪われたる者』. 鈴木道彦 外 譯. 東京: みすず書房.

중 문
제 요

# 韩中关系的历史与现实: 近代外交、相互认识

柳镛泰 编

本书将2012年1月迎来创立二十周年的中国近现代史学会为纪念韩中建交二十年而召开的国际学术会议时的发表文聚集编制而成。1992年8月的韩中建交是使韩中两国关系发生巨大变化的转折点，特别对于中国近现代史研究者来说，是使包括资料搜集在内等各种研究条件得到大幅进展的转机。我们为同时纪念这两个二十周年，特于2012年11月16日以"韩中关系的历史与现实： 近代外交、相互认识"为主题，举行了回顾韩中关系的学术会议。其焦点在于，不仅将该主题限定于两国关系，更是在东亚地域秩序中进行深度研究。

韩中两国之间的近代外交，即按照国际法派遣常驻外交使节，并依据其进行的外交由于种种原因迟延，且该迟延的外交也是及其短命的。1899~1905年，依据大韩帝国与清国的韩清通商条约而进行的六年外交即为其全部。1919~1945年大韩民国临时政府向中华民国展开外交活动，但仅仅停留在了非正式的范围内。1949年朝鲜民主主义人民共和国(北韩)与中华人民共和国(中国)、大韩民国与中华民国建交，但其均为分裂国家，该建交也是不完整的。而且，后者虽处于反共同盟的关系之中，却缺少相互友好条约，直到1964年才作为与越南战争的扩战相关的措施而签订。

与北韩处于同盟关系的中国参战了1950年的韩国战争，这是自清日战争以来时隔半个世纪，中国重新登上了围绕韩半岛的国际政治舞台。中国与韩国因此在一段时间内持续了敌对关系，但随着冷战体制的缓和与苏联解体的剧变，终于在1992年建交。此时南韩轻松地忽视台湾并与其断交，而与此相反，中国为了维持与缓冲地带北韩的关系付出了诸般努力。韩中进行建交协商的当时，中国在推进包括北韩与美、日建交的交叉承认时虽未能成功，但因急速成长的经济实力与苏联的解体，其国际政治影响力已经增长到了主导六方会谈的程度。

韩半岛与中国两岸各自都是分裂国家，因此即便称其关系为'韩中关系'也是极为复杂的。这不仅仅是两者关系，而是相互联系而交错的四方关系。为了直视这一情况，我们考虑到冷战时期形成的分裂体制，并将南北韩以及中国大陆、台湾全部放入视野之内，以此探索韩中关系的历史与现实。

而此间，韩中之间的相互认识可谓发生了'桑田碧海'般的变化。对于冷战时期的台湾来讲，韩国曾是"兄弟"般的国家，而如今则变成了"凶地"之国。与此同时，对于韩国来讲，中国曾是应该"消灭"的"共产夷狄"，如今则成了不可或缺的"市场中国"。从2012年韩-中贸易规模达到了整体贸易量的20.1%，超过韩-美(9.5%) 和韩-日(9.6%)贸易规模之合就可以看出这一点。在贸易合作的同时，两国民间的交流、往来、留学，以及冲突也在增大，相互认识也必然会经历深化与分化。韩国的美国一边倒外交在短期之内虽还

会继续，但其即将面对重大危机也是不可忽视的现实。这一变化的现实告诉我们，无论是"共产夷狄"的理念一边倒，还是"市场中国"的经济一边倒，都是随着自己的需要将对方一刀切，是一种畸形的看法。对于我们来说，需要进行坦率承认自己想法的自我省察。

从以上看法出发，我们将学术会议分为两部，第一部为韩中近代外交的形成与展开，而第二部为中国的崛起及东亚相互认识的变化。

在第一部中，首先是李恩子教授对于大韩帝国与清国的近代外交实验进行研究，然后是裴京汉教授对于大韩民国临时政府与中华民国之间的非正式外交活动、孙准植教授对于大韩民国和台湾中华民国之间的外交、沈志华教授对北韩和中国的特殊关系进行探索。他们用各自不同的资料，研究了清国为保护在朝鲜的商业利益而付出的努力、中华民国与大韩民国临时政府之间的支援与冲突关系、为争得反共同盟主导权李承晚与蒋介石的竞争、代替北韩与中国之间'国家对国家'(国际)关系的'党对党'(党际)特殊关系。

在第二部中，王元周教授对于改革开放以来中国人的韩国认识、白永瑞教授对于中国的"东北工程"与韩国人的中国认识变化、郑文祥教授对于冷战时期韩国的台湾认识分别进行研究。之后，郑鸿生先生对于台湾人的身份及中国认识、丸川哲史教授对于中国的核政策以及日本对其的认识进行研究。他们分别揭示了中国的韩国认识是与韩美同盟的强度相联系的，而且极其短浅粗泛；近代以来韩国的"浅的中国"认识在建交之后也依旧持续，特别是以"东北工程"为契机还得到强化；以及韩国的台湾认识与东亚的冷战秩序的形成、破裂相联系而变化，一直以来自认为是中国人的台湾人已有半数开始抗拒承认自己是中国人，以及他们眼中的中国；中国为了摆脱苏联实现自立而推进核武器开发，将其作为低费用高效能的国防经济战略等内容。郑鸿生与丸川哲史的文章会提供一面镜子，让我们韩国人反思自己的中国认识以及对台湾与日本的认识的镜子。

总而言之，通过这些，我们在'联系与比较'的东亚地域史范围内，对理解韩中关系的历史与变化的现实做出了努力。我们研究了在包括殖民地时代与分裂时代的过去一百多年间，两国或四国关系是怎样受到包围韩半岛的大国之间竞争的影响的，与邻国情况是怎样相互关联的，并与中国和其他国家之间的关系相比较具有怎样的特征。并期待在其中将大国的帝国性予以相对化的智慧，以及对自我省察的思索都能够一同成长。

## 엮은이

유 용 태 柳鏞泰
서울대학교 사범대학 역사교육과와 대학원 동양사학과를 졸업하고 연세대학교 대학원
에서 박사학위를 받았다. 현재 서울대학교 역사교육과 교수이며 중국근현대사학회 회장
이다. 주요 저서로『직업대표제, 근대중국의 민주유산』(2011),『환호 속의 경종: 동아시
아 역사인식과 역사교육의 성찰』(2006),『지식청년과 농민사회의 혁명: 1920년대 중국
중남부 3성의 비교연구』(2004),『중국의 동북공정과 중화주의』(2005, 공저),『함께 읽는
동아시아 근현대사 1·2』(2011, 공저) 등이 있다.


## 지은이

유 용 태 柳鏞泰
서울대학교 역사교육과 교수. 중국근현대사 전공.

이 은 자 李恩子
부산대학교 HK교수. 중국근현대사 전공.
주요 저서로『의화단운동 전후의 山東』(2002),『중국 민간종교결사, 전통과 현대의 만남』
(2005),『동아시아 국제관계사』(2010) 등이 있다.

배 경 한 裵京漢
신라대학교 사학과 교수. 중국현대사 전공.
주요 저서로『장개석 연구』(1995),『從韓國看的中華民國史』(北京, 2004),『쑨원과 한국』
(2007),『왕징웨이 연구』(2012) 등이 있다.

손 준 식 孫準植
중앙대학교 역사학과 교수. 중국현대사와 대만사 전공.
주요 저서로『戰前日本在華北的走私活動』(臺北, 1997),『식민주의와 언어』(공저, 2007),
『식민지 점령지하 협력자 집단과 논리 비교』(공저, 2008) 등이 있다.

선 즈 화 沈 志 華
화둥사범대학(華東師範大學) 역사학과 교수. 냉전사 전공으로 冷戰國際史硏究中心 주임.
주요 저서로 『中蘇同盟的經濟背景, 1948-1953』(2000), 『毛澤東, 斯大林與朝鮮戰爭』
(2003), 『冷戰在亞洲: 朝鮮戰爭與中國出兵朝鮮』(2013) 등이 있다.

왕 위 안 저 우 王 元 周
베이징대학(北京大學) 역사학과 부교수. 중국/한국 근현대사 및 한중관계사 전공.
주요 논저로 『政治使命與企業經營: 盧緖章與廣大華行』(1997), 『東風與西化: 東北亞文明
之路』(2011), 『小中華意識的嬗變: 近代中韓關係的思想史硏究』(2013) 등이 있다.

백 영 서 白 永 瑞
연세대학교 사학과 교수. 중국현대사 전공.
주요 저서로 『思想東亞: 朝鮮半島視角的歷史與實踐』(北京, 2011), 『대만을 보는 눈』(공
편, 2012), 『핵심현장에서 동아시아를 다시 묻다』(2013) 등이 있다.

정 문 상 鄭 文 祥
가천대학교 글로벌교양학부 교수. 중국근현대사 전공.
주요 논저로 『中國 國民革命과 上海學生運動』(2004), 『20세기초 上海人의 생활과 근대성』
(공저, 2006), 「한국의 냉전문화 형성과 문화대혁명」(2010) 등이 있다.

정 흥 성 鄭 鴻 生
자유기고가. 대만의 사회운동과 사회문화 전공.
주요 저서로 『靑春之歌: 追憶一九七○年代台灣左翼靑年的一段如火年華』(2001), 『百年
離亂: 兩岸斷裂歷史中的一些摸索』(2006), 『母親的六十年洋裁歲月』(2010) 등이 있다.

마 루 카 와 데 쓰 시 丸 川 哲 史
메이지대학(明治大學) 정치경제학부 교수.
대만문학 및 동아시아문화론 전공. 주요 저서로 『台湾、ポストコロニアルの身体』(2000),
『冷戰文化論: 忘れられた曖昧な戦争の現在性』(2005), 『思想課題としての現代中国: 革
命、帝国、党』(2013) 등이 있다.

한울아카데미 1649
중국근현대사학회 연구총서 02

# 한중관계의 역사와 현실
근대외교, 상호인식

ⓒ 유용태, 2013

엮은이 | 유용태
펴낸이 | 김종수
펴낸곳 | 도서출판 한울
편집책임 | 김경아

초판 1쇄 발행 | 2013년 12월 31일
초판 2쇄 발행 | 2014년 7월 14일

주소 | 413-756 경기도 파주시 파주출판도시 광인사길 153 한울시소빌딩 3층
전화 | 031-955-0655
팩스 | 031-955-0656
홈페이지 | www.hanulbooks.co.kr
등록번호 | 제406-2003-000051호

ISBN 978-89-460-5649-7　93910